KB189445

돈 후앙의 가르침

THE TEACHINGS OF DON JUAN: A Yaqui Way of Knowledge
by Carlos Castaneda

Published in agreement with the author, c/o BAROR INTERNATIONAL, INC.,
Armonk, New York, U.S.A. through Danny Hong Agency, Seoul, Korea.

돈 후앙의 가르침

멕시코 야키 족의 초월적 지식체계

카를로스 카스타네다 지음 / 김상훈 옮김

정신세계사

돈 후앙의 가르침

카를로스 카스타네다 짓고, 김상훈 옮긴 것을 정신세계사 정주득이 2014년 5월 30일 처음 펴내다. 이균형과 김우종이 다듬고, 김윤선이 꾸미고, 한서지업사에서 종이를, 영신사에서 인쇄와 제본을, 김영수가 기획과 홍보를, 하지혜가 책의 관리를 맡다. 정신세계사의 등록일자는 1978년 4월 25일(제1-100호), 주소는 03965 서울시 마포구 성산로4길 6 2층, 전화는 02-733-3134, 팩스는 02-733-3144, 홈페이지는 www.mindbook.co.kr, 인터넷 카페는 cafe.naver.com/mindbooky이다.

2022년 7월 4일 펴낸 책(초판 제4쇄)

ISBN 978-89-357-0380-7 04200
978-89-357-0379-1 (세트)

이 도서의 국립중앙도서관 출판시도서목록(CIP)은 e-CIP홈페이지(http://www.nl.go.kr/ecip)와 국가자료공동목록시스템(http://www.nl.go.kr/kolisnet)에서 이용하실 수 있습니다.
(CIP제어번호 : CIP2014015173)

돈 후앙과,

마법적 시간에 대한 그의 통찰을

나와 공유했던 두 사람에게 바친다

감사의 말

필자의 인류학 필드워크의 단초를 제공하고 지도해주신 클레멘트 미언 교수님, 철저한 탐구 정신이 무엇인지를 몸소 제시해주신 해럴드 가핑클 교수님, 초기부터 내 연구를 비평해주신 로버트 에저튼 교수님, 비평과 격려를 아끼지 않으신 윌리엄 브라이트 교수님과 페드로 카라스코 교수님, 내 분석을 명확하게 하는 데 귀중한 도움을 주신 로렌스 와트슨 교수님에게 심심한 감사의 말씀을 드린다. 그리고 이 원고를 준비하는 데 도움을 주신 그레이스 스팀슨 여사와 F. A. 길포드 씨에게도 감사를 보낸다.

차례

『돈 후앙의 가르침』 출간 30주년에 부치는 저자의 말

1968년에 처음 세상에 나온 『돈 후앙의 가르침 — 야키 족의 지식 체계』는 금년으로 출간 30주년을 맞았다.* 이 기회를 빌려 그 내용에 관해 약간의 설명을 덧붙이고, 몇십 년에 걸친 진지하고 꾸준한 연구 노력을 통해 이 책의 주제에 관해 필자가 도출해낸 몇몇 일반적인 결론을 기술해보겠다. 이 책은 내가 미국 애리조나 주와 멕시코의 소노라 주에서 행한 필드워크의 결과물이다. 당시 캘리포니아 주립대학 로스엔젤레스교(UCLA) 인류학과의 대학원생이었던 나는 우연한 기회에 멕시코 소노라 주 출신의 나이 든 야키 인디언 샤먼을 만났다. 그의 이름은 후앙 마투스였다.

나는 이 나이 든 샤먼을 주요 정보 제공자로 삼아 현지 조사를 할 수 있을지에 대해 여러 인류학과 교수들의 의견을 물었다. 교수들은 하나같이 나를 만류했다. 대학원생이라면 현지로 나갈 생각을 하기 전에 필수 학점부터 이수하고, 필기시험이나 구술시험 같은 정규 과

* 이 글은 1998년에 쓰여졌다. 이하 제1부의 모든 각주는 옮긴이가 덧붙인 것이다.

정을 우선해야 마땅하다는 것이 그들의 논지였다. 물론 교수들의 말은 지당했다. 나 또한 그들의 충고가 사리에 맞는다는 점에 대해서는 아무런 이의가 없었다.

그러나 단 한 사람, 클레멘트 미언 박사만은 예외였다. 그는 필드워크에 대한 내 관심을 공공연하게 고무했다. 내가 인류학 연구를 하게 된 계기를 마련해준 사람이 누구냐고 묻는다면, 응당 미언 박사에게 모든 공을 돌려야 할 것이다. 눈앞에 펼쳐진 가능성에 최대한 깊숙이 몰입해 보라고 격려한 사람은 미언 교수가 유일했다. 그의 이런 태도는 인류학자로 현지에서 조사에 나섰을 때의 개인적인 체험에서 비롯된 것이었다. 그는 그런 조사를 통해 시간이야말로 가장 중요한 요소임을 깨달았다고 내게 토로했다. 쇠망의 길을 걷고 있는 여러 문화가 내포한 엄청나게 많고 복잡한 지식 분야는 얼마 지나지 않아 현대 과학기술과 이성적 시대정신의 무게에 짓눌려 영영 사라질 것이기 때문이다. 그러면서 그는 19세기 말에서 20세기 초에 걸쳐 최대한 신속하게, 그러나 조직적으로 북미의 평원 인디언 부족들과 캘리포니아 인디언들의 민속 정보를 수집한 저명한 인류학자들의 연구를 예로 들었다. 그들이 그렇게 서둘렀던 것은 정답이었다. 겨우 한 세대 만에 이런 고유 문화들에 관한 정보원情報源 대부분이 사라져버렸기 때문이다. 캘리포니아의 인디언 문화의 경우 특히 이런 경향이 심했다.

내가 이런 일들을 겪고 있을 무렵, UCLA 사회학과의 해럴드 가핑클 교수의 수업을 들을 수 있었던 것은 큰 행운이었다. 그를 통해 나는 실로 경탄할 만한 민속방법론적 패러다임을 접했다. 이 패러다임에서는 일상생활에서 일어나는 모든 실제적 행위가 철학적 담론의 진지한 주제로 간주된다. 연구 대상이 되는 현상은 어떤 것이든 간에 해당 현상 자체의 규칙과 일관성에 비추어 고찰되어야 하며, 그렇게 해서 도출되는 법칙이나 규칙은 그 현상 자체와 맞아떨어지는 것이어야만 한다. 따라서 샤먼의 실제 행위는 자체적인 규칙과 형태를 갖춘 일관적인 시스템으로 간주되며, 진지하게 연구할 가치가 있는 확고한 주제로까지 격상된다. 그런 종류의 연구를 연역적으로 구축된 이론에 대입한다거나, 상이한 철학적 해석에 입각해서 획득된 자료와 비교할 필요는 없다.

이 두 교수의 영향하에서 나는 필드워크에 깊이 몰입하게 되었다. 이들과의 접촉을 통해 나는 두 가지 동인動因을 얻었다. 아메리카 원주민 문화의 사고 과정이 현대 과학기술과 뒤범벅이 되어 흔적도 없이 사라져버리는 것은 시간문제라는 사실, 그리고 관찰 가능한 현상은 종류를 막론하고 정당한 연구 대상이 될 수 있고, 최선을 다해 진지하게 접근할 필요가 있다는 점이다.

나는 이런 필드워크에 너무도 깊이 몰입했던 나머지, 결과적으로는 나를 지원해준 사람들을 실망시킨 것이 틀림없다. 내가 도달한 분야는 인류학이나 사회학의 주제도 아니고, 철학도 아니고, 종교라고조차 할 수 없는 무인지경이었다. 나는 해당 현상의 내부적 규칙과 형태를 충실하게 따라갔지만, 안전한 곳을 골라 빠져나올 수 있는 능력까지는 갖추고 있지 못했다. 그 결과 나는 그 현상의 가치 또는 가치의 결여를 가늠하기 위해 필요한 적절한 학술적 잣대를 희생시킴으로써, 원래의 노력 자체를 위태롭게 만들었던 것이다.

내가 필드워크를 통해 수행한 일을 최대한 단순하게 설명하자면 다음과 같다. 야키 인디언 주술사(sorcerer)인 돈 후앙 마투스는 고대 멕시코 샤먼들의 〈인지(cognition)〉 속으로 나를 이끌었다. 여기서 인지란 일상생활의 의식意識을 책임지고 있는 심적 과정을 의미하며, 기억, 경험, 지각, 그리고 해당 언어의 능숙한 사용을 포함한다. 그 무렵의 나에게 이 〈인지〉라는 개념은 가장 강력한 장애물로 작용했다. 나처럼 고등교육을 받은 서구인 입장에서는 우리 시대의 철학적 담론에 의해 정의된 〈인지〉가, 인류 전체에 공통된 균질적이고 포괄적인 과정이 아닐 수가 있다는 사실은 도저히 받아들이기 힘들었기 때문이다. 어떤 현상을 묘사하는 방식이 특이하다면 우리 같은 서구인도 서로의 문화적 인식 차이로 받아들일 준비가 되어 있지만, 문화 차이가 기억, 경험, 지각, 고도의 언어 사용 능력 등 우리가 잘 알고 있는 심적 과정에까지 영향을 끼친다는 것은 상상하기 힘들었다. 바꿔 말해서, 서구인에게 〈인지〉란 보편적인 일단의 심적 과정일 뿐이다.

그러나 돈 후앙과 그 계열의 선배 주술사들에게 현대인의 〈인지〉와 고대 멕시코 샤먼들의 〈인지〉는 완전히 상이한 별개의 것이다. 돈 후앙은 이 두 가지를 각기 다른 일상들로 이루어진, 본질적으로 상이한 세계로 간주한다. 나는 어떤 순간부터 나의 작업이 인류학적 정보 수집으로부터 샤먼들의 세계를 이루는 새로운 인지 과정들을 내면화하는 일로 불가해하게 바뀌는 경험을 했다.

그런 원리를 실제로 내면화하는 행위는 필연적으로 변성變性을 수반하며, 당사자는 일상 세계에 대해 전과는 다르게 반응할 것을 요구받는다. 샤먼들은 일견 추상적이지만 뜻밖에도 강력한 저류底流를 품고 있는 개념들에 대한 지적인 애착이 언제나 이런 변성 과정의 단초를 이룬다는 사실을 발견했다. 돈 후앙이 다음과 같이 설명했듯이 말이다. "일상적 삶의 세계는 결코 우리를 지배하거나, 창조 또는 파괴할 수 있는 개인적인 대상이 아니라네. 주위 세계와의 알력 따위는 결코 인간의 진짜 투쟁 대상이 아니기 때문이지. 진짜 전쟁터는 범인凡人은 상상할 수도 없는 지평선 너머의 영역에 존재하네. **인간이 인간이기를 그치는 곳에 말일세.**"

돈 후앙은 이런 말들의 의미를 내게 설명해주었고, 에너지적으로 보았을 때 인간 존재의 유일한 목적은 〈무한(infinity)〉과의 만남이라고 단언했다. 그는 이 〈무한〉이라는 용어는 더 이상 알기 쉽게 설명할 수 없으며, 에너지적으로도 더 이상 환원할 수 없다고 강조했다. 인격화할 수 없고, 비유할 수조차 없으며, 단지 무한함(lo infinito) 같은 모호한 용어를 써서 언급할 수 있을 뿐이다.

이 말을 들었을 당시 나는 돈 후앙이 단지 지적으로 흥미로운 설명을 하고 있는 것이 아니라, 그가 〈에너지적 진실(energetic truth)〉이라고 부르는 것을 토로하고 있다는 사실을 까맣게 모르고 있었다. 돈 후앙에게 〈에너지적 진실〉이란 그의 계열에 속한 그와 샤먼들이 〈보기(seeing)〉라고 부르는 투시 작업을 수행하다가 도달하게 된 결론이었다. 여기서 〈보기〉란 우주를 흐르는 에너지를 직접 지각知覺하는 행위를 의미한다. 이런 식으로 에너지를 직접 투시하는 능력은 샤머니즘의 오의奧義 중 하나다.

돈 후앙 마투스에 의하면 고대 멕시코의 인지 속으로 나를 안내하는 과업은 전통적인 방식에 따라 이루어졌다고 한다. 돈 후앙이 내게 했던 일들은 과거 모든 시대의 샤머니즘 전수자傳受者들이 겪었던 것과 동일하다는 뜻이다. 이 새로운 〈인지〉의 과정을 내면화하는 작업의 첫 번째 단계는 항상 샤머니즘 전수자로 하여금 우리는 언젠가는 죽는 존재라는 사실을 통감하게 함으로써 시작된다. 돈 후앙 계열의 선배 샤먼들은 전수자가 더 이상의 환원이 불가능한 이 〈에너지적 진실〉을 완전히 체화함으로써 이 새로운 〈인지〉를 받아들이게 된다고 믿었다.

돈 후앙 마투스 같은 샤먼들이 제자들에게서 끌어내려는 것 — 우리는 언젠가는 죽어야 하는 존재라는 자각 — 은, 그 단순함으로 인해 오히려 지극히 얻기 어려운 것이 된다. 이 경우, 인간의 진짜 투쟁 상대는 같은 인간들이 아니라 〈무한함〉이 된다. 아니, 본질적으로는 투쟁이라기보다는 동의라는 표현이 더 정확하다. 우리는 이런 무한함에 자발적으로 동의해야 하는 것이다. 주술사들의 세계에서 우리의 삶은 무한에서 비롯되고, 다시 그 원천으로 돌아간다. 무한으로.

내가 지금까지 출간한 저작물들을 통해 묘사한 수행 과정 대부분은 이 새로운 원리의 영향하에서 내 페르소나가 사회적 존재로서 자연스레 경험한 상호작용에 관련된 것이었다. 현장조사에 나선 내가 직면한 것은 새로운 〈샤먼적 인지〉의 과정을 내면화하라는 단순한 권유가 아니라, 반드시 그래야 한다는 요구였다. 나는 몇십 년 동안이나 내 페르소나의 경계를 유지하려고 악전고투했지만, 결국 그 경계는 무너졌다. 돈 후앙과 그 계열 샤먼들의 수행 목적에 비춰볼 경우, 그런 경계를 유지하려는 노력 자체가 무의미한 행위다. 그러나 나 자신의 욕구에 비춰본다면 이런 노력은 매우 중요했다. 자기 자신이 알고 있는 세계의 경계를 유지한다는 것은 나를 포함한 모든 문명인에게 공통된 욕구이기 때문이다.

돈 후앙은 고대 멕시코 샤먼들의 〈인지〉의 초석이었던 〈에너지적 진실〉이란 우주의 모든 뉘앙스는 에너지의 한 표현이라는 사실에 대한 자각이라고 말했다. 오의를 터득한 샤먼들은 투시, 즉 에너지를 직접 〈보는(see)〉 과정을 통해 전 우주가 서로 길항하는 동시에 보완적인 두 개의 힘으로 이루어져 있다는 〈에너지적 진실〉에 도달했다. 그들은 이 두 가지 힘을 생력生力과 무생력無生力이라고 불렀다.

그들은 이런 투시를 통해 무생력이 의식意識을 가지고 있지 않다는 사실을 깨달았다. 샤먼들에게 의식이란 생력의 진동적 양태를 의미한다. 고대 멕시코의 샤먼들은 지구상의 모든 생명체들이 이 진동적 에너지를 갖고 있다는 사실을 처음으로 투시했다고 돈 후앙은 말했다. 샤먼들은 생명체들을 〈유기적 존재(organic beings)〉라고 불렀고, 그런 에너지의 응집력과 한계를 규정하는 것은 다름 아닌 생명체들 자신이라는 사실을 투시했다. 그리고 그들은 자체적인 응집력과 진동적 생력을 갖췄지만 생명체에 구속되지 않은 다수의 존재들도 투시했다. 샤먼들은 이것들을 〈무기적 존재(inorganic beings)〉라고 불렀다.

그들은 이것이 사람 눈에는 보이지 않는, 응집된 에너지 덩어리라고 규정했고, 스스로를 인식하며 생명체 특유의 접합력과는 다른 종류의 접합력에 의해 규정되는 통일성을 갖춘 존재로 묘사했다.

돈 후앙과 같은 계열의 고대 샤먼들은 우주에 충만한 에너지를 지각 정보로 변환하는 것이야말로 이 두 가지 존재의 본질적 존재 양태임을 투시에 의해 간파했다. 유기적 존재의 경우, 이렇게 변환된 지각 정보는 하나의 해석체계를 이룬다. 이 해석체계 안에서 우주 에너지는 소정 방식으로 분류되고, 분류된 에너지에는 각각 특정한 반응이 할당된다. 고로 무기적 존재의 영역에서 무기적 존재가 만들어낸 지각 정보의 경우는, 응당 그들만의 불가사의한 해석체계를 통해 처리된다고 주술사들은 주장한다.

인간의 지각 정보를 처리하는 해석체계는 앞서 언급한 인간의 〈인지〉에 해당하며, 이런 인간의 〈인지〉를 일시적으로 중단시키는 것이 가능하다고 그들은 주장한다. 인지란 결국 하나의 분류법에 불과하고, 지각 정보를 해석하고 적당한 반응의 범주를 찾아내기 위한 수단이기 때문이다. 따라서 이런 〈인지〉를 중단시킬 경우, 인간은 우주 속을 흐르는 에너지를 직접 지각할 수 있다고 그들은 주장한다. 주술사들이 묘사하는 바에 따르면, 직접적으로 에너지를 지각하는 행위는 마치 눈으로 직접 보는 듯한 인상을 준다고 한다. 여기서 실제 눈이 수행하는 역할은 미미하지만 말이다.

돈 후앙 계열의 주술사들은 에너지를 직접 지각함으로써 인간이 빛을 발하는 공 모양의 에너지장 복합체인 것을 알아냈다. 이들은 그런 식으로 인간을 투시함으로써 에너지에 관련된 경악할 만한 결론을 도출해냈다. 개개인의 이런 광구光球가 우주에 존재하는, 상상을 초월하는 규모의 에너지 덩어리에 개별적으로 연결되어 있다는 사실을 깨달았던 것이다. 그들은 이 에너지의 집합을 〈인식의 어두운 바다〉라고 불렀고, 각 개인의 광구가 이 바다와 연결되는 지점은 광구 자체보다 한층 더 밝다는 사실을 알아냈다. 샤먼들이 이 접속 지점에 〈조합점(Assemblage Point)〉이라는 이름을 붙인 것은 인간의 지각이 바로 그 지점에서 성립한다는 사실을 목도했기 때문이다. 우주적 에너지의 흐름은 바로 이 지점에서 지각 정보로 변환되며, 그 정보는 우리를 둘러싼 세계로 해석된다.

돈 후앙에게 이런 에너지의 흐름이 지각 정보로 바뀌는 과정에 관한 설명을 청하자, 샤먼들은 단지 〈인식의 어두운 바다〉라고 불리는 이 방대한 에너지 덩어리가 에너지를 지각 정보로 변환하기 위해 필요한 그 무엇인가를 인간에게 공급해준다는 사실밖에는 알아내지 못했다는 대답이 돌아왔다. 이 현상의 배후에 있는 원천源泉 자체가 워낙 광막한 탓에, 그 과정을 해독하려는 시도 자체가 성립 불가능하다는 얘기였다.

고대 멕시코의 샤먼들은 이 인식의 어두운 바다에 초점을 맞춰 투시함으로써 전 우주가 무한대로 뻗어나가는, 빛을 발하는 실(filament)들로 이루어져 있다는 것을 밝혀냈다. 샤먼들은 이 빛나는 실들이 결코 서로와 접촉하지 않은 채로 모든 방향을 향해 뻗어나간다고 묘사했다. 투시를 통해 보면 개개의 독립된 실이지만, 그와 동시에 상상을 초월할 정도로 방대한 크기의 집단을 이루고 있다는 것이다.

샤먼들은 인식의 어두운 바다를 찾아내고 그 진동을 마음에 들어 했지만, 그 밖에도 〈의도(intent)〉라고 이름붙인 빛나는 실 뭉텅이가 존재한다는 사실을 알아냈다. 개개의 샤먼이 그런 실 다발에 초점을 맞추고 주의력을 기울이는 행위를 그들은 〈의도적 주시(intending)〉라고 불렀다. 그들은 전 우주가 이런 〈의도〉로 이루어져 있다는 사실을 투시했으며, 그들 입장에서 〈의도〉는 지성과 동일했다. 고로 그들에게 우주는 궁극의 지성을 담은 그릇이었다. 그들은 자기 인식력을 갖추고 진동하는 에너지는 엄청난 지성을 보유하고 있다는 결론을 내렸고, 이 결론은 그들의 〈인지적 세계〉의 일부가 되었다. 그들은 우주적 〈의도〉의 집합이야말로 삼라만상의 변천, 우주 내부에서 일어나는 모든 종류의 변화의 원인임을 깨달았다. 변화는 자의적이고 맹목적인 상황에 의해 생겨나는 것이 아니라, 진동하는 에너지가 원초적인 에너지 흐름의 차원에서 행한 〈주시〉의 산물이었던 것이다.

돈 후앙은 인간은 일상적으로 이런 〈의도〉와 〈주시〉를 써서 세계를 해석한다는 점을 지적했고, 나 자신의 일상적 세계는 나의 지각에 의해 규정되는 것이 아니라 그런 지각의 해석에 의해 규정된다는 사실을 상기시켰다. 그러면서 돈 후앙은 당시 내게는 최고로 중요했던 〈대학(university)〉의 개념을 예로 들었다. 그는 이 대학이란 개념이 내 오감을 써서 지각할 수 있는 것이 아님을 지적했다. 왜냐하면 시각, 청각, 미각, 촉각, 후각은 이 개념에 관한 그 어떤 실마리도 주지 않기 때문이다. 개념으로서의 대학은 오로지 내가 그것을 의도적으로

〈주시〉함으로써 성립한다. 그리고 그런 개념을 구축하기 위해서는 의식적으로든 무의식적으로든 문명인으로서 알고 있는 모든 지식을 동원할 필요가 있다.

우주가 빛을 발하는 실들로 이루어져 있다는 〈에너지적 진실〉의 발견은 무한대로 뻗어나가는 개개의 실은 에너지의 장場이라는 결론으로 이어졌다. 주술사들은 빛을 발하는 실들 — 정확하게 말하자면 그런 특징을 가진 에너지장들 — 이, 앞서 언급한 〈조합점〉으로 수렴되고, 그것을 통과한다는 사실을 알아냈다. 그들은 이 〈조합점〉의 크기가 현대인이 쓰는 테니스공만 하다는 사실을 밝혀냈다. 따라서 이 지점으로 수렴하고, 통과할 수 있는 에너지장의 수는 (셀 수 없이 많음에도 불구하고) 유한하다.

〈조합점〉을 직접 투시한 고대 멕시코의 주술사들은 〈조합점〉을 통과하는 개개의 에너지장이 주는 충격이 인간의 지각 정보로 변환된다는 사실을 밝혀냈다. 그리고 이런 지각 정보는 해석을 거쳐 일상적 세계의 〈인지〉를 형성한다. 주술사들은 인류의 〈인지〉가 균질하다는 점에 주목했고, 전 인류의 〈조합점〉이 에너지 광구의 동일한 지점에 위치해 있다는 사실에서 그 이유를 찾았다. 〈조합점〉은 견갑골 높이에서 인간의 등 뒤로 팔 하나 길이만큼 떨어진 곳에, 광구의 경계에 거의 맞닿은 상태로 존재한다.

투시를 통해 〈조합점〉을 계속 관찰한 주술사들은 인간이 통상적인 수면을 취하거나, 극도의 피로를 느끼거나, 병에 걸리거나, 환각성 식물을 섭취했을 때 이 〈조합점〉의 위치가 바뀐다는 사실을 알아냈다. 주술사들은 〈조합점〉이 새로운 위치로 이동했을 때 원래와는 상이한 에너지 다발이 그것을 통과하는 광경을 투시했다. 이럴 경우에도 〈조합점〉은 해당 에너지장들을 지각 정보로 변환해서 해석할 것을 요구받으며, 그 결과 당사자는 실질적으로 새로운 세계를 지각하게 된다. 주술사들은 이런 방식으로 생겨나는 세계들 하나하나가 포괄적이며 완전한 세계이며, 일상적인 세계와는 다르지만, 그곳에서 살고, 죽을 수 있다는 점에서는 우리 세계와 흡사하다고 주장했다.

돈 후앙 마투스 같은 샤먼이 〈주시〉를 하는 경우, 스스로의 〈조합점〉을 의도적으로 이동시킴으로써 인간 존재를 이루는 에너지장 집합체에 있는 특정 지점에 도달하는 것이 가장 중요한 목표가 된다. 몇천 년에 걸친 탐구 끝에, 돈 후앙의 직계 선배들은 인간 존재를 이루는 광구 내부에 〈조합점〉이 자리 잡을 수 있는 특정 지점들이 존재하며, 그런 〈조합점〉에 가해지는 해당 에너지장들의 세례가 각각 완전히 새로운 세계를 만들어낸다는 사실을 알아냈던 것이다. 돈 후앙은 모든 인간은 이런 세계들 일부 또는 전부로 여행할 수 있는 잠재력을 조상으로부터 이어받았으며, 이것이 부인할 길이 없는 〈에너지적 진실〉임을 보증했다. 이런 세계들은 단지 묻기만 해도 해답이 나오는 질문처럼 만지면 닿을 곳에 있으며, 주술사나 보통 사람이 그곳에 도달하려면 단지 〈조합점〉을 〈주시〉함으로써 그것을 움직이기만 하면 된다는 얘기였다.

고대 멕시코의 샤먼들 입장에서 보았을 때 〈의도〉와 관련이 있지만 보편적인 〈주시〉의 차원으로까지 치환되는 문제는, 우주 자체가 우리를 계속적으로 밀고, 당기며, 시험한다는 〈에너지적 진실〉이었다. 우리를 둘러싼 전 우주가 극단적으로까지 포식적捕食的이라는 사실은 그들에게는 하나의 〈에너지적 진실〉이었던 것이다. 여기서 쓰인 포식적이라는 표현은 약탈이나 도둑질, 또는 자기 이익을 위해 남을 해치거나 착취하는 약육강식적 행위를 의미하는 것이 아니다. 고대 멕시코의 샤먼들에게 우주의 포식적 특성이란 우주의 〈주시〉가 부단하게 자각의식(awareness)을 시험하는 상황을 의미했다. 그들은 우주가 무수하게 많은 〈유기적 존재〉와 무수하게 많은 〈무기적 존재〉들을 창조하는 광경을 투시했다. 우주는 이 모든 존재들에게 압력을 가함으로써 그들이 스스로의 자각의식을 강화할 것을 강요하고, 바로 이런 방식으로 자기 자신을 자각하려고 하는 것이다. 따라서 샤먼들의 〈인지적 세계〉에서 궁극적 문제는 자각의식의 문제로 귀결된다.

돈 후앙 마투스와 그 계열의 샤먼들은, 자각의식이란 단지 해당 문화가 허용하는 범위의 지각 영역뿐만 아니라 — 문화는 오히려 그 구성원들의 지각능력을 제한하는 역할을 하는 것처럼 보인다 — 인간의 모든 지각적 가능성을 의도적으로 인식하는 행위라고 보았다. 돈 후앙은 인간의 모든 지각능력을 해방하거나 자유롭게 풀어주는 행위는 인간의 본연적 행동에 그 어떤 식으로도 간섭하지 않는다고 단언했다. 사실, 새로운 가치를 획득함으로써 본연적 행동의 중요성은 오히려 극대화된다. 그런 상황에서는 인간의 본연적 행동에 대한 요구가 엄청나게 증대하기 때문이다. 관념성과 가짜 목적의식의 미로에서 빠져나온 인간에게 유일한 지표가 되어주는 것은 그의 본연적 기능이다. 샤먼들은 이것을 〈완전무결함〉이라고 불렀다. 그들 입장에서 완전무결하다는 것은 최선을 다하거나, 그보다 한 발 더 나아가는 행위를 의미한다. 그들은 우주를 흐르는 에너지를 직접 투시함으로써 인간의 본연적 행동을 도출해냈다. 만약 에너지가 어떤 특정한 방식으로 흐른다면, 그들에게 이런 흐름을 따라가는 행위는 본연적 행동에 해당한다. 따라서 샤먼들에게 본연적 행동이란 그들의 〈인지적 세계〉의 〈에너지적 진실〉과 직면하는 수단을 제공해주는 공통분모인 것이다.

〈주술사의 인지〉를 형성하는 모든 단위요소들을 활용함으로써 돈 후앙과 그의 선배 주술사들 전원은 기묘한 에너지적 결론에 다다를 수 있었다. 이 결론은 일견 그들과 그들의 개인적 상황에만 들어맞는 것처럼 보이지만, 주의 깊게 검토해본다면 우리들 누구에게나 해당하는 것인지도 모른다. 돈 후앙은 샤머니즘적 탐구의 오의를 단지 주술사들뿐만 아니라 지구상의 모든 인간에게도 적용되는 궁극의 〈에너지적 진실〉로 간주했다. 그는 이것을 〈궁극적 여정〉이라고 불렀다.

〈궁극적 여정〉이란 〈샤먼의 인지〉 체계를 따름으로써 극한까지 강화된 개인의 자각의식이, 해당 생명체가 하나의 일관적인 단위체로서 기능할 수 있는 시점을 넘은 뒤에도 — 바꿔 말해서, 죽은 뒤에도 — 유지될 수 있는 가능성을 의미한다. 고대 멕시코의 샤먼들은 이런 초월적 자각의식을 인간 개인의 자각의식이 기지既知의 모든 것을 넘어서고, 같은 방식으로 우주를 흐르는 에너지의 차원에까지 도달할 수 있는 가능성으로 이해했다. 돈 후앙 마투스 같은 샤먼들은 자신들의 여정의 궁극적인 목적은 〈무기적 존재〉, 바꿔 말해서 생명체에 깃들지 않았지만 스스로를 자각하며, 응집력을 가진 하나의 단위로서 행동할 수 있는 에너지 존재가 되는 것이라고 정의했다. 그들은 자신들의 인지체계의 이러한 측면을 〈완전한 자유〉라고 불렀다. 이것은 자각의식이 사회화나 논리체계의 속박을 벗어나 자재하는 상태를 의미한다.

이상은 내가 고대 멕시코 샤먼들의 〈인지〉 속에 몰입한 끝에 이끌어낸 전반적인 결론이다. 돈 후앙 마투스가 내게 제시한 것이 인지체계의 총체적 혁명이란 사실을 내가 깨달은 것은 『돈 후앙의 가르침 — 야키 족의 지혜』를 출간하고 나서 몇 년이나 지난 뒤의 일이었다. 그 이후 출간한 책들을 통해 나는 이런 인지적 혁명을 유발하기 위한 절차가 어떤 것인지를 간략하게나마 설명해보려고 노력했다. 돈 후앙이 내게 살아 있는 세계를 소개해주었다는 사실을 감안하면, 그런 살아 있는 세계에서 일어나는 변화의 과정은 결코 멈추지 않는 법이다. 그런 연유로, 독자에게 제시되는 결론은 단지 새로운 〈인지〉의 지평 속으로 뛰어들 수 있도록 기억을 상기시켜주는 도구 내지는 실천적 장치일 뿐이다.

나는 마음이 깃든 길을 나아가는 데 전념할 뿐일세.
어떤 길이든 간에, 마음이 깃든 길을.
나는 그런 길을 나아가고, 그런 내게 유일하게 가치 있는
도전이란 그 여정을 끝까지 완수하는 일이라네.
그래서 보고, 또 보면서, 숨 가쁘게 나아가는 거지.

– 돈 후앙

무한히 이어지는 길의 시작점과 방향을 확정하는 것
이상으로 시도해볼 수 있는 일은 없다.
체계적이고 최종적인 완전함을 획득했다고 자처하는 행위는
최소한 자기 환상에 해당한다. 그런 식의 완벽성은
오로지 탐구자 본인이 자신이 볼 수 있었던
모든 것을 전달한다는 주관적인 맥락에서만
성립할 수 있으므로.

– 게오르크 지멜

서문

이 책은 민속지民俗誌인 동시에 우화다.

카를로스 카스타네다는 돈 후앙의 지도하에 우리를 황혼의 그 순간으로, 낮과 밤 사이에 있는 우주의 틈새를 지나 우리 세계와 다른 정도가 아니라 완전히 다른 종류의 현실 속으로 이끈다. 카스타네다는 메스칼리토, 예르바 델 디아블로, 그리고 우미토 — 페요테, 다투라, 그리고 버섯 — 의 도움을 받아 그곳에 도달했다. 그러나 이 책은 단순히 그의 환각 체험을 열거한 수기가 아니다. 여행자는 돈 후앙의 미묘한 조작을 통해 길을 안내받고, 돈 후앙이 내리는 해석은 우리가 주술사의 제자인 카스타네다를 통해 경험할 사건들에 의미를 부여해 주기 때문이다.

인류학은 장소가 다르면 세계도 다르게 정의된다는 사실을 우리에게 알려주었다. 각 민족이 각기 다른 관습을 따르고 각기 다른 신들을 믿으며 각기 다른 사후관을 가지고 있다는 사실만을 지적하려는 것이 아니다. 그들의 세계가 각기 다른 형태를 취하고 있는 것이다. 형이상학적인 전제부터가 다르다. 공간은 유클리드 기하학을 따르지 않고, 시간은 한쪽으로만 계속 흐르지 않으며, 인과관계도 아리

스토텔레스적 논리에 따르지 않는다. 우리 세계와 같은 인간과 비非인간의 구별도, 생과 사의 구별도 없다. 우리는 인류학자가 기록해놓은 현지 언어의 논리, 신화와 제례 등을 통해 다른 세계들에 관해 어느 정도 알고 있다. 돈 후앙은 야키 족 주술사 세계의 모습을 우리에게 언뜻 보여주었다. 우리는 그 세계를 환각 물질의 영향하에서 보기 때문에, 기록된 자료와는 판이하게 다른 현실에 입각하여 그것을 인지한다. 이것이 이 책의 특별한 장점이다.

돈 후앙의 세계가 지각상의 온갖 차이점에도 불구하고 독자적인 내적 논리를 갖추고 있다는 카스타네다의 주장은 정당하다. 그는 우리 세계의 논리를 써서 그 세계를 탐구하는 대신, 내부인의 입장에서 그것을 설명하려고 시도했다. 즉, 돈 후앙의 제자로 있으면서 몸소 겪은 지극히 개인적이고도 풍성한 경험 안에서 그랬던 것이다. 카스타네다가 완전히 성공적이지는 못했다는 사실은 그의 개인적 한계라기보다는 우리의 문화와 언어가 우리의 지각에 가한 한계에서 비롯되었다. 그러나 그런 노력을 통해 그는 야키 족 주술사의 세계와 우리들 자신의 세계, 비일상적인 현실에 입각한 세계와 일상적인 현실에 입각한 세계 사이에 다리를 놓아주었다.

우리 세계 이외의 다른 세계들 속으로 들어가는 행위의 가장 중요한 의의는 (이것은 인류학 자체의 의의와도 직결된다) 이런 경험으로 인해 우리들의 세계 또한 하나의 문화적 구조물임을 이해할 수 있게 된다는 점이다. 우리는 다른 세계들을 경험함으로써 스스로의 세계를 있는 그대로 보게 되고, 그 결과 우리들 자신의 문화적 구조물과 다른 구조물들 사이에 존재하는 진정한 세계가 실제로는 어떤 것인지를 불완전하게나마 언뜻 볼 수 있게 되는 것이다. 이 책이 민속지인 동시에 우화라는 말은 바로 그런 뜻이다. 돈 후앙의 지혜와 시정詩情, 그리고 그것을 기록한 제자의 능력과 시정은 우리들 자신, 그리고 현실에 대한 새로운 전망을 제공해준다. 적절한 우화가 모두 그렇듯이, 보이는 것은 모두가 보는 사람의 눈에 달려 있는 것이어서, 이런 경우에는 별도의 주석이 필요하지 않다.

카를로스 카스타네다는 UCLA의 인류학도였을 때 돈 후앙과의 대화를 시작했다. 끈기와 용기와 통찰력을 발휘, 이중의 도제 관계에 도전함으로써 우리에게 자신의 체험을 상세하게 보고해준 그에게 감사를 보낸다. 이 책에서 그는 좋은 민속지를 쓰기 위해 필수적인 기술 — 즉, 이질적인 세계 속으로 들어가는 능력을 여실히 보여주고 있다. 나는 그가 진심으로 원하던 길을 찾았다고 믿는다.

월터 골드슈미트

머리말

1960년 여름 UCLA에서 인류학을 공부하고 있을 무렵, 나는 미국 남서부 인디언들이 사용하는 약초에 관한 정보를 수집하기 위해 몇 번 현지답사 여행을 떠난 적이 있다. 지금부터 내가 하려는 얘기는 그 여행 중에 시작되었다. 나는 국경 근처의 어느 소도시에서 현지조사 안내자 겸 조력자 노릇을 해준 지인과 이야기를 나누며 그레이하운드 고속버스가 오기를 기다리고 있었다. 그 지인은 갑자기 내 쪽으로 고개를 기울이면서 창문 앞에 앉아 있는 나이 든 백발의 인디언은 식물, 특히 페요테에 관해 해박하다고 속삭였다. 그래서 나는 지인에게 그를 소개해달라고 부탁했다.

지인은 노인에게 인사를 보내더니 그쪽으로 가서 악수를 나눴다. 서로 잠시 얘기를 나눈 뒤에 지인은 나를 손짓해 불렀지만, 제대로 소개해주지도 않고는 대뜸 자리를 떠버렸다. 인디언 노인은 전혀 당혹한 기색을 보이지 않고 나와 통성명을 했다. 노인은 정중한 어조의 스페인어로 자기 이름은 후앙이며 만나서 반갑다고 했다. 내가 먼저 손을 내밀어 악수를 나눈 다음 우리는 한동안 아무 말도 하지 않았다. 대화가 끊긴 것이 아니라, 쌍방에게 편안하고 자연스러운 침묵이 흘렸던 것이다. 노인의 가무잡잡한 얼굴과 목에는 나이에 걸맞은 주름이 잡혀 있었지만, 근육질의 민첩해 보이는 몸이 내 눈을 끌었다.

잠시 후에 나는 내가 약초에 관한 정보를 수집하고 있는 중이라고 운을 뗐다. 사실 페요테에 관해서 나는 거의 아무것도 몰랐지만, 마치 풍부한 지식을 가지고 있고, 나와 얘기를 나눈다면 당신에게도 도움이 될지 모른다는 식의 큰소리까지 치고 있었다. 내가 이렇게 주절대는 동안 노인은 천천히 고개를 끄덕이며 나를 바라보았지만, 여전히 아무 말도 하지 않았다. 나는 상대방의 시선을 줄곧 피하고 있었다. 그러나 이러는 것도 잠시였고, 곧 우리 두 사람 사이에는 완전한 침묵이 흘렀다. 한참을 그러고 있었던 듯하다. 이윽고 돈 후앙은 일어나서 창밖을 보았다. 그가 탈 버스가 도착한 것이다. 돈 후앙은 내게 작별 인사를 건네고 정류장을 떠났다.

뒤에 남은 나는 노인의 범상치 않은 눈빛을 떠올렸고, 허튼소리를 지껄이던 내 속내를 고스란히 간파당한 듯한 찜찜한 기분을 맛보았다. 그때 지인이 돌아와서 돈 후앙에게서 결국 아무 소득도 얻지 못한 나를 위로했다. 원래부터 과묵하고 사귀기 힘든 노인이라고 했다. 그러나 내가 첫 대면에서 받은 뒤숭숭한 느낌은 그리 쉽게 사라져주지 않았다.

나는 돈 후앙이 어디 사는지를 알아내려고 마음먹었고, 훗날 그를 몇 번 찾아갔다. 그럴 때마다 페요테를 화제에 올리며 대화를 이끌어내 보려고 했지만 성공하지 못했다. 그럼에도 불구하고 우리는 아주 친한 친구 사이가 되었다. 나의 과학적 탐구는 아예 잊혀버렸거나,

아니면 애초의 목적과는 완전히 동떨어진 방향으로 흘러갔다.

내게 돈 후앙을 소개해주었던 지인은 그가 우리가 만났던 곳인 애리조나 주 출신이 아니라 멕시코 소노라 주에서 온 야키 인디언이라고 일러줬다.

처음에 나는 돈 후앙을 페요테에 관해 방대한 지식을 갖추고 있고, 놀랄 정도로 유창하게 스페인어를 할 줄 아는 기인쯤으로 여겼다. 그러나 돈 후앙과 함께 사는 사람들은 그가 모종의 '은밀한 지식'을 가지고 있는 '브루호brujo'라고 믿고 있었다. 브루호라는 단어는 스페인어로 주술사, 치유술사, 무당, 요술사 따위를 의미한다. 특수한 힘, 대개는 사악한 마력을 가진 인물을 가리키는 용어라고 하면 될 것이다.

내가 돈 후앙의 신뢰를 얻기까지는 꼬박 1년이 걸렸다. 어느 날 돈 후앙은 그가 '은사(benefactor)'라고 부르는 스승에게서 일종의 도제수업을 받으며 습득한 모종의 지식을 가지고 있다고 내게 말했고, 이번에는 그가 나를 제자로 택했다고 선언했다. 그러면서 그는 나 자신도 최선을 다할 필요가 있으며, 훈련 또한 길고 힘들 것이라고 경고했다.

그 스승에 대해 언급하면서 돈 후앙은 '디아블레로diablero'라는 단어를 썼다. 훗날 나는 이것이 소노라의 인디언들 사이에서만 쓰이는 용어임을 알았다. 디아블레로는 흑마술을 구사하며 새, 개, 코요테, 기타 어떤 동물로도 변신할 수 있는 능력을 가진 사악한 인물을 뜻한다. 나는 소노라를 방문하던 중에 디아블레로에 관한 인디언들의 생각을 보여주는 기묘한 경험을 한 적이 있다. 어느 날 밤 인디언 친구 두 명을 대동하고 차를 운전하던 나는 개처럼 보이는 짐승이 국도를 가로지르는 것을 목격했다. 그러자 친구 하나가 그것이 개가 아니라 엄청나게 큰 코요테라고 말했다. 나는 확인해보려고 속력을 늦춘 다음 갓길에 차를 세웠다. 그 동물은 몇 초쯤 헤드라이트 불빛이 미치는 곳에 있다가 곧 관목 속으로 뛰어들어 자취를 감춰버렸다. 틀림없이 코요테였지만, 덩치가 보통 코요테의 족히 두 배는 되어 보였다. 친구들은 흥분한 어조로 그 짐승은 보통 코요테가 아님을 인정했다. 그러자 한 사람이 방금 우리가 본 것은 디아블레로였을지도 모른다고 말했다. 그래서 나는 이 사건을 예로 들며 그 지방의 인디언들에게 디아블레로의 존재를 믿는지 물어보기로 마음먹었다. 나는 많은 사람들과 얘기를 나눴고, 이 사건을 화제에 올리며 질문을 던졌다. 지금부터 이야기하는 세 사람과의 대화는 그들이 디아블레로에 대해 어떻게 느끼고 있는지를 보여준다.

"초이, 그건 코요테였을까?" 나는 어느 청년에게 예의 사건을 얘기해준 다음 물었다.

"내가 그걸 어떻게 알아? 보나 마나 개였을 거야. 코요테치고는 너무 크다고 했잖아."

"혹시 디아블레로였을지도 모른다고 생각해?"

"그런 건 다 헛소리야. 디아블레로 따윈 없어."

"왜 그렇게 생각해, 초이?"

"상상이 지나쳐서 헛것을 본 거야. 잡아서 보면 결국 개였을 게 뻔해. 나도 비슷한 경험을 한 적이 있지. 다른 읍에 볼일이 있어서 동트기 전에 일어나서 말에 안장을 얹고 출발했는데, 길가에서 엄청나게 큰 짐승처럼 보이는 검은 그림자하고 마주친 적이 있거든. 말이 놀라서 뒷발로 일어서는 통에 난 땅바닥으로 떨어졌지. 그땐 나도 상당히 겁을 먹었는데, 정신을 차리고 잘 보니까 읍내로 걸어가는 여자의 그림자더라고."

"그럼 초이, 넌 디아블레로의 존재를 믿지 않는 거야?"

"디아블레로라고! 디아블레로가 뭔지나 알기나 해? 네가 먼저 디아블레로가 뭔지 얘기해보라고!"

"나도 몰라, 초이. 그날 밤에 함께 차를 타고 가던 마누엘은 그 코요테가 디아블레로일 수도 있다고 했어. 혹시 디아블레로가 뭔지 내게 가르쳐줄 수 있어?"

"사람들 말로는 디아블레로란 어떤 모습으로도 변신할 수 있는 브루호라는군. 하지만 그게 말도 안 되는 헛소리라는 건 누구나 다 알아. 늙은이들이 틈만 나면 하는 헛소리 말이야. 우리 같은 젊은이들은 그런 거 안 믿어."

"도냐 루즈, 당신은 그게 무슨 동물이었다고 생각하시죠?" 나는 중년 여인에게 물었다.

"그거야 하느님만이 아실 일이지만, 내가 보기엔 코요테가 아니었을 거야. 코요테처럼 보이지만 실은 아닌 것들이 있지. 그 코요테 말인데, 달리고 있었어, 아니면 뭘 먹고 있었어?"

"거의 서 있기만 했지만, 처음 보았을 때는 뭔가를 먹고 있는 것 같더군요."

"혹시 입에 뭔가를 물고 있었던 건 아니고?"

"그럴지도 모릅니다. 그럴 경우엔 무슨 의미가 있다는 얘기를 하시려는 겁니까?"

"그래. 만약 입에 뭔가를 물고 있었다면 그건 코요테가 아냐."

"그럼 뭐였을까요?"

"남자나 여자였겠지."

"도냐 루즈, 그런 사람들을 당신은 뭐라고 부릅니까?"

그녀는 대답하지 않았다. 나는 질문을 계속해 보았지만 대답은 여전히 돌아오지 않았다. 이윽고 그녀는 모르겠다고 말했다. 혹시 그런 사람들을 디아블레로라고 부르지 않느냐고 내가 묻자 그녀는 '디아블레로'는 그런 자들을 부르는 이름 중 하나라고 대답했다.

"혹시 그런 디아블레로를 압니까?" 나는 물었다.

"한 명 알지." 그녀는 대답했다. "살해당했어. 내가 어렸을 때의 일이었지. 사람들 말로는 그 여자는 암캐로 변신하곤 했대. 어느 날 밤에 그 개는 어떤 백인의 집에 치즈를 훔치려고 숨어 들어갔어. 그 백인은 그걸 보고 개를 산탄총으로 쏘아죽였는데, 그 백인 집에서 개가 죽은 순간 그 여자도 자기 오두막에서 죽었다는군. 그 여자 친척들은 백인한테 가서 보상금을 내라고 요구했지. 백인은 그 여자를 죽인 탓에 거금을 치렀어."

"개 한 마리 죽은 걸 가지고 무슨 보상금까지 요구한단 말입니까?"

"그 백인은 그게 개가 아니라는 걸 알고 있었다는군. 다른 사람들도 함께 있었는데, 다들 그 개가 사람처럼 뒷다리로 일어서서 천장에 매단 쟁반에 있던 치즈로 앞발을 뻗치는 것을 봤다나. 매일 밤 치즈를 도둑맞은 탓에 도둑을 잡으려고 그 집에 모여 있었던 거야. 그래서 그 백인은 그게 개가 아니라는 걸 알면서도 죽였다는 거지."

"지금도 디아블레로가 있습니까, 도냐 루즈?"

"그런 건 워낙 비밀스러운 일이라서. 사람들은 더 이상 디아블레로가 없다고 하지만, 난 믿지 않아. 왜냐하면 디아블레로의 가족 중 하나는 반드시 그 디아블레로가 아는 걸 모두 전수받아야 하거든. 디아블레로에겐 자기들만의 법이 있어. 디아블레로는 자기 비밀을 자기 친족 중 한 사람에게 가르쳐야 한다는 것도 그런 법 중 하나지."

"그 동물이 뭐였다고 생각하십니까, 헤나로?" 나는 고령의 노인에게 물었다.

"근처 농장에서 온 개였겠지. 그게 아니면 뭐란 말인가?"

"디아블레로였을지도 모르지 않습니까!"

"디아블레로라고? 정신 나간 소리! 디아블레로 따윈 없어."

"지금은 없다는 얘깁니까, 아니면 예전에도 없었다는 얘깁니까?"

"예전에야 있었지. 그건 누구나 다 아는 상식이야. 하지만 사람들은 그치들을 너무나도 두려워해서 결국 모두 죽여버렸어."

"헤나로, 도대체 누가 그들을 죽였단 말입니까?"

"부족 사람들 모두가. 내가 아는 마지막 디아블레로는 S였어. 주술을 써서 사람을 몇십 명이나 죽였지. 아니 몇백 명쯤 죽였을지도 모르겠군. 그런 걸 내버려둘 수가 없었기 때문에, 어느 날 밤 사람들이 모여서 불시에 함께 쳐들어가서 산 채로 태워죽였다네."

"얼마나 오래전에 일어났던 일입니까?"

"1942년이었어."

"그걸 직접 보셨습니까?"

"아니. 하지만 여전히 다들 그 얘기를 하곤 하지. 태운 뒤에도 재가 전혀 남지 않았다더군. 그자를 묶은 말뚝은 생목이었는데도 말이야. 커다란 기름 웅덩이가 하나 남았을 뿐이었어."

돈 후앙은 자기 은사를 디아블레로로 규정했지만, 어디서 예의 지식을 습득했고 그 은사가 누구였는지는 결코 말하지 않았다. 사실, 돈 후앙은 그가 살아온 삶에 관해서는 거의 언급하지 않았다. 단지 자신이 1891년에 미국 남서부에서 태어났고, 인생의 거의 대부분을 멕시코에서 보냈으며, 1900년에 그의 가족은 멕시코 정부에 의해 다른 몇천 명의 소노라 인디언들과 함께 멕시코 중부로 추방되었고, 1940년까지 멕시코 중부와 남부에서 살았다는 얘기를 했을 뿐이었다. 이 얘기에 의하면 돈 후앙은 많은 곳을 옮겨 다녔으므로, 그의 지식은 다양한 영향의 산물일지도 모른다. 돈 후앙은 스스로를 소노라 출신의 인디언으로 간주하고 있었지만, 그가 가진 지식을 소노라에 사는 인디언 부족들의 문화의 맥락에서만 바라보아야 할지는 나도 확신할 수가 없었다. 그러나 여기서 그의 문화적 환경을 정확하게 규명하는 것은 내 의도가 아니다.

나는 1961년 6월에 돈 후앙의 제자로 입문했다. 그전에도 여러 번 그를 만났지만, 어디까지나 인류학적 관찰자의 입장에서였다. 그 무렵 대화를 나눌 때는 노트에 몰래 메모를 했고, 나중에 기억을 더듬어가면서 완전한 대화를 재구성했다. 그러나 도제 수업을 받기 시작하면서 메모하는 일은 매우 힘들어졌다. 우리는 매우 다양한 주제에 관해 대화를 나눴기 때문이다. 결국 돈 후앙은 (강하게 반대하기는 했지만) 대화를 대놓고 기록하는 것을 허락해주었다. 사진을 찍고 테이프에 녹음도 하고 싶었지만, 그는 허락하지 않았다.

도제 수업은 처음에는 애리조나 주에서 받았고, 나중에 소노라에서 받았다. 훈련기간 중에 돈 후앙이 멕시코로 이주했기 때문이다. 나는 시간이 날 때마다 돈 후앙을 만나러 가서 며칠 동안 함께 지내는 식으로 가르침을 받았다. 나는 그를 점점 더 빈번하게 방문했고, 1961년, 1962년, 1963년, 1964년의 여름에는 한층 더 오랫동안 그와 함께 지냈다. 돌이켜보건대 나의 훈련이 성공적이지 못했던 것은 이런 방식이 주술사가 되기 위해서는 필수적인 완전한 몰입을 방해했기 때문이라는 생각이 든다. 그러나 나의 개인적 입장에서 보면 이 방법은 유익했다. 그 덕에 어느 정도 객관성을 유지하고, 중단 없이 계속 도제 수업을 받았을 경우에는 불가능했을 비판적 고찰의 감각을 키울 수 있었기 때문이다. 그리고 1965년 9월에 나는 자발적으로 도제 수업을 중단했다.

도제 수업을 중단하고 나서 몇 달 지난 뒤에 처음으로, 필드노트를 체계적으로 정리해보면 어떨까 하는 생각이 떠올랐다. 수집한 데이터는 워낙 방대한데다 잡다한 정보를 많이 포함하고 있었기 때문에, 일단 분류법부터 확립하려고 했다. 서로 관련된 개념과 절차를 기준 삼아 데이터를 복수의 영역들로 나누고, 각 영역을 주관적인 중요성에 따라 — 바꿔 말해서, 내게 가장 큰 인상을 남긴 것들부터 — 계층적으로 배열해본 것이다. 나는 이런 방식을 써서 다음과 같은 분류법을 고안해냈다. 환각성 식물 사용법 / 주술에 쓰이는 절차와 관습적 방식 / 주물呪物의 획득과 조작 / 약초 사용법 / 노래와 전승.

그러나 내가 체험한 여러 현상에 대해 숙고해본 결과, 그것들을 분류하려는 나의 시도는 범주를 나열한 목록 이상도 이하도 아니라는 사실을 깨달았다. 내가 작성한 분류법을 개량하려고 시도해도, 더 복잡한 목록이 생길 뿐이었다. 내가 원한 것은 이런 것이 아니었다. 도제 수업을 중단한 이래 몇 달 동안 나는 나의 체험을 이해할 필요성을 느끼고 있었다. 그리고 내가 체험한 것은 실제적이고 실험적인 수단을 통해 행해지는, 어떤 일관된 신념체계에 대한 가르침이었다. 돈 후앙의 가르침이 내적 일관성을 갖추고 있다는 사실은 첫 번째 수업을 받았을 때부터 명백했다. 돈 후앙은 일단 내게 지식을 전수하려고 결심한 다음부터는 규칙에 따라 순서대로 설명을 해주었다. 내 입장에서 가장 어려웠던 것은 그 규칙이 무엇인지를 찾아내서 이해하는 일이었다.

내가 진정한 이해에 도달하지 못했던 것은 4년 동안이나 도제 수업을 받았음에도 불구하고 여전히 초보자라는 사실에 기인하는 듯하다. 돈 후앙이 그의 지식과 전수 방식을 그의 은사로부터 물려받았다는 사실은 명백했다. 따라서 그의 가르침을 이해하는 과정에서 내가 직면했던 어려움은 필시 돈 후앙 본인이 겪었던 그것과 유사했을 것이다. 돈 후앙도 제자였던 시절에는 스승의 가르침을 도통 이해하지 못해서 고생했다고 암시한 적이 있지 않던가. 그래서 나는 인디언이든 아니든 간에 초보자는 자신이 경험하는 온갖 현상들의 기이한 성질 때문에 주술에 관한 지식을 제대로 이해하지 못하게 된다고 믿게 되었다. 서구인인 내가 받아들이기에는 그 현상들이 너무나도 기괴했기 때문에, 나 개인의 일상적인 맥락에서 그것을 해명한다는 것은 실질적으로 불가능했다. 따라서 내가 수집한 데이터를 나 자신의 용어로 분류하려는 시도는 헛된 것이라는 결론을 내릴 수밖에 없었다.

그런 연유로, 돈 후앙의 지식은 돈 후앙 본인이 이해하는 방식을 통해 고찰하는 수밖에 없다는 사실이 명백해졌다. 그의 지식은 오로지 그런 방식을 통해서만 밝혀지고, 설득력을 가질 수 있게 될 것이기 때문이다. 그러나 돈 후앙과 나 자신의 관점을 조화시키려고 해도, 돈 후앙이 내게 자신의 지식을 설명해주려고 할 때는 언제나 그 자신에게 '말이 되는' 개념들만을 썼다는 사실을 깨달았다. 그런 개념들 자체가 내게는 이질적인 것이었기 때문에 돈 후앙의 방식으로 그의 지식을 이해하려는 시도는 나를 또다시 막다른 골목에 몰아넣을 뿐이었다. 따라서 돈 후앙 식의 개념화 순위를 알아내는 것이야말로 내가 가장 먼저 해야 할 일이었다. 그 방향으로 작업을 진행하면서 나는 돈 후앙 자신이 가르침의 일부 영역 — 특히 환각성 식물의 사용 — 을 특별히 강조했다는 사실을 깨달았다. 나는 이런 사실을 기초로 내가 처음 고안했던 분류 방식을 수정했다.

돈 후앙은 세 종류의 환각성 식물 — 페요테(Lophophora williamsi), 짐슨 위드(Datura inoxia syn. D. meteloides, 다투라, 악마초), 그리고 모종의 버섯(Psilocybe mexicana로 추정) — 을 경우에 따라 선별적으로 사용했다. 아메리카 대륙의 인디언들은 유럽인들과 접촉하기 전부터 이 세 식물의 환각적 성질에 관해 알고 있었다. 그런 성질 덕에 이 식물들은 쾌락이나 치료, 주술, 그리고 황홀경에 도달하는 수단으로 널리 쓰였다. 돈 후앙은 그의 가르침과 직결된 특수한 맥락에서, 다투라와 버섯 사용을 그가 '맹우盟友'라고 부르는 힘의 획득에 결부시켰고, 페요테 사용을 지혜 내지는 '올바로 살기 위한 지식'의 획득에 결부시켰다.

돈 후앙의 입장에서 이런 식물들은 인간에게 특수한 지각의 단계를 경험하게 하는 힘을 가지고 있다는 점에서 중요했다. 그래서 돈 후앙은 자신의 지식을 내 앞에 펼쳐서 확인시킬 목적으로 내가 이런 일련의 단계를 경험하도록 지도했던 것이다. 나는 그것들을 우리가 일상생활에서 경험하는 보통의 현실과 대비되는 특별한 현실이라는 의미에서 '비일상적 현실 상태'(states of nonordinary reality)라고 이름붙였다. 이 구분은 비일상적 현실 상태라는 용어가 내포한 뜻에 기반하고 있다. 돈 후앙의 지식의 맥락에서 보자면 그것은 일상적 현실 못지않게 엄연한 현실이지만 일상적 현실과는 다르다고 간주된다.

돈 후앙은 비일상적 현실 상태야말로 유일하게 실제적인 배움의 방식이자 힘을 얻기 위한 유일한 수단이라고 역설했고, 가르침의 다른 부분들은 힘의 획득에 비하면 부수적인 것에 지나지 않다고 내비쳤다. 이런 관점은 비일상적 현실과 직접적인 연관이 없는 모든 것을 대하는 돈 후앙의 태도에도 침투해 있었다. 내 필드노트에서는 이에 대해 돈 후앙이 어떻게 느끼고 있는지에 대한 언급이 여기저기서 발견된다. 이를테면 그는 나와 대화를 나누던 중에 어떤 물체는 일정량의 자체적인 힘을 가지고 있다고 시사한 적이 있다. 돈 후앙 본인은 주력呪力이 깃든 물체, 즉 주물呪物을 대수롭지 않게 여기지만 약소弱小한 브루호들은 자주 그 도움을 받는다고 했다. 나는 그런 물건들에 관해 종종 묻곤 했지만, 돈 후앙은 그런 것에 관해 논하는 일에 전혀 관심이 없는 듯했다. 그러나 어느 날 또 이것이 화제에 오르자 그는 마지못해 내 청을 받아들였다.

"힘이 깃든 물건들은 실제로 있네." 돈 후앙은 말했다. "힘을 가진 사내들이 우호적인 정령들의 도움을 받아서 빚어낸 그런 물건이 많이 있어. 그런 물건들은 도구야. 보통 도구가 아니라, 죽음의 도구. 하지만 그것들 역시 수단에 불과하고, 무엇을 가르쳐주는 힘을 갖고 있지는 않네. 좀더 정확히 말하자면 그것들은 싸움의 용도로 만들어진 무기의 일종이지. 던져서 누군가를 죽일 수 있도록 만들어져 있어."

"돈 후앙, 그건 어떤 종류의 물건입니까?"

"엄밀하게는 물건이 아니라, 일종의 힘이야."

"그런 종류의 힘을 어떻게 하면 얻을 수 있습니까?"

"그건 자네가 어떤 종류의 물건을 원하는가에 달렸어."

"종류가 얼마나 많은데요?"

"아까 말했듯이, 많은 종류가 있네. 뭐든지 힘이 깃든 물건이 될 수 있어."

"흐음, 그럼 그중에서 가장 강력한 건 뭡니까?"

"힘이 깃든 물건의 힘은 그 소유주가 어떤 사람인가에 달렸네. 힘이 약한 브루호들이 만들어낸 물건들은 거의 농담 수준으로 약하지. 반면에 강한 힘을 가진 브루호는 그 힘을 자신의 도구에 불어넣는다네."

"그럼 가장 흔한 물건은 뭡니까? 대다수의 브루호들은 뭘 선호합니까?"

"딱히 뭘 선호하거나 하지는 않네. 그건 모두가 다 힘이 깃든 물건이고 다 똑같아."

"돈 후앙, 당신도 그런 걸 가지고 있습니까?"

그는 대답하지 않았고, 단지 나를 바라보며 웃었을 뿐이다. 그러고는 오랫동안 입을 다물고 있었다. 혹시 내 질문이 그의 심기를 거스른 것일까.

"그런 종류의 힘에는 한계가 있어." 그는 말을 이었다. "하지만 그런 말은 보나 마나 자네에겐 이해 불가능이겠지. 맹우 혼자서도 그런 열등한 힘들의 비밀을 모두 밝혀줄 수 있어. 그런 게 모두 어린애 장난에 불과하다는 사실을 내가 깨닫기까지는 거의 한평생이 걸렸다네. 그런 도구들을 아주 젊은 시절 한때 나도 가졌던 적이 있어."

"어떤 물건을 갖고 있었습니까?"

"마이스-핀토Máiz-pinto, 수정, 깃털 따위일세."

"마이스-핀토가 뭡니까, 돈 후앙?"

"작은 옥수수 알갱이야. 한복판에 빨간 줄무늬가 있는."

"그건 하나짜리 알갱이인가요?"

"아니. 브루호는 마흔여덟 개의 알갱이를 갖고 있지."

"그걸로 무슨 일을 할 수 있습니까?"

"그거 하나가 사람 한 명을 죽일 수 있어. 그 몸에 들어가서."

"옥수수 알이 어떻게 사람 몸에 들어갈 수 있습니까?"

"그건 힘을 지닌 물건이고, 그 힘 중에는 사람 몸으로 들어가는 능력도 포함되어 있어."

"사람 몸에 들어간 뒤에는 무슨 일을 하는 겁니까?"

"몸속에 잠겨 든다네. 가슴이나 내장에 말이야. 그럼 그 사람은 병에 걸리고, 그를 치료하는 브루호가 요술을 건 상대보다 강하지 않은 이상 알갱이가 몸에 들어간 지 세 달 안에 죽게 돼."

"그런 사람을 고칠 방법은 없습니까?"

"유일한 방법은 문제의 알갱이를 빨아내는 거지만, 그런 위험을 무릅쓰는 브루호는 극소수라네. 브루호는 알갱이를 빨아내는 데 성공할 수도 있지만, 그걸 쫓아낼 정도로 강하지 않은 이상 알갱이는 그 브루호의 체내로 들어가서 그를 죽이니까 말이야."

"하지만 사람 몸에 옥수수 알갱이가 어떻게 들어간단 말입니까?"

"그걸 설명하려면 옥수수 요술에 관한 얘기부터 해줘야 하네. 그건 내가 아는 것들 중에서도 가장 강력한 요술의 하나지. 그 요술에서는 두 개의 옥수수알을 쓰네. 옥수수알 하나를 노란 꽃의 봉오리 안에 집어넣은 다음 희생자와 접촉할 수 있는 장소에 놓아두는 거야. 그가 매일 지나다니는 길이라든지, 평소에 시간을 보내는 장소라면 어디든 상관없어. 희생자가 그 알갱이를 밟는 순간, 혹은 어떤 식으로든 만지는 순간, 요술은 완수되네. 그 즉시 그 알갱이는 희생자의 몸에 들어가는 거지."

"희생자가 만지면 옥수수 알에는 어떤 일이 일어납니까?"

"그 속의 모든 힘이 희생자 속으로 들어가고, 옥수수알은 요술에서 놓여난다네. 보통 옥수수알이 되는 거지. 요술이 행해졌던 곳에 버려두거나, 쓸어낼 수도 있겠지. 어떻게 하든 상관없어. 덤불 속으로 쓸어넣어서 새가 먹게 내버려두는 편이 낫지만 말이야."

"희생자와 접촉되기 전에 새가 그걸 먹어버리는 일은 없나요?"

"아니, 새는 그렇게 멍청하지 않아. 장담해도 좋네. 새들은 그걸 피한다는 걸."

그런 다음 돈 후앙은 그런 힘을 가진 옥수수 알을 획득하는 지극히 복잡한 절차를 묘사했다.

"마이스-핀토는 맹우가 아니라 단순한 도구에 불과하다는 걸 명심해야 하네. 일단 그걸 구별할 수 있으면 아무 문제도 없을 거야. 하지만 그런 도구들이 최고라고 믿어버린다면 자넨 바보야."

"힘이 깃든 물건은 맹우만큼이나 강력합니까?" 나는 물었다.

돈 후앙은 대답하기 전에 한심하다는 듯이 웃었다. 나의 질문 공세를 억지로 감수하는 듯한 기색이었다.

"마이스-핀토, 수정, 깃털 따위는 맹우에 비하면 장난감에 불과해." 그는 말했다. "힘이 깃든 물건은 맹우가 없는 자들이나 필요로 하는 걸세. 그런 것을 추구하는 건 시간 낭비야. 자네 경우엔 특히 그렇지. 자넨 맹우를 얻기 위해 애써야 해. 만약 성공한다면, 지금 내가 하는 얘기도 다 이해가 될 걸세. 그런 물건은 어린애들 장난이나 마찬가지야."

"오해하지 마십쇼, 돈 후앙." 나는 항의했다. "저도 맹우를 하나 얻고 싶지만, 가급적이면 모든 걸 알고 싶어서 이러는 겁니다. 당신도 분명히 지식은 힘이라고 하지 않았습니까?"

"아냐!" 그는 강한 어조로 말했다. "힘은 당사자가 가진 지식의 종류에 좌우되는 법이야. 그런 마당에 아무 쓸모도 없는 지식을 알아서 도대체 무슨 소용이 있단 말인가?"

돈 후앙의 신념체계에서 맹우를 얻는다는 행위는, 전적으로 그가 환각성 식물을 써서 내게 경험토록 한 비일상적 현실 상태를 탐구하는 것을 의미했다. 내가 그가 가르쳐준 지식의 다른 측면들을 잊어버리고 이런 비일상적 상태에만 집중한다면 내가 체험한 현상을 일관된 관점에서 바라볼 수 있으리라는 것이 그의 믿음이었다.

그런 연유로 나는 이 책을 두 부분으로 나눴다. 1부는 내가 도제 기간 중 체험했던 비일상적 현실에 관해 기록한 필드노트에서 발췌한 것이다. 이야기의 연속성에 초점을 맞춰 배열했기 때문에 기록이 언제나 연대순으로 진행되지는 않는다. 나는 비일상적인 현실 상태를 경험한 직후에 그것을 기록한 적은 한 번도 없고, 그 경험을 냉정하고 객관적으로 다룰 수 있도록 며칠을 기다리는 것이 보통이었다. 그러나 돈 후앙과 내가 나눈 대화는 어떤 비일상적인 현실 상태를 경험한 직후에 실시간으로 기록해둔 것이다. 따라서 이런 대화 기록은 이따금 해당 경험 전체의 기술에 선행하는 경우가 있다는 점을 유념하기 바란다.

내 필드노트는 내가 이런 체험을 하면서 주관적으로 지각한 것들을 기록한 것이다. 돈 후앙은 내가 겪은 낱낱의 체험을 하나도 빠짐없이 충실하게 회상하고, 그것을 완전히 구술해보기를 요구했다. 이 책은 내가 돈 후앙에게 했던 얘기를 있는 그대로 옮긴 것이다. 내 체험을 글로 기록하면서, 각 비일상적 현실 상태의 전체상을 또렷이 불러일으키게 하기 위해 부수적인 세부사항을 덧붙인 경우도 있다. 당시 내가 체험했던 감정적 충격을 가능한 한 충실하게 묘사해놓고 싶었기 때문이다.

내 필드노트는 돈 후앙의 신념체계의 내용에 대해서도 밝히고 있다. 나의 질문과 그의 대답이 길게 이어지는 부분에서는 중복을 피하기 위해 대화를 짧게 압축한 경우도 있다. 그러나 대화의 전체적인 분위기를 정확하게 전달하고 싶었기 때문에 특정 대화를 삭제할 경우는 돈 후앙의 지식체계를 이해하는 데 아무런 도움이 되지 않는 부분에만 한정시켰다. 돈 후앙의 지식 전수는 언제나 산발적이었고, 그가 드문드문 내게 해준 얘기들은 내가 몇 시간 동안이나 붙들고 캐물은 결과다. 그러나 돈 후앙이 시간을 들여 자신의 지식을 내게 아낌없이 전수해준 경우도 적지 않았다.

이 책의 2부에서는 전적으로 1부의 자료에만 입각해서 이끌어낸 구조적 분석을 제시한다. 이 분석을 통해 나는 (1) 돈 후앙이 자신의 가르침을 하나의 논리적인 사고체계로서 제시했고, (2) 이 사고체계는 그것의 구조적 단위들을 파악하면서 살펴볼 때만 제대로 이해될 수 있으며, (3) 이 사고체계는 직접 경험한 현상들의 질서를 스스로 개념화할 수 있는 수준까지 제자를 끌어올릴 목적으로 고안되었다는 점을 논증해보려고 한다.

제1부

가르침

1

내 기록에 의하면 내가 돈 후앙의 첫 번째 수업을 받은 것은 1961년 6월 23일이었다. 내가 그의 가르침을 받기 시작한 것은 이때부터였다. 그전에도 몇 번 만났지만 나는 언제나 관찰자의 입장을 견지했고, 그때마다 페요테에 관해 가르쳐달라고 간청했다. 돈 후앙은 언제나 내 부탁을 무시했지만, 그렇다고 대화를 완전히 거부하지도 않았다. 나는 그의 이런 어정쩡한 태도를 보고 조금만 더 끈질기게 조르면 관련 지식을 전수해줄지도 모른다고 판단했다.

이 수업에서 돈 후앙은, 만일 내가 명료한 마음과 나 자신의 요청에 대해 뚜렷한 목적의식을 가지고 있다면 내 요청을 고려해볼 용의가 있음을 분명히 밝혔다. 그러나 그런 조건을 만족시키는 일은 불가능했다. 내가 페요테에 관해 가르쳐달라고 간청한 것은 오로지 나와 돈 후앙 사이에 의사소통의 길을 열기 위한 수단으로서였기 때문이다. 익숙한 주제를 통해 그의 마음을 열고 대화의 실마리를 찾아낸다면 식물들의 특성에 관한 그의 지식을 끌어낼 수 있으리라고 생각했던 것이다. 그러나 돈 후앙은 나의 요구를 말 그대로 받아들였고, 내 요청의 목적에 대해 의구심을 품고 있었다.

1961년 6월 23일 금요일

"돈 후앙, 페요테에 관해 가르쳐주시겠습니까?"

"자넨 왜 그런 공부를 하고 싶어하나?"

"정말로 알고 싶어서입니다. 단지 알고 싶다는 것만으로도 충분한 이유가 되지 않습니까?"

"아냐! 자기 마음속을 들여다보고 왜 자네 같은 청년이 굳이 그런 공부를 하고 싶어하는지를 알아내야 해."

"그럼 돈 후앙, 당신은 왜 그런 공부를 했죠?"

"왜 그런 걸 물어보나?"

"우리 두 사람 모두 같은 이유에서 그러는 건지도 모르니까요."

"그럴 것 같진 않군. 난 인디언이야. 자네와 내 길은 달라."

"제가 여기 이렇게 와 있는 건 단지 그것에 관해 배우고, 알고 싶기 때문입니다. 하지만 돈 후앙, 보장해도 좋습니다. 제 의도는 결코 악하지 않습니다."

"믿겠네. 자네를 피워(smoked) 봤거든."

"뭐라고요?"

"이제 그런 건 아무래도 좋아. 난 자네 의도가 뭔지 알고 있으니까."

"제 마음을 꿰뚫어봤다는 말씀이십니까?"

"그렇게 말할 수도 있겠지."

"그럼 가르쳐주시겠습니까?"

"안 돼!"

"제가 인디언이 아니라서?"

"그게 아니라, 자네가 자기 마음을 제대로 모르기 때문이야. 중요한 건 자네가 왜 그런 일을 하고 싶어하는지를 정확하게 아는 거라네. 메스칼리토Mescalito에 관해 배운다는 건 매우 진지한 행위니까 말이야. 자네가 인디언이었다면 그런 욕구를 느끼는 것만으로도 충분했겠지. 그런 욕구를 느끼는 인디언은 거의 없거든."

1961년 6월 25일 일요일

나는 금요일 오후 내내 돈 후앙과 시간을 보냈다. 오후 7시쯤에는 떠날 예정이었다. 집 앞의 흙마루에 함께 앉았을 때 나는 다시 한 번 '가르침'에 대해 물어보려고 마음먹었다. 그것은 이 무렵에는 거의 습관이 되었다시피 한 질문이었고, 이번에도 그가 거절할 것을 이미 예상하고 있었다. 나는 나를 인디언인 것처럼 생각하고, 배움을 얻고 싶어하는 나의 희망을 받아줄 길은 없는지 물었다. 돈 후앙은 한동안 침묵했다. 뭔가 마음을 정하려고 하는 기색이었기 때문에 나는 떠날 엄두를 내지 못하고 기다렸다.

마침내 돈 후앙은 방법이 있다고 하며 말을 이어갔다. 그는 흙마루 바닥에 앉아 있는 내가 무척 피곤해하고 있다는 사실을 지적하면서, 그런 경우에 해야 할 일은 내가 피로를 느끼지 않고 앉아 있을 수 있는 '장소(sitio)'를 찾아내는 것이라고 말했다. 나는 양 다리를 구부려 가슴에 바짝 대고 무릎을 끌어안은 자세로 웅크리고 앉아 있었다. 나는 돈 후앙에게 지적받고 나서야 비로소 허리가 아프고 무척 피곤하다는 사실을 스스로 자각했다.

나는 이 '장소'란 것이 무엇을 뜻하는지를 돈 후앙이 설명해주기를 기다렸지만, 그는 딱히 구체적인 얘기를 하지 않았다. 아마 앉아 있는 위치를 바꾸라는 얘기인 듯했기 때문에 나는 일어서서 그에게 더 가까운 곳으로 가서 앉았다. 돈 후앙은 나의 이런 행동을 나무라며 '장소'란 기분이 자연스레 편해지고 기력이 차오르는 장소를 의미한다고 강조했다. 그는 자기가 앉은 곳을 손으로 두드리며 그곳이 자신의 장소라고 말했고, 이것은 수수께끼이므로 더 이상 묻지 말고 내 힘으로 풀어야 한다고 덧붙였다.

돈 후앙이 낸 문제는 수수께끼가 맞았다. 나는 무엇을 어떻게 시작해야 할지도 몰랐고, 그가 무엇을 염두에 두고 있는지 짐작조차도 할 수 없었기 때문이다. 나는 내가 편해지고 기력이 차오르는 장소를 알아낼 실마리가 될 만한 얘기를 해달라, 아니면 적어도 힌트라도 하나 달라고 거듭 졸랐다. 나는 문제가 무엇인지조차도 이해하지 못하기 때문에, 그가 하는 말의 뜻을 통 모르겠다고 떼를 썼다. 그러자 돈 후앙은 내가 그 장소를 찾아낼 때까지 흙마루를 돌아다녀 보라고 했다.

나는 일어서서 흙마루를 왔다갔다하기 시작했다. 곧 바보짓을 하고 있다는 생각이 들었다. 나는 돈 후앙 앞에 가서 앉았다.

돈 후앙은 매우 짜증스러운 기색으로 내가 말귀를 못 알아듣는다며 야단을 쳤고, 혹시 배우고 싶은 생각이 없는 게 아니냐고 반문했다. 잠시 후 그는 냉정을 되찾고 모든 장소가 앉거나 서 있기에 적합한 것은 아니며, 흙마루라는 제한된 공간 내에도 내가 최상의 상태가 될 수 있는 지점이 한 곳 존재한다고 설명했다. 그런 장소를 다른 장소로부터 분간해내는 것이 내게 주어진 과제였다. 보통 그러기 위해서는 그 지점을 찾았다는 완전한 확신이 들 때까지 확인가능한 모든 지점을 직접 '느껴' 봐야 한다고 그는 말했다.

나는 흙마루가 그리 넓지는 않아도(약 3.6미터×2.4미터) 후보가 될 수 있는 장소는 수없이 많고, 그걸 일일이 점검하려면 엄청나게 오랜 시간이 걸릴 것이 뻔하다고 반박했다. 게다가 돈 후앙은 그 장소의 크기를 제시해주지도 않았기 때문에 가능성은 무한에 가깝지 않는가. 그러나 반론은 소용이 없었다. 돈 후앙은 일어섰고, 내 말대로 며칠이 걸릴지도 모르지만, 내가 주어진 문제를 풀 생각이 없다면 자기도 더 이상 할 말이 없으니 그냥 떠나라고 준엄한 어조로 꾸짖었기 때문이다. 그는 자기도 문제의 장소가 어딘지를 아니까 거짓말을 해도 소용없다는 점을 강조했고, 메스칼리토에 관해 배우고자 하는 소원을 이루고 싶다면 이것이 유일한 방법이라고 말했다. 그는 이 세상에 공짜 선물은 없고, 무엇을 배우든 간에 기초부터 힘들게 배워야 한다고 덧붙였다.

그런 다음 돈 후앙은 집 주위를 돌아 뒤꼍의 덤불에서 소변을 보고는 뒷문을 통해 바로 집 안으로 들어가버렸다.

그 가상의 장소를 찾으라는 숙제를 내준 것은 나를 쫓아내는 그만의 방식일지도 모른다는 생각이 들었지만, 나는 일어서서 왔다갔다하기 시작했다. 밤하늘이 맑게 개어 있는 덕에 흙마루 전체뿐만 아니라 근처의 사물까지도 뚜렷하게 보였다. 한 시간쯤 그러고 있었던 듯하지만, 문제의 장소가 어딘지를 알려줄 만한 일은 전혀 일어나지 않았다. 나는 걷는 데 지쳐서 바닥에 주저앉았다. 몇 분쯤 뒤에는 다른 곳으로 옮겨 앉았고, 그러다가 또 다른 데로 자리를 옮기며 앉는 일을 되풀이했고, 결국은 반쯤 체계적인 방법으로 흙마루 전체를 돌아다녔다. 그러면서 의도적으로 각 지점들 사이의 차이를 '느껴' 보려고 했지만, 그 차이를 확인할 수 있는 기준 자체가 없었다. 시간 낭비라는 생각이 들었지만 나는 계속 흙마루에 머물렀다. 나는 돈 후앙을 만나기 위해 이렇게 먼 길을 왔는데, 달리 할 일이 없으니 이런 일을 하고 있는 거라고 자신을 다독였다.

나는 양손을 베개 삼아 흙마루 바닥에 누웠다. 그러고는 몸을 굴려 잠시 엎드려 있었다. 이런 방식으로 흙마루 전체를 굴러다니다가, 처음으로 어렴풋하게 기준이 될 만한 것을 발견했다고 느꼈다. 등을 바닥에 대고 있는 편이 더 따뜻하다는 느낌을 받았던 것이다.

이번에는 반대 방향으로 몸을 굴려보았다. 아까 누웠던 각 지점에서 이번에는 엎드려보는 방식으로 다시 한 번 흙마루 바닥 전체를 훑었던 것이다. 아까와 마찬가지로 등을 대고 누우면 따뜻하고 엎드리면 춥다는 느낌을 받았지만, 각 지점 사이에 별다른 차이는 없었다.

그러자 멋진 아이디어가 떠올랐다. 돈 후앙이 앉아 있던 지점이다! 나는 그곳으로 가서 앉고, 엎드리고, 몸을 굴려 누워보았다. 그러나 그 지점은 다른 곳과 아무런 차이도 없었다. 나는 일어섰다. 더 이상 하고 싶지 않았다. 돈 후앙에게 작별인사를 하고 싶었지만, 자는 그를 깨우고 싶지 않았기 때문에 주저했다. 손목시계를 보니 새벽 두 시였다! 나는 무려 여섯 시간 동안이나 흙마루 바닥을 구르고 있었던 것이다.

바로 그때, 돈 후앙이 밖으로 나오더니 집 주위를 돌아 덤불로 갔다. 그는 돌아와서 앞문 앞에 섰다. 나는 완전히 의기소침했고, 그에게 뭔가 심술궂은 소리를 하고 떠나고 싶은 충동을 느꼈다. 그러나 나는 이것이 그의 잘못이 아님을 깨달았다. 애당초 이런 말도 안 되는 일을 하기로 결심한 사람은 바로 내가 아니던가. 나는 실패했다고 고백했다. 밤새도록 멍청하게 흙바닥을 굴러다녔지만 그가 내놓은 수수께끼의 실마리조차도 잡지 못했다고 말이다.

돈 후앙은 웃음을 터뜨리고는, 내 방식은 처음부터 잘못되었기 때문에 놀랄 것이 없다고 말했다. 그는 내가 눈을 쓰지 않았다고 지적했다. 사실이었다. 하지만 그는 눈으로 보지 말고 직접 차이를 느껴보라고 하지 않았던가. 내가 이 사실을 지적하자 눈으로 사물을 똑바로 응시하지만 않는다면 사람은 눈을 써서 느낄 수 있다는 대답이 돌아왔다. 내 경우 이 문제를 풀려면 내가 갖고 있는 모든 것, 그러니까 눈을 동원하는 수밖에 없다고 돈 후앙은 말했다.

돈 후앙은 다시 집 안으로 들어갔다. 나를 지켜보고 있었던 것이 틀림없다. 그게 아니라면 내가 눈을 쓰지 않았다는 사실을 알고 있을 리가 없지 않는가.

나는 다시 바닥을 구르며 돌아다니기 시작했다. 내게는 이것이 가장 편한 방식이었기 때문이다. 그러나 이번에는 양손으로 턱을 괴고 엎드려서 바닥을 샅샅이 훑어보았다.

잠시 후 주위의 어둠이 변화했다. 내 눈 바로 앞에 있는 지점을 응시하자 시야 주변부 전체가 선명한 녹황색으로 물들었다. 이 현상은 나를 깜짝 놀라게 했다. 나는 정면의 그 지점에 시선을 고정한 채로 엎드린 몸을 조금씩 옆으로 움직이기 시작했다.

갑자기 흙마루 중심 부근의 한 지점에서 색조의 변화가 일어난 것을 자각했다. 오른쪽, 아직 내 시야 주변부에 들어 있는 지점에서 녹황색이 선명하기 그지없는 자줏빛으로 변했던 것이다. 그쪽에 주의를 집중하자 자줏빛은 스러지면서 희끄무레하지만 여전히 눈이 아플 정도로 선명한 색으로 변했고, 내가 주의를 기울이는 동안은 계속 그 색조를 유지했다.

윗도리를 그 자리에 놓아 표시하고 돈 후앙을 부르자 그는 흙마루로 나왔다. 나는 정말로 흥분한 상태였다. 실제로 색조의 변화를 목격했던 것이다. 돈 후앙은 별로 감명받은 기색은 아니었지만, 그 장소에 다시 앉아보고 느낌이 어떤지 얘기해보라고 했다.

나는 바닥에 앉았다가 드러누웠다. 돈 후앙은 곁에 서서 어떤 느낌인지 말해보라고 계속 물었다. 그러나 딱히 다르다는 느낌은 없었다. 15분쯤 다른 장소와의 차이를 느끼거나 보려고 애쓰는 동안 돈 후앙은 내 곁에서 참을성 있게 서 있었다. 나는 넌더리가 났다. 입맛이 써지고 갑자기 머리가 지끈거리기 시작했다. 구토하기 직전이었다. 힘들여서 바보짓만 했다는 생각에 짜증이 치밀어오르며 분노조차 느꼈다. 나는 일어섰다.

돈 후앙은 이런 나의 깊은 좌절감을 눈치챈 것이 틀림없었다. 그는 웃지 않고 매우 진지한 어조로, 배우고 싶다면 불굴의 정신을 지녀야 한다고 말했다. 내게는 두 가지 선택밖에는 없다고 그는 말했다. 즉, 때려치우고 집에 돌아가든지 (그럴 경우는 다시는 배울 수가 없게 된다) 내게 주어진 수수께끼를 풀든지, 둘 중 하나인 것이다.

그는 다시 집 안으로 들어갔다. 나는 당장에라도 떠나고 싶었지만 너무 피곤한 탓에 차를 운전할 수 있는 상태가 아니었다. 게다가 아까 내가 감지한 색채 변화는 너무나도 놀라웠기 때문에 그것이 일종의 기준이 틀림없다는 생각이 들었다. 아마 다른 종류의 변화를 느낄 수 있는지도 모른다. 하여튼 떠나기에는 너무 늦은 시간이었기 때문에, 나는 흙마루 바닥에 앉아 다리를 뒤로 뻗고 또다시 같은 일을 시작했다.

이번에는 돈 후앙의 장소를 포함해서 아까 훑었던 지점들을 빠르게 지나 흙마루 끝까지 갔고, 거기서 방향을 바꿔 바깥쪽 가장자리를 훑었다. 흙마루 한복판에 도달했을 때, 나는 내 시야 주변부의 색이 또 변하고 있다는 사실을 깨달았다. 오른쪽의 한 지점에서, 균일한 황록색이 선명한 녹청색綠青色으로 변했던 것이다. 그러더니 다음 순간에는 내가 그때까지 감지했던 그 어떤 색과도 다른 색으로 고정되었다. 나는 신발 한 짝을 벗어 그 지점을 표시해놓고, 계속 바닥을 구르며 모든 방향을 점검했다. 더 이상의 색채 변화는 일어나지 않았다.

신발로 표시해놓은 곳으로 돌아와서 찬찬히 훑어보았다. 내가 윗도리로 표시해놓은 지점에서 남동쪽으로 150에서 180센티미터쯤 떨어진 곳이었다. 그 옆에는 커다란 바위가 하나 놓여 있었다. 나는 뭔가 단서를 찾아보려고 꽤 오랫동안 그곳에 누워 주위를 자세히 훑어보았지만, 뭔가 다르다는 느낌은 전혀 받지 못했다. 그래서 다른 한 지점을 점검해보기로 했다. 무릎을 꿇은 채로 재빨리 방향을 바꿔 윗도리 위에 엎드리려고 했을 때 괴상한 느낌이 왔다. 무엇인가가 실제로 내 배를 누르는 듯한 감각에 가까웠다. 나는 벌떡 일어나 뒤로 성큼 물러났다. 목덜미의 털이 쭈뼛 섰다. 나는 두 다리를 조금 구부린 채로 몸통을 앞으로 숙이고, 양손을 앞으로 쭉 뻗고 두 손을 고양이 발톱처럼 구부리고 있었다. 나도 모르게 이런 묘한 자세를 취하고 있다는 사실을 깨닫자 두려움이 더 커졌다.

나도 모르게 뒷걸음질을 치고 신발 옆의 돌 위에 앉았다. 힘이 빠진 나머지 앉은 자세 그대로 바위 위에서 바닥으로 미끄러졌다. 나는 도대체 무엇이 나를 이렇게 두렵게 했는지를 알아보려고 했다. 아마 내가 느끼던 피로 탓인지도 모른다는 생각이 들었다. 날이 거의 다 밝아 있었다. 나는 바보가 된 기분이었고, 당혹감을 느꼈다. 여전히 무엇이 나를 두렵게 했는지는 설명할 수가 없었고, 돈 후앙이 내준 숙제도 풀지 못했다.

마지막으로 한 번 더 시도해보려고 마음먹었다. 나는 일어서서 윗도리로 표시해놓은 지점으로 천천히 다가갔다. 그러자 또다시 예의 두려움이 느껴졌다. 이번에는 단단히 마음을 먹고 그 자리에 앉았고, 엎드리기 위해 무릎을 꿇었다. 그러나 나의 이런 의식적인 노력에도 불구하고 엎드릴 수가 없었다. 양손으로 바닥을 짚었다. 호흡이 빨라지고, 뱃속이 울렁거렸다. 나는 공황이 몰려오는 것을 뚜렷하게 자각했고, 도망치지 않기 위해 악전고투했다. 돈 후앙이 이 광경을 바라보고 있을지도 모른다는 생각이 들었다. 나는 네 발로 기어 처음 지점으로 돌아갔고, 바위에 등을 대고 앉았다. 잠시 쉬면서 생각을 정리해보려고 했지만, 어느새 잠에 빠져들었다.

머리 위에서 돈 후앙이 뭐라 말하며 웃는 소리가 들렸다. 나는 잠에서 깼다.

"그 지점을 찾아냈군." 그가 말했다.

처음에는 무슨 얘긴지 영문을 알 수 없었지만, 돈 후앙은 내가 잠든 장소가 바로 문제의 그곳이라고 장담했다. 그러고는 그곳에 누워 있으면 어떤 기분을 느끼는지 말해보라고 재차 물었다. 나는 아무 차이도 못 느끼겠다고 대답했다.

그러자 돈 후앙은 다른 장소에 누워 있던 순간의 느낌과 비교해보라고 했다. 그제야 나는 어젯밤 느꼈던 두려움을 설명할 도리가 없다는 사실을 처음으로 깨달았다. 돈 후앙은 도전적이라고도 할 수 있는 어조로 예의 다른 장소에 가서 앉아보라고 말했다. 알 수 없는 이유로 인해 나는 그 장소에 대해 실제로 두려움을 느꼈고, 그곳에 가서 앉지 않았다. 그러자 돈 후앙은 차이를 못 느끼는 것은 바보뿐이라고 주장했다.

나는 이 두 장소에 무슨 특별한 이름이 있는지 물어보았다. 돈 후앙은 좋은 장소는 시티오(sitio)라고 불리고, 나쁜 장소는 '적(enemy)'

이라고 불리며, 이 두 장소는 인간, 특히 지식을 추구하는 인간의 안위의 열쇠가 된다고 대답했다. 자기의 장소에 앉는 행위만으로도 더 강한 힘이 솟아나는 반면, '적'은 당사자를 약화시키고 죽음까지 불러올 수 있다는 얘기였다. 그는 내가 어젯밤 잔뜩 소모한 에너지를 나의 장소에서 자면서 다시 채웠다고 말했다.

돈 후앙은 내가 특정 장소에서 목격했던 색채도 전체적으로 같은 효과를 낸다고 말했다. 힘을 부여하거나 박탈하는 식으로 말이다.

나는 나에게 이 두 장소 같은 영향을 미치는 곳들이 더 있는지, 또 어떻게 하면 그런 것을 찾아낼 수 있는지를 물었다. 돈 후앙은, 세상에는 이와 유사한 장소가 많이 있으며, 그것을 찾아내는 최상의 방법은 각각의 색채를 감지하는 것이라고 했다.

나는 내가 과연 그 문제를 푼 건지 어떤지를 확신할 수가 없었다. 사실, 그런 문제가 존재했는지도 확신할 수가 없었다. 이런 체험 전체가 억지이고 자의적이라는 느낌을 영 지울 수가 없었다. 나는 돈 후앙이 밤새도록 나를 지켜보았고, 내가 곯아떨어진 장소가 어디든 간에 그곳이 바로 내가 찾던 장소라고 말하는 식으로 나를 놀린 것이라고 확신했다. 그러나 돈 후앙이 굳이 그런 짓을 해야 할 논리적인 이유는 떠오르지 않았다. 다른 장소에 앉아보라고 그가 재촉했을 때 내가 그러지 못한 이유에 대해서도 마찬가지였다. 문제의 '다른 장소'에 대한 두려움이라는 실제 경험과, 이 일 전체에 대한 나의 이성적인 사고 사이에는 기묘한 단층이 존재했다.

반면에 돈 후앙은 내가 성공했음을 강하게 확신하고 있었고, 그 사실을 감안해서 페요테에 관해 가르쳐주겠다고 했다.

"자넨 나더러 메스칼리토에 관해 가르쳐달라고 했지." 그는 말했다. "그래서 그와 직접 맞대면할 수 있는 정신력이 있는지를 확인하고 싶었던 거야. 메스칼리토는 농담거리가 아닐세. 자네의 능력을 최대한 통제할 수 있어야 해. 이젠 자네에게 요청받은 것만으로도 가르쳐줄 충분한 이유가 된다는 걸 알았네."

"그럼 정말로 페요테에 관해 가르쳐주시겠다는 겁니까?"

"난 메스칼리토라고 부르는 게 좋아. 자네도 그렇게 하게."

"언제 시작할 겁니까?"

"그렇게 간단한 문제가 아냐. 우선 그럴 준비가 되어 있어야 하네."

"준비되었다고 생각합니다만."

"이건 농담이 아냐. 일단 한 치의 의심도 없을 때까지 기다려야 해. 그런 다음에 비로소 그를 만나게 될 거야."

"제가 뭔가 준비할 필요가 있습니까?"

"아니. 그냥 기다리기만 해. 시간이 좀 지나면 모든 것을 포기해버리게 될 수도 있으니까 말이야. 자넨 너무 쉽게 피곤해하더군. 어젯밤엔 자네에게 주어진 과제가 어려워지자마자 그만둘 생각을 했잖나. 메스칼리토는 매우 굳은 의지를 요구한다네."

2

1961년 8월 7일 월요일

나는 금요일 밤 7시쯤 애리조나에 있는 돈 후앙의 집에 도착했다. 집 앞 흙마루에는 돈 후앙과 함께 다섯 명의 인디언들이 앉아 있었다. 나는 인사를 건네고 앉아서 그들이 뭔가 말하기를 기다렸다. 잠시 어색한 침묵이 흐른 뒤에 그중 한 사람이 일어나더니 내게 다가와서 "부에나스 노체스"*라고 말했다. 나도 일어나서 "부에나스 노체스"라고 대답했다. 그러자 다른 사내들도 모두 일어나서 내게 다가왔다. 우리는 "부에나스 노체스"라고 중얼거리며 인사를 나눴고, 서로의 손끝을 살짝 대거나, 아니면 손을 쥐더라도 잠시뿐, 느닷없이 아래로 내리는 식으로 악수를 했다.

우리는 모두 다시 자리에 앉았다. 인디언들은 상당히 수줍어하는 기색이었다. 모두 스페인어를 말했지만 무슨 말을 해야 할지 모르는 듯했다.

* 스페인어 저녁 인사

7시 반쯤 되었을까, 그들 모두가 느닷없이 일어서더니 집 뒤쪽으로 걸어가기 시작했다. 오랫동안 누구도 말을 하지 않았다. 돈 후앙은 내게 따라오라는 손짓을 했고, 우리는 모두 그곳에 주차되어 있던 낡은 픽업트럭에 올라탔다. 나는 돈 후앙과 그보다 젊은 두 사내와 함께 뒤칸에 앉았다. 쿠션이나 위자 따위는 없었고 금속 바닥에 직접 앉아야 했기 때문에 엉덩이가 아팠고, 국도에서 나와 비포장도로로 들어선 뒤로는 한층 더 힘들었다. 돈 후앙은 나를 위해 일곱 개의 메스칼리토를 준비해놓은 자기 친구의 집으로 가는 중이라고 내게 속삭였다.

나는 물었다. "당신 것은 하나도 없습니까, 돈 후앙?"

"있네. 하지만 자네에게 그것을 줄 수는 없어. 그건 누군가 다른 사람에게 맡겨야 해."

"이유가 뭔지 말씀해주시겠습니까?"

"자네하고 '그'가 맞지 않아서 '그'가 자네를 안 좋아할지도 모르니까. 이런 일에는 애정이 있어야 하는데, 안 맞으면 자넨 결코 '그'를 알 수가 없고, 우리 사이도 깨지게 돼."

"왜 저를 안 좋아할지도 모른다는 겁니까? 그에게 아무 짓도 한 적이 없는데요."

"꼭 뭘 해야 좋아하거나 싫어하는 건 아니라네. 그쪽에서 자넬 받아들이든가, 아니면 내쫓든가 둘 중 하나야."

"저를 안 받아들인다면, 어떻게든 저를 좋아하도록 할 수 있는 방법이 없습니까?"

다른 두 사내가 웃음을 터뜨렸다. 내 말을 어깨너머로 들은 듯했다.

"없어! 그럴 경우는 어떻게 해야 할지 나도 몰라." 돈 후앙이 말했다.

그는 몸을 반쯤 돌려 앉았고, 그 탓에 나는 더 이상 말을 걸지 못했다.

트럭이 작은 집 앞에 멈춰선 것은 적어도 한 시간은 달린 뒤의 일이었다. 날이 이미 컴컴했기 때문에 운전사가 전조등을 끈 뒤로는 집의 흐릿한 윤곽밖에는 알아볼 수 없었다.

말투로 멕시코인인 듯한 젊은 여자가 시끄럽게 짖는 개에게 조용히 하라고 큰소리로 야단치는 소리가 들렸다. 우리는 트럭에서 내려서 집으로 걸어갔다. 일행은 문간에 선 여자에게 나직한 목소리로 "부에나스 노체스"라고 인사하고 한 명씩 집으로 들어갔다. 그녀는 우리 인사에 응하면서도 개를 계속 야단쳤다.

우리가 들어간 방은 컸고 이런저런 물건이 잔뜩 쌓여 있었다. 조그만 전구에서 흘러나오는 희미한 조명에 비친 내부는 상당히 우중충했다. 사방의 벽에 기대놓은 의자 중에는 다리가 부러지고 시트가 늘어진 것들이 많았다. 방에서 가장 큰 가구인 소파에 세 사내가 앉았다. 지독하게 낡은 이 소파의 쿠션은 바닥에 닿을 정도로 푹 꺼져 있었다. 희미한 불빛 아래의 소파는 붉고 더러워 보였다. 나머지 일행은 의자에 앉았다. 우리는 오랫동안 침묵하며 그렇게 앉아 있었다.

한 사내가 갑자기 일어나더니 옆방으로 들어갔다. 오십 줄의 키가 크고 건장한 사내였다. 곧 그는 커피 주전자를 들고 돌아왔다. 그는 뚜껑을 열고 주전자를 내게 건넸다. 주전자 안에는 크기도 딱딱함도 가지각색인 일곱 개의 기묘한 물체가 들어 있었다. 어떤 것들은 거의 원형이었고, 어떤 것들은 길쭉했다. 손으로 만져보니 호두의 과육果肉이나 코르크 표면 같은 느낌이었다. 갈색을 띤 탓에 딱딱하게 마른 견과 껍질처럼 보였다. 나는 한참 동안 그 표면을 문지르며 만지작거렸다.

"이건 씹는 거야.(esto se masca.)" 돈 후앙이 속삭였다.

그가 이렇게 말한 뒤에야 나는 그가 내 곁에 앉아 있었다는 사실을 깨달았다. 나는 다른 사람들을 쳐다보았지만 아무도 내게 말을 걸지 않았다. 그들은 자기들끼리 아주 나직한 목소리로 말을 나누고 있었다. 내게는 지독히도 주저되고 두려운 순간이었다. 거의 나 자신을 통제할 수 없을 듯한 느낌을 받았다.

"화장실에 갔다 와야겠습니다." 나는 돈 후앙에게 말했다. "밖에 좀 나갔다 올게요."

그는 커피 주전자를 내게 건넸고, 나는 그 안에 페요테 단추*를 넣었다. 내가 방에서 나가려고 했을 때 내게 주전자를 가져다 줬던 사내가 일어서더니 다가와서 옆방에 변기가 있다고 말했다.

변기는 문에 거의 맞닿아 있었다. 그리고 거의 변기에 닿을 정도로 가까운 곳에 방 크기의 반 이상을 차지하는 커다란 침대가 놓여

* buttons, 제례용으로는 보통 몸통 윗부분만 둥글고 납작하게 잘라내서 건조시키므로 이렇게 불린다.

있었다. 아까 본 여자가 그곳에서 자고 있었다. 나는 잠시 꼼짝도 않고 문간에 서 있다가, 다른 사내들이 있는 방으로 되돌아왔다.

집주인인 사내가 내게 영어로 말했다. "돈 후앙이 자네가 남아메리카 출신이라더군. 거기도 메스칼이 있나?" 나는 그런 건 들어본 적조차 없다고 대답했다.

사내들은 남아메리카에 관심이 있는 듯했고, 우리는 잠시 인디언들에 관해 얘기했다. 그러자 한 사내가 왜 내가 페요테를 먹고 싶어하는지 물었다. 나는 그게 어떤 것인지 알고 싶어서 그런다고 대답했다. 그들 모두가 수줍은 듯이 웃었다.

돈 후앙이 나직하게 재촉했다. "씹어, 씹어.(Masca, masca.)"

내 손은 땀으로 축축했고, 뱃속이 꼬였다. 페요테 단추가 든 주전자는 의자 옆 방바닥에 놓여 있었다. 나는 허리를 굽히고 아무거나 하나 집어서 입 안에 넣었다. 퀴퀴한 맛이 났다. 이로 두 조각을 낸 다음 그중 하나를 씹기 시작했다. 쓰고 톡 쏘는 듯한 맛이 났다. 입 안이 순식간에 얼얼해졌다. 계속 씹자 쓴맛이 점점 더 강해지며 엄청나게 많은 양의 침이 솟아났다. 잇몸과 입 안쪽은 마치 짠 건육이나 건어를 먹는 듯한 느낌이어서, 싫어도 계속 씹게 만드는 듯했다. 잠시 후 나는 다른 한 조각도 씹었다. 입 안이 너무나도 얼얼한 탓에 더 이상 쓴맛을 느낄 수도 없을 정도였다. 페요테 단추는 오렌지나 사탕수수의 섬유처럼 질긴 느낌이었다. 그대로 삼켜야 할지 아니면 뱉어내야 할지 알 수가 없었다. 그 순간 집주인이 일어서더니 모두 집 앞의 흙마루로 나가자고 했다.

우리는 밖으로 나가서 어둠 속에서 앉았다. 밖은 매우 쾌적했다. 집주인이 테킬라 한 병을 가지고 나왔다.

사람들은 벽에 등을 대고 한 줄로 앉아 있었다. 나는 줄 가장 오른쪽에 앉아 있었다. 내 곁에 앉은 돈 후앙은 페요테 단추들이 든 주전자를 내 다리 사이에 놓았다. 그런 다음 차례로 전달된 술병을 내게 건네면서 테킬라로 입 안을 헹구어 쓴맛을 가시게 하라고 했다.

나는 첫 번째 덩어리의 찌꺼기를 뱉어내고 테킬라를 한 모금 마셨다. 돈 후앙은 술을 삼키지는 말고 입 안을 그냥 헹궈서 흘러나오는 침을 멈추라고 했다. 침을 멈추는 데는 별 도움이 되지 않았지만, 쓴맛이 좀 사라지는 효과는 있었다.

돈 후앙은 내게 말린 살구를 건넸다. 아니면 말린 무화과 열매였는지도 모른다. 어둠 속이라 보이지도 않았고, 맛도 느낄 수 없었기 때문이다. 그러고는 서두르지 말고 완전히, 천천히 씹으라고 했다. 목이 메어서 삼키기가 힘들었다.

잠깐 숨을 돌린 뒤에 다시 술병이 한 바퀴 돌았다. 돈 후앙은 내게 파삭파삭한 건육 한 조각을 건넸다. 나는 먹고 싶은 생각이 없다고 대답했다.

"먹기 위해 이러는 게 아냐." 그는 단호한 어조로 말했다.

이 절차는 도합 여섯 번 되풀이되었다. 여섯 개의 페요테 단추를 씹었을 때 사람들 사이의 대화가 활기를 띤 것을 기억하고 있다. 어떤 언어를 쓰고 있는지 구별할 수가 없었지만 모두가 참여한 이 대화의 화제는 매우 흥미로웠기 때문에 나도 동참하려고 주의 깊게 귀를 기울였다. 그러나 말을 꺼내려던 나는 내가 그럴 수 없다는 사실을 깨달았다. 단지 이런저런 단어가 내 마음속에서 정처 없이 떠돌 뿐이었다.

나는 벽에 등을 기대고 앉아 사람들이 하는 말에 귀를 기울였다. 그들은 이탈리아어로 대화하고 있었고, 상어의 멍청함에 관한 구절 하나를 계속 되풀이하고 있었다. 나는 그것이 논리적이고 합당한 화제라고 생각했다. 예전에 나는 돈 후앙에게 초창기의 식민지 스페인인들은 애리조나의 콜로라도 강을 'el rio de los tizones(검게 탄 나무의 강)'이라고 불렀지만 나중에 누군가가 이 'tizones'라는 단어의 철자를 잘못 읽거나 쓴 탓에 'el rio de los tiburones(상어들의 강)'이 되어버렸다는 얘기를 한 적이 있었다. 나는 그들이 이 얘기를 하고 있다고 확신했지만, 그들 중에 이탈리아어를 할 줄 아는 사람이 있을 리가 없다는 생각은 아예 떠오르지도 않았다.

나는 토하고 싶은 강렬한 욕구를 느꼈지만 실제로 그랬다는 기억은 없다. 나는 참기 힘든 심한 갈증을 느끼고 사람들에게 물을 좀 가져다달라고 부탁했다.

돈 후앙이 물이 담긴 커다란 냄비를 가져와서 벽 옆에 내려놓았다. 그는 함께 가져온 작은 잔인지 깡통인지로 냄비의 물을 떠서 내게 건넸고, 마시지 말고 단지 입 안을 가시기만 하라고 했다.

물은 묘하게 반짝이고 번질거렸다. 마치 끈적거리는 니스를 연상케 했다. 돈 후앙에게 그 사실에 관해 묻고 싶었기 때문에 영어로 힘겹게 이런 생각을 전달하려고 했지만 그제야 돈 후앙이 영어를 못한다는 사실을 깨달았다. 한순간 심한 혼란을 느꼈고, 마음속에 뚜렷한 사념이 존재함에도 불구하고 그것을 말로 바꿔서 입 밖에 낼 수가 없다는 사실을 자각했다. 물의 기이한 질감에 대해 말하고 싶었지만, 그 뒤로 이어진 것은 말이 아니라 말로 표현되지 않은 나의 사념들이 일종의 액체 상태가 되어 입에서 흘러나오는 듯한 느낌이었다. 횡격막이 수축하지도 않고 편하게 토하는 듯한 감각이라고나 할까. 입에서 액체가 된 단어들이 기분 좋게 흘러나오는 듯했다.

나는 물을 마셨다. 그러자 그 토하는 듯한 느낌이 사라졌다. 주위의 모든 소음이 사라졌을 무렵, 눈의 초점을 맺기가 힘들어졌다. 돈 후앙을 찾으려고 고개를 돌린 순간 시야가 눈 바로 앞의 둥근 영역으로 줄어들었다는 사실을 깨달았다. 그러나 그때 내가 느낀 것은 두려움이나 불편함이 아니라 신기함이었다. 지면의 어떤 지점을 주시하며 어떤 방향으로든 천천히 고개를 돌림으로써, 문자 그대로 지면을 훑을 수 있었기 때문이다. 처음 흙마루로 나왔을 때, 멀리 도시의 불빛이 보이는 것 말고는 껌껌했다는 것을 기억하고 있었다. 그러나 지금 내 시야를 이루는 둥근 영역 안에서는 모든 것이 뚜렷하게 보였다. 나는 돈 후앙이나 다른 사람들의 존재를 까맣게 잊고 나의 한 점으로 오므라든 시각으로 주위의 지면을 훑어보는 일에 열중했다.

나는 흙마루 바닥과 벽이 맞닿는 부분을 바라보았다. 벽을 따라 오른쪽으로 천천히 고개를 돌리자 벽에 등을 기대고 앉아 있는 돈 후앙이 보였다. 물에 집중하기 위해 왼쪽으로 고개를 돌렸다. 냄비 바닥이 보였다. 천천히 고개를 들어올리자 중간 크기의 검은 개가 다가

오는 것이 보였다. 개는 냄비 쪽으로 오더니 물을 마시기 시작했다. 나는 개를 내 물이 든 냄비에서 밀어내려고 손을 들어올렸다. 그 동작을 계속하며 오므라든 시야의 초점을 개에게 맞추자 느닷없이 개가 투명해지는 것이 보였다. 물은 반짝거리고 찐득찐득한 액체였다. 그것이 개의 식도를 지나 몸으로 들어가는 것이 보였다. 물은 개의 몸 전체에 퍼지더니 한 올 한 올의 털끝을 통해 분수처럼 뿜어져 나왔다. 영롱한 빛의 액체가 낱낱의 털 속을 지나 그 끄트머리에서 길고 하얀 비단 같은 갈기를 이루면서 뿜어져 나오는 광경을 목도했던 것이다.

그 순간 강렬한 경련의 느낌이 나를 엄습했고, 내 주위에 순식간의 일종의 터널이 생겨났다. 터널은 아주 낮고 좁았고, 딱딱한데다가 묘하게 차가웠다. 만져보니 견고한 은종이로 이루어진 벽 같은 느낌이었다. 나는 터널 바닥에 앉아 있었다. 나는 일어서려고 하다가 금속 천장에 머리를 부딪쳤고, 터널은 점점 좁아들더니 숨도 못 쉴 지경이 되었다. 터널이 끝나는 일종의 둥근 지점까지 기어가야 했던 것을 기억한다. 마침내 그곳에 도달하자 (정말로 그랬다면 얘기지만) 개, 돈 후앙, 나 자신의 일까지도 까맣게 잊고 있었다. 완전히 녹초가 된 상태였다. 옷은 차갑고 끈적끈적한 액체로 완전히 젖어 있었다. 나는 격렬한 심장의 고동을 다스리고 싶은 일념으로 몸을 뒤집어 편하게 쉴 수 있는 자세를 찾아보았다. 그렇게 몸을 움직이던 중에 다시 개가 보였다.

모든 기억이 한꺼번에 되살아나면서 갑자기 마음속의 모든 것이 명료해졌다. 몸을 돌려 돈 후앙을 찾았지만 그 무엇도, 그 누구도 식별할 수가 없었다. 내가 볼 수 있었던 것이라고는 개가 무지갯빛으로 변하는 광경뿐이었다. 개의 몸이 사방으로 강렬한 빛을 방사했다. 물이 또다시 개의 체내를 흐르며 몸 전체를 횃불처럼 밝히는 것이 보였다. 나는 물이 있는 곳으로 가서 냄비에 얼굴을 처박고 개와 함께 물을 마셨다. 양손을 땅에 짚은 자세였다. 물을 마시면서, 내 혈관을 통과하는 물이 빨강, 노랑, 초록빛을 띠는 것을 보았다. 나는 계속 물을 마셨다. 온몸이 활활 불타오르며 빛을 발할 때까지 마셨다. 나는 액체가 낱낱의 모공에서 비단실처럼 몸 밖으로 뿜어져 나갈 때까지 마셨고, 곧 영롱하게 반짝거리는 긴 갈기를 얻었다. 개를 보니 나와 똑같은 갈기를 가지고 있었다. 최고의 행복감이 온몸을 가득 채웠다. 우리는 어딘가 특정할 수 없는 장소에서 발산되는 일종의 노란 따스함을 향해 함께 달려갔다. 그리고 그곳에서 우리는 즐겁게 놀았다. 서로가 무엇을 원하는지를 자기 마음처럼 속속들이 알 수 있을 때까지 씨름을 하며 놀았던 것이다. 우리는 꼭두각시 인형을 가지고 노는 식으로 번갈아가며 서로를 조종하며 놀았다. 내가 발끝을 비틀면 개의 다리가 움직이고, 개가 고개를 까닥거릴 때마다 나는 껑충 뛰고 싶다는 저항할 수 없는 충동을 느끼는 식이었다. 개가 한 행동 중에서도 가장 장난스러웠던 것은 내가 앉아 있을 때 내 발로 머리를 긁게 만든 일이었다. 개는 귀를 좌우로 펄럭펄럭 움직이는 방법을 썼고, 이것은 내 입장에서는 도저히 견딜 수 없을 정도로 유쾌한 행동이었다. 저토록 우아한 아이러니가 있다니. 저토록 완전무결할 수 있다니. 나는 생각했다. 나는 형언할 수 없을 정도의 행복감을 느끼고 있었다. 너무 웃은 탓에 숨을 쉴 수 없을 정도였다.

눈을 뜰 수 없다는 뚜렷한 느낌이 있었다. 나는 수조를 통해 보고 있었다. 깨어날 수 없는데 그럼에도 깨어 있다는, 불안으로 가득 찬 길고도 매우 고통스러운 상태였다. 이윽고 세상이 천천히 뚜렷해지면서 초점이 맺혔다. 시야가 또다시 둥그렇고 넓게 변했고, 그와 함께 일상적인 의식적 행위 ― 몸을 돌려 그 멋진 존재를 찾아본다는 ― 가 가능해졌다. 이 시점에서 나는 가장 힘든 전환에 직면했다. 아까 보통 상태에서 비일상적 현실로의 이행은 거의 부지불식간에 일어났었다. 의식은 깨어 있었고, 내 생각과 감정들은 그런 자각의식의 당연한 결과였으며, 이행은 매끄럽고 분명했다. 그러나 이 두 번째 변화, 멀쩡하고 진지한 의식으로의 깨어남은 엄청난 충격이었다. 내가 인간인 것을 잊고 있었다니! 이 용납하기 힘든 상황이 야기한 슬픔이 너무나도 강렬했던 탓에, 나는 흐느껴 울었다.

1961년 8월 5일 토요일

그날 아침 늦게 조반을 먹은 후 집주인과 돈 후앙과 나는 차를 타고 돈 후앙의 집으로 돌아갔다. 나는 녹초가 되어 있었지만 트럭에서는 잠을 이룰 수 없었다. 집주인이 떠나간 뒤에야 나는 돈 후앙 집의 흙마루에서 곯아떨어졌다.

잠에서 깨니 주위는 어두웠다. 나는 돈 후앙이 담요를 덮어준 것을 깨달았다. 그를 찾아보았지만 집 안에는 없었다. 나중에 그는 튀긴 콩 한 냄비와 토르티야를 가지고 돌아왔다. 나는 엄청나게 배가 고팠다.

함께 저녁을 먹고 한숨 돌리고 있었을 때 돈 후앙은 내게 어젯밤 무슨 일이 일어났는지를 모두 얘기해보라고 했다. 나는 최대한 상세하고 정확하게 내 경험을 얘기했다.

이야기를 마치자 돈 후앙은 고개를 끄덕이고 말했다. "잘 된 것 같군. 어떻게, 왜 그런 건지 지금 설명해주기는 어렵지만, 하여튼 순조롭게 진행된 것 같네. 이제 알겠지만 메스칼리토는 이따금 어린애처럼 장난스러울 때가 있네. 무시무시하고 소름 끼칠 때도 있지만 말이야. 장난치면서 놀거나, 엄청나게 진지하거나 둘 중 하나랄까. 다른 사람의 경우에 그가 어떤 행동을 보일지를 미리 아는 건 불가능하다네. 하지만 그를 아주 잘 아는 경우에는 가능할 때도 있지. 지난밤 자네는 그와 놀았네. 그런 식으로 그와 만난 사람을 난 자네밖엔 몰라."

"제가 한 경험이 다른 사람들의 경험과 어떤 식으로 다르다는 겁니까?"

"자넨 인디언이 아니기 때문에 내가 뭐가 뭔지를 알아내는 건 쉽지가 않아. 그는 사람을 받아들이거나 거부하거나, 둘 중 하나야. 상대가 인디언이든 아니든 간에 말일세. 그것만은 확실하네. 내 눈으로 그러는 걸 직접 봤으니까. 장난을 쳐서 사람들을 웃기는 것도 봤지. 하지만 누구하고 즐겁게 노는 걸 본 건 이번이 처음이라네."

"돈 후앙, 이제 얘기해주실 수 있습니까? 페요테는 어떻게 사람들을 지켜…" 그는 내가 말을 끝맺지도 못하게 내 어깨를 세차게 밀쳤다.

"다시는 그런 이름으로 부르지 말게. 아직 그를 알 수 있을 정도로 만나지도 못했잖나."

"메스칼리토는 어떻게 사람들을 지켜줍니까?"

"충고를 해주지. 어떤 질문을 하든 대답해줘."

"그럼 메스칼리토는 진짜란 말입니까? 그러니까, 눈으로 직접 볼 수 있는?"

돈 후앙은 나의 이 질문에 당혹한 기색이었다. 그는 멍한 표정으로 나를 보았다.

"그러니까 제 말은, 메스칼리토가…"

"자네가 말했잖아. 어젯밤에 그를 봤다고 하지 않았나?"

나는 내가 본 것은 개뿐이라고 대답하려고 하다가, 그의 얼굴에 떠오른 당혹스러워하는 표정을 보았다.

"그렇다면 어제 제가 본 게 메스칼리토라는 말입니까?"

돈 후앙은 경멸 섞인 눈초리로 나를 흘겼다. 그는 껄껄 웃으며 믿기 힘들다는 듯이 고개를 설레설레 흔들고는 지극히 적대적인 말투로 이렇게 덧붙였다. "A poco crees que era tu… mamá?"(넌 아직도 못 믿겠니, 그게 네… 엄마였다는 걸?). 그가 'mamá'를 뜻하는 '엄마'라는 단어를 말하기 전에 잠깐 머뭇거린 것은, 원래는 그 대신에 상대방의 어머니와 관련된 'tu chingada madre'라는 상스러운 말을 뱉으려다가 말았기 때문이다. 이 대목에서 너무나도 엉뚱하게 '엄마'라는 단어가 튀어나왔기 때문에 우리는 한참을 웃었다.

돈 후앙은 어느새 잠들었고, 나는 그가 내 질문에 대답해주지 않았다는 사실을 깨달았다.

1961년 8월 6일 일요일

나는 돈 후앙을 차에 태우고 페요테를 먹었던 집을 향해 출발했다. 가는 길에 돈 후앙은 '나를 메스칼리토에게 바친' 그 사내의 이름은 존이라고 말해주었다. 목적지에 도착하자 존은 두 청년과 함께 집 앞의 흙마루에 앉아 있었다. 그들은 모두 지극히 유쾌한 기색이었고, 웃으면서 살갑게 말을 걸어왔다. 세 사람 모두 완벽한 영어를 말했다. 나는 존에게 도와줘서 고맙다는 인사를 하러 왔다고 말했다.

나는 환각체험을 하는 동안에 내가 보였던 행동에 관한 그들의 의견을 듣고 싶어서, 나는 전혀 기억이 나지 않는데 그날 밤 내가 했던 일에 관해 어떻게 생각하느냐고 물어보았다. 그들은 웃음을 터뜨리며 말꼬리를 흐렸다. 돈 후앙이 와 있기 때문에 섣불리 나서지 않는 것처럼 보였다. 그들은 마치 얘기해도 좋다는 신호가 떨어지기를 기다리듯이 일제히 그를 흘끗 보았다. 나는 전혀 눈치채지 못했지만, 돈 후앙이 얘기해도 좋다는 신호를 보낸 것이 틀림없다. 존이 느닷없이 내가 그날 밤 했던 일에 관해 말을 꺼내기 시작했기 때문이다.

그는 내가 토하는 소리를 듣고서 내가 '잡혔다는' 것을 알았다고 했다. 내가 서른 번은 토했을 거라고 그가 말하자 돈 후앙은 열 번밖에 안 토했다고 정정했다.

존이 말을 이었다. "그래서 우린 모두 자네 곁으로 다가갔네. 자네 몸은 딱딱하게 굳어진 채 경련하고 있었지. 아주 오랫동안 누워 있으면서, 마치 말을 하는 것처럼 입을 움직이더군. 그러다가 자넨 마룻바닥에 머리를 쿵쿵 찧기 시작했는데, 돈 후앙이 자네 머리에 낡은 모자를 씌워주니까 멈췄어. 자넨 몇 시간이나 방바닥에 누운 채로 벌벌 떨면서 낑낑거렸어. 그 무렵에는 모두들 잠들었던 것 같은데, 난 잠결에 자네가 헐떡이면서 신음하는 걸 들었네. 그러다가 자네가 갑자기 고함을 지르는 걸 듣고 깼어. 고래고래 소리를 지르면서 공중으로 껑충 뛰어오르더군. 그러고는 물을 향해 후다닥 달려가서 냄비를 뒤집어엎고는 엎질러진 물 위에서 헤엄을 치기 시작했어.

돈 후앙이 자네에게 물을 더 갖다 주니까 냄비 앞에 조용히 앉더군. 그러더니 펄쩍 뛰어올라 옷을 모두 벗어던졌네. 자넨 냄비 앞에서 무릎을 꿇고 급하게 꿀꺽꿀꺽 물을 마셨어. 그런 다음 그냥 거기 앉아서 허공을 바라보더군. 거기서 뿌리를 박고 언제까지나 그러고 있을 줄 알았네. 하지만 자넨 돈 후앙을 포함해서 거의 모두가 잠들었을 때 느닷없이 펄쩍 일어나서 길게 짖고는 개를 쫓아갔어. 개도 무서운지 길게 짖으면서 집 뒤꼍으로 도망쳤네. 그때 모두가 잠에서 깼지.

모두들 일어났을 때 자네가 여전히 개를 쫓아 집 앞으로 돌아오는 게 보였네. 개는 마구 짖고 울면서 자네 앞을 달려오더군. 자넨 개처럼 짖으면서 집을 스무 번은 빙빙 돌았던 것 같아. 무슨 일인지 보려고 사람들이 모여들지 않을까 걱정이 될 정도였어. 가까이에 사는 이웃은 없지만, 자넨 몇 마일 밖에서도 들릴 정도로 큰 소리로 포효하고 있었거든."

그러자 청년 하나가 끼어들었다. "자넨 결국 개를 붙잡아서 팔에 껴안고 이 흙마루로 왔지."

존은 말을 이었다. "그런 다음 자넨 개하고 장난을 치기 시작했어. 개하고 씨름을 하고 서로를 물어대면서 놀더군. 그 부분은 웃겼어. 우리 개는 보통 그렇게 장난을 치지 않거든. 하지만 그때는 함께 구르면서 잘 놀더군."

"그런 다음 물이 담긴 냄비로 달려가서 개하고 함께 물을 마셨지." 청년이 말했다. "개와 함께 물을 향해 달려간 게 대여섯 번 돼."

"그런 짓을 얼마나 오랫동안 계속했습니까?" 나는 물었다.

"몇 시간." 존이 말했다. "그러다가 둘 다 자취를 감췄어. 또 뒤곁으로 달려갔다고 생각했지. 짖고 낑낑거리는 소리가 들렸거든. 그 소리가 너무도 개하고 똑같아서 누가 개고 누가 사람인지 분간할 수 없을 정도였다네."

"개 혼자서 그랬던 걸 수도 있습니다." 내가 말했다.

일동은 웃음을 터뜨렸다. 존이 말했다. "자네가 거기서 짖고 있었어!"

"그다음엔 무슨 일이 일어났습니까?"

세 사내는 서로를 쳐다봤다. 그다음에는 정확히 무슨 일이 일어났는지 확신하지 못하는 듯했다. 이윽고 그때까지 입을 열지 않았던 청년이 운을 뗐다.

"캑캑거리더군." 그는 존을 쳐다보며 말했다.

"응. 캑캑거렸던 건 확실해. 아주 괴상한 울음소리를 내더니 바닥에 쓰러졌어. 혀를 씹은 게 아닌가 걱정했었지. 돈 후앙은 자네 입을 억지로 열고 얼굴에다 물을 퍼부었다네. 그러니까 자넨 벌벌 떨면서 또 경련하기 시작하더군. 그런 다음엔 오랫동안 꼼짝도 않고 누워 있었어. 돈 후앙은 이제 다 끝났다고 말했지. 그 무렵에는 이미 동이 튼 상태였어. 그래서 우리는 자네에게 담요를 덮어주고 흙마루에서 자게 내버려두었다네."

존은 여기서 말을 멈추고, 웃음을 참는 기색이 역력한 한쪽 청년을 쳐다보았다. 존은 돈 후앙에게 고개를 돌리고 뭐라고 물었다. 돈 후앙은 미소 지으며 그 질문에 대답했다. 존은 내게 몸을 돌리고 말했다. "이 흙마루에다 자넬 남겨둔 건 집 안에 온통 오줌을 싸놓지 않을까 걱정돼서였어."

그러자 모두가 폭소했다.

"제가 무슨 짓을 했는데요?" 나는 물었다. "혹시…"

"혹시?" 존은 내 말투를 흉내 내듯이 말했다. "그 얘기까진 안 하려고 했는데, 돈 후앙이 해도 좋다고 하는군. 자넨 우리 개 위에다 잔뜩 오줌을 쌌어!"

"제가 뭘 했다고요?"

"개가 자네가 무서워서 그렇게 도망쳤다고 생각하는 건 설마 아니겠지? 개가 도망친 건 자네가 자기 몸에다 계속 오줌을 갈겼기 때문이야."

이 시점에서 모두가 또 폭소했다. 나는 한 청년에게 질문을 하려고 했지만, 웃기에 바빠서 듣지 못한 듯했다.

존은 말을 이었다. "우리 개도 보복했지만 말이야. 글쎄 자네한테 오줌을 갈기더라고!"

이 얘기는 너무나 웃겼던 것이 틀림없다. 돈 후앙을 포함한 전원이 폭소를 터뜨렸기 때문이다. 웃음이 잦아들자 나는 진지하기 그지없는 어조로 물었다. "그게 정말입니까? 정말로 그런 일이 일어났던 겁니까?"

존은 여전히 웃으며 대꾸했다. "우리 개가 자네한테 오줌을 갈겼다는 걸 맹세해도 좋네."

차를 몰고 돈 후앙 집으로 돌아가던 중에 나는 물었다. "그런 일들이 정말로 일어났습니까, 돈 후앙?"

"응. 하지만 그 친구들은 자네가 뭘 봤는지 몰라. 자네가 '그'와 놀고 있다는 걸 알아차리지 못한 거지. 내가 자네를 방해하지 않았던 건 그 때문일세."

"하지만 그 개하고 제가 정말로 서로에게 오줌을 갈겼다는 겁니까?"

"그건 개가 아니었어! 도대체 몇 번이나 같은 얘기를 해줘야 하나? 이게 그 일을 이해하는 유일한 방법이야. 유일한 방법이라고! 자네하고 놀았던 건 바로 '그'였어."

"당신은 제가 털어놓기 전에도 그 모든 일이 일어난 걸 알고 있었습니까?"

돈 후앙은 잠시 머뭇거리다가 대답했다.

"아니. 자네가 그 얘기를, 자네의 그 기묘한 모습에 관해 얘기해준 다음에야 기억이 났어. 그때는 그저 아무 문제가 없다고 생각했을 뿐이야. 자넨 두려워하는 기색이 아니었거든."

"제가 정말로 그 사람들이 얘기하는 식으로 개하고 놀았던 겁니까?"

"빌어먹을! 개가 아니라니까!"

1961년 8월 17일 목요일

나는 그 경험에 대해 내가 어떻게 느끼고 있는지를 돈 후앙에게 설명했다. 내가 의도한 연구의 관점에서 보자면 참담한 실패였다. 나는 메스칼리토와 또 그런 식으로 '조우'하고 싶지는 않다고 말했다. 물론 나에게 일어난 모든 일이 흥미로웠다는 것은 인정해야겠지만, 솔직히 나로 하여금 또다시 그것을 찾아 나서도록 할 만한 요소는 없다고 덧붙였다. 그런 종류의 노력은 내 성미에 맞지 않는다고 진지하게 믿었던 것이다. 페요테 탓에 내 안에는 신체적 불편감이라는 후유증이 남아 있었다. 그것은 막연한 두려움 내지는 불쾌감이었고 일종의 우울함이라고도 할 수 있었지만, 정확히 꼬집어 말할 수는 없었다. 하여튼 새롭고 신기하다는 느낌은 전혀 없었다.

돈 후앙은 웃음을 터뜨렸다. "이제 갓 배우기 시작했잖나."

"그런 식의 배움은 저한텐 안 맞습니다. 생리적으로 안 맞는 겁니다, 돈 후앙."

"언제나 과장이 심하군."

"이건 과장이 아닙니다."

"과장 맞아. 문제는 자네가 안 좋은 것만 골라서 과장한다는 점이야."

"제가 아는 한 좋은 점은 전혀 없었습니다. 제가 말할 수 있는 건, 그 경험이 단지 저를 두렵게 만든다는 사실뿐입니다."

"두려움은 전혀 나쁜 게 아니라네. 두려우면 사물을 다른 방식으로 보게 되니까 말이야."

"하지만 저는 다른 방식으로 사물을 보고 싶은 생각이 없습니다, 돈 후앙. 메스칼리토에 관해 배우는 걸 그냥 포기하려고 생각하고 있을 뿐입니다. 전 그걸 다룰 자신이 없습니다, 돈 후앙. 제게는 정말 곤혹스러운 상황입니다."

"물론 기분이 좋을 리가 없지… 나조차도 예외가 아냐. 당혹감을 느낀 사람은 자네 혼자만이 아니라네."

"왜 당신까지 당혹스럽단 말입니까?"

"메스칼리토가 자네와 실제로 장난을 쳤던 그날 밤 내가 본 일에 관해 생각하고 있었거든. 그게 당혹스러운 거야. 징조를 봤거든."

"어떤 종류의… 징조를 말하시는 겁니까, 돈 후앙?"

"메스칼리토는 내게 자네를 지목해주고 있었던 거라네."

"뭘요?"

"그땐 나도 확실히 몰랐지만, 지금은 알아. 메스칼리토는 자네가 '선택받은 자(escogido)'라고 말하고 싶었던 거야. 메스칼리토는 나에게 자네를 지목했고, 그럼으로써 자네가 선택받은 자라는 걸 알려줬어."

"어떤 임무라든지, 그런 걸 맡기기 위해서 여러 사람들 중에서 저를 택했단 말입니까?"

"아냐. 내 말의 의미는, 메스칼리토가 자네야말로 내가 찾고 있는 사내라는 걸 알려줬단 뜻이네."

"그가 언제 그런 말을 했습니까, 돈 후앙?"

"자네와 장난을 치는 걸 통해서 말해준 거야. 따라서 내 입장에선 자네가 선택받은 자가 된 거야."

"선택받은 자가 된다는 건 무슨 뜻입니까?"

"나는 몇 가지 비밀을 알고 있네(Tengo secretos). 선택받은 사내를 찾기 전에는 누구에게도 밝힐 수 없는 비밀 말이야. 자네가 바로 그라는 건 메스칼리토와 장난치는 걸 봤을 때부터 명백했네. 그런데 자넨 인디언이 아니야. 이 얼마나 곤혹스러운 일인가!"

"하지만 저에겐 그게 무슨 뜻입니까, 돈 후앙? 전 어떻게 해야 합니까?"

"난 결심했네. 자네한테 그걸 가르쳐주기로. 식자識者의 운명을 지게 될 비밀을 말이야."

"메스칼리토의 비밀을 말씀하시는 겁니까?"

"그래. 하지만 그건 내가 아는 비밀의 전부가 아냐. 다른 종류의 다른 비밀들도 있다네, 누군가에게 전수하고 싶은. 나 자신도 스승이, 은사恩師가 있었는데, 어떤 위업을 달성함으로써 그의 선택받은 사내가 됐지. 내가 아는 건 모두 그 은사에게서 배운 거야."

나는 돈 후앙에게 그런 새로운 역할을 맡으면 어떤 일을 해야 하는지를 물어봤다. 그는 배우기만 하면 된다고 대답했다. 그와 함께했던 두 번의 세션에서 경험을 통해 배웠던 것처럼 말이다.

상황이 아주 묘하게 흘러간다는 느낌을 받았다. 페요테에 관해 배우기를 포기하겠다고 얘기할 작정이었는데, 미처 운을 떼기도 전에 '지식'을 가르쳐주겠다는 그의 제안을 받은 꼴이었다. 그게 정확히 무슨 뜻인지는 알 수 없었지만, 이런 느닷없는 상황의 전환은 매우 중대한 사건이라는 생각이 들었다. 그런 일을 하려면 내가 갖고 있지 않은 드문 종류의 용기가 필요할 것이므로 나는 그럴 자격이 없노라고 사양했다. 나는 다른 사람들이 한 일에 관해 얘기하는 편이 오히려 성향에 맞는다고 말했다. 나는 모든 사항에 관한 돈 후앙의 관점과 견해를 알고 싶을 뿐이라서, 한 자리에 며칠이고 죽치고 앉아 그의 얘기에 귀를 기울이는 것만으로도 만족이라고 덧붙였다. 내게는 그런 것이야말로 배움이라고 말이다.

돈 후앙은 끼어들지 않고 내 긴 얘기를 들어주었다. 이윽고 그가 말했다.

"이 모든 걸 이해하기는 쉬워. 지식으로 가는 길에서 가장 먼저 마주치는 천적은 두려움이야. 게다가 자넨 호기심이 강하잖나. 그것만으로도 충분히 균형을 맞출 수 있네. 그리고 자넨 싫든 좋든 어차피 배우게 될 거야. 원래 그런 법이니까."

나는 돈 후앙을 설득하려고 한동안 계속 반박했다. 하지만 그는 내가 배우는 수밖에는 없다고 확신하고 있는 듯했다.

"자넨 제대로 된 순서에 맞춰서 생각하고 있지 않아." 그는 말했다. "메스칼리토는 실제로 자네와 장난을 쳤어. 생각해볼 건 바로 그 점이야. 자네의 그 두려움 말고, 그 점에 대해서 곰곰이 잘 생각해보라고."

"그게 그렇게 기이한 일이었습니까?"

"메스칼리토하고 장난을 치는 사람을 본 건 자네가 처음이야. 자넨 이런 종류의 삶에 익숙하지 않기 때문에 그 징조를 대수롭지 않게 여기는 거야. 게다가 자넨 성격이 진지해. 하지만 자네의 그 진지함은 자네가 하는 일에만 관련된 거고, 자네 밖에서 일어나는 일과는 무관해. 자넨 자기 자신에게 너무 빠져 있어. 그게 문제야. 그 탓에 지독하게 피곤해지는 거지."

"하지만 그런 상황에서 제가 달리 무슨 일을 할 수 있겠습니까?"

"자네 주위에서 일어나는 경이로운 일들을 찾아내서 살펴보게. 그렇게 자네 자신만 바라보다가는 피곤해질 거고, 그 피로가 자네의 귀와 눈을 멀게 하는 거야. 다른 모든 것들에 대해서는 신경을 못 쓰는 거지."

"맞는 얘깁니다. 하지만 어떻게 하면 그걸 바꿀 수 있습니까?"

"메스칼리토가 자네와 장난을 치며 놀았다는 놀라운 사실에 대해 생각해보게. 그 밖의 것은 아예 머릿속에서 몰아내고. 그럼 그 나머지 일은 저절로 일어날 거야."

1961년 8월 20일 일요일

어젯밤 돈 후앙은 나를 자신의 지식의 영역으로 끌어들이려고 했다. 우리는 어둠 속에서 그의 집 앞에 앉아 있었다. 긴 침묵이 흐른 후 돈 후앙은 느닷없이 운을 뗐다. 그는 그의 은사가 자신을 제자로 받아들인 첫째 날에 그에게 했던 충고를 그대로 전해주겠다고 했다. 내가 하나도 빠짐없이 기억하도록 몇 번이나 되풀이해준 것으로 미루어볼 때 그가 은사의 말을 고스란히 기억하고 있다는 점은 명백했다.

"사람은 전쟁터에 나가듯이 활짝 깨어 있는 상태로, 두려움과 경의와 절대적인 자신감을 품고 지식을 향해 나아간다. 이와 다른 방식으로 지식을 향해 나아가거나 전쟁터에 나가는 것은 잘못이고, 누구든 그런 잘못을 저지르는 자는 나중에 자신의 행동을 후회하면서 살게 될 것이다."

내가 왜 그런지를 묻자 돈 후앙은 이 네 가지 필요조건을 충족하는 사내에게는 스스로 책임을 져야 할 잘못이 존재하지 않기 때문이며, 그런 조건하에서 그가 하는 행동에서는 어리석은 자들의 행동과 같은 우매한 면을 찾을 수가 없기 때문이라고 대답했다. 만약 그런 사내가 실패하거나 패배한다면 그는 단지 한 싸움에서 패한 것일 뿐이어서, 그 사실을 놓고 땅을 치고 후회하지는 않는다.

그런 다음 돈 후앙은 그의 은사가 가르쳐준 것과 완전히 똑같은 방식으로 '맹우(ally)'에 관해 내게 가르쳐줄 작정이라고 말했다. 그는 '완전히 똑같은 방식으로'라는 표현을 특별히 강조하며 몇 번 되풀이해서 말했다.

'맹우'란 사람이 도움과 충고와, 크든 작든 어떤 행위를 하기 위한 힘을 얻기 위해 자기 삶으로 불러들일 수 있는 힘으로서, 사람의 삶을 향상시키고 행동의 길잡이를 해주고 지식을 더욱 넓혀주는 데에 꼭 필요하다고 했다. 사실, 맹우는 지식 획득에 필수불가결하다고 했다. 돈 후앙은 강력한 확신을 담아 이 말을 강조했다. 그는 주의 깊게 단어를 골라서 말하는 것처럼 보였다. 그는 다음 문장을 네 번이나 되풀이해서 말했다.

"맹우는 자네에게 그 어떤 인간도 알려줄 수 없는 것들을 보여주고, 깨우치게 해줄 걸세."

"맹우는 일종의 수호령입니까?"

"수호자도 아니고, 영혼도 아니네. 조력자야."

"메스칼리토는 당신의 맹우입니까?"

"아냐! 메스칼리토는 다른 종류의 힘일세. 독자적인 힘이지! 수호자이자, 스승이라네."

"메스칼리토가 맹우하고 다른 점이 뭡니까?"

"맹우를 길들이고 이용하는 것처럼 메스칼리토를 길들이고 이용할 수는 없어. 메스칼리토는 자네 밖에 존재하네. 누구든 그 앞에 서는 사람에게 여러 형태로 자신을 드러내 보이지. 그 사람이 브루호든 농부든 간에 말이야."

돈 후앙은 지극히 열정적인 어조로 메스칼리토가 올바르게 사는 법을 가르쳐주는 스승이라는 점을 강조했다. 내가 메스칼리토는 어떻게 '올바르게 사는 법'을 가르쳐주느냐고 묻자 돈 후앙은, 메스칼리토는 어떻게 살아야 하는지를 보여준다고 대답했다.

"어떤 식으로 보여줍니까?" 나는 물었다.

"많은 방식으로 보여준다네. 이따금 자기 손바닥 위에서 보여줄 때도 있고, 바위나 나무 위, 아니면 그냥 자네 앞에서 보여줄 때도 있어."

"눈앞에서 그림 같은 게 펼쳐지는 겁니까?"

"아니. 눈앞에서 가르침을 보여주네."

"메스칼리토는 사람한테 말을 겁니까?"

"그래. 하지만 단어를 써서 말하는 건 아냐."

"그럼 어떻게 말한다는 겁니까?"

"모든 사람에게 다른 방식으로 말을 걸어."

돈 후앙이 내 질문에 넌더리를 내고 있는 것처럼 보였기 때문에 나는 더 이상 질문하지 않았다. 그는 메스칼리토를 알아가는 데는 딱히 정해진 절차가 없다며 설명을 계속했다. 따라서 메스칼리토에 관해 가르쳐줄 사람은 메스칼리토밖에는 없으며, 바로 이런 성질이 그를 독자적인 힘으로 만드는 것이라고 했다. 그는 누구에게나 똑같은 존재가 아니기 때문이다.

반면에, 맹우를 획득하기 위해서는 정밀한 가르침을 받고 단 한 번의 실수도 없이 소정의 단계 내지는 절차를 밟아야만 한다고 돈 후앙은 말했다. 이 세상에는 그런 맹우의 힘이 많이 존재하지만, 자신은 단지 두 가지의 맹우에 대해서만 친숙하게 알고 있다고 그는 말했다. 그리고 그는 나를 그것들과 그 비밀로 인도해줄 작정이지만, 어느 쪽을 선택할지는 나에게 달렸다고 말했다. 나는 그중 단 하나만을 얻을 수 있기 때문이다. 돈 후앙의 은사의 맹우는 라 예르바 델 디아블로, 즉 악마초였고, 은사는 돈 후앙에게 직접 그 비밀을 가르쳐줬지만, 자기는 개인적으로는 악마초를 좋아하지 않는다고 그는 덧붙였다. 자신의 맹우는 우미토, 즉 조그만 스모크(煙氣)라고 돈 후앙은 말했지만, 스모크의 성질에 관해서는 더 이상 자세하게 얘기해주지 않았다.

나는 스모크에 관해 질문했다. 돈 후앙은 잠자코 있었다. 한참 후에 나는 물었다.

"맹우란 어떤 종류의 힘입니까?"

"조력자야. 말했잖나."

"어떻게 도움을 주는 겁니까?"

"맹우란 사람을 그 자신의 경계 너머로 데려가줄 능력을 가진 힘이라네. 그렇게 해서 그 어떤 인간도 알아낼 수 없는 것들을 알려주는 거지."

"하지만 메스칼리토도 인간을 그 경계 밖으로 데려가주지 않습니까. 그렇다면 그도 맹우 아닙니까?"

"아냐. 메스칼리토가 자네를 자네 밖으로 데려가는 건 자네를 가르치기 위해서야. 맹우는 자네를 데려가서 힘을 준다네."

나는 이 점에 대해 좀더 자세하게 설명해주든지, 아니면 이 두 가지 존재가 끼치는 영향의 차이에 대해 얘기해달라고 돈 후앙에게 부탁했다. 돈 후앙은 나를 한참 바라보더니 웃음을 터뜨렸다. 그는 대화를 통해서 배우려고 하는 것은 시간 낭비일뿐더러 어리석은 짓이라고 했다. 왜냐하면 배움은 인간이 도전할 수 있는 가장 힘든 과업이기 때문이라는 것이다. 그러면서 돈 후앙은 내가 나 자신의 장소를 찾으려고 했을 때를 떠올려보라고 말했다. 나는 돈 후앙이 모든 정보를 건네주리라고 지레짐작하고는 아무 노력도 없이 그것을 찾고 싶어하지 않았던가 말이다. 만약 내가 원하는 대로 힌트를 줬다면 나는 결국 아무것도 배우지 못했을 것이라고 돈 후앙은 지적했다. 그런 반면 자기 장소를 찾아내는 것이 얼마나 힘든 일인지를 알고, 특히 그것이 존재한다는 사실을 확신하는 것은 어떤 독특한 종류의 자신감을 준다는 것이다. 돈 후앙은 내가 나의 '좋은 장소'에 뿌리를 박고 있으면 그 무엇도 내 몸에 해를 끼치지 못한다고 말했다. 왜냐하면 그런 특별한 장소에서는 최상의 상태를 발휘할 수 있는 자신감을 갖게 되고, 그 어떤 해로운 것도 밀쳐낼 힘을 가질 수 있기 때문이다. 그러나 그곳이 어디라고 미리 얘기해줬다면 나는 그것을 진정한 지식으로 받아들일 수 있는 자신감을 결코 얻지 못했을 것이라고 돈 후앙은 말했다. 그래서 지식은 정말로 힘인 것이다.

그리고 돈 후앙은 누구든 배우려고 마음먹은 사람은 내가 그 장소를 찾으려고 했을 때처럼 최대한의 노력을 쏟아 부어야 하며, 배움의 한계는 그의 기질에 달려 있다고 말했다. 그러니까 지식에 대해서 말로 얘기하는 것은 무의미하게밖에는 보이지 않는다는 얘기였다. 그는, 어떤 종류의 지식은 내 힘으로 다루기에는 너무나 강력해서 그런 것에 대해 말로 얘기하는 것은 내게 해가 되기만 할 뿐이라고 했다. 그는 이 이상은 할 말이 없다고 생각하는 기색이 역력했다. 돈 후앙은 일어나서 자기 집으로 걸어갔다. 나는 그에게 이 상황이 너무나 버겁다고 털어놓았다. 그건 내가 상상하거나 원했던 것이 아니었다.

그는 두려움은 자연스러운 것이며, 우리는 모두가 두려움을 느끼지만 그에 대해 할 수 있는 일은 아무것도 없다고 대꾸했다. 반면에, 배움이 우리에게 아무리 큰 두려움을 안겨준다고 하더라도 맹우나 지식을 가지고 있지 않은 상황은 훨씬 더 끔찍한 것이라고 했다.

3

돈 후앙이 나에게 맹우의 힘에 관해 가르쳐주기로 마음먹은 이래, 그의 기준에 부합하는 실질적이고 체험적인 배움을 내가 시작할 준비가 되었다고 그가 판단하기까지는 2년 이상이 걸렸다. 그동안 돈 후앙은 이 두 가지 맹우의 특징을 서서히 정의해주었다. 그는 내가 언어화에 필수적인 추론, 모든 가르침의 통합, 비일상적 현실의 다양한 상태에 대한 기초를 다지도록 했다.

처음에 그는 잡담을 하듯이 가볍게 맹우의 힘에 관해 얘기했다. 내 기록에서 이에 관한 최초의 언급은 다른 화제들 사이에 끼어 있었다.

1961년 8월 23일 수요일

"'악마초(Jimson weed)'는 내 은사의 맹우였지. 내 맹우가 될 수도 있었지만, 난 그녀를 좋아하지 않았어."

"왜 악마초를 안 좋아하신 겁니까, 돈 후앙?"

"심각한 결점을 갖고 있거든."

"다른 맹우들의 힘보다 열등한가요?"

"아니. 오해하지 말게. 그녀는 최상의 맹우들에 맞먹을 만큼 강력하지만, 내가 개인적으로 마음에 들지 않았던 뭔가가 있었던 거야."

"그게 뭔지 말해 주시겠습니까?"

"악마초는 사람을 일그러지게 만들어. 당사자의 마음을 먼저 강화해주지도 않고 너무 빨리 힘을 맛보게 해서 오만하고 예측 불가능한 인물로 만들어버리는 거야. 결국 강대한 힘 속에서도 오히려 약해지게 만들어버리는 거지."

"그걸 피할 방도는 없습니까?"

"극복할 방법이 하나 있긴 하지만, 피할 수는 없네. 악마초의 맹우가 되는 사람은 누구든 그 대가를 치러야 해."

"어떻게 하면 그 영향을 극복할 수 있습니까, 돈 후앙?"

"악마초는 네 개의 머리를 가지고 있다네. 뿌리, 줄기와 잎사귀, 꽃, 그리고 씨앗이야. 이것들은 각기 달라서 그녀의 맹우가 되려는 사람은 이 순서대로 그것들에 관해 배워야 해. 가장 중요한 머리는 뿌리에 있네. 악마초의 힘을 정복하려면 이 뿌리를 통해야 해. 줄기와 잎은 병을 고쳐주는 머리이고, 적절하게 쓴다면 인류에게는 좋은 선물이지. 세 번째 머리는 꽃이고, 이건 사람들을 미치게 하거나 순종적으로 만들거나 죽일 때 쓰여. 악마초를 맹우로 가진 사람은 결코 꽃을 먹지 않는다네. 줄기와 잎도 마찬가지야. 병에 걸린 경우를 제외하면 말이야. 하지만 뿌리와 씨앗, 특히 씨앗은 늘 먹는다네. 씨앗은 악마초의 네 번째 머리이고, 넷 중에서도 가장 강력하지.

내 은사는 악마초 씨앗을 '맑은 머리'라고 불렀고, 인간의 마음을 강화시킬 수 있는 유일한 부위라고 했네. 악마초는 피후견인에게조차 심하게 대한다는 얘기도 하곤 했지. 왜냐하면 악마초는 자기를 따르는 피후견인이 '맑은 머리'의 비밀에 도달하기도 전에 재빨리 죽이려 들고, 보통 그 일에 성공하기 때문이라고 하더군. 하지만 맑은 머리의 비밀을 푼 사내들이 존재한다는 얘기도 했어. 지식을 추구하는 식자識者에게는 대단한 도전거리지!"

"은사님은 그런 비밀을 풀었습니까?"

"아니, 못 풀었어."

"푼 사람을 만나보신 적이 있습니까?"

"아니. 그 사람들은 그 지식이 중요했던 시절에 살았어."

"그런 사람들을 만났다는 사람을 압니까?"

"아니, 몰라."

"은사님은 그런 사람들을 하나라도 알고 있었습니까?"

"알고 있었지."

"은사님은 왜 맑은 머리의 비밀에 도달하지 못했던 겁니까?"

"악마초를 길들여서 맹우로 삼는 건 내가 아는 것 중에서도 가장 힘든 일 중 하나야. 이를테면 악마초는 결코 나와 하나가 되지 않았다네. 아마 내가 그걸 좋아했던 적이 한 번도 없기 때문이겠지."

"좋아하지 않으면서도 악마초를 맹우로 이용할 수 있습니까?"

"있네. 하지만 난 안 그러는 쪽이 더 좋아. 자네의 경우엔 다를지도 모르지만."

"왜 그걸 악마초라고 부르는 겁니까?"

돈 후앙은 초연한 태도로 어깨를 으쓱하고는 한동안 아무 말도 하지 않았다. 이윽고 그는 '악마초'란 임시로 붙인 이름(su nombre de leche)이라고 말했다. 악마초에는 다른 이름들이 있지만, 이름을 부르는 것은 매우 중대한 행위이기 때문에 그러면 안 된다고도 했다. 특히 맹우의 힘을 길들이려는 사람은 말이다. 나는 왜 이름을 부르는 것이 중대한지 물어보았다. 그러자 그런 이름들은 당사자가 긴급하고 꼭 필요한 순간에 도움을 요청하기 위해서만 쓰는 것이기 때문이라는 대답이 돌아왔다. 돈 후앙은 지식을 탐구하는 사람에게는 늦든 빠르든 틀림없이 그런 순간이 찾아온다고 단언했다.

1961년 9월 3일 일요일

오늘 오후에 돈 후앙은 밖에서 두 그루의 다투라를 채집해왔다.

느닷없이 악마초 얘기를 꺼내더니 자기와 함께 야산으로 가서 다투라 풀을 한 그루 찾아보자고 했던 것이다.

우리는 차를 몰고 근처 야산으로 갔다. 나는 차 트렁크에서 삽을 꺼내서 협곡 쪽으로 갔다. 우리는 부드러운 모래땅에 무성히 자란 관목 수풀 지대를 헤치며 한참을 걸어갔다. 돈 후앙은 암록색 잎사귀가 달리고 종 모양의 커다랗고 희끄무레한 꽃이 핀 조그만 식물 곁에 멈춰 섰다.

"이거야." 돈 후앙은 말했다.

그는 대뜸 삽으로 땅을 파기 시작했다. 나도 도우려고 했지만 그는 고개를 세게 저으며 거절하더니 식물 주위로 둥그런 구멍을 팠다.

구멍은 원추형으로 깊은 바깥쪽 가장자리에서 원의 중앙부를 향해 경사를 이루며 올라가고 있었다. 돈 후앙은 파는 것을 멈추더니 줄기 가까이서 무릎을 꿇었고, 손가락으로 그 주위의 부드러운 흙을 털어 내고 10센티미터쯤 되어 보이는 덩이줄기 모양의 갈래진 뿌리를 노출시켰다. 연약해 보이는 줄기와는 대조적으로 무척 굵은 뿌리였다.

돈 후앙은 나를 쳐다보고 이 풀은 줄기와 이어지는 부분에서 정확하게 뿌리가 두 개로 갈라져 있기 때문에 '남자'라고 말했다. 그러고는 일어서더니 뭔가를 찾으러 갔다.

"뭘 찾고 있습니까, 돈 후앙?"

"막대기를 찾고 있네."

그는 주위를 둘러보려는 나를 가로막았다.

"자넨 아냐! 그냥 저기 앉아 있어." 그는 6미터쯤 떨어진 곳에 있는 바위를 가리켰다. "내가 찾아오겠네."

잠시 후 그는 길고 마른 나뭇가지를 가지고 돌아왔다. 그것을 땅 파는 막대기처럼 써서 두 갈래로 갈라진 뿌리들을 덮은 흙을 조심스럽게 제거했고, 약 60센티미터 깊이까지 털어냈다. 깊이 팔수록 땅이 단단해졌기 때문에 막대기로 그것을 뚫는 것은 실질적으로 불가능해졌다.

그는 동작을 멈추고 땅바닥에 앉아 한숨 돌렸다. 나는 그의 곁에 가서 앉았다. 우리는 오랫동안 아무 말도 하지 않았다.

"왜 삽으로 파지 않은 겁니까?" 나는 물었다.

"삽날로 상처를 낼지도 모르니까. 그래서 근처에서 구해온 막대기를 쓴 거야. 이거라면 혹시 뿌리를 건드리더라도 삽이나 다른 이물질 만큼 손상을 입히지는 않아."

"어떤 종류의 막대기를 구해온 겁니까?"

"팰로버디palo verde* 나무의 마른 가지라면 뭐든 좋네. 마른 가지가 없으면 생 가지를 잘라야 해."

"다른 나무의 가지를 쓰면 안 됩니까?"

"방금 말했잖나. 팰로버디 나무 말고는 안 돼."

"그건 왜 그렇습니까, 돈 후앙?"

"악마초에겐 친구가 극히 드물기 때문이야. 팰로버디는 이 부근에서는 유일하게 그녀와 죽이 맞는 나무라네. 악마초에 감기거나 들러붙는 건(o unico que prende) 그것밖에는 없어. 만약 삽날로 상처를 입힌다면 나중에 다시 심어도 악마초는 자네를 위해 자라주지 않을 거야. 하지만 막대기라면 상처가 나도 아예 느끼지 못할 공산이 커."

"이제 그 뿌리를 어떻게 할 겁니까?"

"잘라낼 걸세. 자넨 다른 데 가 있어야 해. 다른 악마초를 하나 더 찾아보게. 내가 부를 때까지 거기 있어."

"제가 안 도와도 됩니까?"

"내가 요청할 때만 도우면 돼!"

나는 자리를 떴고, 몰래 되돌아가서 돈 후앙을 훔쳐보고 싶은 강

* 콩과의 교목

한 욕구를 억누르기 위해 다른 악마초를 찾는 일에 착수했다. 잠시 후 돈 후앙이 다가왔다.

"이제 여자를 찾으러 가세." 그는 말했다.

"그걸 어떻게 구분합니까?"

"여자는 키가 더 크고 위를 향해 자라기 때문에 거의 작은 나무처럼 보여. 남자는 덩치가 더 크고 옆으로 뻗어나가기 때문에 무성한 덤불에 가까워 보이네. 캐서 보면 여자 악마초 뿌리는 아래로 한참 내려간 데서 둘로 갈라져 있을 거야. 반면에 남자는 줄기에서 뿌리가 시작되는 부분부터 이미 갈라져 있네."

우리는 다투라가 무성한 들에서 함께 그것을 찾으러 다녔다. 이윽고 돈 후앙은 그중 하나를 가리키며 말했다. "저게 여자야." 그러고는 처음과 같은 방식으로 그것을 캐기 시작했다. 뿌리의 흙을 털자 그가 말한 대로의 모양을 하고 있다는 것을 알 수 있었다. 그가 그것을 자르는 동안 나는 또 그 자리를 떴다.

집에 돌아오자 돈 후앙은 다투라를 담아온 꾸러미를 펼쳤다. 그는 남자에 해당하는 더 큰 뿌리를 집어서 커다란 금속 쟁반에 담고 극히 신중한 동작으로 뿌리와 줄기와 잎에 묻은 흙을 완전히 씻어냈다. 꼼꼼한 세척작업이 끝난 후 돈 후앙은 짧은 톱날이 달린 나이프로 줄기와 뿌리가 연결된 부위에 옅게 칼자국을 내어 손으로 뚝 잘랐다. 그러고는 줄기를 집어들더니 잎사귀, 꽃, 씨앗들을 싸고 있는 가시투성이의 꼬투리로 각각 나눴다. 바싹 말랐거나 벌레 먹은 부분은 모두 버리고 완전한 부위만 골라냈다. 그런 다음 돈 후앙은 두 줄의 노끈을 써서 두 갈래로 갈라진 뿌리를 하나가 되도록 묶고, 칼집을 낸 다음 좌우로 반토막을 내어 같은 크기의 뿌리 두 조각을 만들었다.

그러고는 거친 삼베천을 꺼내서 방금 하나로 묶은 두 조각의 뿌리를 그 위에 올려놓았다. 그다음 뿌리 위에다 잎사귀 더미를 가지런하게 올려놓고, 그 위에 꽃, 씨앗꼬투리, 줄기의 순서로 차곡차곡 쌓았다. 그는 삼베천을 접은 다음 양쪽 모퉁이를 비끄러맸다.

그는 다른 다투라 — 여자 — 를 가지고 똑같은 일을 되풀이했다. 한 가지 예외는 뿌리를 자르지 않고 알파벳 Y를 뒤집은 모양의 갈라진 부분을 그대로 놔뒀다는 점이었다. 그런 다음 모든 부위를 다른 삼베천으로 쌌다. 작업이 끝났을 때는 이미 주위가 어두워져 있었다.

1961년 9월 6일 수요일

오늘 오후 늦은 시각에 우리는 다시 악마초 얘기를 했다.

"슬슬 그걸 가지고 다시 작업을 해야겠군." 돈 후앙이 느닷없이 말했다.

나는 다소곳이 침묵하다가 그에게 물었다. "그 풀로 뭘 하겠다는 겁니까?"

"내가 캐내서 자른 것들은 내 거야." 그는 말했다. "나 자신이나 마찬가지지. 그걸 써서 자네에게 악마초를 길들이는 방법을 가르쳐 주겠네."

"어떻게요?"

"악마초는 부위(partes)별로 나눌 수 있고, 각 부위의 성질은 모두 다르다네. 각각의 독자적인 목적과 효능을 가지고 있지."

돈 후앙은 왼손을 쫙 펴서 흙마루 바닥에 대고는 엄지 끄트머리에서 약지 끄트머리까지의 길이를 표시해보였다.

"이건 내 몫의 부위야. 자네 건 자네 손으로 이렇게 재면 돼. 자, 악마초에 대해 지배력을 행사하기 위해서는 뿌리의 첫 번째 부위부터 취해야 하네. 하지만 내가 자네를 그녀에게 데리고 왔으니까, 자넨 '나의' 악마초 뿌리의 첫 번째 부위를 취해야 해. 이미 재어놓았어. 그러니까 자네가 처음 취하는 건 '내 몫의' 부위야."

돈 후앙은 집 안으로 들어가서 삼베천 꾸러미 중 하나를 가지고 돌아왔다. 그는 앉아서 꾸러미를 열었다. 나는 그것이 남성 악마초임을 알아차렸다. 뿌리가 한 조각뿐이라는 사실도. 돈 후앙은 애초의 두 조각 중 남은 한 조각의 뿌리를 집어들고 내 얼굴 앞으로 내밀었다.

"이게 자네의 첫 번째 부위야. 이걸 자네에게 주겠네. 내가 자네를 위해서 잘랐네. 내 몫으로 잰 거지만, 이제 그걸 자네에게 주겠네."

한순간 이걸 당근처럼 씹어 먹어야 하나 하는 생각이 머리를 스쳤지만, 돈 후앙은 그것을 흰색 무명으로 된 작은 자루에 넣었다.

돈 후앙은 집 뒤꼍으로 걸어갔다. 그는 거기서 바닥에 책상다리를 하고 앉아 납작한 석판 위에 자루를 올려놓고, 석판을 절구 삼아 둥근 맷돌짝으로 자루 속의 뿌리를 으깨기 시작했다. 그는 이따금씩 석판과 맷돌을 씻어서 그 물을 나무를 파서 만든 작고 납작한 대야에다 담았다.

돈 후앙은 뿌리를 으깨면서 나직하고 단조로운 목소리로 알아들을 수 없는 노래를 불렀다. 자루 안의 뿌리가 부드러운 펄프로 바뀌자 그것을 나무 대야에 넣었다. 석판과 맷돌도 다시 대야에 넣은 다음 물을 가득 채우고, 뒤뜰 울타리 앞으로 가서 네모난 돼지 여물통처럼 보이는 것 안에 넣었다.

돈 후앙은 뿌리를 밤새 물에 담가놓아야 한다고 말했다. 집 밖에 놓아두는 것은 밤공기(el sereno)를 쐬기 위해서라고 했다. "내일 해가 나고 날이 더우면 그건 아주 좋은 징조야." 그가 말했다.

1961년 9월 10일 일요일

9월 7일 목요일은 아주 청명하고 더운 날이었다. 돈 후앙은 좋은 징조라며 매우 흡족해하는 기색이었고, 악마초가 나를 마음에 들어 하는 듯하다고 여러 번이나 되풀이해 말했다. 뿌리는 밤새도록 물에 담가놓은 상태였다. 오전 10시경에 우리는 집 뒤꼍으로 걸어갔다. 돈 후앙은 여물통에서 대야를 꺼내서 땅에다 내려놓고 그 옆에 앉았다. 그는 자루를 집어 대야 바닥에 대고 문질렀다. 그런 다음 수면 위 10센티미터쯤 되는 곳에서 자루의 내용물을 짜내고는 자루를 물에다 떨어뜨렸다. 돈 후앙은 이와 같은 절차를 세 번 더 되풀이한 다음 자루를 여물통에다 던져버리고, 대야는 뜨거운 햇볕 아래에 그냥 놓아두었다.

우리는 두 시간 뒤에 그곳으로 돌아왔다. 돈 후앙은 펄펄 끓는 노리끼리한 물이 든 중간 크기의 주전자를 들고 있었다. 그가 조심스레 대야를 기울여 겉물을 쏟아내자 대야 바닥에는 걸쭉한 침전물이 남았다. 그는 이 침전물 위에 끓는 물을 붓고 다시 햇볕 아래에 내버려두었다.

이 절차는 한 시간 이상의 간격을 두고 세 번 되풀이되었다. 마지막에 그는 대야에 담긴 물을 대부분 쏟아내고, 늦은 오후의 햇볕을 쬘 수 있도록 대야를 기울여놓았다.

몇 시간 뒤에 우리가 그곳으로 돌아갔을 때는 주위가 어두워져 있었다. 대야 바닥에는 고무처럼 끈적거리는 물질이 남아 있었다. 약간 희거나 밝은 잿빛에 가까운 색깔이었고, 물에 넣고 끓이다 만 녹말가루처럼 보였다. 분량은 찻숟가락으로 하나쯤 될까. 돈 후앙은 대야를 집 안으로 가지고 들어왔다. 그가 새로 물을 끓이는 동안 나는 바람에 날려와서 대야의 침전물 위에 얹힌 흙먼지를 집어냈다. 돈 후앙은 그런 나를 보고 웃었다.

"그런 작은 먼지는 해가 되지 않아."

물이 끓자 그는 한 잔 분량을 대야에다 부었다. 낮에 쓴 것처럼 노리끼리한 물이었다. 침전물이 녹으며 물이 희뿌옇게 변했다.

"그건 무슨 물입니까, 돈 후앙?"

"협곡에서 따온 과일과 꽃으로 낸 즙이야."

돈 후앙은 대야의 내용물을 꽃병 모양을 한 낡은 토기제 머그잔에다 모두 따랐다. 아직도 매우 뜨거웠기 때문에 그는 액체를 식히기 위해 입으로 불었다. 그는 한 모금 마신 다음 잔을 내게 건넸다.

"자, 마셔!" 그가 말했다.

나는 반사적으로 잔을 받아들었고, 별 생각 없이 모두 들이켰다. 약간 썼지만, 거의 감지할 수 없을 정도였다. 무엇보다도 강렬했던 것은 물의 냄새였다. 바퀴벌레를 삶기라도 한 것일까.

거의 즉시 나는 땀을 흘리기 시작했다. 온몸이 달아오르면서 머리로 피가 확 몰렸다. 눈앞에 붉은 점이 하나 보였고, 위의 근육이 고통스럽게 수축하기 시작했다. 잠시 지나자 고통은 사라졌지만 추워지기 시작했고, 식은땀이 나서 말 그대로 온몸을 적셨다.

돈 후앙은 혹시 내 눈앞이 껌껌해졌거나 검은 점들이 보이지 않느냐고 물었다. 나는 모든 게 붉게 보인다고 대답했다.

이가 딱딱거렸다. 가슴 한복판에서 방사되는 듯한, 통제 불가능한 불안감이 파상적으로 몰려왔기 때문이다.

그러자 돈 후앙은 두렵냐고 물었다. 내게는 무의미한 질문처럼 느껴졌다. 물론 두렵다고 대답하자, 그는 재차 그녀가 두렵냐고 물었다. 그의 말이 무슨 뜻인지 이해하지도 못한 채 나는 그렇다고 대답했다. 그러자 그는 웃음을 터뜨리면서 나는 정말로 두려운 게 아니라고 말했다. 그는 내가 여전히 붉은색을 보고 있느냐고 물었다. 내 눈에 보이는 것이라고는 눈앞의 거대한 붉은 점뿐이었다.

좀 지나자 기분이 나아졌다. 신경성 경련은 차츰 가라앉았고, 그 뒤로는 뻐근하지만 기분 좋은 피로와 자고 싶은 강렬한 욕구만 남았다. 돈 후앙의 목소리는 들렸지만 더 이상 눈을 뜨고 있을 수가 없었다. 나는 잠들었다. 그러나 짙은 붉은색 안에 푹 잠겨 있는 느낌이 밤새도록 이어졌다. 꿈조차 붉은색이었다.

나는 토요일 오후 3시경에 깼다. 거의 이틀을 잔 셈이다. 머리가 약간 아프고 속이 울렁거렸고, 창자를 콕콕 찌르는 듯한 간헐적인 통증을 느꼈다. 그것만 뺀다면 평소에 잠에서 깨는 것과 하등 다르지 않았다. 돈 후앙은 집 앞에 앉아 꾸벅꾸벅 졸다가 내가 깬 것을 보고는 미소를 지었다.

"그저께 밤에는 모든 일이 순조롭게 돌아갔네." 그는 말했다. "자넨 붉은색을 보았어. 그게 제일 중요한 부분이지."

"제가 붉은색을 안 봤다면 무슨 일이 일어났을까요?"

"검은색을 봤겠지. 그건 안 좋은 징조야."

"왜 안 좋은 겁니까?"

"검은색을 본다는 건 악마초와 안 맞는다는 뜻이거든. 그리고 아무것도 안 나올 때까지 창자를 다 비워낼 거야."

"죽는 겁니까?"

"죽는 사람은 없겠지만, 오랫동안 괴로워하게 될 거야."

"붉은색을 보는 사람들은 어떻게 됩니까?"

"토하거나 하진 않고, 오히려 쾌감을 느끼게 되네. 그건 당사자가 강하고 거친 성향을 갖고 있다는 뜻이지 — 악마초가 좋아하는. 그녀는 그런 식으로 유혹한다네. 악마초에게서 힘을 받는 대가로 결국 그녀의 노예가 되어버린다는 게 유일한 결점이지만. 하지만 그런 건 우리의 통제를 벗어난 일이야. 사람은 오직 배우기 위해 사는 거고, 배우는 데 성공한다면 그건 좋든 나쁘든 본인의 운명이지."

"이제 전 뭘 해야 합니까, 돈 후앙?"

"내가 처음 뿌리의 나머지 반쪽에서 잘라낸 싹을 심어야 해. 자넨 그저께 밤에 반쪽을 먹었으니, 남은 반쪽을 땅에 심어야 하는 거지. 자네가 악마초를 길들이는 진짜 작업에 들어가려면 그게 자라서 씨가 여물어야 해."

"어떻게 길들이는 겁니까?"

"뿌리를 통해서. 악마초 뿌리 각 부위의 비밀을 하나하나 배워가는 거지. 비밀을 알아내서 그 힘을 자기 걸로 만들려면 그것을 먹어야 해."

"다른 부위들도 처음 것과 같은 방법으로 준비하는 겁니까?"

"아니. 부위마다 달라."

"각각의 부위에는 어떤 효과가 있습니까?"

"이미 말했잖나, 각 부위는 저마다 다른 형태의 힘을 가르쳐준다네. 그저께 밤에 자네가 얻은 건 아무것도 아냐. 그건 누구든 할 수 있는 일이었어. 하지만 브루호만이 그보다 더 깊은 부위를 취할 수 있네. 악마초가 자네를 받아들일지 안 받아들일지 아직 모르니까, 그것들이 어떤 일을 하는지는 아직 얘기해줄 수 없어. 기다려야 해."

"그럼 언제 얘기해주실 수 있습니까?"

"자네의 악마초가 자라서 씨가 여물면 언제든지."

"첫 번째 부위는 아무나 취할 수 있는 거라면, 그건 어떤 일에 쓰입니까?"

"희석시킨 걸 정력제로 쓰네. 힘이 달리는 노인이나, 정력을 더 얻고 싶어하는 청년들이 쓰는 거지. 흥분하고 싶은 여자들이 쓰는 경우 조차 있어."

"악마초 뿌리는 오직 힘을 얻기 위해 쓰인다고 하셨죠. 하지만 그것 말고도 다른 일에 쓰인단 말이군요. 제 말이 맞습니까?"

돈 후앙은 오랫동안 눈 한 번 깜짝하지 않고 나를 응시했다. 나는 당혹감을 느꼈다. 방금 한 질문이 그를 화나게 한 듯했지만, 이유를 알 수 없었다.

"악마초는 오직 힘을 위해서만 쓰이네." 마침내 그는 엄하고 건조한 말투로 말했다. "정력을 되찾으려는 사람, 피로와 허기를 견뎌내려는 청년, 누군가를 죽이려는 자, 남자하고 자고 싶어하는 여자 — 이들 모두가 힘을 원하는 거야. 그리고 악마초는 그들에게 그걸 준다네! 자넨 그녀가 마음에 드나?" 그는 잠시 뜸을 들이다가 물었다.

"묘한 활력을 느낍니다." 나는 대답했다. 사실이었다. 잠에서 깨어났을 때도 느꼈고, 질문을 받았을 때도 느꼈던 것이다. 어딘가 불편하거나, 욕구불만에 빠진 듯한 매우 기묘한 감각이었다. 몸 전체가 비정상적일 정도로 가뿐하고 힘차게 움직이고, 신축했다. 팔다리가 근질근질했다. 어깨가 부풀어 오른 듯했고, 근처의 나무에 등과 목덜미의 근육을 갖다 대고 밀치거나 문지르고 싶었다. 벽이라도 뚫고 나갈 수 있을 듯한 기분이었다.

우리는 더 이상 말하지 않고 잠시 흙마루에 함께 앉아 있었다. 돈 후앙은 졸린 기색이었다. 몇 번 꾸벅거리더니, 다리를 뻗고 양손을 베개 삼아 누워 금세 잠들었다. 나는 일어나서 집 뒤꼍으로 돌아가 그곳에 널린 바위 부스러기를 치우며 남아도는 힘을 소비했다. 예전에 돈 후앙이 집 뒤뜰 치우는 일을 도와달라고 했던 것이 생각났기 때문이다.

잠을 다 잔 돈 후앙이 그곳으로 왔을 때 나는 좀더 느긋해진 상태였다.

우리는 앉아서 음식을 먹었다. 그러면서 돈 후앙은 내 기분이 어떤지를 세 번이나 물었다. 그가 그러는 것은 드문 일이었으므로 마침내 나는 이렇게 되물었다. "제 기분에 대해 왜 그렇게 걱정하시는 겁니까, 돈 후앙? 그 즙을 마시고 나서 뭔가 나쁜 반응이 올 걸 기대하기라도 하는 겁니까?"

돈 후앙은 폭소를 터뜨렸다. 마치 몰래 장난을 쳐놓고서 이따금씩 어떻게 되었는지를 확인해보는 악동을 연상케 하는 행동이었다. 그는 웃음을 그치지 않고 대답했다.

"어디 아픈 것 같진 않군. 조금 전엔 나한테 거칠게 말하기까지 했잖나."

"전 그런 적 없습니다, 돈 후앙." 나는 항의했다. "제가 언제 거칠게 말했단 말입니까?" 돈 후앙에게 짜증을 낸 기억은 전혀 없었기 때문에 나는 아주 진지하게 그 점을 강조했다.

"그녀를 변호했잖나."

"누구를 변호했다고요?"

"악마초를 변호했다고. 벌써 애인이 다 된 것 같은 기색이더군."

나는 이 말에 한층 더 강하게 반박하려고 대들다가, 퍼뜩 입을 다

물었다.

“제가 그녀를 변호하고 있었다는 건 정말 몰랐습니다.”

“당연히 몰랐겠지. 자기 입으로 뭐라고 했는지도 기억나지 않는 거 아닌가?”

“예, 기억 안 납니다. 그건 인정하는 수밖에 없겠군요.”

“이제 알겠나? 악마초는 언제나 그런 식이야. 여자처럼 살그머니 접근해온다네. 자네는 그걸 아예 깨닫지도 못해. 자네가 신경을 쓰는 건 악마초가 자네 기분을 좋게 하고 힘을 준다는 사실뿐이라네. 온몸의 근육이 활력으로 부풀어 오르고, 주먹은 근질근질하고, 발꿈치는 누군가를 추적하고 싶어서 안달하는 식이지. 악마초를 접하는 사내는 갈망을 채우고 싶어서 안달하기 마련이네. 악마초는 힘을 원하는 사내들을 받아들이고, 그걸 제대로 다루지 못하는 사내들을 내친다는 게 내 은사가 버릇처럼 하던 말이었지. 하지만 당시는 힘이 지금보다 더 흔한 시절이었네. 그걸 갈구하는 사람들도 더 많았고. 내 은사는 강대했지만, 본인 말로는 자기 은사는 자기보다도 한층 더 열성적으로 힘을 추구했다고 하더군. 하지만 당시에는 그럴 만한 이유가 있었어.”

“요즘은 힘을 추구할 이유가 없다고 생각하시는 겁니까?”

“지금 자네 입장에서야 좋게 느껴지겠지. 자넨 젊으니까. 인디언도 아니고. 아마 악마초가 제 주인을 만난 건지도 모르겠군. 자네도 마음에 들어하는 것 같았고 말이야. 자넨 그 덕에 강해진 느낌을 받았어. 나도 마찬가지였네. 하지만 난 그게 마음에 들지는 않았어.”

"왜 그랬는지 말씀해주시겠습니까, 돈 후앙?"

"나는 그 힘을 좋아하지 않아! 이젠 쓸모도 없고. 내 은사가 말한 것 같은 다른 시절에야 힘을 추구할 만한 이유가 있었지. 브루호들은 경이로운 위업을 달성했어. 힘은 찬양받았고, 그들의 지식은 두려움과 존경의 대상이 되었다네. 내 은사는 까마득한 옛 시절에 브루호들이 행했던 정말 믿기 힘든 일들에 관해 얘기해주곤 했지. 하지만 지금, 우리 인디언들은 더 이상 그런 힘을 추구하지 않네. 이제 악마초는 몸을 마사지할 때나 쓰여. 그 잎사귀와 꽃은 다른 목적에 쓰이고. 부스럼에 좋다는 얘기까지 있더군. 하지만 인디언들은 더 이상 그 힘을 추구하지 않네. 자석처럼 사람을 끌어당기는 그 힘은, 뿌리가 땅속으로 깊이 파고 들어갈수록 한층 더 강력하고 다루기가 위험해진다네. 4야드(약 3.66미터) 깊이까지 경험한다면 영속적인 힘, 끝이 없는 힘의 근원을 손에 넣게 된다는군. 옛날에도 그런 일을 한 사람은 극소수였고, 지금은 아예 없지. 지금 나는 우리 인디언들이 악마초의 힘을 더 이상 필요로 하고 있지 않다는 점을 지적하고 있는 걸세. 내가 보기에 우리는 조금씩 흥미를 잃었고, 이젠 힘을 별로 필요로 하고 있지 않아. 나 자신도 그걸 찾으려 하지 않지. 하지만 옛날 내가 자네 또래였을 때는 그게 나의 내부에서 부풀어 오르는 걸 느낀 적이 있어. 오늘 자네가 느꼈던 것하고 비슷하지만, 오백 배는 더 강하게 말이야. 난 어떤 사내를 주먹 한 방으로 죽인 적도 있고, 스무 명이 달려들어도 못 움직이는 바위를 마치 공깃돌처럼 여러 개 집어들고 던진 적도 있다네. 한 번은 너무 높이 뛰어오른 탓에 가장 높은 나무의 우듬지의 잎사귀를 다 떨어뜨린 적도 있지. 하지만 그런 건 아무 소용도 없었어! 그때 내가 한 일이라고는 인디언들, 오직 인디언들을 두려움에 빠뜨렸을 뿐이야. 그런 일에 관해서는 아예 모르는 나머지 사람들은 말해줘도 믿지 않았고. 기껏해야 미친 인디언이 한 사람 있거나, 나무 우듬지 사이를 뭔가가 돌아다니고 있다고 생각했겠지."

우리는 오랫동안 침묵했다. 나는 뭔가 말하고 싶었다.

"하지만 아직 사람들이 곁에 있을 때는 달랐지." 그는 말을 이었다. "사람이 퓨마나 새로 변신할 수 있고, 마음대로 하늘을 날 수도 있다는 걸 알고 있는 사람들이 있었을 때는 말이야. 그래서 난 악마초를 더 이상 안 쓰는 거야. 그런 걸 대체 뭘 위해 쓴단 말인가? 인디언들에게 겁을 주려고? (¿Para que? ¿Para asustar a los indios?)"

그는 슬픈 얼굴이었고, 그런 그를 보자 깊은 동정심이 우러나왔다. 진부한 위로라도 좋으니 무슨 말이든 하고 싶었다.

"돈 후앙, 그건 아마 배움을 얻고 싶어하는 모든 사람의 운명일지도 모릅니다."

"아마 그렇겠지." 그는 나직하게 말했다.

1961년 11월 23일 목요일

차를 몰고 돈 후앙의 집에 도착했지만 집 앞 흙마루에 그의 모습은 없었다. 이상하게 생각하며 큰 소리로 그를 부르자 그의 며느리가 집에서 나왔다.

"안에 계셔요." 그녀가 말했다.

알고 보니 돈 후앙은 몇 주 전에 발목 관절을 삐었다고 했다. 선인장과 뼛가루를 혼합한 걸쭉한 액체에 헝겊을 담가 직접 만든 깁스를 차고 있었다. 발목 주위에 단단히 감아놓은 헝겊들은 건조해서 가볍고 발에 딱 맞는 깁스가 되어 있었다. 그것은 석고 붕대 못지않게 딱딱했지만 덜 무거웠다.

"어쩌다가 이렇게 됐습니까?" 나는 물었다.

돈 후앙을 돌보고 있던 유카탄 출신의 멕시코인 며느리가 대답했다.

"사고였어요! 넘어져서 발목뼈가 거의 부러질 뻔했죠!"

돈 후앙은 웃었고, 여자가 집에서 나갈 때까지 기다렸다가 대답했다.

"사고라니, 맙소사! 이 근처에 나의 적이 하나 있어. 여자야. '라 카탈리나!' 그녀가 내가 약해진 순간을 노려서 나를 밀쳤고, 그래서 넘어진 거야."

"그 여잔 왜 그런 짓을 한 겁니까?"

"날 죽이려고. 그게 이유야."

"그럼 그녀가 여기까지 왔단 말입니까?"

"그래!"

"왜 안으로 들였습니까?"

"안 들였어. 새로 변해 날아 들어오더군."

"뭐라고요?"

"그 여잔 차나테chanate*였어. 정말이지 보통 솜씨가 아니더군. 난 허를 찔렸다네. 오랫동안 호시탐탐 내 목숨을 노리고 있었지. 이번에는 정말 성공 직전까지 갔던 거야."

"방금 차나테라고 하셨습니까? 그러니까, 그 여자가 새였다는 말입니까?"

"또 그놈의 질문이로군. 차나테가 맞아! 내가 까마귀인 것처럼 말이야. 나를 인간이라고 생각하나, 새라고 생각하나? 난 새가 될 줄 아는 인간이라네. 하지만 다시 '라 카탈리나' 얘기를 하자면, 정말이지 악독한 마녀라네! 나를 죽이려는 의지가 너무나 강해서 격퇴하기도 힘들어. 차나테가 이 집 안까지 날아 들어오는 걸 보고도 막지 못했으니까 말이야."

"당신도 새가 될 수 있습니까, 돈 후앙?"

"그래! 하지만 그 얘긴 나중에 하기로 하세."

"왜 그 여자는 당신을 죽이고 싶어하는 겁니까?"

"아, 우리들 사이엔 오래된 분쟁이 있거든. 이젠 손쓸 수 없을 정

* 찌르레기 과의 검은 새(블랙버드)

도로 악화된 탓에 아무래도 당하기 전에 내가 먼저 요절을 내줘야 할 것 같군."

"요술을 쓰실 생각이십니까?" 나는 기대감에 부푼 어조로 물었다.

"멍청한 소리 말게. 요술 따위로는 그 여자를 건드리지도 못해. 다른 계획이 있지! 나중에 자네한테도 얘기해주겠네."

"당신의 맹우가 지켜주지 않습니까?"

"아냐! 조그만 스모크는 단지 뭘 해야 할지를 가르쳐줄 뿐이야. 그다음엔 내가 나 자신을 지켜야 해."

"메스칼리토는 어떻습니까? 그가 당신을 여자한테서 지켜주지 않습니까?"

"아냐! 메스칼리토는 교사이지, 개인적인 이유를 위해 쓸 수 있는 힘이 아니네."

"그럼 악마초는 어떻습니까?"

"내 맹우인 스모크의 지시를 따라서 내가 나 자신을 지켜야만 한다고 방금 말하지 않았나. 그리고 내가 아는 한 스모크는 뭐든 할 수 있네. 뭐든 궁금한 점을 질문하면 스모크는 모두 대답해주지. 단지 지식을 주는 게 아니라, 어떤 방법으로 해나가야 하는지를 가르쳐준다네. 스모크는 인간이 가질 수 있는 가장 훌륭한 맹우라네."

"스모크는 누구에게든 최상의 맹우가 되어줍니까?"

"모든 사람에게 다 그런 건 아냐. 그걸 두려워하고 만지려고 하지 않거나, 아예 접근조차도 하지 않는 사람들도 많다네. 스모크는 다른 모든 것들과 마찬가지야. 모두에게 맞지는 않는다는 뜻일세."

"어떤 종류의 스모크를 말씀하시는 겁니까, 돈 후앙?"

"점을 치는 자들의 스모크이지!"

이렇게 말하는 돈 후앙의 목소리가 유난히 경건했다. 예전에는 한 번도 본 적이 없는 태도였다.

"우선 내 은사가 내게 그걸 가르쳐주면서 했던 말을 자네에게 정확히 그대로 되풀이해주지. 당시의 나는 지금의 자네만큼 제대로 이해할 능력이 안 됐지만 말이야. '악마초는 힘을 얻고 싶어하는 자들을 위한 것이다. 그리고 스모크는 관찰하고 이해하고 싶어하는 자들을 위한 것이다.' 이렇게 말하더군. 그리고 내가 보기에는 스모크에 비견할 만한 것은 존재하지 않네. 일단 그 세계에 발을 들여놓기만 하면 그 밖의 모든 힘은 자유자재로 부릴 수 있으니까. 스모크는 정말이지 최고야! 물론 그걸 터득하려면 평생이 걸리지만 말이야. 필수불가결한 두 가지 요소, 즉 파이프하고 그걸로 피울 혼합물과 친해지는 일만으로도 몇 년이나 걸린다네. 내 파이프는 내 은사가 준 건데, 몇 년 동안이나 계속해서 그걸 어루만진 뒤에야 내 것이 되었어. 손에 딱 맞게 된 거지. 따라서 그걸 자네 손에 넘기는 행위는 내 입장에서는 큰 힘이 드는 일이고, 자네에겐 엄청난 위업이 될 거야 — 우리가 성공한다면 말이야! 다른 사람의 손에 맡겨지면 파이프가 부담을 느낄 거야. 그리고 우리 중 한 사람이 자칫 실수하기라도 한다면 자기 힘으로 파열해버리거나, 우리 손아귀에서 미끄러져 나와서 박살이 나버리는 걸 막을 방도는 없네. 그럴 경우엔 설령 짚단 위에 떨어진다고 해도 박살이 날 거야. 만에 하나 그런 일이 일어난다면, 우리

두 사람 모두 끝장이야. 특히 나는. 스모크는 믿기 힘든 방식으로 등을 돌려서 나를 적대할 테니까."

"맹우라면서 어떻게 당신을 적대한단 말입니까?"

나의 이 질문은 그의 생각의 흐름을 바꿔놓은 듯했다. 그는 오랫동안 아무 말도 하지 않았다.

"재료를 다루기가 워낙 힘든 탓에," 그는 갑자기 운을 뗐다. "스모크 혼합물은 내가 아는 가장 위험한 물질 중 하나라네. 그 누구도 지도를 받지 않고서는 조제할 수가 없어. 스모크는 그 가호를 받는 사람을 제외하면 누구에게도 치명적인 독이라네! 파이프와 혼합물을 다룰 때는 최대한 신중을 기해야 해. 그리고 그걸 배우려는 사내는 견실하고 조용하게 살아가면서 스스로를 단련해야 하지. 워낙 무시무시한 효력을 발휘하기 때문에, 한 모금만 살짝 빤다고 해도 아주 강한 사내가 아니면 견딜 수가 없어. 처음 시작할 때는 끔찍하고 혼란스럽겠지만, 한 모금씩 더 빨 때마다 모든 게 더 명확해질 걸세. 그러다가 갑자기 새로운 세계가 펼쳐지는 거지! 상상을 초월하는 세계가 말이야! 이러면 스모크는 자네의 맹우가 되어주고, 생각조차 못하던 세계들 속으로 들어가게 해줌으로써 모든 의문을 풀어줄 거야.

그것이 스모크의 가장 위대한 성질이고, 가장 위대한 선물이라네. 게다가 전혀 해를 주지 않고 자기 역할을 다하지. 그래서 나는 스모크를 진정한 맹우라고 부르는 거라네!"

우리는 평소 때처럼 집 앞 흙마루에 앉아 있었다. 흙마루는 언제나 깨끗했고 단단히 잘 다져져 있었다. 돈 후앙이 갑자기 일어나더니 집 안으로 들어갔다. 잠시 후 그는 길쭉한 주머니를 가지고 돌아와서 다시 앉았다.

"이게 내 파이프야." 그가 말했다.

돈 후앙은 내 쪽으로 몸을 기울이고 녹색 캔버스천으로 만든 주머니에서 꺼낸 파이프를 보여주었다. 길이는 25센티미터쯤 되어 보였고, 설대는 불그스름한 나무로 만들어져 있었다. 아무 장식도 되어 있지 않은 소박한 물건이었다. 대통도 목제인 듯했지만 가느다란 설대에 비하면 상당히 컸다. 그 표면은 매끄럽게 다듬어져 있었고, 색깔은 검은색에 가까운 짙은 회색이었다.

돈 후앙은 파이프를 내 눈앞에 내밀었다. 나는 그가 파이프를 건네려는 줄 알고 손을 내밀었지만, 그는 재빨리 뒤로 손을 뺐다.

"이 파이프는 내 은사에게서 받은 거야." 그는 말했다. "그리고 이번에는 내가 자네에게 이 파이프를 넘기겠네. 그렇지만 먼저 자넨 이것과 친해져야 해. 자네가 여기 올 때마다 난 이걸 건네주겠네. 우선 만지는 일부터 시작해. 처음에는 아주 잠깐만 들고 있게. 자네하고 파이프가 서로에게 익숙해질 때까지는 말이야. 그런 다음엔 호주머니나 셔츠 안에 집어넣어 보게. 그리고 맨 마지막에 입에 물어보는 거야. 이 모든 일을 천천히 조금씩, 신중하게 해야 하네. 서로를 이어주는 유대감이 확립된 후에야(la maistad esta hecha) 비로소 그걸 써서 스모크를 피우게 될 거야. 내 조언을 잘 따라서 서두르지 않는다면 자네도 스모크를 좋은 맹우로 만들 수 있을 거야."

돈 후앙은 내게 파이프를 내밀었지만, 거기서 손을 떼지는 않았다. 나는 파이프를 향해 오른손을 뻗었다.

"양손을 쓰게." 그는 말했다.

나는 아주 잠깐 양손을 파이프에 갖다 댔다. 돈 후앙은 내가 그것을 잡을 수 있도록 팔을 쭉 뻗치는 대신 손끝을 댈 수 있을 정도로만 내밀었기 때문이다. 그는 곧 손을 뒤로 뺐다.

"첫 번째 단계는 파이프를 좋아하는 걸세. 그러려면 시간이 걸리지!"

"파이프가 저를 싫어할 수도 있습니까?"

"아니. 파이프는 자넬 싫어할 수 없어. 하지만 자네가 그걸 좋아하는 법을 배워야 해. 스모크를 피울 때가 되면, 자네가 두려워하지 않도록 도와줄 건 이 파이프니까 말이야."

"뭘 피우게 되는 겁니까, 돈 후앙?"

"이거!"

그는 셔츠 옷깃을 열어 메달처럼 목에 걸고 있는 조그만 주머니를 드러내 보여주었다. 그는 주머니를 꺼내서 줄을 끌러, 지극히 조심스러운 동작으로 내용물 일부를 자기 손바닥 위에다 쏟았다.

내 눈에는 잘게 썬 찻잎처럼 보였다. 짙은 갈색에서 밝은 녹색에 이르는 다양한 색깔이 섞여 있었고, 샛노란 부분도 이따금 눈에 띄었다.

돈 후앙은 혼합물을 다시 주머니에 집어넣고 가죽끈으로 동여맨 다음 다시 셔츠 안에 집어넣었다.

"그건 뭘 섞어서 만든 겁니까?"

"이런저런 것들이 많이 섞여 있어. 재료를 모두 모으려면 아주 힘들어. 먼 곳까지 여행해야 하지. 혼합물을 조제하기 위해서는 1년 중 특정 시기에 특정 장소에서만 자라는 조그만 버섯들(los honguitos)이 필요하거든."

"필요로 하는 도움의 종류에 따라서 각각 다른 종류의 혼합물을 씁니까?"

"아냐! 스모크는 한 가지밖에 없네. 이런 건 달리 어디에도 없어."

돈 후앙은 가슴에 매단 주머니를 가리켜 보이고, 다리 사이에 잠시 놓아두었던 파이프를 집어들었다.

"이 두 가지는 하나일세! 한쪽 없이는 다른 쪽도 존재할 수 없으니까 말이야. 이 파이프와 혼합물의 비밀은 내 은사 것이었네. 내 은사도 나와 마찬가지로 자신의 은사한테서 전수받은 거고. 이 혼합물은 조제하기가 힘들긴 하지만 다시 보충할 수 있다네. 그 비밀은 재료에 있고, 그것을 어떻게 처리하고 섞는가에 있지. 한편 이 파이프는 평생을 두고 쓰는 물건이야. 그러니까 지극히 신중하게 다루고 돌봐야 하네. 튼튼하고 강하긴 하지만, 절대로 두들기거나 어디에 부딪히거나 하면 안 되네. 마른 손으로 만져야 하니 절대로 땀에 젖은 손으로는 만지지 말게. 반드시 혼자 있을 때만 써야 해. 그리고 이걸 누군가에게 줄 작정이 아니라면 그 누구한테도 절대로 보여주면 안 돼. 이것이 내 은사가 가르쳐준 것이고, 내가 일생 동안 이 파이프를 다뤄온 방식이야."

"파이프를 잃어버리거나 깨버리면 어떻게 됩니까?"

돈 후앙은 천천히 고개를 젓더니 나를 쳐다보았다.

"그럼 나는 죽어!"

"주술사들이 쓰는 파이프는 모두 이렇게 생겼습니까?"

"모두가 이런 파이프를 갖고 있지는 않네. 갖고 있는 자들을 몇몇 알고 있긴 하지만."

"당신 손으로 이런 파이프를 만들 수는 없습니까, 돈 후앙?" 나는 끈질기게 물었다. "이런 걸 갖고 있지 않았다고 가정해보죠. 그럼 나한테 이런 걸 주고 싶을 땐 어떻게 합니까?"

"이런 파이프를 갖고 있지 않았다면 줄래야 줄 수가 없고, 줄 생각을 하지도 않았을 거야. 그 대신 뭔가 다른 걸 줬겠지."

돈 후앙은 어딘가 언짢은 기색이었다. 그는 파이프를 파이프집 안에 조심스럽게 집어넣었다. 캔버스천으로 된 파이프집 안쪽에는 뭔가 부드러운 것이 덧대어져 있는 듯했다. 파이프집에 딱 맞는 크기임에도 불구하고 쏙 들어갔기 때문이다. 그는 파이프를 다시 가져다놓기 위해 집 안으로 들어갔다.

"저한테 화가 난 겁니까, 돈 후앙?" 나는 그가 돌아오자 물었다. 돈 후앙은 이 질문에 놀란 기색이었다.

"아냐! 난 누구한테든 화를 내거나 하진 않아! 그 어떤 인간도 내 화를 돋울 만큼 중요한 일을 할 수는 없어. 누구한테 화를 낸다는 건 상대방의 행위가 중요하다고 느낄 때나 가능한 일이지. 난 더 이상 그런 식으로 느끼지 않아."

1961년 12월 26일 화요일

돈 후앙이 '새싹'이라고 부르는 뿌리를 심는 것이 식물의 힘을 길들이기 위한 다음 단계인 것으로 알고 있었지만, 그것을 어느 날에 심을지는 아직 정해지지 않았다.

나는 12월 23일 토요일 이른 오후에 돈 후앙의 집에 도착했다. 우리는 평소처럼 한동안 말없이 함께 앉아 있었다. 흐리고 따뜻한 날이었다. 돈 후앙이 내게 첫 번째 부위를 준 것은 몇 달 전의 일이다.

"악마초를 땅에 되돌려줄 시기가 됐네." 그는 대뜸 말했다. "그전에 보호책을 하나 마련해주지. 자넨 그걸 신중하게 지켜야 하고, 자네만 봐야 해. 내가 도와줘야 하니까 나도 보긴 하지만, 그건 별로 좋은 일이 아냐. 알다시피 난 악마초를 별로 안 좋아하고, 우린 하나가 아니거든. 하지만 난 늙었으니까 내 기억은 그리 오래가지 않을 걸세. 어쨌든 다른 사람들은 절대로 보면 안 돼. 누가 그걸 본다면, 그 기억이 지속되는 한 보호책의 위력에 해를 끼치니까 말이야."

돈 후앙은 자기 방으로 가더니 낡은 돗자리 밑에서 세 개의 삼베 꾸러미를 꺼냈다. 그는 흙마루로 돌아와서 앉았다.

긴 침묵이 흐른 뒤에 돈 후앙은 꾸러미 하나를 펼쳤다. 나와 함께 따온 여자 다투라였다. 뿌리와 함께 싸둔 잎사귀와 꽃과 꼬투리들은 모두 바싹 말라 있었다. 그는 알파벳 Y자 모양의 기다란 뿌리를 꺼내고는 꾸러미를 다시 묶었다.

뿌리는 건조되어 쪼그라든 상태였고, 가랑이에 해당하는 부분은 한층 더 넓게 벌어지고 뒤틀려 있었다. 돈 후앙은 무릎 위에 뿌리를 올려놓고 허리에 찬 가죽 주머니를 열더니 나이프를 꺼냈다. 그는 나를 향해 마른 뿌리를 들어 보였다.

"이 부분은 머리가 될 걸세." 그는 이렇게 말하고 Y자의 꼬리 부분에 첫 칼집을 냈다. 거꾸로 보면 다리를 벌린 사람 모습을 닮았다.

"이건 심장이 될 거고." 그는 Y자의 접합부 근처에 칼집을 낸 다음에 좌우로 갈라진 부분의 길이가 8센티미터쯤 되게 남기고 양 끄트머리를 잘라냈다. 그런 다음에는 느리고 끈기 있게 그것을 사람 모양으로 조각하기 시작했다.

뿌리는 섬유질이었고 바싹 말라 있었다. 그것을 조각하기 위해 돈 후앙은 두 개의 칼집을 내고 그 사이의 섬유 껍질을 칼집 깊이까지 벗겨냈다. 그러나 팔과 손 같은 세세한 부분을 조각할 때는 끌로 파내듯이 새겼다. 작업이 끝나자 가슴 위에 양손을 모은 호리호리한 사내의 모습이 드러났다.

돈 후앙은 일어나서 집 앞 흙마루 옆에 자라고 있는 테낄라 용설란 쪽으로 갔다. 중앙 부근의 과육질 이파리의 딱딱한 가시를 잡고 구부린 다음 서너 번 비틀자 가시는 이파리에서 거의 떨어져 나와 건들거렸다. 돈 후앙이 가시를 이로 물고 잡아당기자, 가시는 길이 60센티미터 정도의 흰 섬유를 꼬리처럼 끌며 과육에서 뽑혀나왔다. 그는 가시를 문 채로 양 손바닥을 써서 섬유질 꼬리를 비벼 꼬았고, 그렇게 해서 만든 끈으로 조각상의 두 다리를 감아서 하나로 합쳤다. 끈을 모두 써서 조각상의 하반신을 완전히 감은 다음, 가시를 송곳 삼아 팔짱을 낀 부분 밑으로 능숙하게 찔러넣었다. 날카로운 가시 끄트머리가 조각상의 손에서 삐져나오자, 다시 이로 물고 천천히 잡아당겨 거의 끝까지 뽑아냈다. 마치 조각상의 가슴에서 긴 창이 튀어나온 듯한 모양새였다. 돈 후앙은 조각상에 더 이상 시선을 주지 않고 그것을 가죽 주머니에 그대로 집어넣었다. 힘든 작업을 하느라 무척 지친 기색이었다. 그는 흙마루 바닥에 누워 잠들었다.

돈 후앙이 잠에서 깼을 때는 주위가 이미 어두워져 있었다. 우리는 내가 사온 식료품을 나눠 먹고, 잠시 흙마루에 앉아 있었다. 이윽고 돈 후앙은 세 개의 삼베 꾸러미를 들고 집 뒤꼍으로 걸어갔다. 거기서 그는 잔 나뭇가지와 마른 가지를 꺾어 모닥불을 피웠다. 우리는 편안한 자세로 모닥불 앞에 앉았다. 돈 후앙은 세 개의 꾸러미를 모두 풀었다. 건조한 여자 악마초 부위들을 싼 꾸러미와, 다 쓰고 남은 남자 악마초를 싼 꾸러미, 그리고 갓 잘라낸 초록색의 다투라 부위들이 들어 있는 부피가 큰 세 번째 꾸러미였다.

돈 후앙은 여물통 쪽으로 가서 돌절구를 가지고 왔다. 밑부분이 둥그런, 냄비를 닮은 절구였다. 그는 땅에다 얕은 구멍을 파서 돌절구를 지면에 단단히 고정시켰다. 모닥불에 마른 가지를 더 지핀 다음 건조시킨 남자 악마초와 여자 악마초 부위들이 들어 있는 두 꾸러미를 풀고 내용물을 한꺼번에 절구 안에 쏟아넣었다. 그는 삼베천을 흔들어 남아 있는 것이 없는지 확인했다. 세 번째 꾸러미에서는 갓 잘라낸 다투라 뿌리 두 개를 꺼냈다.

"자넬 위해서 이것들을 준비해주겠네."

"어떤 준비입니까?"

"한쪽은 남자 악마초, 다른 쪽은 여자 악마초를 캐낸 거라네. 이 두 가지를 섞을 수 있는 때는 오직 지금뿐이야. 1미터쯤 되는 깊이에서 파냈지."

그는 규칙적으로 막자를 움직여 절구 안에 든 악마초를 짓이겼다. 그러면서 나직하게 영창詠唱했다. 리듬이 없는 단조로운 허밍음에 가까운 소리였다. 가사는 알아들을 수가 없었다. 돈 후앙은 작업에 몰두했다.

뿌리를 완전히 짓이긴 다음 그는 꾸러미에서 다투라 잎을 꺼냈다. 갓 잘라냈는지 깨끗했고, 벌레 먹은 구멍이나 상처가 없는 온전한 것들이었다. 돈 후앙은 잎사귀를 하나씩 절구 안에 떨어뜨렸다. 그런 다음 다투라 꽃을 한 줌 집어서 방금 한 것처럼 신중하게 하나씩 절구 안에 떨어뜨렸다. 잎사귀도 꽃도 각각 열네 개씩이었다. 그다음에는 가시로 뒤덮이고 아직 터지지도 않은 초록색의 신선한 씨앗꼬투리를 한 줌 집었다. 돈 후앙이 이것들을 한꺼번에 절구에 집어넣는 바람에 숫자를 세어보지는 못했지만, 역시 열네 개일 것이라고 나는 짐작했다. 거기에 돈 후앙은 잎이 하나도 달리지 않은 다투라 줄기 세 개를 더 넣었다. 암적색의 깔끔한 줄기였고, 분지分枝가 여러 개인 것으로 미루어보건대 큰 다투라 줄기인 듯했다.

이것들을 모두 절구에 넣은 다음, 돈 후앙은 아까처럼 규칙적인 동작으로 짓이겼다. 그러다가 어느 순간 절구를 기울여 그 안의 내용물을 손으로 떠서 낡은 냄비에다 집어넣었다. 그는 나를 향해 손을 내밀었다. 나는 닦으라는 얘기인 줄 알았지만, 돈 후앙은 내 왼손을 잡더니 매우 빠른 동작으로 중지와 약지를 최대한 벌렸다. 그런 다음 나이프 끝으로 이 두 손가락 사이를 찌르더니 약지 쪽으로 그어내렸다. 너무나도 능숙하고 재빠르게 그랬기 때문에 내가 손을 홱 뺐을 때는 이미 깊은 상처에서 피가 철철 흘러나오고 있었다. 그는 또다시 내 손을 잡고 냄비 위로 가져가서 더 많은 피가 흘러나오도록 꽉 눌렀다.

팔이 마비된 듯이 얼얼해졌다. 나는 쇼크 상태에 빠져 있었다. 가슴과 귀를 압박당하는 느낌이었고, 경직한 몸이 묘하게 차가웠다. 상체가 휘청했다. 기절하기 직전이었다! 돈 후앙은 내 손을 놓아주고 냄비 안을 저었다. 겨우 충격에서 회복하자 화가 치밀었다. 간신히 마음을 수습하기까지는 꽤 오랜 시간이 걸렸다.

그는 모닥불 주위에 돌 세 개를 놓고 그 위에 냄비를 올려놓았다. 그리고 냄비 안의 재료에 아교풀 덩어리처럼 보이는 것을 넣고 물 한 주전자를 부은 다음 끓였다. 다투라풀은 그 자체만으로도 매우 특이한 냄새가 나지만, 냄비가 펄펄 끓으면서 코를 찌르는 냄새를 발하기 시작한 아교풀과 섞이면서 지독하게 자극적인 증기를 내뿜었다. 나는 토하지 않으려고 무진 애를 써야만 했다.

우리는 꼼짝 않고 불 앞에 앉아 오랫동안 그 혼합물이 끓는 것을 지켜보고 있었다. 이따금씩 바람이 증기를 내 쪽으로 몰고 오면 악취가 나를 완전히 덮쳤다. 나는 그때마다 그것을 피하려고 숨을 참았다.

돈 후앙이 허리춤의 가죽 주머니를 열고 조각상을 꺼냈다. 그는 그것을 조심스레 내게 건네면서 손을 데지 않도록 조심해서 냄비 안에다 그것을 넣으라고 했다. 나는 펄펄 끓는 혼합물 탕 속에 조각상을 천천히 내려놓았다. 돈 후앙이 나이프를 꺼내는 것을 보고 한순간 또 내 손을 벨 작정인가 하는 생각이 들었지만, 그는 그러는 대신 칼끝으로 조각상을 밀어넣어 혼합물 탕 속에 잠기게 했다.

그는 혼합물이 끓는 것을 좀더 들여다보다가 절구 안을 씻기 시작했다. 나도 도왔다. 이 작업이 끝나자 그는 절구와 막자를 울타리에 기대어놓았다. 우리는 집 안으로 돌아갔다. 냄비는 밤새도록 그 자리에 놓아두었다.

다음 날 새벽이 되자 돈 후앙은 아교풀 속에서 조각상을 꺼내어 동쪽 처마에 매달고 햇빛에 말리라고 했다. 정오가 되자 조각상은 철사처럼 빳빳하게 굳어져 있었다. 열로 굳어진 아교에는 잎사귀의 초록색이 섞여 있었다. 조각상은 섬뜩하게 번들거렸다.

돈 후앙은 조각상을 내리라고 지시했다. 그런 다음 얼마 전 내가 그에게 가져다준 낡은 스웨이드 가죽 웃옷을 잘라서 만든 가죽 주머니를 내게 건넸다. 주머니는 돈 후앙이 차고 다니는 것과 거의 똑같았다. 돈 후앙 것은 부드러운 갈색 가죽으로 만들어져 있다는 것이 유일한 차이였다.

"자네의 '상像'을 그 주머니에다 넣고 닫게." 그는 말했다.

그는 나를 보지 않고 일부러 다른 쪽으로 고개를 돌리고 있었다. 내가 주머니에 조각상을 넣자 그는 내게 그물주머니를 하나 건네면서 토기 냄비를 그 안에 넣으라고 했다.

그는 내 차까지 걸어갔고, 내가 양손으로 받치고 있던 그물주머니를 집어들더니 조수석 사물함의 열린 뚜껑에 그대로 비끄러맸다.

"따라오게." 그는 말했다.

나는 그의 뒤를 따랐다. 그는 집 주위를 시계 방향으로 한 바퀴 돌았다. 집 앞 흙마루에서 멈춰 서더니 이번에는 시계 반대 방향으로 돌아 다시 흙마루로 돌아왔다. 거기서 한동안 미동도 않고 서 있다가, 앉았다.

나는 돈 후앙이 하는 일이면 무조건 무슨 의미가 있는 것으로 믿어버린 듯하다. 집 주위를 도는 이유에 관해 이런저런 생각을 하고 있었을 때 그가 말했다. "어이! 내가 그걸 어디다 뒀는질 잊어버렸어."

무엇을 찾고 있는지를 내가 묻자 돈 후앙은 내가 다시 심어야 할 새싹을 어디 놓아뒀는지 잊어버렸다고 말했다. 한 번 더 집 주위를 돌아본 다음에야 그는 그것이 어디 있는지를 생각해냈다.

그는 처마 아래의 벽에 못으로 고정해놓은 판자 위에 올려놓은 조그만 유리 항아리를 집어들고 내게 보여주었다. 항아리에는 다투라 뿌리의 첫 번째 부위의 나머지 반이 들어 있었다. 새싹은 뿌리 위쪽 끄트머리 부분에 조금 머리를 내밀고 있었다. 항아리에는 물이 조금 들어 있었지만, 흙은 보이지 않았다.

"왜 흙이 전혀 안 들어 있습니까?" 나는 물었다.

"흙이라고 해서 다 같은 건 아니고, 악마초는 자기가 살면서 자라날 흙만 알아야 하니까. 이제 벌레를 먹기 전에 땅에 되돌려놓을 때가 됐어."

"집 근처에 심어도 됩니까?" 나는 물었다.

"설마! 이 근처는 안 되네. 자네 마음에 드는 장소로 되돌려놓아야 해."

"하지만 제 마음에 드는 장소를 어디서 찾아야 합니까?"

"난들 아나. 어디든 원하는 장소에 다시 심으면 돼. 하지만 잘 자라도록 애정을 갖고 돌봐줘야 하네. 그것이 살아야 자네가 필요로 하는 힘을 얻을 수 있으니까 말이야. 죽어버린다면 악마초는 자넬 원하지 않는다는 뜻이니 더 이상 귀찮게 건드리면 안 돼. 앞으로도 악마초에 대해 힘을 발휘하지 못한다는 뜻이지. 그러니까 잘 자랄 수 있도록 애정을 가지고 돌봐주라는 얘기네. 하지만 너무 지나치게 해서는 안 돼."

"왜 안 됩니까?"

"자랄 생각이 없는 악마초는 유혹해봤자 아무 소용이 없으니까. 하지만 그러는 한편, 자네가 애정을 갖고 있다는 걸 증명해야만 하네. 그녀를 방문할 때마다 벌레를 쫓아주고 물을 주게. 씨가 여물 때까지 정기적으로 그래야 해. 악마초가 처음으로 씨를 맺기 시작한다면 그녀가 자네를 원한다는 건 확실하네."

"하지만 돈 후앙, 제가 지금 말씀하신 것처럼 뿌리를 돌봐주는 건 불가능한데요."

"그 힘을 원한다면 무조건 그래야 해! 다른 방법은 없어!"

"제가 여기 없는 동안에 당신이 대신 돌봐주실 수는 없습니까?"

"안 돼! 난 아냐! 내가 그럴 수는 없어! 각자가 자신의 새싹을 키워야 하는 거야. 나도 그랬고, 이제 자네도 그래야 해. 방금 말했듯이 씨를 맺기 전에는 배울 준비가 되었다고 생각하지 말게."

"어디다가 심으면 될까요?"

"그건 자네가 알아서 정할 문제야! 그리고 그 누구도 그 장소를 알면 안 되네. 설령 나라고 해도! 새로 심을 때는 반드시 그런 방식으로 해야 하네. 그 누구도 자네의 악마초가 어디에 있는지 알면 안 돼. 만약 낯선 사람이 자네를 미행하거나 자네를 본다면 새싹을 가지고 다른 곳으로 도망쳐야 하네. 타인이 그 새싹을 손에 넣는다면 그걸 조종해서 자네에게 상상도 하기 힘든 해를 입힐 수 있으니까 말이야. 자네를 불구로 만들거나 죽일 수도 있어. 그래서 나조차도 자네 악마초가 어디 있는지를 알면 안 된다는 거야."

그는 뿌리가 들어 있는 조그만 유리 항아리를 내게 건넸다.

"받아."

나는 그것을 받아들였다. 그러자 돈 후앙은 나를 끌다시피 하며 내 차로 데리고 갔다.

"자, 이제 떠나야 하네. 가서 자네의 새싹을 다시 심을 장소를 찾는 거야. 물가 근처의 부드러운 흙에 깊은 구멍을 파게. 명심하게. 자라려면 물가 근처에 있어야 한다는 걸. 설령 피가 나더라도 맨손만 써서 구멍을 파야 하네. 구멍 한복판에 새싹을 놓고 그 주위에 봉긋하게 흙을 쌓아올린 다음 물로 적시게. 물이 모두 흡수되면 구멍 전체를 부드러운 흙으로 메우는 거야. 그런 다음 새싹에서 저 방향으로

(그는 이렇게 말하며 남동쪽을 가리켰다) 두 걸음 떨어진 곳으로 가서 역시 맨 손으로 깊은 구멍을 하나 더 파고, 차에 있는 냄비에 들어 있는 걸 모두 쏟아붓게. 그다음에는 그 냄비를 박살 내고 새싹에서 멀리 떨어져 있는 장소로 가서 깊이 묻어야 해. 냄비를 묻은 다음에는 뿌리를 심은 데로 돌아가서 다시 한 번 물을 줘. 그런 다음 자네의 상像을 꺼내서 내가 칼로 벤 손가락들 사이에 끼우고, 아교풀을 묻은 장소 위에 서서 상에서 튀어나온 가시 끝을 새싹에 살짝 갖다 대게. 그리고 새싹 주위를 네 번 돌게. 한 번 돌 때마다 같은 장소에 멈춰 서서 가시를 갖다 대야 하네."

"뿌리 주위를 돌 때는 일정한 방향으로 돌아야 합니까?"

"어느 쪽이라도 상관없어. 하지만 어느 방향에 아교풀을 묻었고, 새싹 주위를 돌았을 때 어느 방향으로 돌았는지를 언제나 기억하고 있어야 하네. 돌 때마다 한 번씩 가시 끝을 가볍게 새싹에 갖다 대다가, 마지막으로 돈 다음엔 깊게 찔러넣게. 하지만 조심해서 해야 하네. 가시 끝이 새싹 안에서 부러지지 않도록 무릎을 꿇고 자세를 안정시켜야 해. 만약 가시가 부러지기라도 하면 끝장이야. 그러면 뿌리는 아무 쓸모도 없게 돼."

"새싹 주위를 돌면서 하는 무슨 말은 없습니까?"

"아니. 그건 내가 대신 해줄 거야."

1962년 1월 27일 토요일

내가 오늘 아침 그의 집에 도착하자마자 돈 후앙은 스모크 혼합물을 어떻게 조제하면 되는지 가르쳐주겠다고 했다. 우리는 야산 쪽으로 걸어가서 한 협곡 안으로 꽤 깊숙이 들어갔다. 돈 후앙은 주위에 자란 식물들과는 색깔이 눈에 띄게 다른 키가 크고 가느다란 관목 옆에서 멈춰 섰다. 관목 주위의 덤불은 노리끼리했지만, 관목은 선명한 초록색이었다.

"자넨 이 조그만 나무에서 잎사귀와 꽃을 따야 해. 따는 데 가장 좋은 날은 위령의 날*이지."

돈 후앙은 나이프를 꺼내서 가느다란 가지 끝을 잘라냈고, 비슷한 가지를 하나 더 골라서 역시 끝을 잘라냈다. 가지가 한 줌 모일 때까지 그는 이 작업을 계속했다. 그런 다음 그는 땅바닥에 앉았다.

"여길 보게. 난 두 개 이상의 잎이 달린 줄기에서 갈라져 나온 가지들만 잘라냈어. 알겠나? 모두 똑같아. 생생하고 부드러운 잎이 달린 가지들만 잘라냈지. 자, 이젠 그늘진 곳을 찾아보기로 하지."

우리는 잠시 돌아다니다가 돈 후앙이 원하는 장소를 찾아냈다. 돈 후앙은 호주머니에서 긴 노끈을 꺼내어 두 관목의 가지와 아래쪽 줄기에 빨랫줄처럼 비끄러매놓고 아까 잘라낸 가지들을 끈 위에 거꾸

* All Souls' Day. 로마 가톨릭 교회에서 연옥에 있는 신자들을 위해 기도하는 날. 11월 2일이나 11월 3일.

로 걸쳐놓기 시작했다. 가랑이를 줄에 걸치고 가지런히 배열된 가지들은 줄지어 도열한 초록색 기수騎手들을 연상케 했다.

"잎사귀는 이런 응달에서 말려야 해. 외지고 접근하기 힘든 곳을 택해야 잎사귀를 지킬 수 있네. 다른 사람들이 도저히 찾아내기 힘든 장소에서 말리는 거지. 다 마른 다음에는 꾸러미에 싸서 봉인해야 하네."

그는 줄에서 잎사귀들을 떼어내서 근처 덤불에 던져넣었다. 이번 작업은 단지 어떻게 하면 되는지를 내게 보여주기 위한 것이었음이 분명했다.

우리는 계속 걸었고, 돈 후앙은 세 종류의 꽃을 따 모았다. 그는 이것들이 혼합물에 들어갈 재료이고, 같은 시기에 따야 한다고 말했다. 그러나 꽃의 경우는 종류별로 별도의 토기 항아리에 넣어 어둠 속에서 말리는데, 뚜껑을 덮어서 곰팡내가 날 때까지 꽃을 묵혀야 한다고 했다. 그는 잎과 꽃을 넣는 목적은 스모크 혼합물을 달게 하기 위한 것이라고 설명했다.

우리는 협곡에서 나와 강바닥을 향해 걸어갔다. 거기서 한참을 우회해서 집으로 돌아왔다. 늦은 저녁 우리는 돈 후앙의 방에 함께 앉았다. 그가 그것을 허락하는 것은 드문 일이었다. 그곳에서 그는 혼합물의 마지막 재료인 버섯에 관해 얘기해주었다.

"혼합물의 진짜 비밀은 버섯에 있다네." 그는 말했다. "버섯은 가장 구하기 힘든 재료이기도 하지. 그것이 자라는 장소로 가는 길은 멀고도 험하고, 올바른 종류를 골라내는 일은 그보다도 더 위험하다네. 그 근처에는 다른 종류의 버섯들이 함께 자라는데, 이것들은 아무 쓸모도 없지. 모르고 함께 말렸다가는 멀쩡한 것들까지 망쳐버려. 그런 실수를 하지 않을 정도로 버섯에 관해 잘 알려면 시간이 걸린다네. 자칫 다른 종류를 썼다가는 심각한 해를 입을 수 있다네. 그걸 피우는 사내와 파이프, 양쪽 모두 말이야. 난 불순물이 든 스모크를 피우다가 그대로 죽어버린 사내를 알고 있네.

버섯은 따는 즉시 조롱박 안에 넣어야 하니까, 다시 확인할 방도는 없어. 좁은 조롱박 주둥이로 집어넣으려면 잘게 찢어야 하니까 말이야."

"실수를 어떻게 하면 방지할 수 있습니까?"

"조심스럽게 하고, 고르는 법을 제대로 알아야 해. 어렵다고 말했지. 스모크는 아무나 길들일 수 있는 게 아니야. 대부분의 사람들은 엄두조차 내지 못하지."

"조롱박 안에 버섯을 얼마나 오래 놓아둡니까?"

"1년. 다른 재료들도 모두 1년 동안 봉인해놓아야 해. 그런 다음엔 각각 같은 양을 재어서 하나씩 아주 고운 가루로 만드는 거야. 조그만 버섯은 내버려두어도 아주 고운 먼지로 변하니까 갈 필요가 없네. 그냥 큰 조각들만 짓이기면 돼. 버섯 8할에 나머지 모든 재료를 합친 것 2할을 더해서 섞은 다음에, 이런 주머니에다 넣는 거야." 돈 후앙은 목에 매달고 셔츠 안에 집어넣고 다니는 조그만 주머니를 가리켜 보였다.

"그 직후에 자넨 모든 재료를 다시 따 모아야 하네. 이것들이 건조

되도록 해놓은 다음에야 비로소 갓 조제한 혼합물을 피울 수 있어. 자네 경우엔 내년에 피우게 되는 거지. 그리고 그다음 해 혼합물은 모두 자네가 직접 모아서 만든 것일 테니까 완전히 자네 것이 돼. 처음에 스모크를 피울 때는 내가 파이프에 불을 붙여주겠네. 자넨 대통에 들어 있는 혼합물을 모두 피우고 기다려야 해. 그럼 스모크가 올 걸세. 자넨 그걸 느낄 거고. 스모크는 자네를 해방시켜서 뭐든지 보고 싶은 걸 보게 해줄 거야. 정확히 말하자면, 스모크는 대적할 자가 없는 맹우라네. 하지만 누구든 그걸 찾는 자는 일단 나무랄 데 없는 의지와 결의를 갖춰야만 해. 그게 필요한 이유는, 돌아오려는 의지와 목적의식이 없으면 스모크가 그를 돌려보내주지 않기 때문이지. 그다음엔 스모크가 보여준 것들을 기억하기 위한 의지와 결의도 있어야 하네. 안 그러면 마음속엔 한 덩어리의 안개밖에 안 남아 있을 테니까 말이야."

1962년 4월 8일 토요일

나와 대화를 나눌 때 돈 후앙은 일관되게 '식자識者'(man of knowledge)라는 표현을 쓰거나 식자에 대해 언급하곤 했다. 그러나 그것이 정확히 무슨 뜻인지를 설명해준 적은 한 번도 없었다. 그래서 나는 질문해보기로 했다.

"식자란 험난한 배움의 길을 진실하게 따라간 사람을 의미하네." 그는 말했다. "결코 서두르거나 머뭇거리는 일 없이, 전심전력을 다해서 힘과 지식의 비밀을 해명하는 일에 매진한 사람이지."

"누구든 식자가 될 수 있습니까?"

"아니, 누구나 되는 건 아냐."

"그러면 식자가 되기 위해서는 무슨 일을 해야 합니까?"

"네 가지 천적에 도전해서 이겨야 하네."

"그럼 네 가지 천적에 이긴 뒤에는 식자가 되는 겁니까?"

"그래. 네 가지 모두를 이길 수 있어야 스스로를 식자라고 부를 수 있어."

"그럼 누구든 간에 이 네 가지 천적을 이기는 사람은 모두 식자가 되는 겁니까?"

"누구든 그것들을 이기면 식자가 되는 거야."

"하지만 그런 적들과 싸우기 전에 해야 할 어떤 특별한 일이 있는 것은 아닙니까?"

"아니. 누구든 식자가 되기 위해 노력할 수 있어. 실제로 성공하는 사람은 극소수지만, 그건 너무나 당연한 일이야. 식자가 되기 위한 배움의 길에서 조우하는 적들은 정말로 막강하니까 말이야. 대다수는 그 앞에 무릎을 꿇는다네."

"천적이란 어떤 종류의 적을 말하는 겁니까, 돈 후앙?"

돈 후앙은 천적에 관해 얘기하기를 거부했다. 내가 이 주제를 조금이라도 이해하려면 오랜 시간이 걸린다는 것이 이유였다. 나는 이 주제를 놓치지 않으려고 혹시 나도 식자가 될 수 있다고 생각하느냐고 물었다. 아무도 확답을 할 수는 없다는 대답이 돌아왔다. 그러나 나는 내가 식자가 될 가능성이 조금이라도 있는지를 알 수 있는 어떤 실마리도 없느냐고 끈질기게 되물었다. 그러자 그는, 그것은 네 가지 천적과의 싸움의 승패에 달려 있는데 내가 승리할지 아니면 패배할지를 예상하는 것은 불가능하다고 말했다.

나는 혹시 요술을 쓰거나 점을 쳐서 그 싸움의 결과를 알 수 있지 않느냐고 반문했다. 그러자 돈 후앙은 식자가 되는 것은 일시적인 일이기 때문에, 어떤 수단으로도 싸움의 결과를 예상할 수는 없다고 잘라 말했다. 그게 무슨 뜻인지를 내가 묻자 그는 이렇게 대답했다.

"식자됨에 영구성은 없네. 그 누구도 정말로 식자일 수는 없어. 누구든 네 가지 천적을 이긴 뒤의 아주 잠깐 동안만 식자가 되기 때문이야."

"돈 후앙, 부디 그 네 가지 천적이 뭔지 가르쳐 주십시오."

그는 대답하지 않았다. 내가 다시 조르자 그는 화제를 바꿔 다른 얘기를 하기 시작했다.

1962년 4월 15일 일요일

떠날 채비를 하면서 다시 한 번 식자의 천적에 관해 물어보기로 마음먹었다. 나는 한동안 돌아오지 못할 테니까 그가 하는 말을 받아 적어놓으면 떨어져 있을 때도 곰곰이 생각해볼 수 있지 않겠냐며 그를 설득했다.

돈 후앙은 잠시 주저하다가 운을 뗐다.

"누구든 배우기 시작할 때는 자신의 목표에 대한 생각이 뚜렷하지 않아. 목적의식이 결여되어 있고 의지도 모호하지. 그는 보상을 얻고 싶어하지만 그런 일은 결코 일어나지 않네. 힘들게 배운다는 것의 의미를 아예 모르니까 말이야.

그러다가 서서히 배워가기 시작한다네. 처음에는 하나하나씩, 나중에는 상당한 양을 말이야. 그러면 그는 곧 사고의 혼란을 겪게 된다네. 배운 것이 머릿속에서 그리거나 상상했던 것과는 전혀 다르기 때문에 두려워하게 되는 거지. 배움이 자기가 예상한 대로 이뤄지는 경우는 결코 없네. 배움의 모든 단계는 새로운 도전이고, 그가 느끼는 두려움은 무자비하고 가차 없이 커지기만 하지. 배운다는 행위 자체가 전쟁터가 되어버리는 거야.

이렇게 해서 그는 자신의 첫 번째 천적과 맞부닥치는 걸세. 그건 공포야! 위험천만하고, 극복하기 힘든 끔찍한 적이지. 공포는 모든 길모퉁이에 숨어서 배회하며 그를 기다린다네. 그리고 그것과 마주친 사람이 공포에 못 이겨 도망친다면 그걸로 끝이야. 공포가 그의 탐구에 종지부를 찍은 거지."

"공포에 못 이겨 도망치는 사람한테는 무슨 일이 일어납니까?"

"다시는 배우지 못한다는 사실을 제외하면 아무 일도 일어나지 않아. 결코 식자가 될 수 없는 거지. 난폭해지든 아니면 두려움에 찬 무해한 인간이 되든 간에, 언제나 패배자로 남을 거야. 첫 번째 적이 배움에의 열망을 잘라버렸으니까."

"그럼 공포를 극복하려면 어떻게 해야 합니까?"

"답은 아주 간단하네. 도망치면 안 돼. 공포를 무시하고, 공포에도 불구하고 배움의 다음 단계로 나아가는 거지. 그리고 다음 단계로, 또 그다음 단계로 말이야. 아무리 공포로 가득 찬다고 해도, 결코 멈춰서는 안 되네. 그게 규칙이야! 그러면 첫 번째 천적이 물러나는 순간이 올 걸세. 그러면 자신감을 느끼기 시작하지. 의지가 강해지고, 더 이상 배우는 걸 공포스럽게 여기지 않게 돼.

이런 멋진 순간이 찾아오면, 그는 첫 번째 천적을 이겼다고 주저 없이 선언할 수 있다네."

"그런 일은 한꺼번에 일어납니까? 아니면 조금씩 일어납니까?"

"조금씩 일어나지만, 공포 자체는 느닷없이, 그리고 금방 축출되지."

"하지만 뭔가 새로운 일이 일어나면 또 두려움을 느끼게 되지 않을까요?"

"아냐. 한 번 공포를 쫓아버리고 나면 그는 남은 일생 동안 그것으로부터 자유로워지네. 왜냐하면 그는 두려움 대신 명료함을, 즉 두려움을 지워버리는 명료한 마음을 얻었기 때문이지. 그 무렵에는 자신의 욕구를 자각하게 되고, 어떻게 하면 그걸 충족시킬 수 있는지도 알게 되네. 앞으로 어떤 단계를 밟아야 하는지도 예상할 수 있고. 모든 것이 예리하고 명료하게 파악되지. 그는 그 어떤 것도 장막에 가려져 있지 않다고 느낀다네.

이렇게 해서 그는 두 번째 천적을 만나는 거야. 명료함을! 마음의 명료함은 얻기도 힘들고 공포를 쫓아주지만, 동시에 사람을 맹목적으로 만든다네.

명료함은 자신에 대한 의문을 결코 품지 않게 만들거든. 모든 것이 명료하게 보이기 때문에, 뭐든 하고 싶은 대로 할 수 있다는 자신감을 주는 거야. 용감한 것도 명료하기 때문이고, 그 어떤 상황에서도 멈추지 않는 것도 명료하기 때문이야. 하지만 이런 모든 것이 잘못이라네. 뭔가 불완전한 행동이라고나 할까. 만약 그가 이 가공의 힘의 유혹에 빠진다면 그것은 두 번째 천적에게 굴복한 것이고, 배움에도 차질이 올 걸세. 인내심을 가져야 할 때 급히 행동하고, 재빨리 행동해야 할 때는 거꾸로 인내심을 발휘하는 식으로 말이야. 그런 식으로 버벅대다가 결국은 더 이상 아무것도 배우지 못하는 상황에 빠지는 거지."

"그런 식으로 패배한 사람은 나중에 어떻게 됩니까, 돈 후앙? 그 때문에 죽습니까?"

"아니, 죽지는 않네. 두 번째 천적에 의해 식자가 되는 걸 단박에 저지당할 뿐이야. 그 대신 그는 낙천적인 전사가 되거나 어릿광대가 될 수도 있네. 그래도 그토록 큰 대가를 치르고 획득한 명료한 마음이 어둠이나 두려움으로 변하는 일은 결코 없다네. 살아 있는 동안은 줄곧 그렇게 매사가 명료할 거야. 하지만 더 이상 배울 수는 없고, 뭔가가 되고 싶다고 동경하는 일도 없어."

"그럼 그런 패배를 당하지 않으려면 어떻게 해야 합니까?"

"공포를 극복했을 때처럼 해야 하네. 자신의 명료함을 대수롭지 않게 여기고, 단지 관찰하기 위해서만 그걸 쓰고 새로운 일에 착수할 때는 끈기를 가지고 필요한 조치가 무엇인지를 생각하는 거야. 특히 자신의 명료함이 거의 오류에 가깝다는 점을 명심해야 하네. 그러면 그것이 단지 눈앞에 있는 허공 속의 한 점에 불과하다는 사실을 이해하게 되는 순간이 올 거야. 그렇게 함으로써 그는 두 번째 천적을 극복할 수 있고, 아무것도 그에게 해를 끼치지 못하는 그런 경지에 도달하게 되네. 이것은 오류가 아니야. 이건 허공 속의 한 점에 불과하지 않아. 그건 진짜 힘이 될 거야.

그 시점에서 그는 자신이 그토록 오랫동안 추구해온 힘이 마침내 자기 것이 됐다는 사실을 깨닫게 되네. 그걸 가지고 뭐든 마음대로 할 수 있는 거지. 그는 맹우를 마음대로 부릴 수 있고, 그가 원하는 것이 곧 규칙이 돼. 그는 자신의 주위에 있는 모든 것을 볼 수 있어. 하지만 거기서 그는 세 번째 적과 맞닥뜨리게 된다네. 권능이야!

권능은 가장 막강한 적이라네. 그리고 가장 쉬운 선택은 물론 그것에 굴복하는 거야. 사실 그는 정말로 무적이니까 말이야. 그는 명령을 내리는 위치에 놓이네. 처음에는 계산된 위험을 감수하다가, 막판에 가서는 아예 자기가 규칙을 만들어내지. 지배자는 다름 아닌 그니까 말이야.

이 단계에 있는 사람은 세 번째 적이 다가오고 있다는 걸 거의 깨닫지 못하지. 그러다가 갑자기, 불시에 전투에서 패배하게 되는 거야. 그건 세 번째 적이 그를 잔인하고 변덕스러운 사내로 만들었기 때문이야."

"그럼 권능을 잃게 되는 겁니까?"

"아니. 결코 명료함이나 권능을 잃지는 않네."

"그럼 그를 식자와 어떻게 구분할 수 있습니까?"

"권능에 의해 패배한 사람은 그걸 다루는 방법을 제대로 모르는 채로 죽는다네. 권력은 그의 운명을 짓누르고 있는 무거운 짐에 불과해. 그런 사내는 자기를 통제할 줄 모르고, 언제, 또 어떻게 자신의 힘을 써야 할지를 모른다네."

"그런 적들에게 진다면 궁극적인 패배를 당하는 겁니까?"

"물론 궁극적인 패배야. 일단 이런 적들에게 압도당한다면 그가 할 수 있는 일은 아무것도 없다네."

"예컨대 혹시 권능에 의해 패배한 사내가 자기 잘못을 깨닫고 개과천선할 수는 없는 겁니까?"

"없어. 일단 굴복하면 그걸로 끝나는 거야."

"하지만 일시적으로 권능에 눈이 어두워졌다가도 나중에 깨닫고 그걸 거부한다면 어떻게 됩니까?"

"그럴 경우에는 아직 싸움이 끝나지 않은 거야. 그는 여전히 식자가 되려고 노력하고 있다는 뜻이지. 더 이상 노력하지 않고 자포자기하는 경우에만 패배하는 거라네."

"하지만 돈 후앙, 공포로 인해 몇 년 동안이나 자포자기한 상태로 있다가, 마지막에 가서 그걸 극복하는 경우도 있지 않을까요?"

"아냐, 그건 가능하지 않아. 일단 공포에 굴복하면 결코 그걸 극복할 수 없어. 그럼 배우는 걸 꺼리게 되고, 다시는 시도하려고 들지 않을 테니까. 하지만 두려움에 시달리면서도 몇 년이고 배우고자 애쓰고 노력한다면 결국에 가서는 그걸 극복할 걸세. 왜냐하면 그는 한 번도 정말로 자포자기하지 않았기 때문이지."

"이 세 번째 적은 어떻게 물리칠 수 있습니까, 돈 후앙?"

"의도적으로 그 유혹에 저항해야 하네. 그가 복속시킨 것처럼 보이는 그 권능이 실제로는 결코 그의 것이 아니라는 사실을 깨달아야 해. 항상 자제하고, 그때까지 배운 모든 것을 신중하게, 성실한 태도로 다뤄야 해. 자제력이 수반되지 않은 명료함과 권능은 실패보다 더 나쁜 거라는 사실을 깨닫는다면, 모든 것을 자제할 수 있는 경지에 도달하게 되네. 그러면 자신의 권능을 언제 어떻게 써야 할지를 알 수 있게 되지. 그렇게 해서 그는 세 번째 적을 물리칠 것이네.

이 무렵이면 그는 배움의 여정의 끝에 다다르게 되고, 거의 아무런 경고도 없이 최후의 적과 마주치게 되네. 바로 노년老年이야! 이건 가장 잔인한 적이라네. 이 적을 완전히 이기는 것은 불가능하고, 단지 계속 싸우는 수밖에 없어.

이런 시기가 되면 그는 더 이상 두려움을 느끼지 않고, 마음의 명료함이 야기하는 조급함에도 시달리지 않네. 또 모든 권능을 통제하는 상태이지만, 그와 동시에 쉬고 싶다는 거부할 수 없는 욕구를 느끼는 때이기도 하네. 만약 그가 누워서 모든 걸 잊어버리고 싶다는 욕구에 완전히 몸을 맡겨버리거나 피로에 지쳐서 자신을 달래고만 있다면 그는 마지막 싸움에서 패배한 것이고, 그의 적은 그를 늙고 나약한 존재로 추락시킬 거야. 이제는 포기하고 물러나고 싶다는 욕구가 그의 모든 명료함과 권능과 지식을 억눌러서 쓸모없게 만들어버리는 거지.

하지만 피로를 벗어던지고 주어진 운명을 끝까지 완수한다면, 비로소 그는 식자라고 불릴 수 있다네. 마지막으로 찾아온 불패의 적에 대항해서 비록 순간적으로만 승리했다고 해도 말이야. 명료함과 권능과 지식의 그 순간을 경험하는 것만으로도 충분해."

4

돈 후앙이 메스칼리토에 관해 터놓고 말하는 일은 드물었다. 내가 그것을 화제에 올리면 그는 언제나 즉답을 거부했지만, 언제나 내가 머릿속에 메스칼리토의 이미지를 구축할 수 있을 정도의 재료는 남겨주곤 했다. 그리고 그 이미지는 언제나 의인적擬人的이었다. 메스칼리토는 남자였다. 문법적으로 남성형이기 때문만은 아니고, 수호자이자 스승이라는 그의 특성은 늘 남아 있기 때문이다. 돈 후앙은 나와 대화를 나눌 때마다 이런저런 방식으로 그런 특성을 재확인해주곤 했다.

1961년 12월 24일 일요일

"'악마초'는 사람을 지켜주거나 하진 않아. 단지 힘을 줄 뿐이지. 반면에 메스칼리토는 상냥하고 마치 어린애 같다네."

"하지만 무시무시할 때도 있다고 하시지 않았습니까?"

"물론 무시무시하지. 하지만 일단 친해지고 나면 상냥하고 친절해."

"어떻게 친절함을 보여주는데요?"

"그는 수호자이자 스승이야."

"어떤 식으로 수호해줍니까?"

"그를 늘 지니고 다니면 자네에게 결코 나쁜 일이 일어나지 않도록 해준다네."

"어떻게 늘 지니고 다닙니까?"

"조그만 주머니에 넣어서 끈으로 팔이나 목에 걸고 다니면 돼."

"지금 그렇게 지니고 계십니까?"

"아니. 나한텐 맹우가 있어. 하지만 다른 사람들은 그러곤 하지."

"그가 가르쳐주는 건 뭡니까?"

"올바르게 살아가는 법을 가르쳐준다네."

"어떤 방식으로요?"

"사물을 보여주고 뭐가 뭔지를 가르쳐 주는 식으로.(enzena las coas y te dice loque son)."

"어떻게요?"

"그건 본인이 직접 겪어보는 수밖에 없어."

1962년 1월 30일 화요일

"메스칼리토가 당신을 데려갈 때는 뭐가 보입니까, 돈 후앙?"

"잡담거리로 삼을 얘기가 아냐. 그건 말해줄 수 없어."

"말하면 당신한테 뭔가 나쁜 일이 일어나기라도 한다는 겁니까?"

"메스칼리토는 수호자, 친절하고 상냥한 수호자야. 그렇다고 해서 그를 놀려도 된다는 얘긴 아냐. 그는 친절한 수호자이기 때문에 마음에 들지 않는 상대에게는 엄청나게 두려운 존재가 되기도 하지."

"놀릴 생각은 없습니다. 단지 그가 다른 사람들에게 뭘 보여주는지를 알고 싶을 뿐입니다. 메스칼리토가 제게 뭘 보여줬는지도 모두 말씀드리지 않았습니까, 돈 후앙."

"자네의 경우는 달라. 아마 자넨 메스칼리토의 방식을 몰랐기 때문이겠지. 자네는 어린애가 걸음마를 배우듯이 그의 방식을 배워야 하네."

"얼마나 오래 배워야 합니까?"

"메스칼리토 자신이 자네에게 이해되기 시작할 때까지."

"그런 다음엔요?"

"그러면 자네 스스로 이해할 수 있게 될 거야. 더 이상 나한테 그런 얘기를 할 필요도 없어지고."

"메스칼리토가 사람들을 어디로 데려가는지만이라도 얘기해줄 수 없습니까?"

"그 얘긴 할 수 없어."

"전 혹시 그가 데려가는 곳이 이곳과는 다른 세계인지를 알고 싶을 뿐입니다."

"다른 세계야."

"그건 천국(cielo)인가요?"

"하늘(cielo)로 데리고 올라가지."

"그러니까, 신이 있는 천국을 얘기하시는 겁니까?"

"또 멍청한 소리를 하는군. 신이 어디에 있는지는 난 모르네."

"메스칼리토는 신 — 유일신입니까? 아니면 여럿 있는 신들 중 하나입니까?"

"그는 수호자이자 스승일 뿐이야. 메스칼리토는 힘이라네."

"우리 내부의 힘인가요?"

"아냐. 메스칼리토는 우리하고는 아무 상관도 없어. 우리 밖에 있으니까."

"그렇다면 메스칼리토를 먹는 사람은 그를 모두 똑같은 형상으로 봐야 하지 않겠습니까?"

"천만에. 누구에게나 다 똑같지는 않아."

1962년 4월 12일 목요일

"왜 메스칼리토 얘기를 더 해주시지 않는 겁니까, 돈 후앙?"

"할 얘기가 없으니까."

"하지만 제가 다시 그와 조우하기 전에 알아둬야 할 일이 수없이 많지 않습니까?"

"아냐. 자네 경우엔 알아야 할 일 따위는 아예 없을지도 몰라. 전에도 얘기했듯이, 누구에게든 똑같은 게 아니라고."

"압니다. 그래도 메스칼리토에 관해서 다른 사람들은 어떻게 생각하고 있는지 알고 싶어서요."

"그에 관해 얘기하는 사람들의 의견은 별 가치가 없네. 자네도 그걸 알게 될 거야. 자네도 어떤 시점까지는 계속 그에 관해 얘기하겠지만, 그 이후로는 결코 화제에 올리지 않게 될 걸세."

"당신의 첫 경험은 어땠는지 얘기해주시겠습니까?"

"뭐하려고?"

"그럼 메스칼리토 앞에서 어떻게 행동하면 될지 알 수 있으니까요."

"이미 나보다 더 많이 알잖나. 자넨 실제로 그와 장난을 치기까지 했어. 그때 그 수호자가 자네를 얼마나 친절하게 대해줬는지를 자네도 언젠가는 알게 될 걸세. 처음 메스칼리토를 만났을 때 그가 자네에게 수없이 많은 얘기를 해줬겠지만, 자네는 장님에 벙어리나 마찬가지였어."

1962년 4월 14일 토요일

"메스칼리토는 자신을 드러낼 때 어떤 모습이든 취할 수 있습니까?"

"맞네. 어떤 모습도 취할 수 있지."

"그렇다면 그중 가장 흔한 모습은 뭡니까?"

"흔한 모습 따위는 없어."

"돈 후앙, 그렇다면 메스칼리토는 그를 잘 아는 사람 앞에서조차 온갖 다른 모습으로 나타난단 말입니까?"

"아니. 조금밖에 모르는 사람 앞에는 여러 모습으로 나타나지만 그를 잘 아는 사람들 앞에서는 언제나 일정한 모습을 취한다네."

"일정하다면, 어떤 식으로?"

"우리 같은 사람 모습을 하고 나타나기도 하고, 빛으로 나타날 때도 있지."

"메스칼리토가 그를 잘 아는 사람 앞에서 그런 일정한 모습을 바꿀 때도 있습니까?"

"아니. 내가 아는 한 그런 적은 없네."

1962년 7월 6일 금요일

돈 후앙과 나는 6월 23일 토요일 늦은 오후에 길을 떠났다. 그는 우리가 치와와 주州로 온귀토스(버섯)를 찾으러 간다고 했다. 그는 이것이 멀고 힘든 여행이 될 것이라고 했다. 그의 말은 옳았다. 우리는 6월 27일 수요일 밤 10시경에 치와와 북부에 있는 작은 탄광촌에 도착했다. 우리는 마을 외곽에다 차를 세워놓고 걸어서 그의 친구인 타라우마라 인디언 부부의 집으로 갔다. 우리는 그곳에서 잤다.

다음 날 새벽 5시경에 남편이 우리를 깨우고 오트밀 죽과 콩을 갖다 주었다. 우리가 식사를 하는 동안 그도 옆에 앉아 돈 후앙에게 말을 걸었지만 우리의 여행에 관해서는 아무런 말도 하지 않았다.

아침식사가 끝나자 사내는 내 수통에 물을 채우고 내 자루에 과자빵 두 개를 넣어주었다. 돈 후앙은 내게 수통을 건네고 줄로 자루를 배낭처럼 어깨에 비끄러맸다. 그는 사내의 환대에 감사하고 나를 돌아보며 "이제 가세"라고 말했다.

우리는 흙길을 1마일(약 1.6킬로미터)쯤 걸어간 다음 들판을 가로질렀다. 두 시간 후 우리는 마을의 남쪽에 있는 야산 기슭에 도착했다. 우리는 남서쪽을 향해 완만한 사면을 올라갔다. 경사가 더 가팔라지자 돈 후앙은 방향을 바꿔 동쪽의 높은 계곡을 따라 나아갔다. 고령임에도 불구하고 돈 후앙의 걸음은 믿기 힘들 정도로 빨랐다. 정오 무렵 나는 완전히 녹초가 되어 있었다. 우리는 앉아서 빵이 든 자루를 열었다.

"원한다면 다 먹어도 좋아." 그는 말했다.

"안 드실 겁니까?"

"배가 고프지 않아. 그리고 나중엔 그 음식이 우리에게 필요 없어질 거야."

지치고 무척 배가 고팠기 때문에 나는 그의 양보를 받아들였다. 이번 여행의 목적에 관해 얘기하기에는 아주 좋은 기회라는 생각이 들어서 나는 사뭇 예사스럽게 물어보았다. "오랫동안 이곳에 머물 겁니까?"

"메스칼리토를 좀 구하러 온 거야. 내일까지는 여기 있을 거야."

"메스칼리토는 어디에 있습니까?"

"우리 주위에 널려 있어."

그 부근에는 여러 종류의 선인장이 무성하게 자라 있었지만, 페요테는 눈에 띄지 않았다.

우리는 다시 길을 재촉했고, 오후 3시 무렵에는 가파른 언덕으로 좌우가 둘러싸인 길고 좁은 골짜기에 와 있었다. 나는 자연 상태의 페요테를 한 번도 본 적이 없었기 때문에, 직접 찾아본다고 생각하니 묘하게 가슴이 뛰었다. 우리는 골짜기로 들어갔다. 120미터쯤 갔을 때 문득 페요테 세 송이가 눈에 들어왔다. 의심의 여지가 없었다. 그것들은 산길 왼쪽, 내 눈앞의 지면에서 10여 센티미터 가량의 높이까지 무리지어 자라고 있었다. 둥글고 부드러운 녹색 장미처럼 보였다. 나는 그쪽으로 달려가며 돈 후앙에게 그것을 가리켜보였다.

돈 후앙은 그런 나를 무시하고 일부러 내게 등을 돌린 채로 계속 걸어갔다. 나는 내가 잘못을 저질렀다는 사실을 깨달았다. 남은 오후 내내 우리는 말없이 걸어서 작고 날카로운 바위로 뒤덮인 편평한 골짜기 바닥을 천천히 지나갔다. 우리는 이따금 도마뱀 무리나 새들의 평화를 깨면서 선인장 군락 사이를 나아갔다. 나는 아무 말도 하지 않고 수십 그루의 페요테를 그냥 지나쳤다.

여섯 시에 우리는 산에 둘러싸인 골짜기 끄트머리에 도달했다. 우리는 선반 같은 바위 위로 올라갔다. 돈 후앙은 그곳에 자루를 내려놓고 앉았다.

나는 또 허기를 느꼈지만, 더 이상 먹을 것이 없었다. 나는 빨리 메스칼리토를 따서 탄광촌으로 돌아가자고 말했다. 돈 후앙은 짜증스러운 기색으로 혀를 찼고, 오늘은 여기서 밤을 새야 한다고 말했다.

우리는 말없이 앉아 있었다. 왼쪽에는 암벽이 있었고, 오른쪽에는 우리가 방금 종단한 골짜기가 보였다. 골짜기는 상당히 멀리까지 이어져 있었는데, 내가 생각했던 것만큼 좁지도, 편평해 보이지도 않았다. 내가 앉아 있는 곳에서 보이는 골짜기는 작은 언덕과 튀어나온 바위투성이였다.

"우린 내일 왔던 길을 돌아갈 거야." 돈 후앙은 나를 쳐다보지도 않은 채로 말하며 골짜기를 가리켰다. "저길 다시 가로지르면서 따는 거지. 그러니까, 우리가 지나가는 길에서만 딴다는 얘기네. '그가' 우리를 찾아낼 거야, 우리가 그를 찾아내는 게 아니라. 원한다면 '그가' 우리를 찾아낼 거야."

돈 후앙은 암벽에 등을 기대고 고개를 옆으로 돌린 채로 말을 계속했다. 마치 이곳에 나 말고 다른 사람이 있기라도 한 듯이. "한 가지 더 있네. 오직 '나만이' 그를 딸 수 있어. 자네는 자루를 지거나, 아니면 내 앞에서 걸어가게 될 거야. 그건 그때 가봐야 알아. 하지만 내일 자네는 오늘 그랬던 것처럼 손으로 그를 가리키거나 해선 안 되네!"

"죄송합니다, 돈 후앙."

"괜찮아. 모르고 그런 거니까."

"은사님이 메스칼리토에 관한 이 모든 것을 가르쳐줬습니까?"

"아냐! 아무도 그에 관해 가르쳐준 사람은 없었어. 수호자 본인이 내 스승이었지."

"그렇다면 메스칼리토는 함께 말을 나눌 수 있는 사람 같은 겁니까?"

"아니. 그게 아냐."

"그럼 어떻게 가르칩니까?"

돈 후앙은 잠시 침묵했다.

"자네가 그와 장난을 쳤을 때가 기억나나? 자넨 그를 이해했어. 안 그런가?"

"그랬었죠!"

"그게 그의 가르치는 방식이라네. 당시에 자넨 그걸 몰랐지만, 주의를 기울였다면 그쪽에서 말을 걸었을 거야."

"언제요?"

"자네가 처음으로 그를 봤을 때."

돈 후앙은 내가 연이어 내놓는 질문에 넌더리를 내고 있는 듯했다. 나는 그에게 내가 이렇게 질문 공세를 펴는 건 가능한 한 모든 걸 알아내고 싶기 때문이라고 말했다.

"나한테 묻지 마!" 돈 후앙은 심술궂은 미소를 떠올렸다. "본인한테 직접 물어보라고. 다음에 만나면 뭐든 묻고 싶은 걸 다 물어봐."

"그렇다면 메스칼리토는 말을 나눌 수 있는 사람 같은…"

그는 내가 말을 끝맺을 틈을 주지 않았다. 그는 몸을 돌려 수통을 집어들더니 바위 선반을 내려가서 바위 뒤로 모습을 감춰버렸다. 나는 혼자 이런 곳에 있고 싶지는 않았기 때문에 따라오라는 말을 듣지 않았음에도 불구하고 그 뒤를 따라갔다. 우리는 150미터쯤을 걸어 작은 시내에 도착했다. 돈 후앙은 손과 얼굴을 씻고 수통에 물을 채웠다. 그는 물로 입을 가셨지만 마시지는 않았다. 내가 양손으로 시냇물을 떠서 마시자 돈 후앙은 나를 제지하며 물을 마실 필요가 없다고 했다.

그는 내게 수통을 건네고 선반 바위로 돌아갔다. 그곳에 도착한 우리는 다시 암벽에 등을 대고 골짜기 쪽을 마주 보고 앉았다. 나는 불을 피워도 되느냐고 물었다. 돈 후앙은 별 터무니없는 소리를 다 듣는다는 반응을 보였다. 그는 오늘 밤 우리는 메스칼리토의 손님이니, 그가 우리를 따뜻하게 해줄 거라고 말했다.

이미 땅거미가 지고 있었다. 돈 후앙은 자기 부대에서 두 장의 얇은 무명 담요를 꺼내어 하나를 내 무릎 위에 던지고, 다른 하나를 어깨 위에 두르고 책상다리를 하고 앉았다. 눈 아래 펼쳐진 골짜기는 어두웠다. 그 가장자리는 이미 뿌연 밤안개로 덮여 있었다.

돈 후앙은 페요테의 들판을 마주한 채 미동도 없이 앉아 있었다. 바람이 계속 내 얼굴을 향해 일정하게 불어왔다.

"황혼은 세계들 사이에 생겨난 균열이라네." 그는 내 쪽으로 고개를 돌리지도 않고 나직하게 말했다.

나는 그게 무슨 뜻인지 묻지 않았다. 눈이 침침해졌다. 그러다가 나는 느닷없는 고양감을 느꼈다. 흐느끼고 싶은 기이하고도 강렬한 충동이 몰려왔다!

나는 엎드렸다. 바위 바닥은 딱딱하고 불편했기 때문에 몇 분마다 몸을 뒤척여 자세를 바꿔야 했다. 결국은 못 견디고 몸을 일으켜 어깨에 담요를 두르고 책상다리를 하고 앉았다. 놀랍게도 이렇게 하니 엄청나게 편했다. 나는 잠들었다.

잠에서 깨자 돈 후앙이 나에게 말하는 소리가 들렸다. 주위는 컴컴했다. 돈 후앙의 모습이 잘 보이지 않고 그가 뭐라고 했는지도 알아듣지 못했지만, 그가 선반 바위를 내려가는 것을 보고 나는 그 뒤를 따랐다. 어두웠기 때문에 우리는 — 적어도 나는 — 조심스럽게 움직였다. 암벽 밑동까지 내려가자 돈 후앙은 바닥에 앉더니 나더러 자기 왼쪽에 앉으라고 손짓했다. 그는 셔츠를 풀어헤치고 가죽 주머니를 하나 꺼내어 앞쪽 땅바닥에 놓았다. 주머니에는 말린 페요테 단추들이 들어 있었다.

잠시 뜸을 들인 후 그는 오른손으로 덩어리 하나를 집어들고 나직하게 노래 부르며 엄지와 검지로 그것을 몇 번 비볐다. 그러더니 느닷없이 엄청나게 큰 소리로 절규했다.

"아히이이이이!"

기괴하고 갑작스러운 절규였다. 나는 두려움에 얼어붙었다. 그가 페요테 단추를 입에 넣고 씹기 시작하는 광경이 어렴풋하게 보였다. 다음 순간 그는 주머니를 집어들고 내 쪽으로 몸을 기울이더니 주머니를 받아서 메스칼리토를 하나 고른 다음 주머니를 다시 우리 앞에 내려놓고 그가 방금 했던 그대로 따라 하라고 속삭였다.

나는 페요테 단추 한 개를 집어들고 돈 후앙이 했던 것처럼 비볐다. 그러는 동안 그는 몸을 앞뒤로 흔들며 노래를 계속했다. 나는 페요테를 입에 넣으려고 몇 번 시도했지만, 절규하려고 할 때마다 번번이 주저되어서 실패했다. 그러다가 갑자기 마치 꿈이라도 꾸고 있는 것처럼 믿기 힘들 정도로 엄청난 절규가 내 입에서 터져나왔다. 아히이이이! 한순간 나는 그것이 다른 사람이라고 착각했다. 충격을 받은 나머지 또다시 속이 철렁했다. 뒤로 몸이 넘어가고 있었다. 기절하기 직전이었다. 나는 페요테 단추를 입에 넣고 씹었다. 잠시 후 돈 후앙은 주머니에서 또 하나를 집어들었다. 그가 짧은 노래만 부르고 그것을 그냥 입 안에 집어넣는 것을 보고 나는 안도했다. 그는 내게 주머니를 건넸고, 나는 한 덩어리를 먹은 다음 주머니를 다시 우리 앞의 지면에 내려놓았다. 같은 일을 다섯 번 되풀이한 뒤에야 나는 갈증을 느끼기 시작했다. 물을 마시려고 수통을 집어들자 돈 후앙은 단지 입 안을 가시기만 하라고 했고, 토하니까 물을 마시면 안 된다고 주의했다.

나는 물로 여러 번 입을 가셨다. 그대로 들이키고 싶은 유혹에 도저히 견디지 못하고 약간을 마셨다. 그러자마자 뱃속이 경련하기 시작했다. 처음 페요테를 먹었을 때 경험했던 것처럼 아무런 고통도 없이 입에서 물이 술술 흘러나오리라고 기대했지만, 놀랍게도 평상시처럼 토했다. 그러나 오래가지는 않았다.

돈 후앙은 한 덩어리를 또 집어들고 내게 주머니를 건넸다. 새롭게 한 순배가 시작됐고, 나는 도합 열네 개의 페요테 단추를 씹어먹었다. 이 무렵에는 처음에 느꼈던 갈증과 추위와 육체적 불편은 완전히 사라져버리고 이제는 흥분되고 따스한 낯선 느낌이 느껴졌다. 입을 가시려고 수통을 집어들었지만 텅 비어 있었다.

"시냇물로 갈까요, 돈 후앙?"

내 목소리는 밖으로 퍼져 나가지 않고 입 천장에 부딪혀서 목안으로 되튕겨, 그 사이를 왔다갔다하며 메아리쳤다. 그것은 나직하고 음악적인 메아리여서 마치 목 안에서 날개가 펄럭거리는 듯한 느낌이었다. 그 감촉이 나를 위무해주었다. 나는 메아리가 사라질 때까지 그 왔다갔다하는 움직임을 따라갔다.

나는 다시 질문을 되풀이했다. 마치 돔 안에서 말하는 듯한 목소리가 울렸다.

돈 후앙은 대답하지 않았다. 나는 일어서서 시내 쪽으로 몸을 돌렸다. 따라오는지 보려고 돈 후앙 쪽으로 고개를 돌렸지만, 그는 뭔가에 귀를 기울이고 있는 듯한 기색이었다.

그는 단호하게 손을 들어 조용히 하라는 시늉을 했다.

"아부톨Abuhtol이 이미 와 있어!" 그가 말했다.

한 번도 들어본 적이 없는 단어였다. 무슨 뜻인지 물어봐야 할지 고민하던 중에, 나는 귓속에서 웅웅거리는 듯한 소리가 들린다는 사실을 깨달았다. 소리는 점점 더 커졌고, 급기야는 거대한 불로러bull-roarer*가 발하는 진동음을 연상케 하는 소리로 변했다. 소리는 잠깐 계속되는가 싶다가 점점 작아졌고, 주위는 곧 고요해졌다. 나는 마치 폭력과도 같은 너무나 강렬한 그 소음에 엄청난 공포를 느꼈다. 몸이 사시나무 떨리듯 떨리는 통에 제대로 서 있을 수조차 없었지만, 아직도 나는 너무나 이성적인 상태였다. 몇 분 전에는 졸고 있었을지라도 졸린 느낌은 이제 완전히 사라졌고, 극도로 맑게 깨어 있는 느낌이 그것을 대신했다. 방금 들은 소음은 나로 하여금 방사능에 오염된 지

* 남미나 아프리카 원주민이 사용하는 공명 악기

역에서 거대한 벌이 날개를 윙윙거리며 나타나는 SF영화의 한 장면을 떠올리게 했다. 이런 생각이 우스웠던 나머지 나는 웃음을 터뜨렸다. 돈 후앙이 몸의 힘을 빼고 다시 예전의 편안한 자세로 돌아가는 것을 보았다. 그러다가 또 갑자기 거대한 벌의 모습이 되돌아왔다. 평상시의 사념보다 더 생생했다. 벌의 모습은 믿기 힘들 정도로 명료하게 홀로 떠올라 있었다. 그 밖의 모든 것은 내 마음속에서 쫓겨났다. 지금까지 살아오면서 일찍이 경험한 적이 없는 이 같은 명료한 정신 상태를 경험한 나는 또다시 순간적인 공포에 사로잡혔다.

나는 땀을 흘리기 시작했다. 두렵다고 말하려고 돈 후앙 쪽으로 몸을 기울였다. 그의 얼굴은 내 얼굴에서 10여 센티미터쯤 떨어져 있었다. 그는 나를 쳐다보고 있었지만, 그의 두 눈은 벌의 눈이었다. 마치 어둠 속에서 자체적으로 빛을 발하고 있는 둥그런 유리알 같았다. 그의 입술은 앞으로 튀어나와 있었고, 그곳에서 또닥거리는 듯한 소리가 흘러나왔다. 내 귀에는 '퍼투-퍼-투-펫-투'처럼 들렸다. 나는 뒤로 껑충 물러나다가 암벽에 부딪힐 뻔했다. 일견 끝없이 느껴지는 시간이 흐르는 동안, 나는 견디기 힘든 공포를 경험했다. 나는 헐떡이고, 흐느끼고 있었다. 내가 흘린 땀이 딱딱하게 얼어붙어서 피부가 당겼다. 그때 돈 후앙이 말하는 목소리가 들렸다. "일어나! 돌아다녀! 일어나!"

이미지가 사라지고 다시 그의 낯익은 얼굴이 보였다.

"물을 좀 길어오겠습니다." 또 다른 끝없는 침묵의 순간이 흐른 뒤에 내가 말했다. 목소리가 갈라졌다. 제대로 단어를 발음할 수가 없었다. 돈 후앙은 그러라고 고개를 끄덕였다. 나는 시냇물 쪽으로 걸어가면서 공포가 처음 찾아왔을 때만큼이나 빠르고 불가사의하게 사라져버린 사실을 깨달았다.

시냇가로 가는 동안 길 위의 모든 사물이 낱낱이 눈에 훤히 보인다는 사실을 깨달았다. 그러고 보니 아까 돈 후앙의 모습도 뚜렷하게 볼 수 있었다. 그전에는 몸의 윤곽조차도 알아보기 힘들었는데 말이다. 나는 멈춰 서서 먼 곳을 바라보았다. 골짜기 너머까지도 볼 수 있었다. 시냇물 건너편 기슭의 바위들도 뚜렷하게 보였다. 나는 새벽인가 했지만, 곧 내가 시간감각을 잃어버렸는지도 모른다는 데에 생각이 미쳤다. 손목시계를 보았다. 12시 10분 전이었다! 시계가 정상적으로 작동하고 있는지 확인했다. 정오일 리가 없었다. 그렇다면 지금은 한밤중이라는 얘기가 된다! 나는 시내에서 물만 길어서 후딱 바위로 돌아갈 생각이었는데 돈 후앙이 다가오는 것을 보고 멈춰 서서 기다렸다. 나는 그에게 어두운데도 눈앞이 훤히 보인다고 말했다.

돈 후앙은 한참 동안 말없이 나를 바라보았다. 혹시 말을 했다고 해도 나는 듣지 못했을 것이다. 어둠 속에서 볼 수 있다는 새롭고 멋진 능력에 완전히 마음을 뺏긴 상태였기 때문이다. 나는 모래 속의 아주 작은 자갈까지도 분간할 수 있었다. 몇몇 순간에는 모든 것이 너무나도 뚜렷해지는 탓에 새벽이나 황혼인 것처럼 느껴졌을 정도였다. 그러다가 다음 순간에는 다시 어두워졌다가, 또 밝아지는 식이었다. 밝아질 때는 내 심장이 확장하고, 어두워질 때는 수축한다는 사실을 나는 곧 깨달았다. 심장이 뛸 때마다 세계가 밝아졌다가 어두워지고, 다시 밝아지는 것을 되풀이했던 것이다.

이 발견에 정신이 팔려 있을 때 아까 들었던 기이한 소리가 또다시 들렸다. 몸의 근육이 경직했다.

"아눅탈Anuhctal(이번에는 이렇게 들렸다)이 와 있어." 돈 후앙이 말했다. 마치 천둥이 치는 듯한 그 굉음은 너무나도 압도적이어서 다른 것들에는 아예 신경이 가지 않을 정도였다. 그 소리가 스러지자 나는 시냇물의 양이 갑자기 늘어난 것을 깨달았다. 1분 전에는 폭이 30센티미터에도 못 미치던 시내가 계속 팽창하더니 커다란 호수가 되어 버렸다. 위에서 내리비치는 듯한 빛이 마치 무성한 수목 사이를 뚫고 들어오는 것처럼 수면을 훑었다. 수면은 이따금씩 순간적으로 검은색과 금색으로 번득였다. 그러다가 다음 순간에는 어두워지고 아무런 빛도 반사하지 않은 채로 시야 밖으로 거의 사라지곤 했지만, 묘한 존재감은 사라지지 않고 그대로 남아 있었다.

얼마나 오랫동안 검은 호수 기슭에 쭈그리고 앉아 그런 광경을 마냥 바라보고 있었는지는 알 수 없다. 그러는 동안에 굉음은 사라진 것이 틀림없다. 왜냐하면 나를 화들짝 놀라게 (현실로 돌아오게?) 만들었던 것은 예의 소름 끼치는 윙윙 소리였기 때문이다. 돈 후앙을 찾으려고 몸을 돌리자 그가 선반 바위로 올라가서 그 뒤로 사라지는 광경이 눈에 들어왔다. 그러나 혼자 남았다는 사실에는 전혀 신경이 쓰이지 않았다. 나는 절대적인 자신감과 체념의 느낌에 가득 찬 상태로 그 자리에 웅크리고 있었다. 굉음이 또다시 들리기 시작했다. 높은 곳에서 불어오는 강풍이 내는 것처럼 매우 날카로운 소리였다. 그 소리에 최대한의 주의를 기울이자 뚜렷한 선율을 탐지할 수 있었다. 굵은 베이스 드럼 소리를 수반한, 사람이 내는 듯한 높다란 소리들의 혼성음이었다. 나는 이 선율에 모든 주의를 기울였다. 그러자 또 내 심장의 수축과 확장이 베이스 드럼 소리 및 음악의 패턴과 일치한다는 사실이 뇌리를 스쳤다.

내가 일어서자 선율은 그쳤다. 내 심장 고동소리에 귀를 기울여보려고 했으나 들을 수가 없었다. 혹시 자세가 그런 소리를 만들어내거나 유발한 것이 아닌가 하는 생각에 다시 쭈그리고 앉아보았다. 하지만 아무 일도 일어나지 않았다! 소리조차도 들리지 않는다! 심장 소리조차도! 그만 일어서서 그 자리를 떠나려고 한 순간 땅이 떨리는 것을 느꼈다. 내가 발로 딛고 있는 지면이 흔들리고 있었다. 나는 몸의 균형을 잃고 뒤로 넘어졌고, 지면이 격렬하게 진동하는 동안 그대로 누워 있었다. 바위나 풀을 움켜잡으려고 했지만, 등 아래에서 뭔가가 미끄러지고 있었다. 나는 벌떡 일어나서 잠깐 서 있다가 다시 넘어졌다. 내가 앉아 있던 지면이 움직여 물을 향해 뗏목처럼 미끄러지고 있었던 것이다. 나는 꼼짝없이 누워 있었다. 다른 모든 것과 마찬가지로 유일무이하고 간단없고 절대적인 공포에 망연자실한 상태였다.

나는 흙으로 만든 통나무처럼 보이는 한 조각의 땅에 앉은 채로 검은 호수의 수면 위를 가르고 나아갔다. 물의 흐름에 실려 남쪽으로 가고 있는 듯한 인상을 받았다. 주위의 물이 움직이며 소용돌이치는 것이 보였다. 손을 대보니 차갑고 묘하게 무거운 느낌이었다. 물이 살아 있을지도 모른다는 생각이 들었다.

목표가 될 만한 기슭이나 지형은 눈에 띄지 않았고, 이렇게 떠가는 동안 내게 틀림없이 찾아왔을 생각이나 감정도 기억이 나지 않는다. 몇 시간을 그렇게 표류했을까, 내가 탄 뗏목이 왼쪽, 즉 동쪽을 향해 직각으로 진로를 꺾었다. 수면 위에서 아주 짧은 거리를 그렇게 이동하는가 했더니 느닷없이 무엇인가에 쾅 부딪혔다. 이 충격으로 내 몸은 앞으로 튕겨 나갔다. 나는 눈을 질끈 감았다. 무릎과 활짝 펼친 양팔이 지면에 부딪히며 날카로운 아픔을 느꼈다. 잠시 후 나는 고개를 들었다. 나는 땅 위에 누워 있었다. 마치 흙으로 된 나의 통나무가 땅과 다시 융합한 듯한 느낌이었다. 나는 상체를 일으키고 앉아 몸을 돌렸다. 물이 빠지고 있다! 물은 썰물처럼 뒤로 물러나더니 시야에서 사라졌다.

나는 오래도록 그곳에 앉아 생각을 가다듬으면서 내게 일어난 모든 일을 조리에 맞는 하나의 사건으로 정리해보려고 애썼다. 온몸이 욱신거리고 목이 지독하게 쓰렸다. 입술은 내가 '상륙'했을 때 깨문 탓에 피가 맺혀 있었다. 나는 일어섰다. 바람이 불어와서 추위를 자각하게 했다. 옷이 젖어 있었다. 손과 턱과 무릎이 너무나도 격렬하게 떨리는 바람에 다시 누워야 했다. 눈에 땀이 계속 흘러들어왔다. 눈이 타는 듯한 아픔에 나는 비명을 질렀다.

잠시 후에야 어느 정도 안정을 되찾고 다시 일어섰다. 어둑어둑한 황혼빛 아래로 주위의 광경이 뚜렷이 보였다. 두어 걸음 나아가자 여러 사람이 내는 목소리가 틀림없는 소음이 들려왔다. 큰소리로 얘기를 나누고 있는 듯했다. 나는 그 소리를 따라갔다. 50미터쯤 걸어가다가 갑자기 멈춰서야 했다. 막다른 길이다. 나는 거대한 바위들로 완전히 둘러싸인 작은 공터에 서 있었다. 바위들 너머를 또 바위들이 에워싸고 있었고, 그 너머도 그 너머도 에워싼 바위들이 결국은 주위를 온통 에워싼 산과 합류하고 있었다. 바위들 사이로 너무나도 아름다운 음악이 들려왔다. 물 흐르듯 유유하면서도 어딘가 섬뜩한 느낌을 주는 선율이었다.

바위 밑동에 앉아 있는 한 사내의 모습이 보였다. 이쪽을 향해 얼굴을 거의 옆으로 돌린 상태였다. 내가 3미터쯤 접근했을 때 사내는 고개를 돌려 나를 보았다. 나는 흠칫 멈춰 섰다. 두 눈이 아까 봤던 호수의 물과 똑같다! 엄청나게 크고, 이따금 검정과 황금색으로 번득였던 것이다. 사내의 머리통은 딸기처럼 끝이 뾰족했다. 피부는 녹색이었고, 무수한 혹으로 뒤덮여 있었다. 뾰족하다는 점만 제외하면 사내의 머리통은 페요테 선인장의 표면과 똑같았다. 나는 사내 앞에 우뚝 서서 그를 응시했다. 눈을 뗄 수가 없었다. 나는 그가 일부러 그 시선의 무게로써 내 가슴을 압박하고 있다고 느꼈다. 숨이 턱 막혔다. 나는 몸의 균형을 잃고 땅 위에 쓰러졌다. 사내의 시선이 다른 곳을 향했다. 그가 내게 뭔가 말하는 소리가 들렸다. 처음에는 산들바람의 살랑거림 같았지만, 곧 음악 — 목소리들로 이루어진 선율 — 처럼 들렸다. 이제 나는 그가 "뭘 원하나?"라고 말하고 있다는 사실을 '알았다'.

나는 그의 앞에 무릎을 꿇고 내 인생에 관해 얘기하고 나서 흐느껴 울었다. 그는 다시 나를 쳐다보았다. 나는 그의 눈이 나를 잡아당기고 있다고 느꼈고, 완전히 빨려 들어가는 순간은 곧 내 죽음을 의미한다고 생각했다. 그는 더 가까이 오라고 손짓했다. 나는 한순간 주저하다가 곧 앞으로 나아갔다. 내가 다가가자 그는 고개를 돌려 내게서 시선을 떼더니 자기 손등을 보여주었다. 선율이 "이걸 봐!"라고 말했다. 그의 손 한복판에는 동그란 구멍이 뚫려 있었다. "이걸 봐!" 선율이 또 말했다. 나는 그 구멍 속에서 나 자신을 보았다. 나는 고령의 허약한 모습이었고, 구부정한 자세로 주위를 난무하는 반짝이는 불꽃들에 둘러싸인 채로 달리고 있었다. 그때 세 개의 불꽃이 나를 때렸다. 두 개는 머리, 한 개는 왼쪽 어깨를 맞췄다. 구멍 속의 내 모습은 한순간 몸을 일으켜 수직으로 꼿꼿이 일어섰다가 다음 순간 구멍과 함께 사라져버렸다.

메스칼리토가 또다시 내게로 눈을 돌렸다. 그 눈은 너무나 가까와서 그날 밤 그토록 자주 들었던 그 기묘한 소리로 두 눈이 나직하게 울리는 것이 '들렸다'. 그의 눈은 차츰차츰 평온해지더니 결국은 검은색과 황금색 섬광으로 물결치는 조용한 연못이 되었다.

그는 또다시 내게서 눈을 돌리더니 귀뚜라미처럼 50미터쯤 껑충 뛰었다. 그는 계속 도약하더니 사라져버렸다.

그다음으로 기억하는 것은 내가 걷기 시작했다는 사실이다. 나는 지극히 이성적으로 멀리 보이는 산 따위를 목측하면서 내 위치가 어딘지를 알아보려고 했다. 이런 경험을 하는 내내 동서남북의 위치에 집착했던 나는 왼쪽이 북쪽이라고 확신했다. 그 방향으로 한참을 걸어가다가 낮이 되었고, 나는 더 이상 '야간 시력'을 쓰고 있지 않다는 사실을 깨달았다. 손목시계를 찼다는 걸 기억해내고 시간을 보았다. 8시였다.

어젯밤 있었던 선반 바위에 도착했을 때는 10시가 되어 있었다. 돈 후앙은 땅에 누운 채 자고 있었다.

"어디 가 있었나?" 돈 후앙이 물었다.

나는 한숨 돌리기 위해 앉았다.

긴 침묵이 흐른 뒤에 그가 물었다. "그를 봤나?"

나는 처음부터 차례대로 얘기하기 시작했지만, 그는 내 말을 가로막고 중요한 것은 단 하나, 내가 그를 봤는지 못 봤는지의 여부라고 했다. 그는 메스칼리토가 내게 얼마나 가까이 있었느냐고 물었다. 나는 거의 닿을 정도였다고 대답했다.

이 부분이 돈 후앙의 흥미를 끌었다. 그는 끼어드는 일 없이 내가 얘기하는 모든 시시콜콜한 내용에 귀를 기울였다. 그가 내 말을 가로막은 것은 내가 목격한 존재의 형태와 성향, 그 밖의 세부적인 내용에 관해 물어볼 때뿐이었다. 정오 무렵이 되자 돈 후앙은 내 얘기를 충분히 들은 듯했다. 그는 일어서서 캔버스천 자루를 내 가슴에 비끄러맸다. 그는 자기를 뒤따라오라고 말했고, 그가 메스칼리토를 따서 주면 양손으로 그것을 받아서 자루 안에 조심스럽게 집어넣으라고 지시했다.

우리는 물을 조금 마시고 나서 걷기 시작했다. 골짜기 가장자리에 다다르자 그는 한순간 어디로 향할지 주저하는 기색을 보였다. 일단 방향이 결정되자 우리는 똑바로 걸어갔다.

페요테와 마주칠 때마다 돈 후앙은 그 앞에 쭈그리고 앉아서 짧은 톱날 나이프로 선인장 윗부분을 아주 조심스레 잘라냈다. 그는 지면과 수평으로 칼질을 했고, 그가 '상처'라고 부른 단면에 가죽 부대에 담아온 순수한 유황가루를 끼얹었다. 돈 후앙은 왼손에 갓 잘라낸 페요테를 들고 오른손으로 유황가루를 뿌렸다. 그런 다음 일어서서 그 페요테 단추를 내게 건넸고, 나는 지시받은 대로 양손으로 그것을 받아서 자루 안에다 넣었다. "똑바로 서서 가방이 땅이나 덤불이나 그 밖의 어느 것에도 닿지 않도록 하게." 돈 후앙은 마치 내가 잊어버리기라도 했다는 듯이 여러 번 말했다.

우리는 65개의 페요테를 채집했다. 자루가 완전히 차자 돈 후앙은 그것을 등에 이게 하고 새로운 자루를 내 가슴에 비끄러맸다. 고지를 다 가로지를 무렵 두 개의 자루는 110개의 페요테 단추로 가득 차 있었다. 자루가 워낙 육중하고 부피가 큰 탓에 제대로 걷기도 힘들었다.

돈 후앙은 자루가 이렇게 무거운 것은 메스칼리토가 땅으로 돌아가고 싶어하기 때문이라고 속삭였다. 메스칼리토가 무거워진 것은 자기 거처를 떠나는 슬픔 때문이고, 나의 실제 역할은 자루가 지면에 닿지 않도록 하는 일이라고 했다. 만약 닿는다면 메스칼리토는 두 번 다시 나를 받아들이지 않을 거라고 했다.

어느 순간 어깨를 파고드는 띠의 압력이 견디기 힘들 정도가 되었다. 무엇인가가 나를 아래로 끌어내리기 위해 엄청난 힘을 가하고 있었다. 나는 큰 불안감을 느꼈다. 내 발걸음이 빨라지는 것을 느꼈다.

거의 달리는 것에 가까웠다. 나는 돈 후앙의 뒤를 빠른 걸음으로 따라갔다.

갑자기 등과 가슴을 짓누르던 무게가 줄어들었다. 짐이 푹신하고 가벼워졌던 것이다. 나는 마음껏 달려 앞서가는 돈 후앙을 따라잡았다. 내가 이제는 무게를 전혀 느끼지 않는다고 말하자, 그는 우리가 이제 메스칼리토의 거처를 벗어났기 때문이라고 설명했다.

1962년 7월 3일 화요일

"메스칼리토가 자네를 거의 받아들인 듯하군." 돈 후앙이 말했다.

"왜 '거의' 받아들였다고 말하는 겁니까, 돈 후앙?"

"그는 자네를 죽이지 않았고, 해조차도 끼치지 않았어. 잔뜩 겁을 주긴 했지만 그리 나쁜 건 아니었고. 만약 자네를 전혀 받아들이지 않았다면 분노에 가득 찬 괴물 같은 모습으로 등장했을 거야. 그와 조우했지만 받아들여지지 않는다는 게 얼마나 끔찍하게 무서운 일인지를 맛봐야 했던 사람들도 있다네."

"그렇게 무시무시한 존재라면 저를 거기로 데리고 가기 전에 왜 미리 말해주지 않았습니까?"

"자네에겐 그를 의도적으로 찾아갈 용기가 없어. 모르고 있는 편이 낫다고 생각했던 거라네."

"하지만 그러다가 죽을 수도 있지 않습니까!"

"응. 죽었을 수도 있지. 하지만 자넨 괜찮을 거라고 확신하고 있었네. 자넨 그와 장난을 친 적도 있잖나. 그때 그는 자네를 해치지 않았어. 그래서 이번에도 자비심을 보여줄 거라고 생각했던 거지."

메스칼리토가 정말로 내게 자비심을 발휘했다고 믿고 있느냐고 내가 반문했다. 그건 실로 끔찍한 체험이었기 때문이다. 나는 두려운 나머지 거의 죽는 줄 알았다.

돈 후앙은 메스칼리토가 내게는 친절하기 그지없었다고 했다. 나의 질문에 대한 대답에 해당하는 장면을 보여주었다는 것이다. 그는 메스칼리토가 내게 교훈을 하나 주었다고 했다. 나는 그 교훈이 무엇이고, 그게 무슨 의미를 가지고 있는지 물었다. 돈 후앙은 내가 겁에 질려 메스칼리토에게 '정확히' 무엇을 물어보았는지도 기억하지 못하기 때문에, 내 질문에 대답하는 것은 불가능하다고 말했다.

돈 후앙은 메스칼리토가 자기 손바닥으로 어떤 장면을 보여주기 전에 내가 그에게 뭐라고 했는지를 기억해보라고 부추겼다. 그러나 기억이 나지 않았다. 내가 기억하는 것이라고는 무릎을 꿇고 그에게 '나의 죄를 고백'했다는 사실뿐이었다.

돈 후앙은 더 이상 얘기할 흥미를 잃은 듯했다. 나는 물었다. "당신이 불렀던 노래의 가사를 제게 가르쳐줄 수 있습니까?"

"아니, 그럴 수 없어. 수호자가 내게 가르쳐준 노랫말은 나만의 것이니까. 그가 가르쳐준 노래는 나의 노래야. 그걸 자네한테 알려줄 수는 없네."

"왜 알려줄 수 없다는 겁니까, 돈 후앙?"

"왜냐하면 그 노래들은 수호자와 나 자신을 이어주는 연결고리이기 때문이지. 언젠가는 틀림없이 자네에게도 자네 자신의 노래를 가르쳐줄 걸세. 그때까지 기다려야 해. 그리고 앞으로는 절대로, 다시 말하지만 절대로 다른 사내의 노래를 베끼거나 물어봐서는 안 돼."

"당신이 외쳐 불렀던 이름은 뭐였습니까? 그건 얘기해줄 수 있습니까, 돈 후앙?"

"안 돼. 그를 불러낼 때 말고는 결코 그 이름을 입에 담아서는 안 되네."

"그럼 제가 불러내고 싶을 때는 어떻게 합니까?"

"언젠가 그가 자네를 받아들이는 날이 오면 그가 직접 가르쳐줄 거야. 그 이름은 자네만이 쓰는 이름이야. 큰 소리로 불러내든지 조용하게 혼잣말로 부르든지 간에 말이야. 아마 자네에겐 자기 이름이 호세라고 할지도 모르지. 그걸 누가 알겠나?"

"그에 대해 얘기할 때 왜 그 이름을 쓰면 안 되는 겁니까?"

"자넨 그의 눈을 봤어. 그렇지? 수호자를 가지고 놀 수는 없어. 그래서 난 그가 몸소 자네와 놀기로 했다는 사실이 아직도 믿기지 않는 거라네!"

"사람들을 다치게 할 수도 있으면서 어떻게 수호자가 될 수 있는 겁니까?"

"대답은 아주 간단해. 메스칼리토가 수호자인 건 그가 그를 찾는 사람은 누구든 만나주기 때문이야."

"하지만 이 세상에서는 무엇이든 찾으면 구할 수 있지 않습니까?"

"아니, 그건 사실이 아냐. 맹우의 힘은 오로지 브루호들에게만 열려 있어. 하지만 메스칼리토는 누구나 함께할 수 있지."

"하지만 그는 왜 어떤 사람들을 다치게 하는 겁니까?"

"모든 사람이 다 메스칼리토를 좋아하는 건 아냐. 그럼에도 불구하고, 아무 노력도 하지 않고 이득을 얻을 목적으로 그를 찾는 거지. 그런 작자들이 언제나 무시무시한 경험을 하는 건 당연하지 않나."

"그가 누군가를 완전히 받아들일 때는 어떤 일이 일어납니까?"

"그럴 때는 사람이나 빛의 모습으로 나타난다네. 일단 그런 식으로 받아들인 다음에는, 메스칼리토는 언제나 일정한 모습을 취하지. 그 후로는 결코 바꾸는 법이 없다는 얘기야. 자네가 다음에 그를 만날 때는 빛일지도 모르겠군. 언젠가는 자네를 데리고 날면서 모든 비밀을 가르쳐줄 가능성조차 있어."

"그런 수준까지 가려면 저는 어떻게 해야 합니까?"

"강인한 인간이 되어야 하고, 진실한 삶을 살아야 하네."

"진실한 삶이란 어떤 삶입니까?"

"뜻하는 바가 있는 삶이라네. 바르고, 강인한 삶이지."

5

돈 후앙은 주기적으로, 문득 생각나기나 했다는 듯이 내 다투라 풀이 어떻게 자라고 있는지를 묻곤 했다. 내가 그 뿌리를 다시 심은 후 1년이 지나자 다투라는 커다란 관목으로 자라났다. 씨도 이미 여물었고 꼬투리도 말랐다. 그러자 돈 후앙은 내가 악마초에 관해 좀 더 배울 때가 왔다고 판단했다.

1963년 1월 27일 일요일

오늘 돈 후앙은 전통을 습득하기 위한 두 번째 단계인 다투라 뿌리의 '두 번째 부위'에 관한 예비지식을 내게 전수해주었다. 그는 뿌리의 둘째 부위야말로 배움의 진짜 시작에 해당하고, 그것에 비하면 첫째 부위는 애들 장난이나 마찬가지라고 했다. 세 번째 단계로 들어가기 전에 둘째 부위를 터득해야 하고, 그러기 위해서는 적어도 스무 번은 그것을 섭취해야 한다는 얘기였다.

나는 물었다. "두 번째 부위는 어떤 효과가 있습니까?"

"악마초의 두 번째 부위는 보는 데에 쓰인다네. 그걸 쓰는 사람은 하늘 높이 날아올라가서 어디든 자기가 원하는 곳에서 무슨 일이 일어나는지를 볼 수 있지."

"사람이 실제로 하늘을 날아다닐 수 있다는 겁니까, 돈 후앙?"

"왜 그러면 안 되나? 전에도 얘기했듯이 악마초는 힘을 구하는 자들을 위한 거야. 두 번째 부위를 정복하는 사람은 악마초를 써서 상상을 초월하는 일을 하여 더 많은 힘을 얻어낼 수 있네."

"어떤 종류의 일을 한다는 겁니까, 돈 후앙?"

"그건 얘기해줄 수 없네. 사람마다 다르니까."

1963년 1월 28일 월요일

돈 후앙이 말했다. "만약 자네가 두 번째 단계를 성공적으로 완수한다면 그다음에는 한 가지 단계밖에는 더 보여줄 수가 없네. 나는 그녀가 내겐 안 맞는다는 걸 알고 더 이상 그 길을 따르지 않았거든."

"왜 그렇게 결심했던 겁니까, 돈 후앙?"

"쓰려고 할 때마다 악마초가 나를 거의 죽일 뻔했어. 한번은 상태가 너무 안 좋아져서 이제 난 끝장이라고 체념했던 적조차 있었지. 그런 고통을 모두 피해갈 수도 있었는데 말이야."

"어떻게 말입니까? 고통을 피해가는 특별한 방법이 있습니까?"

"그래. 하나 있네."

"정해진 방식이나 절차? 아니면 다른 무엇이요?"

"사물을 움켜잡는 방법이야. 이를테면 내가 악마초에 관해 배울 무렵 난 그걸 너무 열성적으로 움켜잡으려고 했지. 어린애들이 사탕을 움켜잡는 것처럼 말이야. 하지만 악마초는 수없이 많은 길 중의 하나에 불과하다네. 무엇이든 무수히 많은 길 중의 하나일 뿐이야. (un camino entre cantidades de caminos) 그러니 길이란 단지 하나의 길에 불과하다는 사실을 언제나 명심하고 있어야 하네. 그걸 따라가서는 안 된다고 느낀다면 그 어떤 상황에서도 거기 머물면 안 돼. 그리고 그런 명쾌한 태도를 얻기 위해서는 절제된 삶을 살아야 하네. 그럴 때만 비로소 길이란 그저 하나의 길에 불과하다는 걸 알게 될 거야. 자네 마음이 어떤 길에서 떠나라고 명할 경우, 그걸 따르는 건 자네에게든 다른 누구에게든 아무런 흠이 되지 않아. 하지만 자네가 어떤 길을 계속 따라가거나 떠나려는 결정을 내릴 때는, 두려움이나 야심과는 무관한 상태여야 하네. 충고해두겠는데, 모든 길을 면밀하고 신중하게 관찰해야만 하네. 충분히 수긍이 될 때까지 얼마든지 그러란 말일세. 그런 다음 자네에게, 오직 자네 자신에게 이런 질문을 해보게. 아주 나이를 먹은 노인만이 하는 질문이지. 내 은사도 내가 젊었을 때 한 번 이에 대해 언급했지만, 그때 나는 너무나 혈기왕성했던 탓에 그걸 이해하지 못했어. 지금은 이해하지만 말이야. 자, 그게 뭔지 얘기해주겠네. 그 길에는 마음이 깃들어 있는가? 이거야. 모든 길은 똑같다네. 어디로도 통해 있지 않지. 덤불을 헤치고 나아가는 길이든, 덤불로 들어가는 길이든 그게 그거야. 나는 지금까지 살아오면서 기나긴 길을 걸어왔다고 말할 수 있지만, 그렇다고 내가 지금 어디에 와 있는 건 아냐. 이제는 나도 내 은사의 질문을 이해할 수 있다네. 이 길에는 마음이 깃들어 있는가? 그렇다면 그건 좋은 길이지.

그렇지 않다면 아무 쓸모도 없는 길이고. 두 길이 모두 어디로 이어지는 건 아니지만, 그중 하나에는 마음이 깃들어 있고, 다른 하나에는 깃들어 있지 않네. 한쪽 길은 즐거운 여정을 제공하네. 자네가 그걸 따라가고, 그것과 하나가 된 동안은 말이야. 다른 쪽 길은 자신의 삶을 저주하면서 가는 길이지. 한쪽은 자네를 강해지게 하고, 다른 쪽 길은 자네를 약하게 만들어."

1963년 4월 21일 일요일

4월 16일 화요일 오후, 돈 후앙과 나는 그의 다투라 풀이 자라는 야산으로 갔다. 돈 후앙은 나더러 차 안에서 기다리고 있으라고 했다. 거의 세 시간이 흐른 후 그는 빨간 천으로 된 꾸러미를 들고 돌아왔다. 차를 몰고 그의 집으로 돌아가는 길에 그는 그 꾸러미를 가리키며 그것이 내게 주는 마지막 선물이라고 말했다.

나는 그것이 더 이상 내게 아무것도 가르쳐주지 않겠다는 뜻이냐고 물었다. 그러자 그는 나의 다투라가 완전히 자랐기 때문에 더 이상 돈 후앙의 것은 필요하지 않다는 뜻이라고 대답했다.

오후 늦은 시각에 우리는 그의 방에 앉았다. 그는 매끈하게 다듬어진 막자사발과 막자공이를 꺼내왔다. 사발의 직경은 15센티미터쯤 되었다. 그는 작은 주머니들이 잔뜩 들어 있는 커다란 꾸러미를 펼치고 그중에서 두 개의 주머니를 골라 내 곁의 돗자리 위에 내려놓았다. 그런 다음 집으로 가져온 마대에서 같은 크기의 주머니 네 개를 꺼내어 거기에 더했다. 그는 그것이 씨앗인데, 내가 직접 갈아서 고운 가루로 만들어야 한다고 했다. 그는 첫 번째 주머니를 열고 내용물 일부를 사발에 부었다. 바싹 말린 다투라 씨앗들은 둥글었고, 싯누런 색깔이었다.

내가 막자공이로 씨앗을 빻기 시작하자 돈 후앙은 조금 뒤에 내 동작을 교정해주었다. 우선 막자공이를 사발 안쪽 측면에다 대고 바닥을 향해 밀어내리듯이 움직인 다음 반대편 측면으로 올려야 한다는 얘기였다. 나는 이 가루를 어디에 쓸 거냐고 물었지만 그는 별로 얘기하고 싶지 않은 듯했다.

첫 번째 씨앗들은 지독하게 갈기가 힘들었고, 일을 마치기까지는 무려 네 시간이 걸렸다. 앉은 자세로 해야 했던 터라 허리가 욱신거렸다. 나는 큰 대(大) 자로 누워서 그 자리에서 자버리고 싶었지만, 돈 후앙은 다음 주머니를 열고 내용물 일부를 또 사발에 부었다. 이번 씨앗들은 처음 것보다 좀더 어두운 색깔이었고, 한 덩어리로 들러붙어 있었다. 주머니에 든 나머지 내용물은 일종의 가루였고, 아주 작고 검은 낟알로 이루어져 있었다.

뭔가 요기를 하고 싶었지만, 배우고 싶거든 규칙을 따라야 한다는 대답을 들었다. 그 규칙에 의하면 두 번째 부위의 비밀을 배우는 동안 나는 물로 목만 조금 축일 수 있다는 것이었다.

세 번째 주머니에는 검은색의 살아 있는 곡물바구미들이 한 줌 들어 있었다. 마지막 주머니에는 흰 씨앗들이 들어 있었다. 거의 흐늘흐늘할 정도로 부드러웠지만 섬유질이라서 돈 후앙이 원하는 것처럼 고운 가루로 만들기가 힘들었다. 내가 네 주머니의 내용물을 모두 빻자 돈 후앙은 녹색 빛이 도는 물을 두 잔 떠서 질그릇 냄비에 붓고 불 위에 올려놓았다. 물이 끓기 시작하자 그는 첫 번째 주머니의 씨앗 가루를 넣었다. 평소 가지고 다니는 가죽 주머니에서 나무인지 뼈인지 모를 뾰족한 막대기를 꺼내어 혼합물을 저었다. 물이 새로이 끓기 시작하자마자 그는 같은 방법으로 다른 가루들을 한 주머니씩 넣었다. 그러고 나서는 예의 물을 한 잔 더 냄비에 붓고 약한 불로 끓였다.

그런 다음 그는 이제 뿌리를 찧을 때가 됐다고 말했고, 집으로 가져온 자루에서 긴 다투라 뿌리를 조심스레 꺼냈다. 길이는 40센티미터 정도였고, 직경도 4센티미터는 되어 보였다. 돈 후앙은 이것이 두 번째 부위라고 말하고 자기 손으로 또다시 길이를 쟀다. 그것은 여전히 그의 뿌리였기 때문이다. 내가 다음번에 악마초를 쓸 때는 나의 뿌리를 내가 직접 재야 한다고 그는 말했다.

돈 후앙은 내 쪽으로 커다란 막자사발을 밀어 보냈다. 나는 그가 첫 번째 부위를 짓이겼을 때와 똑같은 방법으로 뿌리를 으깨기 시작했다. 돈 후앙의 지시를 받으며 나는 동일한 절차를 밟았고, 그가 그랬던 것처럼 으깬 뿌리를 물에 담가놓고 밤공기에 노출시켰다. 그 무렵, 약한 불에 올려놓았던 혼합물은 질냄비 안에서 딱딱하게 굳어 있었다. 돈 후앙은 냄비를 불에서 내려서 그물주머니에 넣고 그것을 방 한복판의 들보에다 매달아놓았다.

4월 17일 아침 8시경에 돈 후앙과 나는 뿌리 추출액을 걸러내기 시작했다. 구름 한 점 없이 맑게 갠 날씨였다. 돈 후앙은 좋은 날씨를 악마초가 나를 좋아하는 징조로 해석했고, 그런 나를 보니 악마초가 그를 얼마나 안 좋게 대했는지를 알 수 있다고 했다.

뿌리 추출액을 걸러내는 과정은 첫 번째 부위를 처리했을 때 내가 관찰했던 것과 똑같았다. 늦은 오후가 될 때까지 여덟 번 윗물을 제거하자 냄비 바닥에는 찻숟가락 하나 분량의 노리끼리한 물질이 남았다.

우리는 그의 방으로 돌아갔다. 방에는 아직 손을 대지 않은 작은 주머니 두 개가 남아 있었다. 돈 후앙은 그중 하나를 열더니 그 안에 손을 집어넣고, 손목을 감싼 주머니의 주둥이를 다른 손으로 틀어쥐었다. 주머니 안에 들어간 손의 움직임으로 미루어보건대 뭔가를 잡고 있는 듯했다. 갑자기 그는 손을 넣은 주머니를 장갑처럼 뒤집어 벗겨냈고, 내 얼굴을 향해 그 손을 쑥 내밀었다. 그는 도마뱀 한 마리를 쥐고 있었다. 도마뱀 머리는 내 눈에서 10센티미터쯤 떨어진 곳에 있었다. 그 도마뱀은 입이 어딘가 좀 이상했다. 나는 잠시 도마뱀을 응시하다가, 화들짝 뒤로 물러났다. 도마뱀의 입은 실로 거칠게 봉합되어 있었던 것이다. 돈 후앙은 왼손으로 도마뱀을 쥐고 있으라고 내게 명령했다. 내가 그것을 쥐자 도마뱀은 내 손바닥 안에서 꿈틀거렸다. 속이 울렁거리고 손에 땀이 배기 시작했다.

돈 후앙은 마지막 주머니를 집어들더니 같은 방법으로 다른 도마뱀을 꺼냈다. 이번에도 역시 내 얼굴 가까이로 그것을 내밀었다. 그 도마뱀은 양쪽 눈꺼풀이 실로 봉합되어 있었다. 그는 내게 오른손으로 이 도마뱀을 쥐고 있으라고 명령했다.

양손에 도마뱀을 한 마리씩 쥐었을 때 나는 거의 토하기 직전이었다. 도마뱀들을 내팽개치고 밖으로 뛰쳐나가고 싶은 마음이 굴뚝같았다.

"그렇게 꽉 쥐면 안 돼!" 돈 후앙이 말했다. 나는 그의 목소리에 안도감을 느끼면서 목적의식을 되찾았다. 돈 후앙은 뭐가 문제냐고 물었다. 그는 진지한 표정을 지으려고 애썼지만 결국 참지 못하고 웃음을 터뜨렸다. 나는 손아귀에서 힘을 빼려고 했지만 땀이 너무나 많이 나는 통에 도마뱀들이 꿈틀거리며 빠져나오기 직전이었다. 그들이 날카로운 발톱으로 내 손바닥을 긁을 때는 믿기 힘들 정도로 강렬한 혐오감과 구토감이 몰려왔다. 나는 눈을 감고 이를 악물었다. 도마뱀 한 마리는 이미 내 손목까지 빠져나왔고, 머리만 내 손아귀에서 빼내면 도망칠 수 있는 상태였다. 나는 기괴한 육체적 절망감과 엄청난 불쾌감에 사로잡혔다. 나는 이를 악문 채로 돈 후앙을 향해 이 빌어먹을 놈들을 내게서 가져가라고 으르렁거렸다. 머리가 덜덜 떨렸다. 돈 후앙은 신기한 듯이 나를 보았다. 나는 온몸을 떨며 곰처럼 으르렁거렸다. 돈 후앙은 도마뱀들을 원래의 주머니 속에다 던져넣고 나서는 웃기 시작했다. 나도 웃고 싶었지만 속이 너무나 울렁거렸다. 나는 바닥에 드러누웠다.

나는 도마뱀들의 발톱이 내 손바닥을 긁는 감촉 때문에 그랬다고 돈 후앙에게 설명했다. 돈 후앙은 사람을 미치게 만들 수 있는 것은 많다고 대꾸했다. 특히 당사자가 배움에 필요한 결의와 목적의식을 갖고 있지 않는 경우에는 말이다. 그러나 그가 확고부동한 의지만 가지고 있다면 감정은 아무런 방해도 되지 않는다고 말했다. 감정을 통제할 수 있기 때문이라는 것이다.

돈 후앙은 잠시 기다렸다가 다시 아까와 같은 동작으로 내게 도마뱀들을 건넸다. 그 머리 부분을 잡고 내 관자놀이에 부드럽게 문지르면서, 알고 싶은 것이 있으면 뭐든지 물어보라고 했다.

처음에는 돈 후앙이 나에게 뭘 어떻게 하라는 건지 이해하지 못했다. 그러자 그는 또다시 도마뱀들에게 내 힘으로 알아낼 수 없는 것을 무엇이든지 물어보라고 재촉했다. 그러면서 그는 온갖 예를 들어 보였다. 평소에 못 보는 사람들에 관해 알아낼 수도 있고, 잃어버린 물건이 어디 갔는지 물어보거나 내가 본 적도 없는 장소에 관해서 물어볼 수도 있다고 했다. 그제야 나는 그가 점占 얘기를 하고 있다는 사실을 깨닫고 매우 흥분했다. 심장이 방망이질 치기 시작했다. 숨이 가빠왔다.

이번에 개인적인 질문은 하지 말라고 돈 후앙이 경고했다. 대신에 뭔가 나하고는 전혀 관계가 없는 일을 물어보고, 생각을 되돌릴 방도는 없을 것이기 때문에 머리에 떠올릴 때는 신속하고 명확하게 해야 한다고 했다.

나는 내가 알고 싶은 것을 떠올리려고 미친 듯이 애썼다. 돈 후앙은 조급한 말투로 재촉했고, 나는 도마뱀들에게 '물어볼' 만한 질문이 전혀 떠오르지 않는다는 사실에 놀랐다.

오랫동안 고뇌한 끝에 어떤 생각이 떠올랐다. 얼마 전에 대학교 도서관의 열람실에서 다량의 책이 도난당한 적이 있었다. 개인적인 일은 아니지만, 내가 흥미를 느낀 사건이었다. 책을 훔친 범인 혹은 범인들이 누구인지에 대해서는 나는 아무런 선입견도 가지고 있지 않았다. 나는 도마뱀들을 내 관자놀이에 대고 문지르며 그 도둑이 누구인지를 물었다.

잠시 후 돈 후앙은 도마뱀들을 각자의 주머니에 집어넣고 나서, 뿌리와 반죽에 무슨 깊은 비밀이 있는 것은 아니라고 말했다. 반죽은 방향성을 부여하기 위한 것이고, 뿌리는 일을 명확하게 하기 위한 것이라고 했다. 그러나 진짜 비밀은 도마뱀들이었다. 이들이야말로 둘째 부위의 주술 전체의 비밀이었다. 내가 그것이 뭔가 특별한 종류의 도마뱀이냐고 묻자 그렇다는 대답이 돌아왔다. 그것은 당사자의 악마초 근처에 살던 것이므로 당연히 그의 친구일 것이라는 얘기였다. 그리고 도마뱀들을 친구로 삼기 위해서는 오랜 기간 길들일 필요가 있다고 했다. 먹이를 주고 상냥하게 말을 걸면서 깊은 우정을 가꿔야 한다는 것이다.

나는 왜 그들의 우정이 그토록 중요한지를 물어보았다. 돈 후앙은 도마뱀들은 오로지 아는 사람에게만 잡혀 주는데, 악마초를 진지하게 받아들이는 사람은 도마뱀도 진지하게 다뤄야 한다고 했다. 그는 도마뱀을 잡으려면 반드시 반죽과 뿌리의 준비가 끝난 뒤에 그래야 한다고 덧붙였다. 잡는 시간은 늦은 오후여야 했다. 만약 당사자가 도마뱀들과 친하지 않다면, 며칠을 허비해도 못 잡을 수 있다고 했다. 그러나 반죽은 하루밖에 가지 않는다. 돈 후앙은 도마뱀들을 잡은 다음 내가 따라야 할 절차에 관해 긴 지시를 내렸다.

"일단 도마뱀을 잡은 다음에는 따로따로 주머니에 넣게. 그런 다음 첫 번째 도마뱀을 집어들고 말을 걸게. 아프게 하는 것에 대해 사과하고, 도와달라고 간청하는 거지. 그다음에는 나무 바늘을 써서 입을 봉합하게. 실 대신 용설란의 섬유를 쓰고, 바늘로는 초야choya* 가시를 써서 단단히 꿰매는 거야. 그런 다음엔 다른 도마뱀을 들고 같은 얘기를 해준 다음 눈꺼풀을 봉합하게. 땅거미가 깔릴 무렵까지 준비를 마치면 돼. 입을 꿰맨 도마뱀을 집어들고 자네가 알고 싶은 일에 관해 설명하고, 자네 대신 가서 봐달라고 하게. 자네가 그 입을 꿰맨 건 아무한테도 그 얘기를 하지 않고 빨리 자네한테 돌아오게 하려고 그런 거라고 설명하게. 그리고 머리에다 반죽을 비비고 나서 반죽 안에서 기게 한 다음에 땅 위에다 내려놓게. 행운의 방향으로 간다면 주술은 쉽게 성공할 거야. 하지만 반대 방향으로 간다면 실패할 거야. 만약 도마뱀이 자네 쪽(남쪽)으로 움직인다면 보통 이상의 행운을 기대할 수 있지. 하지만 자네 있는 곳에서 반대쪽(북쪽)으로 움직인다면 주술은 극히 어려워질 거야. 죽을 수조차 있어! 그러니까 자네 반대편으로 움직인다면 주술을 그만두는 편이 나아. 그 시점에서 포기하는 결정을 내릴 수 있어. 그런다면 자넨 도마뱀 부리는 능력을 잃겠지만, 목숨을 잃는 것보다는 그쪽이 낫지. 반면에, 내 경고에도 불구하고 주술을 계속할 수도 있어. 그런다면 그다음에 할 일은 다른

* 가시가 많은 선인장의 일종

도마뱀을 집어들고, 그녀의 자매 도마뱀이 하는 얘기를 잘 듣고 나서 그걸 자네한테 말해달라고 해야 해."

"하지만 입이 봉합된 도마뱀이 제게 어떻게 본 것을 얘기해줄 수 있습니까? 아예 말을 못하도록 입을 꿰맨 게 아닙니까?"

"도마뱀의 입을 꿰매는 건 다른 사람들에게 얘기를 못하게 하기 위해서야. 도마뱀은 수다 떨기를 좋아해서 그 때문에 가던 길도 멈추는 일이 허다한 걸로 알려져 있지. 하여튼 그다음엔 반죽을 도마뱀의 뒤통수에 바르고, 그 머리를 자네의 오른쪽 관자놀이 대고 문질러야 하네. 이마 한복판에는 반죽이 묻으면 안 되네. 처음 할 때는 도마뱀 몸통 중간을 노끈으로 묶어서 자네의 오른쪽 어깨에 매어놓는 방법도 좋아. 그러면 도마뱀을 잃어버리거나 다치게 할 염려가 없으니까 말이야. 하지만 경험이 쌓이고 악마초의 힘에 더 익숙해진 뒤에는 도마뱀도 자네의 명령에 따르도록 길이 들어서 어깨 위에 머물게 될 걸세. 도마뱀을 써서 반죽을 오른쪽 관자놀이에 바른 뒤에는 양손 손가락 전부에 반죽을 찍어서 양쪽 관자놀이에 문지르고, 반죽을 좌우의 옆통수 전체에 넓게 바르게. 반죽은 금세 말라버리기 때문에 필요하다면 몇 번이든 되풀이해서 발라도 좋아. 그럴 경우엔 먼저 도마뱀 머리를 쓰고, 그다음에 반죽을 손가락에 찍어 바르는 절차를 따라야 하네. 늦든 빠르든 간에 보러 갔던 도마뱀이 돌아와서 자기 자매에게 자기가 한 여행에 관해 모두 털어놓을 걸세. 그러면 앞을 못 보는 도마뱀은 마치 동족을 대하듯이 자네에게 그 얘기를 전해줄 거야. 주술이 끝나면 도마뱀을 내려놓고 풀어줘. 하지만 어디로 가는지 지켜보면 안 돼. 그런 다음엔 맨손으로 깊은 구멍을 파서 자네가 썼던 모든 물건을 파묻으면 돼."

오후 6시경에 돈 후앙은 사발에서 떠낸 뿌리 추출액을 편평한 이판암 위에 부었다. 한 찻숟가락에도 못 미치는 노리끼리한 전분이었다. 그는 그 반을 잔에 넣고 노리끼리한 물을 조금 부었다. 그는 잔을 든 손을 빙빙 돌려 내용물을 녹였고, 내게 그 잔을 건네더니 마시라고 했다. 아무 맛도 안 났지만 입 안에 약간의 쓴맛이 남았다. 물이 너무 뜨거워서 신경에 거슬렸다. 심장이 방망이질했지만 나는 곧 긴장을 풀었다.

돈 후앙은 반죽이 든 다른 사발을 가지고 왔다. 반죽은 딱딱하게 굳은 것처럼 보였고 표면은 광택이 났다. 내가 손가락 끝으로 그 거죽을 찔러보려고 하자 돈 후앙은 황급히 달려들어 내 손을 사발에서 떼어놓았다. 그는 크게 골이 난 표정으로 내 경솔함을 탓하면서 정말로 배울 작정이라면 정신을 차리라고 말했다. 그는 반죽을 가리키며, 그것은 힘인데 그 힘이 어떤 종류의 힘인지를 정말로 알아낸 사람은 없다고 했다. 그리고 우리 자신의 목적을 위해 거기에 손을 댄다는 사실부터가 좋은 일은 아니지만, 결국 우리는 인간이기 때문에 어쩔 수 없는 것이라고 했다. 하지만 그것을 다룰 때는 적어도 합당한 경의를 보이라는 것이 그의 충고였다. 반죽은 오트밀처럼 보였다. 필시 그런 상태를 유지할 만한 전분을 함유하고 있는 것이리라. 돈 후앙은 내게 도마뱀 주머니들을 가져오라고 했다. 그는 입을 봉합한 도마뱀을 꺼내서 조심스레 내게 건넸다. 그는 왼손으로 그것을 잡게 했고,

손가락에 반죽을 묻혀서 도마뱀 머리에 문지른 다음 온몸에 반죽을 뒤집어쓸 때까지 냄비 안에 가둬두라고 했다.

그런 다음 돈 후앙은 냄비에서 도마뱀을 꺼내라고 했다. 그는 냄비를 들고 그의 집에서 그리 멀지 않은 바위투성이의 장소로 나를 데려갔다. 그는 큰 바위를 가리키고 그것이 나 자신의 다투라 풀인 것처럼 그 앞에 앉으라고 지시했다. 그런 다음에는 도마뱀을 내 얼굴 앞에 들어올리고 내가 뭘 알고 싶은지를 다시 설명하고, 나를 위해 해답을 찾아오기를 간청하라고 했다. 불편하게 해서 미안하다고 사과하고, 그 대가로 모든 도마뱀에게 친절을 베풀겠다고 약속하라는 충고도 했다. 그런 다음 예전에 그가 칼로 상처를 낸 적이 있는 내 왼손 중지와 약지 사이에다 도마뱀을 끼우고, 악마초 뿌리를 다시 심었을 때처럼 바위 주위를 돌면서 완전히 똑같은 방식으로 춤을 춰야 한다고 했다. 돈 후앙은 내가 당시 했던 일을 모두 기억하고 있느냐고 내게 물었다. 나는 기억한다고 대답했다. 돈 후앙은 모든 행동이 예전과 완전히 똑같아야 한다는 점을 강조했고, 내가 신중을 기하지 않고 너무 서두르면 다치게 될 것임을 엄중한 말로 경고했다. 그가 내린 마지막 지시는 입을 봉합한 도마뱀을 지면에 내려놓고 어느 방향으로 가는지 확인함으로써 이번 경험의 성공 여부를 판단하라는 것이었다. 그러면서 단 한 순간이라도 도마뱀에게서 눈을 떼면 안 된다고 경고했다. 상대방의 주의를 흩트려놓고 그 사이에 재빨리 도망치는 것은 도마뱀이 흔히 쓰는 계략이기 때문이었다.

아직 완전히 어둡지는 않았다. 돈 후앙은 하늘을 올려다보았다.

"이제 난 가겠네." 이렇게 말하고 그는 자리를 떴다.

나는 돈 후앙의 지시를 모두 실행에 옮긴 다음 도마뱀을 땅에 내려놓았다. 도마뱀은 그 자리에서 꼼짝도 하지 않고 있었다. 그러다가 나를 보더니 동쪽의 바위들을 향해 달려가더니 그 사이로 사라졌다.

나는 마치 내 악마초를 마주 보듯이 바위 앞의 지면에 앉았다. 깊은 슬픔이 나를 사로잡았다. 입을 꿰맨 그 도마뱀은 어떻게 되었을까. 나는 그 도마뱀의 기이한 여행에 관해 생각하면서 도망치기 직전에 나를 바라보던 눈빛을 떠올렸다. 그것은 하나의 기괴한 생각이었고, 어딘가 신경을 건드리는 이미지였다. 어떤 면에서는 나도 나만의 기이한 여행에 나선 도마뱀이었다. 어쩌면 단지 보기만 하는 것이 나의 숙명이었다. 그 순간 나는 내가 무엇을 보았는지를 결코 얘기할 수 없으리라는 생각이 들었다. 그 무렵에는 날이 껌껌해져서 눈앞의 바위조차도 제대로 분간할 수가 없었다. 나는 돈 후앙이 한 말을 떠올렸다. "황혼 — 그건 세계들 사이에 생겨난 균열이라네!"

오랫동안 망설이다가 나는 지시받은 절차를 밟기 시작했다. 반죽은 겉보기는 오트밀 같았지만 촉감은 오트밀하고는 딴판으로 아주 매끄럽고 차가웠다. 묘하게 코를 찌르는 냄새가 났다. 피부에 바르자 시원했고, 금세 말랐다. 양쪽 관자놀이에 열한 번을 발랐지만 아무 효과도 느낄 수 없었다. 나는 매우 신중하게 지각이나 감정에 조금이라도 변화가 있는지 느껴보려고 애썼다. 무엇을 기대해야 할지조차 전혀 몰랐기 때문이다. 사실, 어떤 종류의 경험을 하게 될지조차 상상할 수가 없었다. 나는 실마리를 찾아보려고 계속 애썼다.

관자놀이에 말라붙은 반죽이 벗겨져 아래로 떨어졌다. 더 바르려고 하다가 내가 일본인처럼 무릎을 꿇고 있다는 사실을 퍼뜩 깨달았다. 원래는 책상다리를 하고 앉아 있었고, 자세를 바꾼 기억이 없는데도 말이다. 내가 높은 아치형 천장이 있는 일종의 수도원의 방바닥에 앉아 있다는 사실을 깨닫기까지는 조금 시간이 걸렸다. 천장은 벽돌로 되어 있는 듯했지만, 잘 보니 돌이었다.

이 변화는 받아들이기가 매우 힘들었다. 워낙 느닷없이 찾아온 탓에 따라갈 준비가 되어 있지 않았던 것이다. 나의 시각은 마치 꿈을 꾸고 있는 것처럼 뿌옇게 확산되어 있었다. 그러나 그것을 이루는 개개의 요소는 변하지 않고 일정했고, 어느 것이든 집중해서 자세히 훑어볼 수 있었다. 이 비전(幻影)은 페요테를 먹었을 때만큼 뚜렷하거나 현실적이지는 않았다. 몽롱한 느낌이었고, 강렬한 시각적 즐거움을 주는 파스텔화를 닮아 있었다.

일어설 수 있을까 하는 생각을 하자마자 내가 움직였다는 사실을 깨달았다. 나는 층계 꼭대기에 있었고, 내 친구인 H가 바닥에 서 있었다. 그녀는 열에 들뜬 듯한 눈을 하고 있었다. 광기로 번득거리는 눈이었다. 그녀는 큰 목소리로 웃었는데, 그 소리가 너무나 커서 두려움을 느낄 정도였다. 그녀는 계단을 오르기 시작했다. 나는 도망치거나 어디든 숨고 싶었다. 왜냐하면 그녀는 '예전에 한 번 맛이 간 적이 있었기' 때문이다. 그것이 내 마음에 떠오른 생각이었다. 나는 둥근 기둥 뒤에 숨었고, 그녀는 나를 보지도 않고 그냥 기둥을 지나쳤다. 'H는 긴 여행을 떠났어.' 이것이 그때 떠오른 또 다른 생각이었다. 마지막으로 내가 기억하는 생각은, 'H는 맛이 가려고 할 때면 언제나 웃지'였다.

갑자기 눈앞의 풍경이 매우 또렷해졌다. 더 이상 꿈같지 않았다. 그냥 보통 풍경처럼 보였지만 다만 창문 유리를 통해서 보고 있는 듯한 느낌이었다. 나는 기둥 하나에 손을 대 보려고 했지만 돌아온 것은 움직일 수 없는 느낌뿐이었다. 그러나 원한다면 언제까지라도 이 자리에서 그 풍경을 바라보고 있을 수 있다는 사실을 나는 알고 있었다. 나는 그 풍경 속에 있었지만 그 일부는 아니었다.

이성적인 사고와 반론이 잇달아 나를 폭격했다. 내가 판단하는 한 나는 평소 때처럼 맑은 정신 상태를 유지하고 있었다. 내 경험의 모든 요소는 통상적인 심적 과정의 영역에 속해 있었다. 그럼에도 불구하고, 나는 내가 일상적인 상태가 아니라는 것을 알고 있었다.

장면이 느닷없이 바뀌었다. 이번에는 밤이었고, 나는 어떤 건물의 복도에 와 있었다. 건물 속이 깜깜해서, 아까 보았던 장면에서는 햇살이 정말로 밝고 선명했다는 사실이 떠올랐다. 그때는 워낙 당연해 보였기 때문에 아예 마음에 두지도 않았던 사실이다. 이 새로운 광경을 더 깊숙이 들여다보자 방에서 어떤 청년이 어깨에 커다란 배낭을 메고 나오는 모습이 보였다. 한두 번 본 적이 있기는 하지만 아는 사이는 아니었다. 그는 내 옆을 지나 층계를 내려갔다. 그 무렵 나는 우려나 논리적 딜레마 따위를 잊은 상태였다. '저 친구는 누구지?' 나는 생각했다. '왜 그를 보게 된 걸까?'

장면이 또 바뀌고, 나는 그 청년이 책들을 손상시키는 광경을 보고 있었다. 책갈피를 풀로 붙이고 도장이 찍힌 부분을 지우는 식이었다. 그런 다음 그가 나무상자 안에 책을 가지런히 집어넣는 것이 보였다. 그런 나무상자가 여러 개 쌓여 있었다. 그의 방이 아니라 창고처럼 보였다. 다른 이미지들이 떠올랐지만 뚜렷하지 않았다. 눈앞의 광경이 흐릿해졌다. 나는 빙빙 도는 감각을 느꼈다.

돈 후앙이 내 어깨를 흔들어 깨웠다. 그는 내가 일어설 수 있도록 도와주었다. 우리는 그의 집을 향해 걸어갔다. 관자놀이에 반죽을 바르기 시작한 순간부터 방금 깨어날 때까지 세 시간 반이 흘렀지만, 환각상태는 10분도 넘기지 않은 듯한 느낌이었다. 아무런 부작용도 느끼지 않았다. 단지 배가 고프고 졸릴 뿐이었다.

1963년 4월 18일 목요일

어젯밤 돈 후앙은 내가 한 체험을 묘사해보라고 했다. 그러나 그러기에는 너무 졸렸고, 집중할 수도 없었다. 오늘 내가 일어나자마자 그는 또 그렇게 말했다.

"이 H라는 친구가 맛이 간 적이 있다는 얘기를 자네한테 해준 사람이 누군가?" 내가 얘기를 끝내자 돈 후앙이 물었다.

"아무도 얘기해주지 않았습니다. 그냥 그런 생각이 떠올랐을 뿐입니다."

"그게 자네 생각이었다고 생각하나?"

H가 그런 식으로 아팠다고 생각할 만한 이유는 없었지만, 나는 그

것이 내 생각이 맞다고 대답했다. 묘한 생각이긴 했다. 어디서인지도 모르게 느닷없이 마음속에 튀어나왔던 것이다. 돈 후앙은 회의적인 표정으로 나를 보았다. 나를 못 믿겠느냐고 반문하자 돈 후앙은 웃음을 터뜨리면서, 부주의하게 행동하는 건 아무래도 내 버릇 같다고 말했다.

"제가 뭘 잘못한 겁니까, 돈 후앙?"

"자넨 도마뱀들의 말에 귀를 기울였어야 했어."

"어떻게 그럴 수 있단 말입니까?"

"자네 어깨에 앉아 있던 그 조그만 도마뱀은 네 자매가 보고 있는 걸 모두 자네에게 전해주고 있었어. 자네한테 말을 걸고, 모든 걸 얘기해줬던 거야. 그런데도 자넨 주의를 기울이지 않았네. 그러는 대신 자넨 도마뱀이 하는 말이 모두 자네 생각이라고 믿었던 거야."

"하지만 제 생각이 맞습니다, 돈 후앙."

"아냐. 그건 이 주술의 특징일세. 사실 그런 비전은 보는 게 아니라 들어야 해. 나한테도 같은 일이 일어났었지. 그래서 미리 경고해주려고 했는데, 내 은사가 나한테도 경고해주지 않았다는 게 생각났어."

"당신의 경험도 나와 비슷했습니까?"

"아니. 내 경우는 지옥처럼 괴로운 여행이었네. 거의 죽을 뻔했지."

"왜 지옥처럼 괴로웠던 겁니까?"

"악마초가 나를 좋아하지 않았거나, 나 자신이 뭘 물어봐야 할지 확신이 없었던 거겠지. 어제의 자네처럼 말이야. 자네가 그 도둑맞은 책들에 관해 질문했을 때, 자네 마음속에는 그 여자 생각이 있었던 게 틀림없어."

"기억이 안 납니다만."

"도마뱀은 결코 틀리는 법이 없어. 그들은 모든 사념을 질문으로 받아들인다네. 그 도마뱀은 돌아와서 자네에게 H 얘기를 해 줬지만, 그걸 이해할 사람은 아무도 없어. 자네조차도 제가 뭘 생각했는지도 모르는걸."

"제가 본 다른 광경의 경우는 어떻습니까?"

"그 질문을 했을 때 자네의 생각은 안정되어 있었던 것이 틀림없어. 이 주술은 그렇게 행해야 하네. 명료한 마음으로 말이야."

"그 여자를 본 일은 심각하게 생각하지 않아도 된다는 겁니까?"

"그 조그만 도마뱀들이 무슨 질문에 대답하고 있는 건지도 모르는 판에 그걸 어떻게 심각하게 받아들일 수 있겠나?"

"혹시 질문을 하나만 했다면 도마뱀 입장에서는 일이 좀더 명쾌했을까요?"

"그래. 그러는 쪽이 더 명쾌했겠지. 하나의 생각만 견실하게 유지했다면 말이야."

"하지만 돈 후앙, 하나를 했어도 단순한 질문이 아니라면 어떻게 됩니까?"

"자네가 그 질문을 견실하게 생각하고 다른 데 정신이 팔리지 않는 한 그 작은 도마뱀들은 그걸 명쾌하게 이해할 거고, 자네한테 돌아오는 대답도 명쾌할 거야."

"광경이 보이고 있는 동안에 도마뱀들한테 질문을 더 할 수도 있습니까?"

"아니. 그 광경은 뭐든 간에 도마뱀들이 하고 있는 얘기를 보는 것이라네. 그래서 그것이 보는 광경이라기보다는 듣는 광경에 가깝다고 말했던 거야. 그래서 개인적이지 않은 것에 관해 질문하라고 했던 거고. 사람에 관한 질문을 할 경우, 대개는 접촉하거나 말을 걸고 싶어하는 질문자의 욕구가 너무 큰 탓에 도마뱀은 얘기를 그만둬버리기 쉽고, 그러면 주술도 함께 쓸려 가버린다네. 개인적으로 흥미가 있는 것들을 보려고 한다면 지금보다 훨씬 더 많은 걸 배워야 해. 다음부턴 주의해서 귀를 잘 기울여보라고. 난 도마뱀들이 정말로 많은 얘기를 해줬다고 확신하네. 자네가 듣지 않았을 뿐이야."

1963년 4월 19일 금요일

"제가 반죽을 만들 때 갈았던 것들은 뭐였습니까, 돈 후앙?"

"악마초 씨앗하고 그 씨앗을 먹고 사는 바구미. 각각 한 줌씩이야." 그는 오른손을 오므려 그 양이 어느 정도인지를 보여주었다.

나는 만약 다른 것들과 합치지 않고 한 가지 재료만 쓰면 무슨 일이 일어나느냐고 물어보았다. 돈 후앙은 그런 행동은 악마초와 도마뱀들의 적대감을 불러일으킬 뿐이라고 대답했다. "도마뱀을 적으로 돌리면 안 돼." 그는 말했다. "내일 오후 늦게 자넨 자네 악마초가 있는 곳으로 돌아가야 하니까 말이야. 모든 도마뱀들한테 말을 걸면서 주술을 행했을 때 자네를 도와준 두 마리더러 다시 나와달라고 청하는 거야. 주위가 껌껌해질 때까지 샅샅이 뒤져 보게. 그래도 못 찾겠으면 다음 날에 한 번 더 시도해봐야 해. 자네가 강하다면 두 마리 모두 찾을 수 있을 거야. 그런 다음에 바로 그 자리에서 그것들을 먹어야 하네. 그럼 자넨 미지의 것을 볼 수 있는 능력을 영원히 자네 걸로 만들 수가 있다네. 이 주술을 행하기 위해 또 도마뱀을 잡으러 갈 필요가 없어지는 거지. 그때부터 도마뱀들은 자네 안에서 살아갈 거니까 말이야."

"혹시 한 마리밖에 못 찾아내면 어떻게 해야 합니까?"

"한 마리밖에 못 찾는다면 수색이 끝날 때 놓아줘야 해. 만약 첫날에 한 마리만 찾는다면 다음 날에 나머지 한 마리도 마저 잡을 걸 기대하고 붙잡아두지는 말게. 그건 도마뱀과의 우정을 망칠 뿐이야."

"아예 한 마리도 못 찾는다면 어떻게 해야 합니까?"

"그러는 편이 자네에겐 가장 좋을 거라고 생각하네. 그런다면 도움이 필요할 때마다 도마뱀들을 잡으러 가야 하겠지만, 동시에 자넨 자유롭다는 얘기가 되니까 말이야."

"자유롭다니, 그게 무슨 뜻입니까?"

"악마초의 노예가 되는 일로부터 자유롭다는 뜻일세. 만약 도마뱀들이 자네 안에서 살게 된다면 악마초가 자넬 결코 놓아주지 않을 거야."

"그건 안 좋은 일입니까?"

"물론 안 좋아. 악마초는 자네를 모든 것으로부터 단절시킬 거야. 자넨 그녀를 맹우로 길들이기 위해서 일생을 바쳐야 할 거고. 그녀는 소유욕이 강해. 일단 그녀가 자네를 지배해버리면 거기서 나아갈 길은 하나밖에 없네. — 그녀의 길 말이야."

"혹시 도마뱀들이 죽어 있다면 어떻게 합니까?"

"한 마리 또는 두 마리 모두 죽어 있는 걸 발견한다면, 한동안은 이 주술을 시도하는 걸 중지해야 하네. 잠시 내버려두는 거지.

자네에게 해줘야 할 얘기는 이게 전부일세. 내가 자네한테 설명해 준 건 규칙이야. 이 주술을 자네 혼자서 행할 때는 언제나 자네 악마초 앞에 앉아서 내가 설명한 절차를 모두 밟아야만 하네. 한 가지 더 있어. 주술이 끝날 때까지는 절대로 뭘 먹거나 마시면 안 돼."

6

돈 후앙의 가르침의 다음 단계는 다투라 뿌리의 두 번째 부위를 마스터하기 위한 새로운 측면이었다. 이 두 단계까지 배우는 동안 돈 후앙은 내 풀이 얼마나 잘 자라고 있는지에 대해서만 물어보았다.

1963년 6월 27일 목요일

"악마초의 길에 완전히 들어서기 전에 그녀를 미리 시험해보는 건 좋은 일일세." 돈 후앙이 말했다.

"어떻게 시험합니까, 돈 후앙?"

"도마뱀들을 가지고 다른 주술을 시도해봐야 해. 자넨 도마뱀들한테 질문을 하나 더 할 수 있는 모든 재료를 갖고 있으니까 말이야. 이번에는 내 도움이 없어도."

"그 주술을 꼭 행해야 합니까, 돈 후앙?"

"악마초가 자네에게 어떤 감정을 갖고 있는지를 알아내기 위해서는 그게 가장 좋은 방법이야. 그녀는 언제나 자네를 시험해보려 드니까 자네 쪽에서도 시험해봐야 공평하지 않겠나. 도중에 어떤 이유에서든 더 이상 그 길을 나아가고 싶지 않다는 생각이 든다면 거기서 그대로 그만둬야 해."

1963년 6월 29일 토요일

나는 악마초를 화제에 올렸다. 돈 후앙한테 그 얘기를 더 듣고 싶었지만, 스스로 그걸 실천하고 싶지는 않았기 때문이다.

"두 번째 부위는 점을 치는 데만 쓰인다. 이 말이 맞습니까, 돈 후앙?" 나는 이렇게 운을 뗐다.

"점치는 데만 쓰이는 게 아냐. 사람은 두 번째 부위의 도움을 받아 도마뱀의 주술을 배우고, 그와 동시에 악마초를 시험하기도 하지만 실제로 두 번째 부위는 다른 목적을 위해 쓰인다네. 도마뱀 주술은 시작에 불과해."

"그럼 어떤 목적에 쓰인다는 겁니까, 돈 후앙?"

그는 그 말에는 대답하지 않고 느닷없이 화제를 바꿔 내 풀 주위의 다른 다투라 풀들이 얼마나 컸는지를 물었다. 나는 손짓으로 그 크기를 보여줬다.

돈 후앙은 말했다. "남녀를 구분하는 법은 가르쳐줬으니 이제 자네의 다투라 풀이 있는 곳으로 가서 양쪽 모두 가지고 오게. 먼저 자네의 옛날 풀이 자란 곳으로 가서 빗물로 생겨난 도랑의 방향을 주의 깊게 관찰하게. 지금쯤 씨앗들은 빗물에 실려 멀리까지 갔을 거야. 땅 위를 흐르는 빗물이 만들어낸 틈새(zanjitas)를 찾아보고, 그걸로 물이 어느 방향으로 흘러갔는지를 알아내는 거야. 그런 다음 자네의 그

다투라로부터 가장 먼 곳에서 자라고 있는 다투라를 찾아내게. 이 둘 사이에서 자라고 있는 악마초는 모두가 자네 거야. 나중에 그것들의 씨가 여물면 그 각각의 풀에서 물이 흐른 방향을 따라가면서 자네의 영역을 넓혀갈 수 있어."

돈 후앙은 악마초 자르는 도구를 어떻게 구하면 되는지를 자세히 알려주었다. 그는 뿌리는 다음과 같은 방법으로 잘라야 한다고 했다. 첫째, 나는 잘라낼 풀을 골라서 뿌리가 줄기와 만나는 부분 주위의 흙을 제거해야 했다. 둘째, 예전에 뿌리를 심었을 때 내가 췄던 것과 똑같은 춤을 다시 춰야 했다. 셋째, 줄기를 잘라내고 뿌리는 그대로 땅속에 남겨 두어야 한다. 이런 일들을 마친 후, 마지막 단계는 뿌리를 40센티미터 길이로 캐내는 작업이다. 돈 후앙은 이 일을 할 때 말을 하면 안 되고, 어떤 감정도 드러내서는 안 된다고 경고했다.

"천을 두 장 가지고 가야 하네. 지면에 그것을 깔고 풀을 그 위에다 놓는 거야. 그런 다음 각 부분을 잘라내서 쌓아놓게. 쌓는 순서는 자네 마음이지만, 그 순서를 반드시 기억해둬야만 하네. 왜냐하면 자넨 언제나 그 순서를 따라야 하니까 말이야. 자르는 즉시 내게 가지고 오게."

1963년 7월 6일 토요일

7월 1일 월요일에 나는 돈 후앙이 가지고 오라고 한 다투라 풀들을 잘랐다. 내가 춤추는 것을 누가 보기를 바라지 않았기 때문에 나는 컴컴해질 때까지 기다렸다. 그래도 누군가가 나의 기이한 행동을 목격하지는 않을까 하는 불안감은 가시지 않았다. 남자와 여자라고 생각되는 풀은 미리 골라둔 상태였다. 각각의 풀에서 40센티미터 길이의 뿌리를 캐내야 했지만, 달랑 막대기 하나만으로 그 깊이까지 땅을 파는 일은 쉽지 않았다. 작업은 몇 시간이나 걸렸고, 막판에는 칠흑 같은 어둠 속에서 회중전등을 켜놓고 뿌리를 잘라야 했다. 누군가가 내 모습을 보지는 않을까 하는 처음의 두려움은 누군가가 덤불에서 불빛이 비치는 것을 보지는 않을까 하는 두려움에 비하면 정말 아무것도 아니었다.

나는 그것들을 7월 2일 화요일에 돈 후앙의 집으로 가지고 갔다. 그는 꾸러미를 펼치고 각 부분을 점검했다. 그는 아직도 자신의 악마초 씨앗들을 내게 줄 필요가 있겠다고 말했다. 그는 막자사발을 내 앞으로 밀어놓고 유리 항아리를 꺼내오더니 내용물 — 한데 들러붙은 말린 씨앗들 — 을 사발 안에 쏟아냈다.

내가 그것이 무엇인지 묻자 바구미에게 먹힌 씨앗이라고 했다. 그러고 보니 씨앗들 틈에 벌레가 꽤 많이 섞여 있었다. 까맣고 조그만 곡물바구미였다. 돈 후앙은 이것들이 특별한 벌레라고 했고, 따로 골라내서 다른 항아리에 넣어야 한다고 했다. 그는 같은 종류의 바구미가 3분의 1쯤 들어 있는 다른 항아리를 내게 건넸다. 바구미가 도망치지 못하도록 항아리 주둥이는 종이로 틀어막혀 있었다.

"다음번에는 자네의 악마초에서 잡아온 벌레를 써야 하네." 돈 후앙이 말했다. "그러기 위해서는 조그만 구멍들이 나 있는 꼬투리를 잘라내면 돼. 벌레가 잔뜩 들어 있을 거야. 꼬투리를 열고 안에 있는 걸 모두 항아리에 담게. 그런 다음 거기서 벌레를 한 줌 꺼내서 다른 용기에 집어넣게. 벌레는 거칠게 다루게. 조심하거나 신중할 필요는 없네. 벌레 먹은 씨앗 덩어리를 한 줌, 그리고 벌레에서 나온 가루를 한 줌 꺼내놓고, 나머지는 자네 악마초에서 저쪽 방향이라면 (그러면서 그는 남동쪽을 가리켰다) 어디든 좋으니 땅에다 묻게. 그런 다음 상태가 좋은 마른 씨앗들을 따서 따로 보존해놓게. 언제든 쓸 수 있으니까 따고 싶은 만큼 얼마든지 따도 돼. 꼬투리에서 씨앗들을 꺼낼 때는 모든 걸 한꺼번에 묻을 수 있게 그 자리에서 그러는 편이 나아."

그런 다음 돈 후앙은 우선 씨앗 덩어리부터 빻고, 그다음에는 바구미 알, 바구미, 건조된 좋은 씨앗들의 순서로 빻으라고 지시했다.

내가 이 모든 것을 곱게 빻아놓자 돈 후앙은 내가 잘라서 쌓아놓은 다투라 부위들을 가지고 왔다. 그는 남자 다투라의 뿌리를 골라내서 신중하게 헝겊에 쌌다. 나머지는 모두 내게 건네주며 그것을 모두 자잘하게 자른 다음 짓이겨서 냄비 안에 즙을 모두 짜내라고 지시했다. 짓이기는 순서는 내가 그것들을 쌓아놓았을 때와 같은 순서를 따르라고 했다.

내가 이 작업을 마치자 그는 끓는 물 한 잔을 냄비에 부어 충분히 저은 다음 끓는 물 두 잔을 더 부으라고 했다. 그는 내게 뼈를 매끄럽게 연마해서 만든 막대기를 건넸다. 나는 그것으로 혼합물을 젓고 냄비를 불 위에 올려놓았다. 그러자 돈 후앙은 이제 뿌리를 처리해야 하는데, 남자 다투라 뿌리는 자르지 않은 채로 해야 하므로 더 큰 막자사발이 필요하다고 했다. 우리는 집 뒤꼍으로 갔다. 돈 후앙은 큰 사발을 가져왔고, 나는 아까와 같은 방식으로 뿌리를 짓이겼다. 우리는 짓이긴 뿌리가 밤공기를 쐴 수 있도록 물에 담가놓고 집 안으로 들어갔다.

그는 나더러 불에 올려놓은 냄비 안의 혼합물을 잘 돌보라고 지시했다. 풀기가 생겨서 젓기 힘들어질 때까지 계속 끓이라는 얘기였다. 그런 다음 그는 자기 돗자리 위에 누워 잠들었다. 나는 그것을 점점 젓기가 힘들어질 때까지 적어도 한 시간은 끓인 후, 이제 됐다고 판단하고 냄비를 불에서 내렸다. 나는 처마 밑에 매달린 그물주머니에 냄비를 넣어두고 잠들었다.

돈 후앙이 깨어났을 때 나도 함께 일어났다. 맑은 하늘에 햇살이 눈부셨다. 덥고 건조한 날이었다. 돈 후앙은 악마초가 나를 좋아하는 게 틀림없다는 얘기를 또 했다.

우리는 뿌리를 처리하는 작업에 들어갔고, 해가 질 무렵에는 사발 바닥에 상당한 양의 노리끼리한 물질이 남았다. 돈 후앙은 웃물을 쏟아냈다. 나는 그것으로 모든 준비 절차가 끝났다고 생각했는데 그는 사발에다 또다시 끓는 물을 채웠다.

그는 처마 밑에 매단 그물에서 뿌리 반죽이 들어 있는 냄비를 꺼냈다. 반죽은 거의 말라 있는 것처럼 보였다. 그는 냄비를 가지고 집 안으로 들어와서 조심스레 바닥에 내려놓고 앉았다. 그런 다음 이야기하기 시작했다.

"내 은사는 악마초에 라드lard*를 섞어도 괜찮다고 말했네. 자네가 앞으로 할 일은 바로 그거야. 내 은사가 나를 위해 그래 줬던 것처럼 말이야. 하지만 이미 말했듯이 난 악마초를 별로 좋아하지 않았고, 진정으로 그녀와 하나가 되려고 해본 적도 없네. 정말로 그 힘을 정복하고 싶어하는 사람의 경우, 최상의 결과를 얻으려면 멧돼지의 라드를 섞는 것이 가장 좋다고 내 은사가 말하더군. 창자에서 나온 비계로 만든 것이 가장 좋지만, 그걸 정하는 건 자네야. 어쩌면 자네는 악마초를 맹우로 택할 운명일 수도 있고, 그럴 경우에는 내 은사가 내게 권했듯이 직접 멧돼지를 사냥해서 창자의 비계(sebo de tripa)를 얻기를 권하겠네. 옛날 악마초가 최고로 인기를 끌던 시절에는 브루호들이 멧돼지 비계를 얻기 위해 특별한 사냥 여행에 나서곤 했지. 가장 크고 힘센 놈들만 잡았어. 그러면서 멧돼지를 상대로 한 특별한 주술을 썼는데, 그걸 써서 특별한 힘을 얻었다네. 당시에도 믿기 힘들 정도로 특별한 힘이었다고 하더군. 하지만 그 힘은 이미 사라졌고, 난 그에 관해서는 전혀 아는 바가 없어. 그걸 조금이나마 아는 사람도 모르고. 어쩌면 악마초가 자네한테 직접 가르쳐줄지도 모르겠군."

돈 후앙은 라드를 한 줌 집어들고 가늠해보더니 마른 반죽이 들어 있는 사발에 쏟아넣고 냄비 가장자리를 훑어 손바닥에 남은 라드를 닦아냈다. 그는 반죽이 완전히 섞여서 미끌미끌해질 때까지 내용물

* 돼지비계를 녹여 정제한 반고체 상태의 기름

을 젓고 있으라고 지시했다.

나는 거의 세 시간 동안이나 혼합물을 젓고 있었다. 돈 후앙은 이따금씩 와서 냄비를 들여다보고 아직 안 됐다고 말하곤 했다. 마침내 그는 만족한 것처럼 보였다. 저을 때 공기가 섞이면서 반죽은 밝은 잿빛의 젤리처럼 변했다. 그는 그 혼합물이 든 사발을 천장에 매달린 다른 사발 옆에 매달았다. 돈 후앙은 이 두 번째 부위를 처리하려면 이틀이 걸리므로 내일까지 그렇게 매달아놓아야 한다면서, 그동안 나는 아무것도 먹어서는 안 된다고 했다. 물은 마셔도 되지만 음식을 먹으면 안 된다는 것이었다.

다음 날인 7월 4일 목요일에 돈 후앙은 뿌리를 네 번 걸러내라고 지시했다. 마지막으로 사발에서 물을 쏟아냈을 때는 주위가 이미 어두워져 있었다. 우리는 집 앞 흙마루에 앉았다. 돈 후앙은 사발 두 개를 모두 자기 앞에 내려놓았다. 희끄무레한 풀 같은 뿌리 추출물은 찻숟가락으로 하나 분량이었다. 그는 그것을 잔에 넣고 물을 부었다. 잔을 빙빙 돌려 내용물을 녹인 다음 내게 넘기고는 모두 들이키라고 했다. 나는 그것을 재빨리 들이키고 잔을 바닥에 놓은 다음 무너지듯이 앉았다. 가슴이 방망이질하기 시작했다. 숨이 막히는 기분이었다. 돈 후앙은 사무적인 투로 옷을 모두 벗으라고 명령했다. 내가 이유를 묻자 반죽으로 온몸을 문질러야 하기 때문이라는 대답이 돌아왔다. 나는 망설였다. 벗어야 할지 말아야 할지 알 수 없었다. 돈 후앙은 빨리 벗으라고 재촉하면서 쓸데없이 허비할 시간이 없다고 했다. 나는 옷을 모두 벗었다.

그는 뼈로 된 막대기를 꺼내어 반죽 표면에 두 개의 평행선을 그어서 사발의 내용물을 삼등분했다. 그런 다음 가장 위쪽 선 한가운데서 아래를 향해 수직선을 그음으로써 반죽을 다섯 부분으로 나눴다. 그는 가장 아래쪽 우측 부분을 가리키며 그것을 내 왼발에 바를 것이라고 했다. 그 윗부분은 내 왼쪽 다리를 위한 것이었다. 위쪽의 가장 큰 부분은 내 성기에 바를 것이고, 그 바로 아래 왼쪽 부분은 내 오른쪽 다리, 그리고 왼쪽 바닥 부분은 내 오른발을 위한 것이라고 했다. 그는 내 왼발을 위한 반죽을 발바닥 전체에 바르고 잘 문지르라고 말했다. 그런 다음에는 왼쪽 다리의 안쪽 전체에 반죽을 바르고, 성기, 오른쪽 다리의 안쪽 전체, 마지막으로는 오른쪽 발바닥의 순서로 바르라고 지시했다.

나는 그의 지시에 따랐다. 반죽은 차가웠고 코를 톡 쏘는 냄새를 강하게 풍겼다. 모두 바른 다음에 나는 일어섰다. 반죽 냄새가 코로 들어왔다. 숨이 막혔다. 독한 냄새 때문에 실제로 숨을 제대로 쉴 수가 없었다. 마치 무슨 가스를 흡입한 기분이었다. 나는 입으로 숨을 쉬며 돈 후앙에게 말을 걸려고 했지만, 그럴 수가 없었다.

돈 후앙은 계속 나를 바라보고만 있었다. 나는 그를 향해 한 발 다가갔다. 내 다리는 고무 같았고 지독하게 길었다. 나는 한 걸음 더 다가갔다. 양 무릎의 관절은 높이뛰기용 장대처럼 탄력이 있는 느낌이었다. 덜덜 떨리면서 진동했고, 자유자재로 수축했다. 나는 앞으로 나아갔다. 내 동작은 느리고 불안했다. 앞쪽과 위쪽을 향한 진동에 가까웠다. 아래를 내려다보자 돈 후앙이 훨씬 아래쪽에 앉아 있는 것이 보였다. 관성에 끌려 앞으로 한 걸음 더 나갔다. 이번에는 아까보다 한층 더 나긋나긋하고 길어진 느낌이었다. 그리고 그곳에서 나는 위로 날아올랐다. 그러다가 한 번 내려왔던 것을 기억한다. 거기서 양발을 돋우고 뒤로 껑충 도약했고, 누운 자세로 활공했다. 위쪽에 검은 하늘이 보였고, 구름이 스쳐 지나갔다. 나는 아래를 보려고 몸을 홱 틀었다. 검은 산맥이 보였다. 나의 속력은 엄청났다. 양팔은 옆구리에 딱 붙어 있었다. 내 머리는 방향타였다. 뒤로 계속 구부리고 있으면 수직으로 원을 그리며 움직였다. 나는 고개를 좌우로 움직임으로써 방향을 바꿨다. 일찍이 경험해본 적이 없는 그 자유로움과 빠른 속력을 만끽했다. 나를 둘러싼 멋진 어둠은 나를 울적하게 만들었다. 동경심이었는지도 모르겠다. 마치 내가 진정으로 속한 장소 — 밤의 어둠 — 를 찾아낸 듯한 기분이었다. 주위를 둘러보려고 했지만, 내가 감지한 것이라고는 밤의 평온함 뿐이었다. 그럼에도 밤은 강대한 힘을 내포하고 있었다.

갑자기 내려갈 때가 되었다는 것을 알았다. 마치 반드시 따라야 하는 명령을 받은 듯한 느낌이었다. 나는 깃털이 좌우로 하늘거리는 듯한 동작으로 하강하기 시작했다. 이런 종류의 동작은 나를 매우 괴롭게 만들었다. 마치 도르래에 매달려 내려오는 듯이 느리고 경련적인 움직임이었다. 구토감이 몰려왔다. 극심한 고통으로 머리가 터질 듯했다. 일종의 암흑이 나를 감쌌다. 나는 내가 그 안에 매달려 있다는 느낌을 뚜렷이 자각하고 있었다.

그다음으로 내가 기억하는 것은 깨어나는 감각이었다. 나는 내 방의 내 침대 위에 누워 있었다. 나는 상체를 일으켜 앉았다. 그러자 내 방의 이미지가 녹아내렸다. 나는 일어섰다. 벌거숭이였다! 일어나는 동작이 또다시 구토감을 몰고 왔다.

나는 몇몇 낯익은 지형을 알아봤다. 돈 후앙의 집에서 반 마일쯤 떨어진 곳에 와 있었다. 돈 후앙의 다투라 풀이 있는 곳에 가까웠다. 갑자기 모든 것이 명쾌해지면서 나는 벌거벗은 채로 돈 후앙의 집까지 걸어가야 한다는 사실을 깨달았다. 옷이 없다는 것은 심리적으로 엄청난 약점이었지만, 내 힘으로 이 문제를 해결할 방도는 없었다. 나뭇가지를 써서 치마처럼 입을까 하는 생각도 했지만 실제로 그런다면 우스꽝스러울 뿐이다. 하늘이 희끄무레한 것을 보아하니 어차피 곧 새벽이 올 것이다. 나는 불편함과 메스꺼움을 무시하고 집을 향해 걷기 시작했다. 누가 볼까봐 두려워서 안절부절못했다. 사람이나 개가 보이지 않는지 주변을 살폈다. 달려보려고 했지만 작고 날카로운 돌들 때문에 발을 다쳤다. 나는 천천히 걸었다. 이미 주위는 상당히 밝아 있었다. 그때 누군가가 길을 오는 것이 보였고, 나는 재빨리 덤불 뒤에 숨었다. 상황이 뭔가 아귀가 맞지 않는 기분이었다. 조금 전만 해도 하늘을 난다는 믿기 힘든 쾌감을 만끽하고 있었는데, 조금 뒤에는 벌거벗은 것이 창피해서 이렇게 숨어 있다니. 다시 길로 뛰쳐나가서 전력질주해서 길을 오는 사람 곁을 지나치면 어떨까 하는 생각이 들었다. 그가 놀라 자빠져서 내가 벌거벗었다는 사실을 깨달을 무렵이면 나는 이미 멀리 가 있을 것이다. 이런 생각까지 했지만, 도저히 움직일 엄두가 나지 않았다.

길을 오던 사람은 내가 있는 곳 바로 옆까지 와서 걸음을 멈췄다. 그가 내 이름을 부르는 소리가 들렸다. 그것은 내 옷을 가지고 온 돈 후앙이었다. 허겁지겁 옷을 입는 나를 바라보며 그는 웃음을 터뜨렸다. 워낙 크게 웃는 통에 급기야는 나까지 함께 웃기 시작했다.

같은 날, 7월 5일 금요일의 늦은 저녁에 돈 후앙은 내 경험을 아주 자세하게 빠짐없이 얘기해보라고 했다. 나는 최대한 주의 깊게 모든 얘기를 털어놓았다.

"악마초의 두 번째 부위는 하늘을 날 때 쓰인다네." 내가 얘기를 마치자 돈 후앙은 말했다. "연고만으로는 충분하지 않아. 내 은사는 방향과 지혜를 주는 건 그 뿌리라고 했고, 그게 비행의 원인이라고 말하더군. 자네가 더 많은 걸 배우고, 날기 위해 이 부위를 자주 사용한다면 모든 것이 지극히 명료하게 보이기 시작할 거야. 자넨 몇백 마일이나 하늘을 날아올라 원하는 곳에서 무슨 일이 일어나는지를 볼 수 있고, 멀리 떨어진 곳에 있는 자네의 적들에게 치명타를 가할 수도 있다네. 악마초와 친해지면 그녀는 자네에게 어떻게 하면 그런 일을 할 수 있는지 가르쳐줄 거야. 이를테면 악마초는 자네에게 어떻게 하면 공중에서 방향을 바꿀 수 있는지를 이미 가르쳐줬잖나. 그와 같은 식으로, 상상할 수도 없는 것들을 자네에게 가르쳐줄 걸세."

"어떤 것들을요?"

"그건 얘기해줄 수 없군. 사람마다 모두 다르니까. 내 은사는 자기가 뭘 배웠는지 결코 얘기해주지 않았다네. 어떻게 나아가면 되는지는 가르쳐줬지만, 자기가 뭘 봤는지는 절대로 얘기하지 않았어. 그건 자기 자신만을 위한 거니까."

"하지만 전 제가 본 걸 모두 말씀드리지 않았습니까."

"지금이야 그렇지만 나중엔 안 그럴 거야. 다음에 악마초를 쓸 때는 자네 혼자서 쓰고, 그때는 자네의 악마초들 근처에 있어야 해. 거기가 자네가 착륙할 곳이거든. 그걸 명심해두게. 그래서 난 자넬 찾아 내 풀들이 자라는 여기로 온 거야."

돈 후앙은 더 이상 아무 말도 하지 않았고, 나는 잠들었다. 저녁이 되어 잠에서 깨자 기분이 상쾌했다. 어떤 이유에서인지 나는 일종의 육체적인 만족감을 발산하고 있었다. 행복하고, 흡족했다.

돈 후앙이 물었다. "자넨 밤이 좋았나? 아니면 두려웠나?"

나는 그 밤이 정말로 멋졌다고 대답했다.

"두통은 어떤가? 극심하지 않았나?"

"다른 느낌들 못지않게 강렬했습니다. 지금까지 경험해본 것 중 최악의 고통이었죠."

"그럼 그 때문에 악마초의 힘을 맛보기를 꺼리게 될 것 같나?"

"모르겠습니다. 지금은 그걸 원하지 않지만, 나중에는 그럴지도 모릅니다. 정말 잘 모르겠습니다, 돈 후앙."

하고 싶었던 질문이 하나 있었다. 돈 후앙이 대답을 회피하려는 걸 알고 있었기 때문에, 나는 그가 먼저 그에 대해 언급하기를 기다렸다. 그렇게 하루종일 기다렸지만 소용없었다. 결국 그날 저녁, 출발하기 전에 참지 못하고 물어보았다. "제가 정말로 날았습니까, 돈 후앙?"

"자네 입으로 그렇게 말하지 않았나. 안 그래?"

"저도 압니다, 돈 후앙. 하지만, 제 몸이 정말로 날았던 겁니까? 새처럼 높이 날아올라서?"

"자넨 언제나 내가 대답해줄 수 없는 질문만 하는군. 자넨 날았어. 악마초의 두 번째 부위는 바로 그걸 위한 거야. 사용량이 늘어날수록 자넨 어떻게 하면 완벽하게 날 수 있는지를 터득하겠지. 그건 단순한 문제가 아니네. 악마초의 두 번째 부위의 도움을 받으면 사람은 '날' 수 있어. 내가 얘기해줄 수 있는 건 그게 전부야. 자네가 알고 싶어하는 건 아무런 의미가 없어. 새는 새처럼 날고, 악마초를 바른 사내는 그런 식으로 나는 거야.(el enyerbado vuela asi.)"

"새처럼 말입니까?(¿Asi como los pájaros?)"

"아니. 악마초를 바른 사내가 나는 것처럼 나네.(No, asi como los enyerbados.)"

"그렇다면 저는 정말로는 날지 않았다는 얘기로군요, 돈 후앙. 저는 상상 속에서, 마음속에서만 날았던 겁니다. 그때 제 몸은 어디 있었습니까?"

"덤불 속에 있었지." 그는 신랄하게 대꾸하다가 이내 웃음을 터뜨렸다. "자네의 문제는 사물을 단 한 가지 방식으로만 이해한다는 점이야. 자넨 인간이 날 수 있다고는 생각하지 않아. 하지만 브루호는 무슨 일이 일어나는지를 보려고 단 1초 만에 몇천 마일이나 이동할 수도 있지. 아주 멀리 떨어진 적들에게 타격을 가할 수도 있고. 자, 그럼 그는 날았을까, 아니면 안 날았을까?"

"돈 후앙, 아시다시피 저와 당신은 성향이 다릅니다. 토론을 위해 일단 이렇게 가정해보죠. 제가 악마초를 썼을 때 제 학교 친구 하나가 저와 함께 있었다고 칩시다. 그렇다면 그는 제가 날아가는 것을 볼 수 있었을까요?"

"또 그놈의 '만약 이랬다면' 하는 식의 질문이로군. 그런 식으로 얘기하는 건 무의미해. 자네의 친구든 누구든 간에 악마초의 두 번째 부위를 썼다면 그가 할 수 있는 건 단지 나는 것뿐일세. 만약 그 친구가 그저 자네를 보고만 있었다면 자네가 나는 걸 봤을 수도 있고, 못 봤을 수도 있어. 그건 당사자에게 달렸으니까."

"하지만 제가 하고 싶은 얘기는 말입니다, 만약 저와 당신이 날아가는 새를 봤다면, 두 사람 모두 그게 날고 있다는 사실에 동의하잖아요. 하지만 어젯밤 제가 그러는 걸 제 친구 두 사람이 봤다면, 두 사람 모두 제가 날고 있다는 사실에 동의했을까요?"

"흠, 동의했을지도 모르지. 자네가 새가 난다는 데 동의하는 건 새가 날아가는 걸 본 적이 있기 때문이야. 새의 경우 나는 건 당연하지. 하지만 자넨 새가 하는 다른 일들에 대해서는 동의하지 않겠지. 새들이 그런 일을 하는 걸 한 번도 본 적이 없다는 이유로 말이야. 만약 자네 친구들이 악마초를 써서 나는 사람들에 관해 알고 있었다면, 자네가 날았다는 데 동의하겠지."

"그럼 이건 어떻습니까? 만약 그때 제가 무거운 사슬로 제 몸을 바위에 묶어두었다고 해도 저는 여전히 하늘을 날았을 겁니다. 왜냐하면 제 몸은 제 비행과는 아무 상관도 없으니까요."

돈 후앙은 믿기지 않는다는 듯한 표정으로 나를 빤히 쳐다보았다.
"만약 자네가 바위에다 몸을 묶는다면 자넨 무거운 사슬이 달린 바위를 안고 날아야 할 걸세."

7

스모크 혼합물에 필요한 재료를 모아 조제하는 과정은 1년을 주기로 이루어졌다. 첫해에 돈 후앙은 내게 그 절차를 직접 가르쳐주었다. 둘째 해인 1962년의 12월에 새로운 주기가 시작되자 돈 후앙은 단지 지시만 했다. 나는 직접 재료를 채집해서 가공했고, 그것을 다음 해까지 보관했다.

1963년 12월에 세 번째 주기가 새로 시작되자 돈 후앙은 내가 지난해에 채집해서 가공한 말린 재료를 어떻게 섞으면 되는지를 보여주었다. 그는 스모크 혼합물을 작은 가죽 주머니에 넣었고, 우리는 또다시 내년을 위한 재료를 채집하러 나갔다.

두 번의 채집작업 사이에 돈 후앙은 '작은 스모크'에 관해서는 거의 언급하지 않았다. 그러나 내가 만나러 갈 때마다 그는 내게 파이프를 건넸고, 파이프와 '친해지는' 과정은 그가 묘사한 대로 진행되었다. 그는 나의 두 손 위에다 지극히 천천히 파이프를 올려놓았다. 그는 그 동작에 절대적으로 세심하게 주의를 집중하라고 요구했고, 매우 명확한 지시를 내렸다. 그는 파이프를 조금이라도 어수룩하게 다루기라도 하면 자기나 내가 죽을 거라고 말했다.

세 번째의 채집과 가공 주기가 끝난 직후, 돈 후앙은 거의 1년 만에 처음으로 맹우로서의 스모크에 관해 얘기하기 시작했다.

1963년 12월 23일 월요일

우리는 혼합물에 더할 노란 꽃을 좀 채집한 뒤에 차를 타고 그의 집으로 돌아가는 중이었다. 꼭 필요한 재료 중 하나였다. 내가 금년에는 작년에 채집했을 때의 순서를 따르지 않았음을 지적하자 돈 후앙은 웃으며 스모크는 악마초와는 달리 변덕스럽거나 속이 좁지 않다고 말했다. 스모크의 경우 채집 순서는 중요하지 않고, 단지 혼합물을 사용하는 인물이 정확하고 꼼꼼하기만 하면 된다는 얘기였다.

나는 돈 후앙에게 그가 가공한 다음 내게 보관하라고 건네준 혼합물을 어떻게 해야 하는지 물어보았다. 그는 그 혼합물이 내 것이라고 하면서 최대한 빨리 써야 한다고 덧붙였다. 나는 한 번에 얼마나 많이 써야 하느냐고 물었다. 그가 준 작은 주머니에는 작은 담배쌈지의 약 세 배에 달하는 양의 혼합물이 들어 있었다. 돈 후앙은 내가 그 주머니 안에 든 것을 1년 안에 모두 써야 하고, 그것을 한 번에 얼마나 많이 피우는가는 당사자에게 달려 있다고 말했다.

혹시 내가 주머니를 모두 비우지 못한다면 어떤 일이 일어나느냐고 묻자 돈 후앙은 아무 일도 일어나지 않는다고 했다. 스모크는 그 무엇도 요구하지 않기 때문이라는 것이다. 돈 후앙 본인도 더 이상 스모크를 피우지 않는데도 불구하고 매년 새로 혼합물을 조제한다고 했다. 그러고 나서 돈 후앙은 자신은 '거의' 스모크를 피울 필요가 없다고 자기가 한 말을 정정했다. 그럼 쓰지 않은 혼합물은 어떻게 하느냐고 물었지만, 그는 대답하지 않았다. 단지 혼합물은 1년 안에 쓰지 않으면 효력이 없다고 말했을 뿐이다.

여기서부터 긴 논쟁이 시작됐다. 내 질문이 적확하지 않았던 탓인지 그의 대답은 혼란스럽게만 느껴졌다. 나는 1년이 지나면 혼합물의 환각적 성질 내지는 힘이 없어지기 때문에 1년 주기로 만들 필요가 있는 것이냐고 물었지만, 돈 후앙은 혼합물의 힘은 언제까지도 사라지지 않는다고 역설했던 것이다. 그는 새로 혼합물을 만들기 때문에 예전에 쓰다가 남은 것은 더 이상 필요하지 않을 뿐이라고 했다. 쓰지 않은 혼합물은 특별한 방법으로 처분해야 하지만, 돈 후앙은 이 시점에서 그것을 내게 가르쳐줄 생각이 없었다.

1963년 12월 24일 화요일

"돈 후앙, 당신은 더 이상 '스모크'를 피울 필요가 없다고 하셨죠."

"그래. '스모크'는 내 맹우이기 때문에 더 이상 피울 필요는 없지. 언제 어디서든 마음대로 불러낼 수 있으니까 말야."

"그럼 피우지 않아도 그쪽에서 온단 말입니까?"

"원한다면 이쪽에서 가서 만날 수 있다는 뜻이네."

"저도 그렇게 할 수 있게 될까요?"

"'스모크'를 맹우로 삼는 데 성공하기만 하면, 자네도 그럴 수 있어."

1963년 12월 31일 화요일

12월 26일 목요일에 나는 돈 후앙의 맹우인 〈스모크〉가 어떤 것인지를 처음으로 체험했다. 그날은 하루종일 돈 후앙을 차에 태우고 돌아다니며 잡다한 심부름을 하다가, 늦은 오후가 돼서야 그의 집으로 돌아왔다. 나는 두 사람 모두 하루종일 아무것도 먹지 않았으니 요기를 좀 하는 게 어떻겠냐고 했지만, 그는 내 허기에는 아랑곳하지 않고 대뜸 〈스모크〉와 친해지는 것이야말로 가장 시급한 일이라고 말했다. 일단 〈스모크〉를 직접 체험해보고, 그것이 맹우로서 얼마나 중요한 존재인지를 깨닫는 것이 선결문제라는 것이다.

돈 후앙은 내가 미처 대답할 틈도 주지 않고 지금 당장 자기 파이프에 불을 붙여주겠다고 했다. 나는 파이프를 익숙해질 만큼 오래 다뤄보지 않았기 때문에 아직 준비가 되어 있지 않다는 이유를 들어 그의 제안을 사양하려고 했다. 그러자 그는 내가 배움을 얻을 수 있는 시간이 얼마 남지 않았고, 어차피 곧 파이프를 써야 할 일이 생길 것이라고 잘라 말하고는 케이스에서 파이프를 꺼내어 만지작거리기 시작했다. 나는 하는 수 없이 돈 후앙 곁에 앉았지만, 내심 어지럼증을 느끼면서 지금 당장 기절해버렸으면 좋겠다고 필사적으로 되뇌고 있었다. 피할 수 없는 이 경험을 뒤로 미룰 수만 있다면 무슨 짓을 해도 좋다는 심정이었다.

방 안은 컴컴했다. 돈 후앙은 석유램프에 불을 붙여 방구석에 내려놓았다. 평소에는 편안한 느낌을 주는 노란 빛으로 방 안을 어렴풋이 밝혀주던 램프도, 이때만은 이상할 정도로 희미하고 붉은 빛을 띠고 있었다. 나는 두려웠다. 돈 후앙은 목에 두른 줄에 달린 조그만 주머니의 매듭을 풀고, 파이프를 셔츠 안쪽으로 넣고는 주머니 안에 들어 있던 잘게 썬 혼합물을 대통에 조금 부어 넣었다. 그는 내게 잘 보고 있으라고 했고, 자기가 혼합물을 흘리더라도 셔츠 안으로 떨어진다는 점을 지적했다.

돈 후앙은 혼합물을 파이프 대통의 4분의 3 높이까지 재워 넣은 다음, 한 손에는 파이프를 들고 다른 손으로는 다시 주머니의 매듭을 조였다. 그러고는 작은 토기 접시를 집어서 내게 건네면서 집 밖에 있는 아궁이에서 작은 숯덩이를 몇 개 가져오라고 지시했다. 나는 집 뒤곁으로 가서, 어도비 벽돌을 쌓아 만든 난로 안에서 타고 있던 숯덩이를 꺼내 접시에 담았다. 그러고는 서둘러 집 안으로 되돌아왔다. 나는 매우 불안해하고 있었고, 직관적으로 앞으로 무슨 일이 일어날지를 거의 예상하고 있었다.

돈 후앙 곁에 앉아 그에게 접시를 건네주었다. 돈 후앙은 나를 쳐다보며 조용한 목소리로, 숯덩이가 너무 크다고 말했다. 파이프의 대통에 들어갈 만큼 작은 것이 필요하다는 뜻이었다. 나는 다시 난로로 가서 작은 숯덩이들을 가지고 돌아왔다. 돈 후앙은 숯을 담은 새 접시를 자기 앞에 내려놓았다. 책상다리를 하고 앉아 있던 그는 나를 흘끗 곁눈질해 보고는 턱이 거의 숯에 닿을 만큼 깊게 몸을 수그렸다. 그는 왼손에 파이프를 쥔 채 오른손을 번개처럼 빠르게 움직여 집어올린 뜨거운 숯덩이 하나를 파이프 안에 집어넣었다. 그런 다음 그는 허리를 펴고, 양손으로 파이프를 쥐고 입에 문 다음 세 번을 뻐금거렸다. 그는 팔을 뻗어 파이프를 건네주면서 양손에 쥐고 피우라고 강한 어조로 속삭였다.

한순간 파이프 피우는 것을 거절하고 이 자리에서 도망쳐버리면 어떨까 하는 생각이 들었지만, 돈 후앙은 여전히 속삭이는 듯한 말투로 파이프를 받아서 피우라고 재촉했다. 고개를 돌리자 그는 내 눈을 똑바로 쳐다보고 있었다. 그러나 그것은 엄하다기보다는 친절하고, 걱정해주는 듯한 시선이었다. 내가 이미 오래전에 결정을 내렸다는 사실은 명백했다. 그의 말에 따르는 수밖에 없었다.

나는 파이프를 받아들다가 자칫 떨어뜨릴 뻔했다. 이렇게 뜨거울 수가! 연기도 그만큼 뜨거울 것이라고 생각한 나는 극히 조심스럽게 파이프를 입에 물었다. 그러나 전혀 뜨겁지 않았다.

돈 후앙은 연기를 깊이 빨아들이라고 했다. 연기가 흘러들어오며 입 안에서 맴도는 듯한 느낌을 받았다. 정말로 진한 연기였다! 마치 입 한가득 밀가루 반죽을 머금고 있는 듯한 느낌이라고나 할까. 실제로 밀가루 반죽을 머금어본 경험은 없었지만 말이다. 연기에는 박하향 비슷한 느낌도 있어서, 입 안이 금세 시원해졌다. 매우 상쾌한 감각이었다. "한 번 더 빨아! 한 번 더!" 돈 후앙이 이렇게 속삭이는 것이 들렸다. 연기가 내 의지와는 거의 상관없이 제 맘대로 내 몸 안으로 스며들어오는 듯한 느낌을 받았다. 더 이상 돈 후앙의 재촉을 받을 필요는 없었다. 나는 기계적으로 연기를 빨았다.

갑자기 돈 후앙이 허리를 굽히더니 내가 들고 있던 파이프를 가져갔다. 그는 파이프 안의 재를 숯이 담긴 접시 위에 조심스럽게 털어 냈고, 손가락에 침을 묻혀 대통 안쪽을 닦아냈다. 그는 몇 번이나 파이프로 숨을 불어냈다. 그가 파이프를 케이스에 집어넣는 모습이 보였다. 그의 그런 동작이 내 흥미를 끌었다.

파이프를 청소하고 집어넣은 돈 후앙이 나를 응시했을 때, 비로소 나는 마치 박하를 채워넣은 것처럼 몸 전체가 저리다는 사실을 깨달았다. 얼굴이 무겁고 턱이 아팠다. 입을 다물 수가 없었지만 침은 나오지 않았다. 입 안은 불타는 듯이 메말라 있었지만 목이 마르지는 않았다. 머리 전체가 열에 들뜬 듯한 느낌. 차가운 열이다! 숨을 내쉴 때마다 콧구멍과 윗입술이 찢어지듯이 아팠다. 그러나 이것은 불에 탄다기보다는, 얼음조각에 찢기는 듯한 아픔이었다.

돈 후앙은 내 오른쪽에 미동도 않고 앉아서 파이프가 든 케이스를 바닥에 대고 누르고 있었다. 마치 파이프가 제멋대로 움직이려는 것을 위에서 힘으로 누르고 있는 듯한 광경이었다. 양손이 무거워졌다. 양팔이 축 늘어지며 내 어깨를 아래쪽으로 잡아당겼다. 코에서 콧물이 흘렀다. 손등으로 콧물을 닦아내자, 윗입술이 함께 닦여나갔다! 얼굴을 닦자, 얼굴살 전체가 발려나갔다! 나는 녹고 있었다! 살이 실제로 녹아내리는 듯한 느낌이었다. 나는 벌떡 일어서서 무엇이든지 좋으니 잡고 몸을 지탱해보려고 했다. 일찍이 경험한 적이 없을 만큼 지독한 공포를 느끼고 있었다. 나는 돈 후앙이 자기 방 한복판에 박아둔 장대를 부여잡고 매달렸다. 잠깐 그렇게 서 있다가, 몸을 돌려 돈 후앙을 바라보았다. 그는 파이프를 잡은 채로 여전히 꼼짝 않고 앉아서 나를 응시하고 있었다.

내 숨은 지독히도 뜨거웠다. (아니, 차가웠다고 해야 할까?) 숨이 막힐 지경이었다. 고개를 숙여 장대에 이마를 기대려고 했지만, 내 머리가 장대가 있는 지점을 그대로 지나쳐 계속 아래로 움직이는 것을 보니 방향을 잘못 잡은 것이 틀림없었다. 바닥에 엎어지기 직전에 몸을 추스르고 다시 일어섰다. 장대는 바로 내 눈앞에 있었다! 나는 다시 이마를 기대려고 했다. 나는 조심스럽게 몸을 움직이며 주위 상황을 의식하려고 노력했고, 고개를 숙여 이마를 장대에 갖다 대는 사이에도 줄곧 눈을 뜨고 있었다. 장대는 내 얼굴에서 10여 센티미터밖에는 떨어져 있지 않았다. 그러나 머리를 갖다 대자 내 머리가 장대를 그대로 통과해버린 것 같은 괴이한 느낌을 받았다.

이 현상을 설명하기 위해 필사적으로 이성적인 해석을 찾아 뒤적인 끝에, 나는 내 눈의 원근 감각이 정상이 아니라는 결론을 내렸다. 장대는 바로 눈앞에 있는 것처럼 보이지만 실제로는 3미터쯤 떨어져 있는 것이다. 곧 나는 장대의 위치를 파악하기 위해 논리적이고 이성적인 방법을 고안해냈다. 장대를 눈앞에 둔 채로, 옆으로 조금씩 발을 디디며 그 주위를 돌기 시작한 것이다. 이런 식으로 움직이며 장대 주위를 돈다면 내가 그리게 될 원의 지름은 1.5미터를 넘지는 않으리라는 계산이었다. 만약 저 장대가 정말로 3미터 앞에, 혹은 내 손이 닿지도 않을 정도로 먼 곳에 위치해 있다면, 원을 그리고 있는 나는 언젠가는 장대를 등지게 될 것이다. 그렇게 되면 장대는 실제로 내 뒤로 있게 되므로, 바로 그 순간 시야에서 사라질 것이라는 확신이 있었다.

이런 생각을 하며 장대 주위를 돌기 시작했지만, 장대는 여전히 내 눈앞에 있었다. 나는 좌절하고 화가 치민 나머지 양손으로 장대를 움켜잡았지만 내 손은 장대를 그대로 통과했다. 아무것도 없는 허공을 움켜잡고 있었던 것이다. 나는 장대와 내 몸 사이의 거리가 얼마나 되는지 주의 깊게 가늠해 보았다. 1미터쯤 되는 것 같았다. 그러니까, 내 눈은 장대가 1미터 떨어진 곳에 있다고 판단했다는 뜻이다. 잠시 동안 나는 고개를 좌우로 움직이면서 장대와 그 뒤쪽 배경에 양눈의 초점을 번갈아 맞춰보며 내 원근 지각을 시험해보았다. 내 원근 지각에 따르면 장대는 틀림없이 내 눈앞에 있었다. 1미터쯤 떨어진 곳에 말이다. 나는 머리를 보호하기 위해 양손을 앞으로 뻗친 다음 혼신의 힘을 다해 장대 쪽으로 돌진했다. 결과는 아까와 마찬가지였다. — 장대를 그대로 통과해버렸던 것이다. 나는 바닥에 엎어져 있었다. 다시 일어섰다. 이 일어서는 동작은 그날 밤 내가 했던 일 중에서도 가장 비일상적인 행위라고 할 수 있었다. 일어서려고 생각하자마자 저절로 몸이 일어섰던 것이다! 평소에 하던 대로 근육과 골격을 움직여서 일어난 것이 아니었다. 나는 더 이상 내 육체를 통제하지 못했고, 바닥에 엎어진 순간 그 사실을 깨닫고 있었다. 그러나 장대에 대한 호기심이 너무나도 강렬했던 나머지, 일어나려고 '결심한' 순간 나는 이미 일어서고 있었다. 이것은 거의 반사적인 행동이었고, 몸이 말을 듣지 않는다는 사실을 완전히 깨닫기도 전에 나는 우뚝 서 있었다.

나는 돈 후앙에게 도움을 청했다. 도와달라고 목청이 찢어져라 고래고래 외쳤지만, 돈 후앙은 움직이지 않았다. 마치 고개를 돌려 나를 똑바로 보고 싶지가 않다는 듯이, 여전히 곁눈질로 이쪽을 보고 있다. 나는 그가 있는 곳을 향해 한 걸음 내디뎠지만, 앞으로 움직이는 대신 뒤로 비틀거리다가 결국 벽 쪽으로 쓰러지고 말았다. 등이 벽에 격돌했다는 사실을 자각했지만, 벽에서는 딱딱한 느낌이 나지 않았다. 고체가 아니라, 부드러운 스펀지 같은 물질이 나를 지탱하고 있는 듯한 느낌이었다. — 그 물질은 벽이었다. 양팔을 펼친 자세로, 몸 전체가 벽 속으로 가라앉는 듯한 느낌을 받았다. 볼 수 있는 것이라고는 정면의 방뿐이었다. 돈 후앙은 여전히 나를 바라보고 있지만, 도와주려고 움직이는 기색은 없었다. 나는 온몸의 힘을 쥐어짜서 벽 밖으로 뛰쳐나가려고 했다. 그러나 몸은 점점 더 깊이 벽 속으로 빠져 들어갈 뿐이었다. 형언할 수 없는 공포에 사로잡힌 나는, 푹신푹신한 벽이 내 얼굴을 삼켜버리는 것을 느꼈다. 눈을 질끈 감으려고 했지만 눈꺼풀이 말을 듣지 않았다.

그런 다음 무슨 일이 일어났는지는 기억이 없다. 갑자기 돈 후앙이 바로 앞에 와 있었다. 다른 방이었다. 돈 후앙의 탁자와 불이 들어 있는 흙아궁이가 보였고, 시야 가장자리로는 집 밖의 울타리가 눈에 들어왔다. 모든 것이 또렷하게 보였다. 돈 후앙이 석유램프를 가져와서 중앙 들보에 걸어놓은 것이다. 다른 쪽도 보고 싶었지만 내 시선은 정면에 고정되어 있었다. 내 몸의 어떤 부분도 직접 보거나 느낄 수가 없었다. 내 숨소리조차도 들리지 않았다. 그러나 사고思考만은 지극히 명료한 상태였다. 나는 내 앞에서 지금 일어나고 있는 일을 또렷하게 의식할 수 있었다. 그러나 돈 후앙이 내게 다가오자 이 명료한 상태는 사라져버렸다. 무엇인가가 나의 내부에서 정지한 듯한 느낌이었다. 사고 따위는 더 이상 존재하지 않았다. 나는 돈 후앙이 다가오는 것을 보고 증오를 느꼈다. 그를 갈가리 찢어주고 싶다는 충동을 느꼈다. 실제로 그럴 수도 있었지만, 몸이 움직이지 않았다. 처음에 머리에 희미한 압박감을 느꼈지만 그 감각도 곧 사라져버렸다. 내게 남겨진 것은 오직 하나 — 돈 후앙에 대한 형언할 수 없는 분노였다. 코앞에까지 다가온 그를 보고, 할퀴고 갈가리 조각내고 싶다는 충동을 느꼈다. 나는 으르렁거리고 있었다. 나의 내부에 있는 무엇인가가 경련하기 시작했다. 돈 후앙이 내게 말을 걸었다. 나직하니 달래는 듯한 말투로, 형언하기 힘들만큼 기분 좋은 목소리였다. 그는 더 바싹 다가서더니 스페인의 자장가를 부르기 시작했다.

"레이디 성聖 아나님, 우리 아기는 왜 울고 있나요? 사과를 잊어버려서 그러는군요. 한 개 주지요. 두 개 주지요. 하나는 아기에게, 또 하나는 당신에게.(¿Señora Santa Ana, porque llora el niño? Por una manzana que se le ha perdido. Yo le dare una. Yo le dare dos. Una para el niño y otra para vos.)" 따스한 느낌이 온몸에 퍼졌다. 마음과 감각의 따스함이었다. 돈 후앙의 자장가가 아련하게 울려 퍼졌다. 그 노래는 잊고 있었던 어린 시절의 기억을 되살려냈다.

조금 전까지만 해도 나를 사로잡고 있던 거친 감정은 사라졌다. 분노는 곧 동경으로 — 돈 후앙에 대한 기쁨에 찬 애정으로 변했다.

그는 내게 잠들면 안 된다고 말했고, 내가 더 이상 육체를 가지고 있지 않으므로 무엇이든 원하는 것으로 변신할 수 있다고 말했다. 그는 뒤로 물러섰다. 내 시선은 평소와 같은 높이에 고정되어 있었다. 마치 돈 후앙 앞에 서 있는 듯한 느낌이었다. 그는 나를 향해 양팔을 뻗치며 자기 안으로 들어오라고 말했다.

내가 앞으로 갔던지, 아니면 그가 다가왔던 것 같다. 그의 양손은 거의 내 얼굴이나 눈에 맞닿아 있었지만 그것을 느끼지는 못했다. "내 가슴 속으로 들어오게." 그가 이렇게 말하는 것이 들렸다. 내가 그를 삼켜버리는 듯한 느낌이 왔다. 아까 스펀지 같은 벽에 묻혔을 때 느꼈던 것과 동일한 감각이었다.

이제는 주위를 보라고 명령하는 그의 목소리밖에 들리지 않았다. 그의 모습은 더 이상 보이지 않았다. 붉은 들판에서 번득이는 섬광이 보인 것으로 미루어 보아 눈은 뜨고 있었던 것 같다. 마치 감긴 눈꺼풀을 통해 빛을 보고 있는 듯한 느낌이었다. 그러고는 다시 사고가 돌아왔다. 생각들은 빠르게 쏟아져나오는 이미지 — 사람의 얼굴이나 풍경 — 의 형태를 취하고 있었다. 아무런 일관성도 없이 어떤 영상이 갑자기 나타났다가 사라지는 식이다. 꿈을 꿀 때 빠른 속도로 온갖 이미지가 겹치며 변화를 거듭하는 광경과 비슷했다. 이윽고 이런 생각들은 잦아들면서 약해졌고, 곧 완전히 사라져버렸다. 이제 남은 것이라고는 사랑의 느낌과 행복감뿐이었다. 더 이상 어떤 형상도, 빛도 볼 수 없었다. 느닷없이 나는 위로 끌어 올려졌다. 뚜렷한 부유浮遊의 느낌이 느껴졌다. 몸이 자유로워지면서 나는 수중, 아니면 공중에서 엄청나게 가볍고 빠르게 움직였다. 나는 뱀장어처럼 헤엄쳤다. 몸을 구부리거나 뒤틀면서 자유자재로 비상飛翔하거나 하강하거나 했다. 차가운 바람이 몸 주위로 불어오는 것을 느꼈다. 나는 깃털처럼 앞뒤로 하늘거리며 밑으로, 밑으로, 밑으로 내려가기 시작했다.

1963년 12월 28일 토요일

어제 저녁 늦게 잠에서 깼다. 돈 후앙은 내가 이틀 동안이나 푹 자고 있었다고 했다. 머리가 깨질 듯이 아팠다. 물을 조금 마시고 토했다. 지독하게 피곤했다. 나는 요기를 하고 다시 잠에 빠져들었다.

오늘은 긴장이 완전히 풀리고 원기를 되찾았다. 돈 후앙과 나는 작은 〈스모크〉와 함께한 경험에 대해 대화를 나눴다. 나는 여느 때처럼 그가 내가 경험한 모든 일을 빠짐없이 듣고 싶어하리라고 생각하고 얘기를 시작했다. 그러나 돈 후앙은 내 말을 가로막더니 그럴 필요가 없다고 했다. 내가 실질적으로 아무것도 하지 않고 그대로 곯아떨어져 버렸으니 얘기할 거리가 없다는 말이었다.

"그럼 제가 경험했던 것들은 뭡니까? 전혀 중요하지 않다는 얘깁니까?"

"중요하지 않아. 〈스모크〉의 경우에는 말야. 나중에 자네가 여행을 하는 방법을 배우고 나면 그때 가서 다시 얘기하기로 하지. 다른 물체 안으로 들어가는 방법을 배운 후에 말야."

"사람이 정말로 다른 물체 안으로 '들어가는' 것이 가능합니까?"

"기억 안 나나? 자네는 저 벽 '안으로' 들어갔고, 그걸 '통과했어'."

"제 머리가 이상해진 것이라고 생각했습니다."

"아니, 그건 사실이 아냐."

"당신이 처음으로 〈스모크〉를 피웠을 때도 나처럼 행동했습니까, 돈 후앙?"

"아니, 자네와는 달랐어. 자네와 나는 성향이 다르니까."

"그럼 당신은 어떻게 행동했습니까?"

돈 후앙은 대답하지 않았다. 나는 표현을 바꿔서 같은 질문을 해보았다. 그러나 그는 그 체험은 기억나지 않으며, 내 질문은 마치 어부에게 처음 고기를 잡았을 때 어떤 기분이었느냐고 묻는 것이나 다름없다고 대꾸했다.

그는 맹우로서의 〈스모크〉는 유일무이하고 독특한 존재라고 했다. 예전에 그가 메스칼리토에 대해서도 그렇게 얘기했다는 사실을 환기시키자, 그는 그것들이 모두 독특하지만 질적으로는 차이가 있다고 말했다.

"메스칼리토는 사람에게 말을 걸고 그 행동을 지도할 수 있으니까 수호자라고 불리는 거야. 메스칼리토는 올바로 사는 법을 가르쳐주지. 그리고 그는 사람의 외부에 존재하기 때문에 볼 수 있다네. 반면에 〈스모크〉는 맹우야. 그건 자신의 존재를 결코 내보이지 않은 채로 사람을 변화시키고 힘을 준다네. 〈스모크〉에게 말을 걸 수는 없어. 하지만 〈스모크〉는 육체를 앗아가서 자네를 공기처럼 가볍게 만들어주기 때문에, 사람은 그것이 존재한다는 사실을 알 수 있지. 단지 절대로 볼 수는 없어. 그렇지만 그것은 틀림없이 존재하고, 자네 몸을 앗아갔을 때처럼 상상하기도 힘든 일을 할 수 있는 힘을 사람에게 주는 거야."

"그때는 정말 내 몸을 잃어버렸다고 느꼈습니다, 돈 후앙."

"실제로 그랬다네."

"그렇다면 정말로 몸이 없어졌다는 말입니까?"

"자넨 그게 뭐라고 생각하고 있었나?"

"흐음, 잘 모르겠습니다. 저는 오직 제가 느낀 것들에 관해서만 얘기할 수 있을 뿐입니다."

"그게 바로 현실이야 — 자네가 느낀 것들 말야."

"하지만 당신의 눈에는 어떻게 비쳤습니까, 돈 후앙? 저는 어떤 모습을 하고 있었습니까?"

"내가 자네를 어떻게 보았든 그건 중요하지 않네. 자네가 장대를 움켜쥐었을 때와 마찬가지라고나 할까. 자넨 상대가 그곳에 존재하지 않는다고 느꼈기 때문에, 그 주위를 돌며 그것이 존재한다는 걸 확인하려고 했어. 하지만 장대를 향해 달려들었을 때는 또 그것이 존재하지 않는다고 느꼈지."

"하지만 당신은 지금 제 모습 그대로의 저를 보았던 것이 아닙니까?"

"아냐! 지금과는 전혀 달랐어!"

"맞습니다! 그건 인정할 수 있습니다. 하지만 제가 그렇게 느끼지는 못했어도, 그때 저는 틀림없이 몸을 가지고 있었죠?"

"그게 아냐! 빌어먹을! 그때 자네는 오늘의 자네 같은 몸을 가지고 있지는 않았어!"

"그럼 그때 제 몸에는 무슨 일이 일어났던 겁니까?"

"이미 이해했으리라고 생각했는데. 그 조그만 〈스모크〉가 자네 몸을 가지고 갔다는 사실을."

"그렇다면 제 몸은 어디로 가버렸던 겁니까?"

"그걸 내가 무슨 수로 안단 말인가!"

더 이상 이런 식으로 '합리적인' 설명을 끌어내려는 것은 헛된 노력이었다. 나는 그에게, 더 이상 논쟁을 벌이거나 바보 같은 질문을 할 생각은 없지만 만약 내가 내 몸을 잃어버리는 것이 가능하다는 생각을 받아들인다면 그건 내가 이성을 완전히 상실하는 꼴이 될 것이라고 말했다.

돈 후앙은 내가 늘 그러듯이 사실을 과대포장하고 있을 뿐이고, 조그만 〈스모크〉 때문에 잃어버릴 것은 아무것도 없을 거라고 말했다.

1964년 1월 28일 화요일

나는 스모크를 체험해보고 싶어하는 사람들에게 그걸 주는 것에 대해서는 어떻게 생각하느냐고 돈 후앙에게 물었다.

돈 후앙은 분개한 어조로 아무에게나 스모크를 주는 것은 그를 죽이는 행위나 마찬가지라고 했다. 안내해줄 사람이 없기 때문이라는 것이었다. 그게 무슨 뜻이냐고 묻자, 내가 이렇게 멀쩡하게 살아서 그와 얘기를 나눌 수 있는 것은 그가 나를 데리고 돌아왔기 때문이라는 대답이 돌아왔다. 내 몸을 되돌려놓은 사람은 바로 그이고, 그가 없었으면 나는 결코 깨어나지 못했을 거라는 얘기였다.

"어떻게 제 몸을 되돌려놓은 겁니까, 돈 후앙?"

"그건 나중에 배울 테지만, 늦든 빠르든 자네 힘으로만 그렇게 하는 방법을 터득해야 해. 그래서 내가 있는 동안에 자네가 가급적 많은 걸 배우기를 원하는 거야. 말도 안 되는 멍청한 질문을 하느라고 이미 많은 시간을 낭비했으니까 말이야. 하지만 자넨 작은 스모크에 관해 모든 것을 배울 운명이 아닌지도 모르겠군."

"흠, 그럼 전 어떻게 해야 합니까?"

"스모크한테서 배울 수 있는 만큼 배워야 해."

"스모크도 가르칩니까?"

"물론 가르치지."

"메스칼리토가 그러는 것처럼?"

"아니. 메스칼리토처럼 스승 노릇은 하지 않아. 메스칼리토와 같은 것들을 보여주지도 않고."

"그럼 스모크는 뭘 가르쳐준단 말입니까?"

"그 힘을 어떻게 다루면 되는지를 알려주지. 그리고 그걸 배우기 위해서는 그걸 가능한 한 많이 피워봐야 해."

"당신의 이 맹우는 정말 무시무시하군요, 돈 후앙. 여태껏 제가 경험한 그 어떤 것과도 달랐습니다. 저는 완전히 미쳐버리는 줄 알았습니다."

어떤 이유에선지는 몰라도 내가 받은 가장 강렬한 인상은 바로 그것이었다. 예전에도 다른 환각 체험들을 해본 적이 있기 때문에 서로 비교해볼 수 있는 특수한 입장에서 그 경험 전체를 바라봤지만 줄기차게 떠오르는 유일한 생각은, 스모크를 피우면 사람이 미쳐버린다는 것이었다.

돈 후앙은 나의 이런 표현은 무시하고, 내가 실제로 느꼈던 것은 스모크의 상상을 초월하는 힘이었다고 말했다. 그리고 그 힘을 다루기 위해서는 강하게 살아야 한다고 했다. 강한 삶이란 단지 준비 단계에만 해당되는 것이 아니라 체험을 한 이후의 태도도 포함한다고 그는 말했다. 스모크는 너무나 강력하기 때문에 거기에는 오로지 힘으로 맞설 수밖에 없다는 것이다. 그러지 않으면 그 사람의 삶은 풍비박산이 난다고 했다.

나는 스모크가 누구에게나 동일한 영향을 끼치는지를 물어보았다. 돈 후앙은 그것이 변신을 일으키긴 하지만 모든 사람이 변신하는 것은 아니라고 했다.

"그렇다면 스모크가 제게 그런 효과를 불러일으킨 특별한 이유가 있습니까?" 나는 물었다.

"그거야말로 정말 멍청한 질문이로군. 자넨 필요한 모든 절차를 충실하게 밟았잖나. 스모크가 자네를 변신하게 한 건 전혀 신기할 게 없어."

나는 그때의 내 모습에 관해서 또 질문을 던졌다. 어떤 모습으로 변했는지 알고 싶었기 때문이다. 돈 후앙이 내 마음속에 심어놓은 '몸이 없는 존재'의 이미지란 내 입장에서는 당연히 견디기 힘든 무엇이었기 때문이다.

그러자 돈 후앙은, 솔직히 말해서 나를 바라보는 것이 두려웠다고 털어놓았다. 자기 은사도 돈 후앙이 처음 스모크를 피우는 것을 보았을 때는 필시 같은 느낌이었으리라는 것이다.

"왜 두려웠단 겁니까? 제가 그렇게 무시무시했습니까?" 나는 물었다.

"나는 지금까지 누가 스모크를 피우는 걸 본 적이 없었거든."

"은사님이 피우는 걸 못 봤습니까?"

"아니."

"그럼 자기가 그러는 것도 못 봤단 말입니까?"

"어떻게 자기를 본단 말인가?"

"거울 앞에서 피우면 되지 않습니까."

돈 후앙은 대답하지 않았다. 단지 나를 쳐다보며 고개를 가로저었을 뿐이었다. 나는 거울을 들여다보는 것이 가능한지 재차 물었다.

그러자 그는 가능하기는 하겠지만 아무런 소용이 없을 거라고 했다. 보나 마나 공포를 못 이겨 죽어버리는 것이 고작이기 때문이라는 것이다.

내가 말했다. "그럼 끔찍한 모습이 된다는 거로군요."

"나도 평생 그게 궁금했었네." 그가 말했다. "하지만 묻지도 않았고, 거울을 들여다보지도 않았지. 거울을 본다는 건 생각조차 하지 않았어."

"그럼 어떻게 확인하면 될까요?"

"나처럼 스모크를 다른 사람에게 넘길 때까지 기다려야 해 — 물론 자네가 스모크를 완전히 터득한다면 말이지만. 그런다면 그때 사람이 어떤 모습이 되는지를 알 수 있을 걸세. 그게 규칙이야."

"만약 제가 카메라 앞에서 스모크를 피우고 사진을 찍는다면 무슨 일이 일어날까요?"

"글쎄. 스모크가 자네를 적대할 수도 있겠지. 자넨 스모크는 정말 무해해서 가지고 놀아도 된다고 느끼고 있는 것 같지만 말이야."

나는 그것을 가지고 놀 생각은 없다고 말했다. 하지만 스모크의 경우는 정해진 절차를 따를 필요가 없다고 돈 후앙도 말하지 않았는가. 그래서 스모크를 피울 때 어떤 모습이 되는지를 알고 싶어하는 것은 해롭지 않을 거라고 생각했던 것이다. 그러자 돈 후앙은 내가 한 말을 정정하여, 자기가 한 말은 악마초처럼 특별한 순서를 따를 필요가 없다는 뜻이었다고 말했다. 스모크에게는 단지 적절한 태도만 갖추면 된다는 것이다. 그런 관점에서 보면 스모크의 경우에도 규칙을 정확하게 따를 필요가 있다는 얘기였다. 돈 후앙은 스모크 혼합물 재료의 경우 양만 정확하면 되고 어느 재료를 먼저 입수하는지는 문제가 되지 않는다는 점을 예로 들었다.

나는 내가 한 체험을 다른 사람에게 얘기해도 해가 되지 않는지 물었다. 돈 후앙은 내가 절대로 밝혀서는 안 되는 비밀은 혼합물의 제조법과 스모크 흡입 후 이동하는 방법과 되돌아오는 방법뿐이고, 다른 것들은 중요하지 않다고 말했다.

8

내가 메스칼리토와 마지막으로 조우한 것은 그것을 나흘 연속으로 4회에 걸쳐 복용했을 때였다. 돈 후앙은 이런 긴 의식을 미토테 mitote라고 불렀다. 이것은 페요테로스*들과 제자들을 위한 페요테 의식을 의미한다. 우리 말고도 돈 후앙과 같은 연배의 노인 두 사람 — 그중 한 명이 지도자였다 — 과, 나를 포함해서 다섯 명의 청년이 참가했다.

의식은 텍사스와 국경을 맞댄 치와와 주에서 치러졌다. 참석자들은 밤새도록 노래를 부르며 페요테를 섭취했다. 낮에는 의식이 치러지는 장소 밖에 머물러 있던 여성 조력자들이 각 참석자에게 물을 가져다줬다. 우리는 매일 극히 소량의 의식용 음식을 먹었을 뿐이었다.

1964년 9월 12일 토요일

의식이 시작된 첫날인 9월 3일 목요일 밤에, 나는 여덟 개의 페요테를 먹었다. 내게는 아무런 효과도 일어나지 않았다. 있다고 해도 극히 미

* 페요테 채집에 종사하는 멕시코계의 친족 집단

미한 것이었다. 그날 밤에는 대부분의 시간을 눈을 감고 있었다. 그러는 편이 훨씬 더 편했기 때문이다. 나는 잠들지도 않았고, 피로를 느끼지도 않았다. 의식이 막판에 다다르자 노랫소리가 지극히 인상적으로 변했다. 한순간 나는 고양감을 느끼면서 흐느껴 울고 싶은 충동에 사로잡혔다. 그러나 노래가 끝나자 이런 감정은 곧 사라졌다.

우리는 일제히 일어나 밖으로 나갔다. 여자들이 물을 가져다주었다. 입 안을 가시기만 하는 사람도 있었고, 마시는 사람도 있었다. 사내들은 전혀 말을 하지 않았지만 여자들은 하루종일 잡담을 나누며 킥킥 웃어댔다. 의식용 음식은 정오에 나왔다. 옥수수를 삶은 것이었다.

9월 4일 금요일 해가 질 때 두 번째 의식이 시작되었다. 지도자는 자신의 페요테 노래를 불렀고, 번갈아가며 노래를 부르고 페요테를 먹는 의식이 또 한 차례 시작되었다. 의식은 각 사내가 자신의 페요테 노래를 다른 사람들과 함께 제창하는 것으로 끝났다.

밖으로 나가자 어제만큼 여자가 많지 않았다. 누군가가 내게 물을 줬지만, 나는 더 이상 주위 환경에 신경을 쓰지 않고 있었다. 이번에도 여덟 개의 페요테 단추를 먹었는데 이번에는 효과가 달랐기 때문이다.

모두가 함께 제창하는 노래의 속도가 급격히 빨라진 것은 세션이 끝나갈 무렵이었던 듯하다. 그때 나는 어떤 것, 아니면 어떤 사람이 집 밖에서 안으로 들어오고 싶어하고 있다는 느낌을 받았다. 우리의 노래가 그것이 문을 박차고 집 안으로 돌아오는 것을 막기 위한 것인지, 아니면 그것을 안으로 유인하기 위한 것인지는 알 수 없었다.

노래를 갖고 있지 않은 사람은 나 혼자였다. 모두가, 특히 청년들이 묻는 듯한 표정으로 나를 보는 듯했다. 나는 당혹한 나머지 눈을 감아버렸다.

그때 나는 눈을 감으면 주위를 더 잘 감지할 수 있다는 사실을 깨달았다. 나는 이 생각에 완전히 정신이 팔렸다. 눈을 감고 앞에 있는 사내들을 보았다. 눈을 떠도 내가 보는 광경에는 변함이 없었다. 눈을 감든 뜨든 주위의 광경은 완전히 일치했던 것이다.

느닷없이 모든 것이 사라지거나 부스러졌고, 그 자리에 2년 전에 본 적이 있는 메스칼리토의 사람을 닮은 모습이 나타났다. 그는 내게 옆얼굴을 보이고 조금 떨어진 곳에 앉아 있었다. 나는 그를 주시했지만 그는 나를 보지 않았다. 그는 한 번도 내 쪽으로 고개를 돌리지 않았다.

나는 내가 뭔가 잘못하고 있다고 생각했다. 뭔가가 그가 내게서 멀리 있도록 막고 있었던 것이다. 나는 그것에 대해 물어보려고 일어서서 그를 향해 걸어갔지만, 움직이는 행위가 그의 모습을 사라지게 했다. 그의 모습은 흐릿해지고, 나와 함께 있던 사내들의 모습이 그 위에 겹쳤다. 귀청을 찢을 듯이 열광적인 노랫소리가 또다시 들려오기 시작했다.

나는 근처의 덤불숲으로 들어가서 잠시 걸었다. 모든 것이 또렷이 보였다. 나는 내가 어둠 속에서 사물을 보고 있는 것을 알아차렸지만 이번에는 거기에 거의 신경이 쓰이지 않았다. 중요한 의문은 따로 있었다. 메스칼리토는 왜 나를 피했을까?

다시 일행이 있는 곳으로 돌아갔다. 집으로 들어가려고 했을 때 낮게 우르릉거리는 소리가 들리면서 진동을 느꼈다. 땅이 흔들렸다. 2년 전에 페요테의 골짜기에서 들었던 것과 같은 소리였다.

나는 또다시 덤불로 뛰어들어갔다. 메스칼리토가 그곳에 있으니 그곳에 가면 그를 찾을 수 있으리라는 것을 알고 있었다. 그러나 그는 그곳에 없었다. 아침까지 기다렸다가 의식이 끝나기 직전에 다른 사람들과 합류했다.

사흘째에도 같은 절차가 되풀이됐다. 피로를 느끼지는 않았지만, 오후에는 잠을 잤다.

9월 5일 토요일 저녁에 지도자인 노인이 자신의 페요테 노래를 부름으로써 다시 한 차례의 의식이 시작되었다. 이 의식이 진행되는 동안 나는 페요테를 한 덩어리만 먹고 사람들의 노랫소리에는 귀를 기울이지 않았다. 주위에서 일어나는 일에도 주의를 기울이지 않았다. 나는 처음부터 단 한 가지 일에만 모든 주의를 집중하고 있었다. 나의 평안과 행복에 엄청나게 중요한 뭔가가 빠져 있다는 사실을 알았기 때문이다.

사내들이 노래를 부르는 동안 나는 큰 소리로 메스칼리토에게 노래를 하나 가르쳐달라고 청했다. 나의 간원은 사내들의 커다란 노랫소리와 한데 뒤섞였다. 그러자마자 귀에 노래 하나가 들려왔다. 나는 몸을 돌려 사내들을 등지고 앉아 귀를 기울였다. 노랫가락과 가사가 거듭거듭 들려왔고, 나는 그것을 완전히 터득할 때까지 따라 했다. 스페인어 노래였다. 그다음에 나는 일동을 향해 그 노래를 몇 번 불렀다. 그러자 얼마 되지 않아 새로운 노래가 귀에 들려왔다. 동이 틀 때까지 나는 이 두 노래를 수없이 되풀이해서 불렀다. 마치 새로 태어난 듯 활력에 찬 기분을 느꼈다.

물이 공급된 후에 돈 후앙은 내게 주머니 하나를 건넸다. 우리는 모두 야산을 향해 출발했다. 낮은 메사mesa*로 올라가는 길고 힘든 여정이었다. 그곳에서 나는 몇 포기의 페요테를 목격했다. 그러나 어떤 이유에서인지 나는 그것들을 바라보고 싶지 않았다. 메사를 가로지른 일행은 그곳에서 해산했다. 돈 후앙과 나는 왔던 길을 되돌아가며 처음에 내가 그를 도와서 한 것처럼 페요테를 따 모았다.

우리는 9월 6일 일요일 늦은 오후에 돌아왔다. 저녁이 되자 지도자는 또다시 한 차례의 의식을 개시했다. 아무도 가르쳐주지 않았지만 나는 이것이 마지막 집회라는 사실을 명명백백하게 알고 있었다. 나이 든 지도자는 이번에는 새로운 노래를 불렀다. 갓 딴 페요테 단추가 분배되었다. 갓 딴 페요테를 맛보는 것은 난생처음이었다. 과육 같은 느낌이었지만 질겨서 씹기가 힘들었다. 겉모습은 딱딱한 녹색 과일을 닮았고, 덩어리로 말린 것에 비하면 더 톡 쏘고 쓴맛이 났다. 개인적으로는 말린 페요테와는 비교할 수도 없을 정도로 생생하게 살아 있다는 인상을 받았다.

나는 몇 개를 먹었는지 주의 깊게 세면서 도합 열네 개를 씹어먹

* 탁상대지卓上臺地: 탁상처럼 넓고 편편한 형태로 주변부에 비해 솟아올라 있는 땅.

었다. 마지막 것은 씹지 못했다. 메스칼리토가 와 있음을 알리는 귀에 익은 굉음을 들었기 때문이다. 모든 사람이 열광적으로 노래를 부르기 시작했다. 나는 돈 후앙을 포함한 모든 사람이 실제로 그 굉음을 들었다고 확신했다. 이들이 보인 반응이, 단지 나를 속일 목적으로 그중 한 사람이 보낸 신호에 의해 나온 것이라고는 도저히 생각하기 힘들었기 때문이다.

바로 그 순간, 예지叡智가 노도처럼 몰려와서 나를 집어삼키는 것을 느꼈다. 과거 3년 동안이나 이래저래 억측만 하던 것은 이제 확신으로 바뀌었다. 로포포라 윌리엄시Lophophora williamsii라는 학명으로 불리는 선인장 속에 든 것이 무엇이든 간에, 그것은 나와는 전혀 무관한 실체로서 존재한다는 사실 말이다. 그것은 나의 외부에 독자적으로 존재했다. 이것을 인식, 아니 발견하기까지는 3년이나 걸렸지만, 이제는 알았다.

나는 목이 쉴 때까지 열광적으로 노래를 불렀다. 나의 노래들이 마치 내 몸 안에 들어와서 나를 마구 흔들어대는 듯한 느낌이었다. 당장 밖으로 나가서 메스칼리토를 찾지 않는다면 폭발해버릴지도 모른다. 나는 페요테의 들판을 향해 걸어갔다. 계속 노래를 부르며, 그 낱낱의 노래가 모두 내 것이라는 사실을 자각했다 — 이것은 나의 단일성單一性을 보여주는 확고부동한 증거였다. 나는 한 걸음 한 걸음의 발걸음을 모두 자각했다. 발소리가 지면에서 반향되어 들려왔다. 그 소리는 인간으로 존재한다는 형언할 수 없는 희열감을 불러일으켰다.

들판에 자라는 페요테 하나하나가 푸르스름한 빛을 발하며 반짝이고 있었다. 그중 하나는 매우 밝은 빛을 가지고 있었다. 나는 그 앞에 앉아 내 노래들을 불러주었다. 노래를 부르고 있을 때 메스칼리토가 페요테에서 나왔다 — 내가 예전에 목격했던, 사람을 닮은 모습이었다. 그는 나를 쳐다보았다. 평소의 내 성격과는 상반되는 대담무쌍한 태도로, 나는 그를 향해 노래를 불렀다. 피리나 바람소리 같은, 귀에 익은 음악적인 진동이 느껴졌다. 그는 2년 전에 그랬던 것과 마찬가지로, "뭘 원하나?"라고 말한 듯했다.

나는 쩌렁쩌렁 울리는 목소리로 말했다. 내 삶과 행동에 뭔가 잘못된 부분이 있는 건 알겠는데, 그게 뭔지를 알아내지 못하겠다고 말이다. 나는 내 문제가 무엇인지 알려달라고 간청했다. 내가 그를 필요로 할 때 부를 수 있도록 그의 이름을 가르쳐달라고도 요청했다. 그는 나를 쳐다보고 입을 나팔처럼 길쭉하게 늘려 내 귀에 닿게 하더니, 자기 이름을 말해주었다.

갑자기 나는 나의 아버지가 페요테 들판 한복판에 서 있는 것을 보았다. 그러나 잘 보니 들판은 사라지고 내가 어린 시절에 살던 옛집의 뜰로 바뀌어 있었다. 아버지와 나는 무화과나무 옆에 함께 서 있었다. 나는 아버지를 포옹하고 그를 향해 예전에는 결코 하지 못했던 말들을 마구 쏟아내기 시작했다. 내 머리에 떠오른 생각은 하나같이 간결하고 사리에 맞는 것들이었다. 시간이 거의 없는 탓에 모든 얘기를 한꺼번에 하고 있는 기분이었다. 나는 아버지에 대한 내 감정에 관해 경천동지할 얘기를 털어놓았다. 보통 상황이었다면 결코 입 밖에 낼 수 없었을 얘기들을 말이다.

아버지는 아무 말도 하지 않고 단지 내 말에 귀를 기울이고 있기만 했다. 곧 그는 누군가가 잡아당기거나 빨아들인 것처럼 그 자리에서 사라졌다. 나는 또다시 혼자였다. 나는 자책감과 슬픔에 사로잡힌 나머지 흐느껴 울었다.

나는 메스칼리토가 가르쳐준 이름을 부르며 페요테의 들판을 걸어갔다. 페요테 위의 기묘한 별빛 같은 불빛으로부터 무엇인가가 나타났다. 그것은 길고 반짝이는 물체 — 사람 크기의 빛줄기였다. 그것은 한순간 강렬하고 노리끼리한 빛이랄까, 호박색 빛을 발하며 들판 전체를 비췄다. 그러더니 위쪽의 하늘 전체를 밝히며 놀랍도록 아름다운 광경을 만들어냈다. 계속 바라보다가는 눈이 멀 지경이었다. 나는 눈을 가리고 팔에 얼굴을 묻었다.

나는 메스칼리토가 페요테 단추를 하나 더 먹으라고 했다는 뚜렷한 인상을 받았다. 나는 생각했다. '그걸 자를 나이프가 없으니 먹을 수가 없네.'

"자르지 말고 그대로 먹어." 그는 아까처럼 묘한 방식으로 내게 말했다.

나는 엎드려서 페요테 윗부분을 먹었다. 그것은 내게 불을 붙였다. 내 몸 구석구석을 따스함과 솔직함으로 가득 채웠다. 모든 것이 살아 있었다. 모든 것이 정교하고 복잡한 세부를 가지고 있었지만, 그와 동시에 너무나도 단순했다. 나는 모든 곳에 있었다. 위와 아래와 주위를 동시에 볼 수 있었다.

이 독특한 감각은 내가 자각할 수 있을 정도로 오래 지속됐다. 이

읏고 그것은 무거운 공포로 바뀌었다. 공포는 불시에 엄습하지는 않았지만, 어떻게인가 재빠르게 찾아왔다. 처음엔 날카로운 잡음이 침묵에 둘러싸인 나의 경이로운 세계를 뒤흔들었지만 나는 크게 개의치 않았다. 그러자 잡음이 한층 더 커지면서 끊이지 않고 들려왔다. 마치 내게로 점점 다가오는 듯한 느낌이었다. 미분화 상태의 무심하고 아름다운 세계에 둥둥 떠 있던 느낌은 점점 사라져버렸다. 잡음은 엄청나게 큰 발소리로 변했다. 뭔가 거대한 것이 숨소리를 씩씩거리며 내 주위를 돌아다니고 있었다. 나는 그것이 나를 사냥하려고 한다고 느꼈다.

나는 바위 밑으로 도망쳐 몸을 숨기고 어디서 무엇이 나를 쫓아오고 있는지 알아내려고 애썼다. 내가 은신처에서 기어나와 주위를 둘러보는 순간, 나를 쫓아온 존재가 달려들었다. 해초같이 생긴 것이었다. 그것이 나를 덮쳤다. 그 무게에 짜부라질 것 같은 생각이 드는 순간, 나는 내가 원통이나 공동空洞 안에 들어 있는 것을 깨달았다. 해초가 내 주위의 지면을 완전히 뒤덮지는 않았다는 것이 분명히 보였다. 바위 밑에 해초에 덮이지 않은 약간의 틈새가 있었다. 나는 그 아래로 기어들어갔다. 거대한 액체 방울이 해초에서 뚝뚝 떨어지는 것을 보았다. 나는 그것이 나를 녹이기 위해 위산을 분비하고 있다는 사실을 '알고' 있었다. 한 방울이 내 팔에 떨어졌다. 나는 계속 땅을 파면서, 팔에 떨어진 위산을 흙으로 닦아내고 침을 발랐다. 어느 시점에서 나는 거의 증기 비슷한 상태가 되어 있었다. 나는 빛을 향해 밀려올라가고 있었다. 나는 해초가 나를 소화해버렸다고 생각했다. 어렴풋하게 빛을 느꼈다. 빛은 더 밝아졌다. 빛은 땅속에서 밀려 올라왔고, 급기야는 폭발했다. 나는 그것이 산 뒤에서 올라온 태양임을 깨달았다.

나는 조금씩 일상적인 지각을 되찾았다. 나는 엎드린 자세로 겹친 팔 위에 턱을 얹었다. 눈앞에 있는 페요테가 또다시 빛을 발하기 시작했다. 내가 미처 눈을 돌리기도 전에 길쭉한 빛이 또 나타나더니 내 위에서 부유했다. 나는 상체를 일으켜 앉았다. 빛은 고요하고도 힘차게 나의 몸 전체를 어루만지더니 곧 시야 밖으로 굴러가 버렸다.

나는 다른 사람들이 있는 곳까지 쉬지 않고 달려갔다. 우리는 모두 읍내로 돌아왔다. 돈 후앙과 나는 페요테 의식의 지도자인 돈 로베르토 집에 하루 더 묵었다. 집에 있는 내내 나는 잠을 잤다. 우리가 떠나려고 하자 페요테 의식에 참가했던 청년들이 나에게로 왔다. 그들은 한 사람씩 나를 포옹했고, 수줍은 듯이 웃었다. 각자 자기소개를 했다. 나는 그들과 페요테 의식을 제외한 모든 것에 관해 몇 시간 동안이나 얘기를 나눴다.

돈 후앙이 떠날 시간이라고 말했다. 청년들은 또 나를 포옹했다. "또 오세요." 한 사람이 말했다. "다시 만나기를 벌써부터 고대하고 있답니다." 다른 사람이 이렇게 덧붙였다. 나는 의식에 참가했던 더 나이 든 사람들을 찾아보려고 천천히 차를 몰았지만 아무도 눈에 띄지 않았다.

1964년 9월 10일 목요일

돈 후앙에게 나의 경험을 이야기하기 위해서는 언제나 안간힘을 써서 기억을 하나하나씩 떠올리는 수밖에 없었다. 모든 것을 기억하려면 이 방법밖에는 없는 듯했다.

오늘 나는 지난번 메스칼리토와의 만남을 그에게 자세히 이야기해주었다. 돈 후앙은 주의 깊게 귀를 기울였지만, 메스칼리토가 자기 이름을 말해준 대목에 이르자 내 말을 가로막았다.

"이제 자넨 홀로서기를 해야 하네." 그는 말했다. "수호자가 자네를 받아들였어. 지금부터 나는 별 도움이 안 될 거야. 그와의 관계에 대해서는 더 이상 아무 얘기도 할 필요가 없네. 자넨 이제 그의 이름을 알아. 앞으로는 살아 있는 존재에게 그의 이름이라든지 자네와의 교류에 관해 발설하는 일이 있어서는 절대로 안 돼."

나는, 그래도 내 경험에 관해 자세하게 이야기를 나누고 싶다고 버텼다. 도무지 이해할 수가 없었기 때문이다. 그래서 내가 본 것을 해석하려면 그의 도움이 필요하다고 말했다. 돈 후앙은 그런 것은 나 혼자서도 할 수 있고, 이제는 스스로 생각하는 법을 배워야 한다고 대답했다. 나는 스스로 결론을 내려면 너무 오랜 시간이 걸리고, 어떻게 그래야 하는지도 모르기 때문에 그의 의견을 듣고 싶은 것이라고 우겼다.

"이를테면 그 노래 있잖습니까. 그것들은 뭘 의미합니까?"

"그게 뭘 의미하는지는 오직 자네만이 알 수 있어." 그는 말했다.

"난들 무슨 뜻인지 어떻게 알겠나? 오로지 수호자만이 자네에게 그걸 가르쳐줄 수 있어. 오로지 그만이 자기 노래를 자네에게 가르쳐줄 수 있는 것처럼 말이야. 만약 내가 자네에게 그 의미를 가르쳐준다면, 자넨 누군가 다른 사람의 노래를 배운 것밖에는 안 돼."

"그게 무슨 뜻입니까, 돈 후앙?"

"사람들이 수호자의 노래를 부르는 걸 들어보면 누가 가짜인지 금세 알아차릴 수 있다네. 오직 혼이 깃든 노래만이 그의 것이고, 그가 직접 가르쳐준 거야. 그 밖의 것은 모두 다른 사람들의 노래를 베낀 것이라네. 사람들은 이따금 그렇게 기만적이 되곤 하지. 무슨 뜻인지도 모르면서 다른 사람의 노래를 부르는 거야."

나는 단지 그 노래들이 어떤 목적으로 쓰이는지를 알고 싶었다고 대꾸했다. 돈 후앙은 내가 배운 노래들은 수호자를 불러내기 위한 것이고, 그를 부를 때는 언제나 그의 이름과 함께 그것을 써야 한다고 말했다. 돈 후앙은 메스칼리토가 아마 나중에 다른 목적을 위한 노래들도 가르쳐줄 거라고 덧붙였다.

나는 수호자가 나를 완전히 받아들였다고 생각하느냐고 물었다. 돈 후앙은 마치 내가 어리석은 질문을 하고 있다는 듯이 웃었다. 수호자는 나를 받아들였고, 그 사실을 내가 확인할 수 있도록 두 번이나 빛이 되어 모습을 나타냈다는 것이다. 돈 후앙은 내가 두 번이나 빛을 보았다는 사실에 매우 감명받은 기색으로 나와 메스칼리토의 만남의 그 측면을 강조했다.

나는 수호자가 나를 받아들였으면서도 동시에 어떻게 그렇게까지 나를 겁에 질리게 할 수가 있는지를 이해할 수 없다고 말했다.

돈 후앙은 오랫동안 대답하지 않았다. 무척이나 당혹한 기색이었다. 이윽고 그는 말했다. "너무나도 명백하잖나. 그가 뭘 원하는지가 그렇게 명백한데도 자넨 어떻게 그걸 오해할 수 있는지 이해할 수가 없군."

"저는 아직도 뭐가 뭔지 하나도 모르겠습니다, 돈 후앙."

"메스칼리토의 의향이 뭔지를 정말로 알아차리고 이해하려면 시간이 걸리네. 그가 준 교훈이 분명해질 때까지 계속 생각해보게."

1964년 9월 11일 금요일

나는 또 돈 후앙에게 나의 그 계시적인 경험을 해석해달라고 졸랐다. 돈 후앙은 한동안 대답을 피했다. 그러다가는 마치 지금까지 줄곧 메스칼리토에 관한 대화를 나누고 있기나 했던 듯이 운을 뗐다.

"메스칼리토가 말을 나눌 수 있는 사람 같은 존재인지 아닌지를 묻는다는 게 얼마나 멍청한 짓인지 아나?" 돈 후앙은 말했다. "그는 자네가 보아온 그 어떤 것과도 달라. 그는 인간 같지만, 그와 동시에 인간과는 전혀 달라. 메스칼리토에 관해 전혀 모르면서 한꺼번에 그에 관한 모든 걸 알아내려고 하는 사람들한테 그 점을 설명해주는 건 쉽지가 않다네. 게다가 그의 가르침은 그의 존재 못지않게 불가사의하단 말일세. 내가 아는 한 그 어떤 사람도 그의 행동을 예상할 수는 없네. 자넨 단지 그에게 질문하고 그는 자네에게 해답을 보여줄 뿐이지만, 나나 자네가 서로 말을 나누는 것과 같은 식으로 대답해주지는 않아. 이제 그가 뭘 하는지 이해하겠나?"

"그건 이해하기 어렵지 않다고 생각합니다. 제가 이해하지 못하는 것은 그가 준 해답의 의미입니다."

"자넨 자네의 문제가 뭔지를 그에게 물었고, 그는 자네에게 완전한 그림을 보여줬어. 그걸 모른다는 건 말이 안 돼! 이해 못한다고 주장할 수가 없는 거야. 그건 대화가 아니었지만 — 대화였네. 그런 다음 자넨 다른 질문을 했고, 그는 전과 똑같은 방법으로 대답해줬어. 그게 무슨 뜻이었는지는 나도 잘 모르겠네. 자넨 그때 무슨 질문을 했는지를 내게 얘기해주려고 하지 않으니까 말이야."

나는 내가 한 것으로 기억되는 질문들을 메스칼리토에게 말한 순서대로 아주 신중하게 되풀이했다. "저는 옳은 일을 하고 있는 겁니까? 저는 옳은 길을 가고 있습니까? 제 인생에 저는 무엇을 해야 합니까?" 돈 후앙은 내가 한 질문들은 단지 말에 불과하다고 했다. 입으로 말하는 것이 아니라 내면에서 묻는 편이 낫다는 것이다. 돈 후앙은 수호자는 겁을 주어 나를 쫓아버리려고 한 것이 아니라 가르침을 주려고 했고, 그 사실을 증명하기 위해 두 번 빛으로 나타난 것이라고 말했다.

나는 메스칼리토가 나를 받아들인 것이 사실이라면 왜 그렇게 겁을 줬는지 여전히 이해가 되지 않는다고 말했다. 돈 후앙도 메스칼리토는 자신이 받아들인 사람에게는 일정한 모습을 유지하고, 지복至福 상태를 갑자기 악몽으로 뒤집거나 하는 일은 없다고 말하지 않았는

가. 돈 후앙은 나를 보고 또 웃음을 터뜨리면서, 내가 메스칼리토와 얘기를 나눴을 때 내 가슴속에 들어 있던 질문에 대해 곰곰이 생각해 본다면 혼자서도 그 가르침이 무엇인지를 이해할 수 있게 될 거라고 말했다.

그때 내 '가슴' 속에 들어있던 질문이 무엇인지를 생각해보는 것은 어려운 문제였다. 나는 돈 후앙에게, 그때 내 마음속에서는 많은 생각이 교차하고 있었다고 말했다. 내가 올바른 길을 가고 있는지를 물었을 때, 실제로는 다음과 같은 여러 질문을 하고 있었던 것이다. 나는 두 세계에 한 발씩 발을 담그고 있는 겁니까? 어느 쪽이 올바른 세계입니까? 제 인생은 어느 방향으로 나아가야 합니까?

돈 후앙은 내 설명에 귀를 기울이더니 내가 세계에 관해 명확한 관점을 갖추고 있지 않다는 결론을 내렸고, 수호자는 그런 내게 기가 막힐 정도로 명명백백한 가르침을 주었다고 잘라 말했다.

그는 말했다. "자넨 자기 앞에 두 세계가 있다고 믿고 있어. ─ 두 갈래의 길이 있다고 말이야. 하지만 실제로는 하나밖에 없다네. 수호자는 이 사실을 믿기 힘들 정도로 명백하게 자네에게 보여줬어. 자네에게 주어진 유일한 세계는 인간의 세계이고, 자네에겐 그 세계를 떠날 선택권이 없네. 자넨 인간이니까! 수호자는 행복의 세계를 자네에게 보여줬네. 그 세계에선 사물들 사이에 차이라는 게 존재하지 않아. 그런 차이에 관해 물어볼 존재가 없으니까 말이야. 하지만 그건 인간의 세계가 아냐. 수호자는 자네를 거기서 떨쳐내고 대신 인간이 어떻게 생각하고 싸우는지를 보여줬어. 그게 바로 인간의 세계이니까! 그리고 인간으로 존재한다는 것은 싫든 좋든 그 세계에 갇혀 있는 걸 의미해. 자넨 자신이 두 세계에 살고 있다고 자만하지만 그건 자네의 자만심에 불과하네. 우리에겐 단 하나의 세계밖에는 없어. 우린 인간이고, 기꺼이 인간의 세계를 따라야 하는 거야.

난 그게 메스칼리토가 자네에게 준 교훈이었다고 생각하네."

9

돈 후앙은 내가 가능한 한 많은 시간을 악마초에 투자하기를 원하는 듯했다. 이런 태도는 악마초의 힘을 좋아하지 않는다는 그의 말과는 모순되는 것이었다. 내가 그 사실을 지적하자 그는 내가 다시 스모크를 피워야 할 시기가 다가왔으므로, 그때까지는 악마초의 힘에 관해 더 잘 알고 있어야 한다고 설명했다.

돈 후앙은 내가 적어도 한 번은 더 도마뱀의 주술을 써서 악마초를 시험해봐야 한다고 거듭 제안했다. 나는 이것을 두고 오랫동안 고민했지만 돈 후앙의 재촉이 점차 심해져서 결국은 그 요구에 응할 수밖에 없게 되었다. 어느 날 나는 내가 도둑맞은 물건에 관해 점을 쳐보기로 마음먹었다.

1964년 12월 28일 월요일

12월 19일 토요일에 나는 다투라의 뿌리를 잘랐고, 그 주위를 돌며 춤을 추기 위해 충분히 어두워지기를 기다렸다. 밤사이에 그 뿌리로 즙을 만들고 일요일 아침 6시경에는 내 다투라가 있는 곳으로 가서 그 앞에 앉았다. 내가 따라야 할 절차에 관한 돈 후앙의 가르침을 주의 깊게 기록해놓은 것이 있었다. 나는 그 기록을 다시 읽어보고 내가 그 자리에서 씨앗들을 빻을 필요가 없다는 사실을 깨달았다. 웬일인지 나는 악마초 앞에 와 있다는 사실만으로도 드문 종류의 감정적 안정감을 맛보았고, 평소와는 달리 내 행동에 대한 사고의 명징함 내지는 집중력을 발휘할 수 있었다.

나는 시간에 유의하면서 지시받은 모든 절차를 꼼꼼히 실행했고, 늦은 오후까지 반죽과 뿌리의 준비를 마쳤다. 5시경에는 도마뱀 두 마리를 잡는 일에 열중했다. 한 시간 반 동안 머리에 떠오른 모든 방법을 써보았지만, 하는 족족 다 실패했다.

다투라 풀 앞에 앉아 목적을 이뤄줄 적절한 방법이 무엇일까 하고 고민하고 있을 때, 돈 후앙이 도마뱀에게는 말을 걸어야 한다고 했던 것이 갑자기 생각났다. 도마뱀에 말을 걸면서, 처음에는 바보가 된 듯한 기분을 느꼈다. 청중 앞에서 말이 안 나와서 당혹스러워하는 것과도 비슷했다. 그러나 이런 느낌은 곧 사라졌고, 나는 계속 말을 했다. 주위는 거의 어두워져 있었다. 돌을 하나 들어올리자 그 아래에 도마뱀 한 마리가 있었다. 마비된 듯한 모습이었다. 나는 그것을 집어들었다. 그런 다음 다른 돌 밑에서 경직되어 있는 도마뱀을 한 마리 더 발견했다. 도마뱀들은 아예 꿈틀거리지도 않았다.

도마뱀들의 입과 눈을 꿰매는 일이 가장 힘들었다. 돈 후앙이 나의 행동은 결코 돌이킬 수 없다는 취지의 말을 한 것이 생각났다. 누구든 일단 어떤 행동에 나서면 멈출 방도가 없다는 것이 그의 생각이었다. 그러나 지금 그만두고 싶다면 그 무엇도 내가 그러지 못하도록 막을 수는 없었다. 결국 나는 멈추고 싶지 않았던 것인지도 모르겠다.

내가 도마뱀 한 마리를 놓아주자 그것은 북동쪽으로 갔다. 이것은 내가 좋지만 힘든 경험을 하게 될 것임을 뜻하는 징조였다. 나는 다른 도마뱀을 내 어깨에다 묶고, 지시받은 대로 양쪽 관자놀이에 반죽을 발랐다. 도마뱀은 뻣뻣하게 굳은 상태였다. 한순간 죽었나 하는 생각이 들었을 정도였다. 돈 후앙은 그럴 경우에 어떻게 해야 하는지는 알려주지 않았다. 하지만 도마뱀은 단지 마비되어 있는 것일 뿐이었다.

나는 약을 마시고 잠시 기다렸다. 평소와 다른 느낌은 전혀 없었다. 나는 반죽을 관자놀이에 문지르기 시작했고, 도합 스물다섯 번 발랐다. 그러다가 거의 기계적으로, 마치 방심이라도 한 듯 반죽을 밀어 이마 쪽에다 거듭 발랐다. 그제야 실수했다는 사실을 깨닫고 서둘러 이마의 반죽을 닦아냈다. 이마는 땀에 젖어 있었다. 나는 열에 들뜬 듯한 상태가 되었다. 나는 강렬한 불안감에 사로잡혔다. 돈 후앙이 이마에 반죽을 바르면 안 된다고 강한 어조로 일러줬던 것이 생각났기 때문이다. 두려움은 절대적인 고독감으로, 파멸의 예감으로 바뀌었다. 나는 혼자 이곳에 와 있었다. 뭔가 해로운 일이 일어난다고 해도 나를 도와줄 사람은 아무도 없었다. 당장에라도 여기서 도망치고 싶었다. 도대체 무엇을 해야 할지를 알 수 없는 망연한 느낌이 나를 사로잡았다. 이런저런 생각이 노도처럼 몰려오며 엄청난 속도로 뇌리를 스쳐갔다. 나는 그 생각들이 기이하게 느껴지는 것을 자각했다. 그것은 일상적인 생각들과는 다른 방향에서 찾아왔다. 나는 내가 사고하는 방식에 익숙해 있다. 나의 사고는 뚜렷한 자체적 질서를 갖추고 있기 때문에, 거기서 일탈하면 눈에 띄는 것이 당연했다.

평소와 다른 이질적인 생각 중 하나는, 어떤 저술가가 한 말에 관한 것이었다. 그것은 목소리 같기도 했고, 뭔가 배경에서 들려온 것 같았다는 희미한 기억이 있다. 그것은 너무나 빨리 스쳐가버렸기 때문에 나는 깜짝 놀랐다. 정신을 차리고 확인해 보려고 했지만 이미 일상적인 생각으로 바뀐 뒤였다. 그런 글귀를 읽은 적이 있는 것은 확실했지만 저자가 누구인지는 생각나지 않았다. 그러다 갑자기 그것이 앨프리드 크로버*의 말이라는 기억이 떠올랐다. 그러자 어디선가 또 다른 이질적인 생각이 튀어나오더니 그 말을 한 저자는 크로버가 아니라 게오르크 지멜**이라고 '말했다'. 나는 크로버가 맞다고 우겼다. 어느새 나는 나 자신과의 논쟁에 빠져 있었고, 앞서 느꼈던 파멸의 예감은 이미 사라져 있었다.

마치 수면제라도 먹은 듯이 눈꺼풀이 무거웠다. 수면제를 먹지는 않았는데도, 내 마음에 떠오른 이미지는 그것이었다. 졸음이 몰려왔다. 차를 세워둔 곳까지 가서 기어들어가고 싶었지만, 몸이 말을 듣지 않았다.

그러다가 갑자기 깨어났다. 아니, 그랬다기보다는 깨어났다고 느꼈다. 처음 떠오른 것은 지금 시간이 언제인가 하는 것이었다. 주위

* Alfred Kroeber(1876-1960) : 미국의 저명한 문화 인류학자

** Georg Simmel(1858-1918) : 독일의 사회학자, 신 칸트주의 철학자

를 둘러보았다. 나는 다투라 풀 앞에 있는 것이 아니었다. 내가 또 다른 점술을 경험하는 과정에 있다는 사실을 나는 태연하게 받아들였다. 머리 위에 있는 시계를 보니 12시 35분이었다. 오후였다.

어떤 청년이 종이 뭉치를 들고 가는 것이 보였다. 나는 그와 거의 닿을 정도로 가까운 곳에 있었다. 그의 목의 동맥이 맥박치는 것이 보이고 그의 심장이 빠르게 고동하는 소리가 들렸다. 이렇게 눈앞에 전개되는 광경에 몰입한 나머지 나는 내 생각의 질에까지는 주의하지 않고 있었다. 그러자 귓속에서 이 장면을 설명하는 어떤 '목소리'가 들려왔고, 그제야 나는 이 '목소리'가 내 마음속의 이질적인 사념이라는 사실을 깨달았다.

나는 듣는 데에 너무나 열중한 나머지 이 장면에 대한 시각적인 관심은 잃고 있었다. 목소리는 오른쪽 어깨 위의 귓가에서 들려왔다. 목소리는 묘사를 통해 눈앞의 장면을 실제로 만들어내고 있었지만, 나의 의지에 따르고 있었다. 언제든 목소리를 멈추게 하고 그것이 묘사한 세부를 느긋하게 관찰하는 것이 가능했기 때문이다. 나는 이 청년이 한 행동 전체를 순서대로 '듣고-보았다'. 목소리는 극히 세세한 부분까지 계속 설명했지만, 행동 자체는 왠지 중요하게 느껴지지 않았다. 정말로 놀랄 만한 것은 이 조그만 목소리였다. 이런 경험을 하면서 나는 세 번이나 고개를 돌려 화자가 누구인지를 알아보려고 했다. 오른쪽으로 완전히 고개를 돌리기도 했고, 느닷없이 뒤로 확 돌아서서 누가 그곳에 있지 않나 알아보려고도 했다. 그러나 그럴 때마다 내 시야는 흐릿해졌다. 나는 생각했다. "내가 제대로 뒤돌아볼 수 없는 건 이 장면이 일상적 현실의 영역에 속해 있지 않기 때문이야." 그런데 이 생각은 나 자신의 것이었다.

그때부터 나는 목소리에만 정신을 집중했다. 어깨에서 들려오는 듯한 느낌이었다. 실로 또렷하게 들렸지만 성량 자체는 작았다. 그러나 그것은 어린애 목소리도 가성도 아니라 소인小人의 목소리였다. 영어로 말하는 것처럼 들렸다. 내가 의도적으로 그 근원을 알아내려고 하면 목소리는 완전히 사라져버리거나 모호해졌고, 눈앞의 장면도 스러졌다. 눈썹에 먼지가 얹혔을 때 보이는 이미지라든지, 똑바로 바라보지 않을 때만 보이는 벌레 같은 모양을 한 각막 혈관과 비슷한 느낌이었다. 똑바로 바라보려고 하면 안구가 움직이면서 시야 밖으로 사라져버리는 식으로 말이다.

나는 곧 이 일에 완전히 흥미를 잃었다. 내가 귀를 기울이는 동안 목소리는 더 복잡해졌다. 내가 목소리라고 생각했던 것은 사실 그보다는 무엇인가가 내 귀에다 대고 생각을 속삭이는 것만 같았다. 그러나 이것도 정확한 표현은 아니다. 무엇인가가 나 대신 '생각해주고' 있었다고나 할까. 그 생각들은 나의 외부에 있었다. 내가 그 사실을 알고 있는 것은, 내 생각과 '다른 자'의 생각을 동시에 떠올릴 수 있었기 때문이다.

어떤 시점에서 목소리는 예의 청년이 행동한 장면들을 만들어냈지만, 잃어버린 물건에 대한 나의 원래 질문과는 아무 상관도 없는 것들이었다. 청년은 매우 복잡한 행동을 했다. 그런데 다시 그 행동이 나에게 중요해지면서 나는 더 이상 목소리에는 주의를 기울이지 않았다. 인내심이 떨어지기 시작했다. 멈추고 싶었다. 나는 생각했다. "어떻게 하면 이걸 끝낼 수 있지?" 그러자 귓가의 목소리가 협곡으로 되돌아가라고 말했다. 어떻게 하느냐고 묻자 목소리는 내 식물을 머리에 떠올리라고 했다.

나는 내 식물을 머리에 떠올렸다. 나는 평소에 워낙 자주 그 앞에 앉아 있었기 때문에 그 광경을 시각적으로 상상하는 것은 매우 쉬웠다. 나는 그 순간 내가 떠올린 광경이 또 다른 환각이라고 생각했지만 목소리는 내가 '돌아왔다!'고 말했다. 귀를 기울였지만 정적만 흐를 뿐이었다. 내 앞의 다투라 풀은 내가 그때까지 본 다른 모든 것들처럼 현실감을 갖추고 있었다. 그러나 이번에는 손으로 만질 수 있었고, 그 주위를 돌아다닐 수도 있었다.

나는 일어서서 차를 세워둔 곳을 향해 걸어갔다. 그 탓에 완전히 녹초가 되었고, 나는 앉아서 눈을 감았다. 현기증이 나고 토하고 싶었다. 귀가 웅웅거렸다.

무엇인가가 내 가슴 위에서 미끄러지듯 움직였다. 도마뱀이었다. 돈 후앙이 그것을 놓아줘야 한다고 주의했던 것이 생각났다. 나는 다투라 풀이 있는 곳으로 가서 도마뱀을 묶은 줄을 풀어주었다. 죽었는지 살았는지 확인해볼 생각은 나지 않았다. 반죽이 든 토기를 깨고 그 위에 발로 흙을 덮었다. 나는 차 안으로 들어가서 잠들었다.

1964년 12월 24일 목요일

오늘 나는 돈 후앙에게 내가 체험한 것을 모두 이야기했다. 그는 평소처럼 내 말을 가로막지 않고 귀를 기울였다. 그러고 나서 우리는 다음과 같은 대화를 나눴다.

"뭔가 큰 실수를 저질렀군."

"압니다. 멍청한 잘못을 저질렀죠. 우연한 사고였습니다."

"악마초를 다룰 때는 우연 따위는 없네. 악마초는 끝장을 볼 때까지 자네를 시험해볼 거라고 하지 않았나. 내가 보기엔 자네가 아주 강하든가, 악마초가 자네를 좋아하든가 둘 중 하나야. 이마 한복판에 반죽을 발라도 되는 건 악마초의 힘을 다룰 줄 아는 강대한 브루호들뿐이거든."

"이마에 그 반죽을 바른 사람에겐 보통 무슨 일이 일어납니까, 돈 후앙?"

"그가 강대한 브루호가 아니라면 여행에서 아예 돌아오지 못하지."

"당신도 이마에 반죽을 바른 적이 있습니까, 돈 후앙?"

"설마! 내 은사는 그런 여행에서 돌아오는 사람은 극소수라고 했네. 그것도 몇 달이나 지난 뒤에 그럴 수 있을 뿐이고, 그동안은 다른 사람들의 간호를 받아야 해. 내 은사는 도마뱀들은 사람을 세계의 끝까지 데려갈 수 있고, 요청하기만 하면 실로 경탄할 만한 비밀을 보여줄 거라고 하더군."

"그런 여행을 한 사람을 하나라도 압니까?"

"응. 내 은사. 하지만 어떻게 돌아와야 하는지는 결코 가르쳐주지 않았어."

"돌아오는 게 그렇게 힘든 일입니까, 돈 후앙?"

"응. 그래서 자네가 한 짓이 그토록 놀랍다는 거야. 자넨 밟아야 할 절차도 몰랐지만, 사실은 반드시 주어진 절차를 밟아야만 하네. 왜냐하면 그 절차를 통해야만 힘을 얻을 수 있기 때문이야. 그것 없이는 우린 아무것도 아니라네."

우리는 몇 시간 동안이나 침묵했다. 돈 후앙은 매우 깊은 생각에 빠져 있는 것처럼 보였다.

1964년 12월 26일 토요일

돈 후앙은 내가 도마뱀들을 찾아봤느냐고 물었다. 나는 찾아보기는 했지만 아직 못 잡았다고 대답했다. 내가 도마뱀을 쥐고 있는 사이에 죽으면 어떻게 되느냐고 묻자, 그는 도마뱀이 죽는 것은 불운한 사건이라고 했다. 언제든 입을 꿰맨 도마뱀이 죽는다면 더 이상 그 주술을 하려는 것은 아무런 의미도 없다고 했다. 그럴 경우 도마뱀들이 우호적인 관계를 끊었다는 뜻도 되기 때문에, 당사자는 악마초에 관해 배우기를 오랫동안 중단하는 수밖에 없다는 얘기였다.

"얼마나 오랫동안 중단해야 합니까, 돈 후앙?" 나는 물었다.

"2년쯤, 혹은 그 이상."

"만약 다른 쪽 도마뱀이 죽었다면 어떻게 되었을까요?"

"두 번째 도마뱀이 죽었다면 자넨 진짜 위기에 처했을 거야. 안내해주는 사람도 없는 상태에서 혼자 남게 되어버리니까 말이야. 자네가 주술을 시작하기 전에 죽었다면 멈출 수야 있지. 하지만 그렇게 멈춘다면 악마초를 완전히 포기하는 수밖에 없어. 만약 자네가 주술을 시작한 뒤에 어깨 위에서 죽었다면 계속 진행하는 수밖에 없겠지. 하지만 그건 정말로 미친 짓이라네."

"왜 미친 짓이라는 겁니까?"

"왜냐하면 그런 상황에서는 그 무엇도 이해할 수가 없게 되기 때문이야. 자넨 안내자도 없이 혼자서 무시무시하고 무의미한 것들을 보게 돼."

"'무의미한 것들'이란 뭡니까?"

"우리 자신이 만들어내는 것, 아무런 지침도 없을 때 절로 떠오르는 것들이지. 그건 악마초가 자네를 밀어내서 쫓아버리려고 한다는 뜻이야."

"그런 경험을 한 사람을 한 명이라도 알고 있습니까?"

"응, 바로 나. 도마뱀의 지혜가 없어진 상태에서 나는 미쳐버렸지."

"그때 뭘 봤습니까, 돈 후앙?"

"무의미한 것들만 잔뜩 봤어. 지침도 없는 상태에서 달리 뭘 볼 수 있었겠나?"

1964년 12월 28일 월요일

"돈 후앙, 악마초는 사람을 시험한다고 하셨죠. 그건 무슨 뜻이었습니까?"

"악마초는 여자나 마찬가지라서 마치 여자처럼 남자에게 알랑거린다네. 그러면서 기회만 보이면 덫을 놓지. 자네가 반죽을 이마에 문지르게 만든 것도 바로 그런 경우야. 그녀는 앞으로도 또 그런 짓을 할 거고, 자넨 또 거기에 넘어갈 공산이 커. 그러지 말라고 미리 경고해두겠네. 너무 열정적인 태도로 그녀를 먹으면 안 돼. 악마초는 식자의 비밀에 이르는 길들 중 단지 하나에 불과하니까 말이야. 그것 말고 다른 길들도 있다는 뜻일세. 그녀가 놓는 덫이란, 자네가 그녀의 길만이 유일한 길이라고 믿게끔 만드는 거라네. 단 하나의 길에만 자네의 인생을 허비하는 건 무익한 일이라는 뜻이야. 특히 그 길에 마음이 깃들어 있지 않은 경우엔."

"하지만 어떤 길에 마음이 깃들어 있는지 없는지를 어떻게 압니까, 돈 후앙?"

"그 길을 걷기 전에 이렇게 자문해보게. '이 길에는 마음이 깃들어 있는가?' 그 대답이 '아니'라면 스스로 알아차리게 될 걸세. 그러면 다른 길을 택해야 하네."

"하지만 그 길에 마음이 깃들어 있는지 어떤지를 어떻게 확신할 수 있단 말입니까?"

"그건 누구든지 알아차릴 수 있어. 문제는 아무도 그런 질문을 하지 않는다는 거지. 당사자가 자신이 마음이 깃들어 있지 않은 길을 택했다는 사실을 마침내 깨달을 무렵에는 길 쪽에서 그를 죽일 준비가 되어 있는 식이지. 그런 시점에서 멈춰서 깊이 생각해보고 스스로 길을 떠날 수 있는 사람은 극소수라네."

"그런 질문을 제대로 하려면 어떻게 해야 합니까, 돈 후앙?"

"그냥 물으면 돼."

"제가 알고 싶은 건 적절한 방법의 유무입니다. 떠나는 게 맞는데 아니라고 저 자신을 속이지 않으려면 어떻게 해야 합니까?"

"왜 자신을 속여?"

"그 시점에서는 그 길이 쾌적하고 즐거울 수도 있지 않을까 해서요."

"말도 안 돼. 마음이 깃들어 있지 않은 길이 즐거울 리가 없잖나. 그걸 지속하는 것만도 힘들어. 반면에 마음이 깃든 길은 쉽다네. 좋아하려고 억지로 노력할 필요가 없어."

돈 후앙은 느닷없이 대화의 방향을 바꿔 내가 악마초를 좋아하는 것이 아니냐고 노골적으로 물었다. 나는 적어도 호감을 가지고 있다는 사실을 인정할 수밖에 없었다. 그러자 돈 후앙은 그의 맹우인 스모크는 어떻게 생각하느냐고 물었다. 나는 스모크는 생각만 해도 정신이 혼미해질 정도로 두렵다고 실토했다.

"길을 선택하기 위해서는 두려움이나 야심으로부터 자유로워야 한다고 얘기했었지. 하지만 스모크는 두려움으로 자네의 눈을 가리고, 악마초는 야심으로 자네 눈을 가리고 있군."

나는 어떤 길을 나서려면 누구에게든 야심이 필요한 법인데, 야심으로부터 자유로워야 한다는 그의 주장은 앞뒤가 맞지 않는다고 반박했다. 배우기 위해서는 야심이 필요한 것 아닌가.

"배우려는 욕구는 야심이 아닐세." 돈 후앙은 말했다. "알고 싶어 하는 건 인간의 운명이야. 하지만 악마초를 추구하는 건 힘을 얻으려고 애쓰는 거고, 그게 바로 야심이라네. 배우려고 노력하는 게 아니잖나. 악마초가 자네의 눈을 가리도록 놔두지 말게. 자넨 이미 그녀에게 걸려든 상태야. 악마초는 사람들을 유혹해서 힘을 가진 듯한 기분을 느끼게 만들어. 보통 사람은 할 수 없는 일들을 할 수 있다고 느끼게 만드는 거지. 하지만 그건 그녀가 놓은 덫이라네. 다시 말하겠는데, 마음이 깃들어 있지 않은 길은 적으로 변해서 당사자를 파멸시킨다네. 그렇게 죽는 건 어려운 일이 아니지만, 죽음을 추구하는 건 아무것도 추구하지 않는 것과 같아."

10

1964년 12월 한 달 동안 돈 후앙과 나는 파이프로 피울 혼합물의 재료로 들어갈 여러 가지 식물을 찾으러 다녔다. 네 번째 주기였다. 돈 후앙은 내가 하는 일을 감독하기만 했다. 그는 내가 무슨 식물이든 따기 전에 시간을 가지고 그것을 바라보고 숙고하라고 했다. 필요한 재료를 모두 모아서 저장하는 일이 끝나자마자 그는 내게 그의 맹우를 다시 만나보라고 재촉했다.

1964년 12월 31일 목요일

"이제 자네도 악마초와 스모크에 관해 좀더 알게 되었으니, 둘 중 어느 쪽이 좋은지를 더 확실히 알 수 있지 않나." 돈 후앙이 말했다.

"스모크는 정말로 무섭습니다, 돈 후앙. 정확한 이유가 뭔지는 모르겠지만 별로 좋은 느낌이 아니라서."

"자넨 누가 추켜세워주는 걸 좋아하는데 악마초는 자네를 추켜세워주기 때문일세. 여자와 마찬가지로 그녀는 자네의 기분이 좋아지게 해주지. 반면에 스모크는 가장 높은 수준의 힘이고, 그는 가장 순수한 마음을 가지고 있어. 사람을 유혹하지도, 사로잡지도 않고 사랑하거나 미워하는 일도 없다네. 그가 요구하는 건 오직 강인한 힘뿐이야. 악마초도 힘을 요구하지만, 그건 다른 종류의 힘이라네. 여자를 상대로 할 때의 정력에 더 가깝다고나 할까. 반면에 스모크가 요구하는 힘은 마음의 힘일세. 자네에겐 그게 없어! 하지만 극소수의 사내들은 그걸 가지고 있어. 그래서 스모크에 관해 더 배워보기를 권하는 걸세. 그는 마음의 힘을 강하게 키워줘. 격정적이고 질투가 심하고 폭력적인 악마초와는 딴판이지. 스모크는 언제나 한결같다네. 그 길에서는 뭘 잊어버릴 염려가 없어."

1965년 1월 27일 수요일

1월 19일 화요일에 나는 다시 그 환각성 혼합물을 피웠다. 나는 스모크가 무서워서 피우기가 두렵다고 말했지만 돈 후앙은 공정한 판단을 내리려면 한 번 더 시도해봐야 한다고 했다.

우리는 그의 방으로 들어갔다. 오후 두 시가 다 되어가고 있었다. 돈 후앙이 파이프를 꺼내왔다. 내가 숯을 가지고 오고, 우리는 서로를 마주 보고 앉았다. 돈 후앙은 이제부터 파이프를 덥혀서 그녀를 깨우겠다고 했다. 주의 깊게 관찰해보면 그것이 어떻게 달아오르는지를 볼 수 있을 것이라는 것이었다. 그는 파이프를 서너 번 입에 물고 빨고, 부드럽게 문질렀다. 그러다가 갑자기 그가 거의 눈에 띄지 않을 정도로 미세하게 고개를 끄덕거리면서, 파이프가 깨어나는 광경을 주시하라고 신호를 보냈다. 나는 하라는 대로 했지만 그런 것은 감지할 수가 없었다.

돈 후앙은 내게 파이프를 건넸다. 나는 내가 만든 혼합물을 대통에 채우고, 이 경우를 대비해서 나무 빨래집게로 만든 핀셋을 써서 뜨거운 숯덩어리를 집었다. 돈 후앙은 내 핀셋을 보더니 웃음을 터뜨렸다. 내가 한순간 망설이자 그 사이에 숯은 핀셋에 들러붙어 버렸다. 그것을 대통에 두드려 털 엄두가 나지 않았기 때문에 침을 뱉어 숯불을 꺼야 했다.

돈 후앙은 고개를 돌리고 한쪽 팔로 얼굴을 가리고 있었다. 그의 몸이 부들거렸다. 한순간 울고 있나 하는 생각이 들었지만, 곧 그가 소리를 죽이며 웃고 있다는 사실을 깨달았다.

다시 시작하기까지는 한참이 걸렸다. 돈 후앙이 숯덩어리를 재빨리 집어서 대통 안에 넣어주면서 내게 빨라고 명령했다. 빨기가 무척 힘들었다. 혼합물을 꾹꾹 재워 넣은 탓일까. 처음 흡입한 후에는 고운 가루를 빨아들인 듯한 느낌이 느껴졌다. 그것은 즉시 입 안의 감각을 완전히 사라지게 만들었다. 대통 안이 붉게 빛나는 것이 보였지만 담배 연기를 빨 때와는 전혀 느낌이 달랐다. 그래도 뭔가를 흡입하는 느낌은 있었다. 나는 그것이 내 폐를 가득 채운 다음 내려가서 몸 전체에 퍼지는 것을 느꼈다.

스무 번을 빤 것까지는 기억하고 있지만, 그 뒤로 숫자는 더 이상 의미가 없었다. 나는 땀을 흘리기 시작했다. 돈 후앙은 나를 똑바로 바라보더니 두려워하지 말고 자기가 말하는 대로만 하라고 말했다. 나는 "알겠습니다"라고 말하려고 했지만, 내 입에서 나온 것은 울부

짖는 듯한 기괴한 소리였다. 그 소리는 내가 입을 다문 뒤에도 계속 울려 퍼졌다. 돈 후앙은 그걸 듣고 깜짝 놀라더니 또다시 웃음의 발작에 빠졌다. 나는 '예'라는 뜻으로 고개를 끄덕이고 싶었지만, 몸이 말을 듣지 않았다.

돈 후앙은 부드럽게 내 양손을 편 후 파이프를 가져갔다. 그는 나에게 방바닥에 누우라고 하면서 잠들어서는 안 된다고 명령했다. 내가 눕는 것을 도와줄 생각인가 했지만 그는 그러지 않고 단지 나를 계속 응시하고만 있었다. 느닷없이 방이 기우뚱하더니 나는 옆으로 누워서 돈 후앙을 바라보고 있었다. 이 지점에서 보는 광경은 묘하게 흐릿했다. 마치 꿈에서 보는 듯한 느낌이었다. 내가 꼼짝도 못하고 있는 동안 돈 후앙이 한참이나 뭐라고 얘기했던 것이 어렴풋이 기억난다.

이런 상태 자체는 두려움이나 불쾌감 따위를 수반하지 않았다. 다음 날 일어났을 때도 멀쩡했다. 깨어난 뒤에도 한동안은 명료한 사고를 할 수가 없었다는 것만이 유일하게 보통 때와 달랐던 점이었다. 그 후 너덧 시간에 걸쳐서 나는 서서히 평소의 나로 돌아왔다.

1965년 1월 20일 수요일

돈 후앙은 이 체험 얘기를 하지 않았고, 내게도 이야기해보라고 하지 않았다. 그가 유일하게 한 말은 내가 너무 일찍 잠들었다는 지적뿐이었다.

"깨어 있기 위한 유일한 방법은 새나 귀뚜라미, 아니면 그와 비슷한 것이 되는 거야." 그가 말했다.

"어떻게 그렇게 되지요, 돈 후앙?"

"지금 그걸 가르쳐주고 있는 거야. 어제 자네가 몸이 없었을 때 내가 뭐라고 했는지 기억나나?"

"또렷하게 생각나지 않습니다."

"난 까마귀야. 그래서 자네에게 까마귀가 되는 법을 가르치고 있어. 그걸 터득하면 자넨 깨어 있을 수 있고, 더 자유롭게 움직일 수 있을 거야. 안 그러면 어디서 쓰러지든 지면에 딱 붙어서 떨어지지 못할 걸세."

1965년 2월 7일 일요일

나는 1월 31일 일요일에 두 번째로 스모크를 피웠다. 다음 날 이른 저녁 시간에 깨어난 나는 내가 체험 중에 돈 후앙이 했던 얘기를 모두 떠올릴 수 있는 특이한 능력을 보유하게 된 것 같은 느낌을 받았다. 그가 한 말은 내 마음속에 뚜렷이 각인되어 있었다. 그의 목소리가 놀랄 만큼 명료하고 끈질기게 들려왔다. 그러던 중에 또 한 가지 사실이 명백해졌다. 내가 파이프를 빨 때마다 입으로 들어오는 고운 가루를 삼키기 시작한 뒤에 곧 몸 전체가 무감각해졌던 것이다. 그러니까 나는 연기만 빤 것이 아니라 혼합물 자체를 빨아들였던 것이다.

내가 이 경험을 돈 후앙에게 얘기해주려고 하자 그는 내가 중요한 일은 전혀 하지 않았다고 대꾸했다. 나는 그때 일어났던 모든 일을 기억한다고 말했지만 그는 귀를 기울이려 하지 않았다. 모든 기억이 정확했고 틀림없었다. 스모크를 피운 절차는 지난번과 동일했다. 두 체험을 나란히 놓고 비교해도 거의 차이가 없을 정도였다. 그리고 나는 첫 번째 체험이 끝난 시점부터 기억을 떠올릴 수 있었다. 나는 바닥에 쓰러져 옆으로 누운 자세가 되었을 때, 감각이나 생각이 완전히 사라져버렸던 것을 뚜렷이 기억하고 있다. 그러나 명료한 마음 상태는 어떤 식으로도 손상되지 않았다. 방이 수직으로 기울었을 무렵 했던 마지막 생각이 기억난다. '방바닥에 머리를 꽝 부딪쳤을 텐데 전혀 아프지 않네.'

그 시점부터는 단지 보고, 들을 수 있을 뿐이었다. 그때 돈 후앙이 한 말을 단어 하나하나까지 정확하게 되풀이할 수 있다. 나는 그의 지시를 빠짐없이 따랐다. 그의 지시는 명쾌하고 논리적이고 쉽게 느껴졌다. 돈 후앙은 내 몸이 사라지고 있으며 나중에는 머리통만 남을 것이라고 말했고, 그런 상태에서 잠들지 않고 움직일 수 있는 유일한 방법은 까마귀가 되는 것이라고 했다. 그는 나더러 눈을 깜박여보라고 명령했고, 그렇게 할 수 있는 즉시 다음 단계로 나아갈 수 있다고 했다. 그다음 그는 내 몸이 완전히 사라져서 이제 남아 있는 것은 내 머리통뿐이라고 말했다. 머리가 결코 사라지지 않는 것은 머리가 까마귀가 되기 때문이라고.

그는 내게 눈을 깜박여보라고 명령했다. 그는 이 명령과 그 외의 다른 명령들을 수없이 되풀이했음이 틀림없다. 왜냐하면 나는 그가 한 명령들을 믿기 힘들 정도로 명확하게 기억하고 있었기 때문이다. 나는 눈을 깜박였던 듯하다. 그가 내게 준비가 됐다고 하면서 머리를 똑바로 뻗어 턱 위에 올리라고 말했기 때문이다. 턱은 까마귀의 두 다리가 된다고 했다. 그는 두 다리를 느끼면서 그것이 밖으로 서서히 나오는 것을 관찰하라고 내게 말했다. 그런 다음 그는 내가 아직 완전하지 않으니까 꼬리를 길러야 하고, 그 꼬리는 목덜미에서 나올 것이라고 말했다. 그리고 그 꼬리를 부채처럼 펼치고, 그것이 방바닥을 쓰는 것을 느껴보라고 했다.

그다음에는 까마귀의 날개에 관해 이야기했는데, 날개는 광대뼈에서 나올 거라고 했다. 그는 그것이 어렵고 고통스러울 것이라고 했다. 그다음 그는 날개를 펼치게 했다. 펼칠 수 있는 한계까지 최대한 펼쳐서 긴 날개를 만들어야 한다고 했다. 안 그러면 날 수가 없기 때문이라는 것이다. 그는 내게서 길고 아름다운 날개가 나오고 있으니 진짜 날개가 될 때까지 계속 퍼덕이고 있으라고 했다.

그런 다음 그는 내 정수리에 대해 얘기했다. 이 부분이 아직도 너무 크고 무거워서 나는 것을 방해할 거라고 했다. 그는 그 크기를 줄이려면 눈을 깜박이라고 명령했다. 눈을 깜박일 때마다 내 머리가 줄어든다는 것이다. 그는 내 정수리의 무게가 사라져서 자유롭게 도약할 수 있을 때까지 계속 눈을 깜박이라고 명령했다. 이윽고 그는 내 머리통이 까마귀 크기까지 줄어들었으니 몸의 경직이 풀릴 때까지 주위를 깡충깡충 뛰어다니라고 했다.

이제는 한 가지만 더 바꾸면 날 수 있다고 그가 말했다. 이번 변화는 가장 힘든 것이니, 그것을 성공시키려면 순종적인 태도로 그의 지시를 정확히 따라야 한다고 했다. 까마귀처럼 보는 법을 배워야 한다는 것이다. 그리고 단단한 부리가 생겨날 때까지 내 입과 코가 두 눈 사이에서 계속 자랄 것이라고 했다. 그리고 까마귀의 눈은 옆을 똑바로 보니까, 고개를 돌려 한쪽 눈으로 그를 바라보라고 그가 명령했다. 그 상태를 바꿔 다른 쪽 눈으로 보고 싶거든 부리를 아래로 흔들면 된다고 했다. 그 동작을 하면 다른 쪽 눈으로 볼 수 있다는 얘기였다. 그는 한쪽 눈에서 다른 쪽 눈으로 옮겨 보라고 명령했다. 그런 다음 그는 내가 날 준비가 됐다고 했다. 다만 그러기 위해서는 그가 나를 공중으로 내던져야 한다고 했다.

그의 지시 하나하나에 상응하는 감각을 불러일으키는 일은 전혀 어렵지 않았다. 나는 새의 다리를 자라게 하는 느낌을 맛보았다. 처음에는 약하고 불안정하게 건들거렸다. 나는 목덜미에서 꼬리가 자라나고 양쪽 광대뼈에서 날개가 자라는 것을 느꼈다. 날개는 단단히 접혀 있었는데, 그것이 조금씩 나오는 것을 느꼈다. 이 과정은 힘들기는 했지만 고통스럽지는 않았다. 그런 다음 나는 머리통이 까마귀 크기가 될 때까지 눈을 계속 깜박였다. 하지만 나를 가장 놀라게 한 효과는 눈에 의한 것이었다. 새의 시력 말이다!

돈 후앙이 부리를 키우라고 지시했을 때 나는 공기가 없어진 듯한 불쾌감에 시달렸다. 그러자 무엇인가가 부풀어오르더니 내 눈앞을 가로막았다. 그러나 내가 실제로 한쪽 측면을 완전히 볼 수 있게 된 것은 돈 후앙이 옆을 똑바로 보라고 지시했을 때부터였다. 나는 한쪽 눈을 한 번씩 깜박여 눈의 초점을 한쪽 눈에서 다른 쪽 눈으로 옮길 수 있었다. 그러나 그렇게 본 방과 그 안의 모든 것의 광경은 평소와는 달랐다. 그러나 도대체 어떤 식으로 다른지는 뚜렷하게 알아낼 수가 없었다. 한쪽으로 기울어져 보였던 것이었는지도 모르고, 초점이 안 맞았던 것인지도 모른다. 돈 후앙은 아주 커져 있었고 강한 빛을 발했다. 어딘가 마음이 편해지고 안심이 되는 모습이었다. 그러자 눈에 보이는 것들이 흐릿해졌다. 사물의 윤곽이 사라지더니 예리하고 추상적인 패턴으로 바뀌어 한동안 그 상태로 깜박였다.

1965년 3월 28일 일요일

3월 18일 목요일에 나는 또 환각성 혼합물을 피웠다. 처음의 절차는 세부적으로 조금 차이가 있었다. 한 번은 파이프 대통에 또 혼합물을 재워 넣어야 했다. 처음 분량을 모두 피우자 돈 후앙은 대통 안을 청소하라고 지시했지만, 나는 근육의 조율이 아예 되지 않았기 때문에 결국은 그가 직접 대통 안에 혼합물을 부어 넣었다. 양팔을 움직이려면 엄청난 노력이 필요했다. 주머니에는 한 번 더 재울 분량이 남아 있었다. 돈 후앙은 주머니 안을 보더니 준비해놓은 혼합물을 다 피웠으므로 내년이 되기 전에는 이번이 내가 스모크를 경험할 마지막 기회가 될 것이라고 말했다.

그는 뜨거운 숯덩이를 올려놓은 접시 위에다 주머니를 뒤집어 흔들어서 남은 가루를 뿌렸다. 그러자 숯은 마치 그 위에 한 장의 투명한 시트를 올려놓기라도 한 것처럼 주황빛을 발하며 타올랐다. 투명한 시트는 불이 붙어서 갈라지며 복잡한 패턴의 선들을 만들어냈다. 무엇인가가 그 선들을 따라 지그재그로 빠르게 움직이는 것이 보였다. 돈 후앙은 나에게 선들 속의 움직임을 지켜보라고 했다. 나는 강한 빛을 발하는 부분에서 조그만 구슬처럼 보이는 것이 왔다갔다하는 것을 보았다. 돈 후앙은 상체를 수그려 손을 불길 속에 집어넣더니 그 구슬을 집어들어 그것을 파이프 대통에 넣었다. 그러고는 한 모금 빨라고 내게 명령했다. 나는 그가 대통 안에 조그만 구슬을 넣은 것은 내가 그것을 빨아들이게 하기 위한 것이라는 뚜렷한 인상을 받았다. 다음 순간 방은 수평을 잃어버렸다. 나는 깊은 무감각과 무거운 느낌을 느꼈다.

깨어났을 때 나는 턱까지 물에 잠긴 채 얕은 관개수로 바닥에 누워 있었다. 누군가가 내 머리를 지탱해주고 있었다. 돈 후앙이었다. 가장 먼저 뇌리에 떠오른 것은 수로 안의 물이 특이한 성질을 가지고 있다는 생각이었다. 차갑고 무거운 물. 그것이 몰려오며 내 몸을 가볍게 때렸고, 물이 움직일 때마다 조금씩 머리가 맑아졌다. 처음에 물은 선명한 초록색 후광 내지는 형광을 발하고 있었지만 그 색채는 곧 사라지고 보통 물의 흐름만이 남았다.

나는 돈 후앙에게 몇 시냐고 물었다. 그는 이른 아침이라고 대답했다. 잠시 후 나는 완전히 깨어나서 물 밖으로 나왔다.

"뭘 봤는지 모두 얘기해야 하네." 집에 도착하자 돈 후앙은 이렇게 말하고, 나를 '도로 데려오기 위해' 사흘 동안 지독하게 고생했다고 덧붙였다. 나는 내가 본 것을 묘사해보려고 수없이 시도했지만 정신을 집중할 수가 없었다. 나중에 이른 저녁이 되어서야 돈 후앙과 이야기를 나눌 준비가 되었다는 생각이 들어서, 내가 옆으로 쓰러졌을 때의 일부터 얘기하기 시작했다. 그러나 돈 후앙은 그런 것에는 관심이 없었고, 그가 나를 "하늘로 내던지고, 내가 날아간" 뒤에 보고 한 일만이 유일하게 관심 있는 부분이라고 잘라 말했다.

내가 기억할 수 있는 것이라고는 일련의 꿈같은 이미지 내지는 장면들이었다. 순차도 없었다. 나는 그것들이 각각 고립된 물거품과 같아서 하나씩 시야로 떠올라 초점을 맺었다가는 다시 떠나가버리는 듯한 인상을 받았다. 그러나 그것은 내가 들여다볼 수 있는 단순한 어떤 장면들이 아니었다. 나는 그것들 안에 있었고, 그 속에 참여하고 있었기 때문이다. 처음에 그것들을 기억에 떠올려보려고 했을 때, 그것은 어렴풋하게 확산된 섬광과 같은 느낌이었다. 그러나 그에 대해 생각해보는 동안, 그 장면들은 하나하나가 지극히 선명하긴 하지만 통상적인 시각으로 보는 것과는 전혀 무관한 것임을 깨달았다. 그래서 인상이 모호했던 것이다. 이미지들은 수가 적었고 단순했다.

돈 후앙이 나를 "공중으로 내던졌다"고 말하는 순간 나는 상당히 떨어진 곳에서 그를 똑바로 바라보고 있었던 매우 선명한 장면을 어렴풋이 떠올릴 수 있었다. 나는 그의 얼굴만을 보고 있었다. 터무니없이 거대한 얼굴이었다. 그것은 납작했고, 강렬하게 빛나고 있었다. 머리카락은 노리끼리했고, 움직였다. 그의 얼굴은 일종의 호박색 빛을 발하면서 각 부분이 제 마음대로 움직이고 있었다.

다음 이미지는 돈 후앙이 실제로 나를 위로 던져 올리거나, 똑바로 전방을 향해 내던지는 광경이었다. 내가 '날개를 활짝 펼치고 날았던' 기억이 났다. 공기를 가르고 힘겹게 똑바로 나아가면서 나는 혼자라는 느낌을 받았다. 나는 것보다는 걷는 것에 더 가까웠다. 그 탓에 몸이 피곤해졌다. 자유롭게 흘러가는 듯한 느낌도, 활력이 충만한 느낌도 없었다.

그다음에는 둔중하고 불쾌한 빛을 가진 장소에 있는 검고 날카로운 칼날 같은 것들을 꼼짝도 않고 바라보던 순간이 생각났다. 그다음에는 무한히 다양한 빛이 비치는 들판을 보았다. 빛들은 깜박거리며 움직이면서 광도光度를 바꿨다. 거의 물감 같은 느낌이었다. 너무 강렬해서 눈이 부셨다.

다른 순간, 어떤 물체가 내 눈을 거의 누르고 있었다. 두툼하고 뾰족한 물체였다. 그것은 분홍색의 선명한 빛을 발하고 있었다. 갑자기 몸 어딘가가 진동하는 것을 느끼면서 다수의 비슷한 분홍색 형체들이 내 쪽으로 오는 것을 보았다. 그것들은 모두 나를 향해 몰려왔다. 나는 껑충 물러섰다.

내가 기억해낸 마지막 장면은 세 마리의 은빛 새였다. 그들은 스테인리스강처럼 반짝이는 금속성 빛을 발하고 있었다. 그러나 그것은 금속보다 더 강렬한, 살아 움직이는 빛이었다. 나는 그들이 좋았다. 우리는 함께 날았다.

돈 후앙은 나의 이런 회상에 대해 아무런 논평도 하지 않았다.

1965년 3월 23일 화요일

다음 대화는 내가 나의 체험에 관해 얘기한 다음 날에 했던 것이다.

돈 후앙이 말했다. "까마귀가 되는 건 그리 어려운 일이 아냐. 자넨 그렇게 했고, 앞으로는 언제나 까마귀일 거야."

"제가 까마귀가 된 후에 무슨 일이 일어났습니까, 돈 후앙? 사흘 동안 날아다녔던 겁니까?"

"아니. 내가 지시한 대로 해질녘에 돌아왔어."

"하지만 어떻게?"

"자넨 녹초가 되어 있었고, 그냥 잠들었네. 그게 다야."

"그러니까, 날아서 돌아왔다는 말입니까?"

"방금 말했잖나. 자넨 내가 이른 대로 집으로 돌아왔어. 하지만 그 일에는 신경을 쓰지 말게. 중요한 게 아니니까."

"그럼 뭐가 중요한 겁니까?"

"자네의 그 여행에서 큰 가치를 가진 건 단 하나밖에 없어. 은빛 새들!"

"그 새들이 뭐가 그렇게 특별하다는 겁니까? 그냥 새였는데요."

"그냥 새가 아냐. 까마귀였어."

"흰 까마귀였단 말입니까, 돈 후앙?"

"까마귀의 검은 깃털은 실제로는 은빛이라네. 까마귀들은 워낙 강렬한 빛을 발하기 때문에 다른 새들도 건드리지 않아."

"왜 그 새들의 깃털은 은빛으로 보였습니까?"

“자넨 까마귀의 눈으로 보고 있었으니까. 우리 눈에 검게 보이는 새는 까마귀의 눈에는 희게 보인다네. 이를테면 흰 비둘기는 까마귀 눈에는 분홍색이나 푸르스름한 색으로 보이네. 갈매기는 노랗게 보이고. 자, 자네가 어떻게 그 까마귀들과 합류했는지를 떠올려봐.”

나는 그에 대해 생각해보았지만 새들의 기억은 연속성 없는 희미하고 분열된 이미지에 불과했다. 나는 단지 그들과 함께 날았던 느낌밖에는 기억나지 않는다고 실토했다. 돈 후앙은 내가 그들과 합류한 것이 공중이었는지, 아니면 땅 위에서였는지를 물었다. 그러나 도저히 생각이 나지 않았다. 돈 후앙은 거의 화를 내기 직전까지 갔다. 그는 내게 잘 생각해보기를 재촉하면서 “제대로 기억하기 전에는 이 모든 건 아무 의미도 없는 미친 꿈에 불과해”라고 말했다. 나는 기억해보려고 안간힘을 다 써봤지만 기억해낼 수가 없었다.

1965년 4월 3일 토요일

오늘 ‘꿈’ 속에서 보았던 은빛 새들에 관련된 이미지를 하나 더 기억해냈다. 무수히 많은 바늘구멍이 나 있는 검은 덩어리를 본 것이 기억난 것이다. 실제로 그것은 거무스름한, 작은 구멍들의 군집이었다. 그것이 왜 부드럽다고 생각했는지는 알 수 없다. 내가 그것을 바라보고 있을 때 세 마리의 새들이 나를 향해 똑바로 날아왔다. 그중 한 마리가 소리를 냈고, 다음 순간에는 세 마리 모두가 지면에 내려와 내 곁에 앉아 있었다.

나는 이 이미지를 돈 후앙에게 설명했다. 그는 새들이 어느 방향에서 왔는지를 물었다. 나는 그런 것을 알 방도는 없었다고 대답했다. 돈 후앙은 참기 어렵다는 듯이 나의 경직된 사고방식을 탓했다. 노력만 하면 얼마든지 기억해낼 수 있는데 내가 경직된 태도를 풀기를 두려워하기 때문에 그러지 못한다는 얘기였다. 그는 내가 인간 대 까마귀의 맥락에서만 생각하려고 하지만, 내가 기억하고자 하는 시점의 나는 인간도 까마귀도 아니었다고 말했다.

돈 후앙은 까마귀가 나더러 뭐라고 했는지를 기억해보라고 했다. 나는 그래 보려고 애썼지만 내 마음은 딴 것들에만 휘둘렸다. 집중할 수가 없었다.

1965년 4월 4일 일요일

오늘 나는 오랫동안 밖에서 돌아다녔다. 돈 후앙의 집에 도착했을 때는 상당히 어두워져 있었다. 내가 그 까마귀들에 대해 생각하고 있을 때, 매우 기이한 '생각'이 뇌리를 스쳐갔다. 그것은 생각이라기보다는 인상이나 느낌에 더 가까웠다. 나를 향해 소리를 낸 새는 자기들이 북쪽에서 왔고 남쪽으로 가는 중이며, 다음에 다시 만날 때도 같은 방향에서 올 것이라고 말했던 것이다.

내가 생각해낸 것인지 기억해낸 것인지 모를 그것을 돈 후앙에게 얘기하자 그는 이렇게 말했다. "그 대답을 기억해낸 것인지, 아니면 만들어낸 것인지에 대해서는 신경 쓰지 말게. 그런 생각은 인간한테

나 어울리는 거고, 까마귀, 특히 자네가 본 것들에게는 맞지 않아. 그것들은 자네 운명을 알려주려고 온 밀사였으니까 말이야. 자넨 이미 까마귀이고, 앞으로도 그건 결코 바뀌지 않아. 지금부터는 자네의 운명이 바뀔 때마다 까마귀들이 날면서 그걸 가르쳐줄 걸세. 자넨 까마귀들하고 어느 방향으로 날아갔나?"

"그걸 제가 어떻게 압니까, 돈 후앙!"

"제대로 생각해보면 기억할 수 있어. 바닥에 앉아서 새들이 날아왔을 때 자네가 어떤 위치에 있었는지를 말해 보게. 눈을 감고 바닥에다 줄을 그어봐."

나는 그가 시키는 대로 그곳을 표시했다.

"아직 눈을 뜨지 마!" 그는 말을 이었다. "그곳에서 봤을 때 자네와 까마귀들은 어느 방향으로 날아갔지?"

나는 지면에 한 번 더 표시를 했다.

돈 후앙은 이 두 방향을 준거점으로 삼아 나의 개인적 미래나 운명을 예언해주기 위해 까마귀들이 보여줄 다양한 비행 패턴들의 의미를 해석해주었다. 그는 까마귀의 비행의 좌표축으로서 동서남북을 지정했다.

나는 사람의 운명을 예언할 때 까마귀들이 언제나 기본 방위를 기준으로 나느냐고 물었다. 돈 후앙은 그런 방위는 나만을 위한 것이며, 결정적으로 중요한 것은 처음 만났을 때 까마귀들이 한 일이라고 대답했다. 그는 '밀사'들의 전갈과 비행 패턴은 전적으로 개인적인 문제이므로, 모든 세부를 낱낱이 기억해야 한다고 역설했다.

돈 후앙이 기억해야만 할 것으로 강조한 것이 하나 더 있었다. 밀사들이 내게서 떠나간 시각이었다. 그는 내가 '날기' 시작한 시점과 은빛 새들이 '나와 함께 날기' 시작한 시점 사이에서 주위의 빛 상태가 어떻게 변화했는지를 떠올려보라고 했다. 내가 처음에 힘들게 날아간다는 느낌을 받았을 때는 어두웠다. 그러나 새들을 보았을 때는 모든 것이 불그스름했다. 주홍색, 또는 주황색이었던 것이다.

"그럼 늦은 오후였겠군. 아직 해가 지지 않았을 무렵이야. 밤이 되어서 완전히 어두워지면 까마귀는 시야가 새하얘지는 탓에 앞을 볼 수 없다네. 우리가 껌껌해서 못 보는 것과는 반대이지. 빛의 변화를 감안한다면 자네가 마지막으로 밀사들을 본 건 날이 저물 무렵이로군. 그 시간에 까마귀들이 자네를 부르면서 머리 위를 날고, 은백색으로 변해서 하늘에서 반짝인다면 자네의 시간이 끝났다는 걸 의미하네. 자네가 죽어서 역시 까마귀가 될 때라는 뜻이지."

"혹시 아침에 본다면요?"

"아침엔 절대 못 봐!"

"하지만 까마귀는 하루종일 날아다니잖습니까."

"멍청한 친구 같으니라고. 그건 자네의 밀사가 아냐!"

"당신의 밀사는 어떻습니까, 돈 후앙?"

"내 밀사들은 아침에 올 걸세. 역시 세 마리가 올 거야. 내 은사는 그때 죽기 싫으면 그들을 향해 소리를 질러서 다시 검은색으로 바꾸면 된다고 하더군. 하지만 이제 난 그게 불가능하다는 걸 알아. 내 은사는 고래고래 소리를 지르는 습관이 있었고, 그 밖에도 시끄럽고 폭력적인 악마초의 성향을 모두 가지고 있었지. 하지만 스모크는 다르다는 걸 난 아네. 그는 그런 정열과는 무관하거든. 그 대신에 공정하지. 은빛 밀사들이 마지막으로 자네를 찾아온다면 고함을 지를 필요는 없네. 이전처럼 그냥 함께 날면 돼. 그들은 자네를 합류시킨 다음 방향을 반대로 바꿀 거야. 날아가는 새는 네 마리가 되는 거지."

1965년 4월 10일 토요일

최근 들어 순간적인 해리解離 상태 내지는 옅은 비일상적 현실의 상태를 불현듯 경험하는 일이 잦아졌다.

버섯으로 환각을 체험했을 때 본 광경이 자꾸 머릿속에 떠올랐다. 구멍이 잔뜩 난 부드럽고 검은 덩어리의 이미지 말이다. 나는 그것을 계속 윤활유나 기름방울 같은 것이 그 중심 쪽으로 나를 끌어당기기 시작하는 광경으로 심상화하고 있었다. 그 중심이 활짝 열리면서 나를 집어삼키려는 것처럼 보였고, 그럴 때면 비록 순간적이었지만 비일상적 현실 상태 비슷한 무엇인가를 경험하곤 했다. 그 결과 나는 몇 달 동안이나 지독한 동요와 불안과 불쾌감에 시달렸고, 이런 경험이 시작되면 즉각 그것을 종료시키려고 악전고투했다.

오늘 나는 이런 상태에 관해 돈 후앙과 의논했다. 나는 그의 충고를 원했지만 그는 전혀 걱정하는 기색이 아니었다. 그런 것들은 무의미하고, 더 정확하게 말하자면 무가치하니까 그냥 무시하라고만 했다. 이해하고 고찰할 가치가 있는 경험은 단지 까마귀가 등장하는 경험뿐이며, 그 밖의 다른 '계시'들은 내 두려움의 산물에 불과하다는 것이다. 그러면서 그는 스모크와 함께하려면 강인하고 조용한 삶을 살아가야 한다는 점을 재차 강조했다. 개인적으로, 나는 내가 위험한 한계점에 다다른 것 같은 느낌을 느꼈다. 나는 돈 후앙에게 더 이상 계속할 엄두가 안 난다고 말했다. 버섯에는 어딘가 정말로 무시무시한 부분이 있었다.

이번 환각 체험에서 기억해낸 이미지들을 살펴보다가, 나는 피할 수 없는 결론에 도달했다. 나는 일상적인 시각과는 구조적으로 상이한 방법으로 그 세계를 보고 있었던 것이다. 내가 지금까지 겪어본 다른 비일상적 현실의 상태들의 경우, 내가 시각화한 형태와 패턴은 언제나 세계에 대한 나의 시각적 관념의 틀 안에 머물러 있었다. 그러나 환각성 스모크 혼합물의 영향하에서 보는 느낌은 그와는 동일하지 않았다. 내가 눈앞에서 본 것들은 모두 정면의 시야에 들어온 것들이었다. 그 시야 위쪽이나 아래쪽에는 아무것도 없었던 것이다.

모든 이미지는 신경에 거슬릴 정도로 평탄했지만, 그와 동시에 당혹스러울 정도의 깊이감을 갖추고 있었다. 이런 이미지들은 다른 종류의 빛의 장場 속에 형성된 믿기 힘들 정도로 정밀한 세부의 밀집체라고 묘사하는 편이 더 정확할지도 모르겠다. 그 장들 속의 빛은 회전 효과를 만들어내며 움직이고 있었다.

이렇게 기억을 떠올리기 위해 탐색하고 애를 쓴 끝에, 나는 내가 '본' 것들을 '이해'하기 위해서 일련의 유추 내지는 비유를 짜내지 않을 수가 없었다. 예를 들어 돈 후앙의 얼굴은 마치 물속에 잠겨 있다가 나온 것처럼 보였다. 물이 그의 얼굴과 머리카락 위로 끊임없이 흐르고 있는 듯한 느낌이었다. 물은 확대경 같은 효과를 가지고 있었기 때문에, 내가 눈의 초점을 맞출 때마다 피부의 모공 하나하나와 머리카락 한 올까지도 뚜렷하게 볼 수 있었다. 그런 한편, 나는 납작하고 잔뜩 각이 진 물질 덩어리들도 보았지만, 그것들이 발하는 빛에는 전혀 변화가 없는 탓에 움직이지 않는 것처럼 보였다.

내가 본 이런 것들의 정체가 무엇인지를 돈 후앙에게 묻자, 내가 까마귀로서 보는 것은 이번이 처음이었으므로 그 이미지들은 명료하지도, 중요하지도 않으며, 나중에 더 훈련을 쌓으면 모든 것을 알아볼 수 있을 것이라는 대답이 돌아왔다.

나는 내가 감지했던 빛의 움직임의 차이를 화제에 올렸다. "살아있는 것들은 안쪽에서 움직이네." 돈 후앙은 말했다. "그리고 까마귀는 그런 움직임이 아예 멈췄거나, 아니면 느려지면서 멈추려는 것을 보고 죽은 것이나 곧 죽으려는 것을 쉽게 알아보지. 뭔가 너무 빠르게 움직일 때도 알아차리고, 정상적으로 움직이는 것 역시 곧바로 알아본다네."

"너무 빨리 움직이거나 정상적으로 움직인다는 게 무슨 뜻입니까?"

"뭘 피하고, 뭘 찾아야 하는지를 까마귀는 실제로 안다는 뜻이야. 무엇인가가 내부에서 너무 빨리 움직인다면 곧 격렬하게 폭발하거나 앞으로 튀어나올 거라는 뜻이고, 그러면 까마귀는 그걸 피한다네. 무엇인가가 내부에서 정상적으로 움직인다면 그것은 보기 좋은 광경이어서 까마귀는 그런 걸 찾아다니지."

"바위도 내부에서는 움직입니까?"

"아니. 바위나 죽은 동물이나 죽은 나무는 움직이지 않네. 하지만 바라보면 정말 멋지지. 그래서 까마귀들은 시체 주위에 모이는 거야. 그걸 구경하는 걸 좋아하거든. 그 내부에서는 아무 빛도 움직이지 않아."

"시체 살이 썩을 경우는 변하거나 움직인다고 할 수 없습니까?"

"그래, 하지만 그건 다른 종류의 움직임이야. 그럴 경우 까마귀는 살 내부에서 무수히 많은 것들이 독자적인 빛을 발하면서 움직이는 것을 본다네. 까마귀는 바로 그런 걸 보기를 좋아하지. 그건 한 번 보면 결코 잊을 수 없는 광경이라네."

"돈 후앙 당신도 그걸 본 적이 있습니까?"

"누구든 까마귀가 되는 법을 터득하는 사람은 볼 수 있네. 자네도 보게 될 거야."

그 시점에서 나는 돈 후앙에게 피할 수 없는 질문을 했다.

"저는 정말로 까마귀가 되었던 겁니까? 그러니까, 누구든 저를 봤다면 보통 까마귀라고 생각했을까요?"

"아냐. 맹우들의 힘을 다룰 때는 그런 식으로 생각하는 게 아니라네. 그런 질문은 무의미해. 하지만 까마귀가 되는 것만큼 쉬운 일은 없다네. 사실, 그건 애들 장난에 가까워. 별 쓸모가 없거든. 다시 얘기하지만 스모크는 힘을 추구하는 자를 위한 것이 아니라, 단지 보는 걸 갈망하는 자들만을 위한 거야. 내가 까마귀가 되는 법을 터득한 건 그들이 새들 중에서도 가장 유용하기 때문이라네. 배고픈 독수리라면 모를까, 까마귀를 건드리려는 새는 없다네. 설령 공격을 받는다고 해도 까마귀는 무리를 지어 날아다니니까 스스로를 지킬 수 있어. 인간도 까마귀를 건드리지 않고. 중요한 건 바로 그 점일세. 인간이라면 누구든 커다란 독수리, 특히 희귀한 독수리에 주목하네. 그 밖의 크고 희귀한 새들도 마찬가지고. 하지만 누가 까마귀 따위에 신경을 쓰겠나? 까마귀는 안전해. 크기도, 성질도 이상적인 데다가, 남의 주의를 끌지 않고 어디든 안전하게 갈 수 있지. 한편, 사자나 곰이 되는 것도 가능하긴 하네. 하지만 그건 상당히 위험한 짓이야. 그런 짐승은 몸집이 너무 커서 변신하기 위해서는 너무 많은 에너지가 필요하거든. 원한다면 귀뚜라미나 도마뱀, 심지어는 개미도 될 수 있지만, 그건 한층 더 위험천만한 짓이야. 자칫하면 큰 동물한테 잡아먹혀 버리니까 말이야."

나는 돈 후앙이 방금 한 얘기는 사람이 까마귀나 귀뚜라미, 혹은 기타 어느 것으로든 실제로 변신한다는 뜻이 되지 않느냐고 반박했다. 그러나 그는 내가 오해하고 있다고 주장했다.

"제대로 까마귀가 되는 법을 터득하려면 아주 오랜 시간이 걸리네. 하지만 자넨 변신하지 않았고, 인간이기를 멈추지도 않았어. 뭔가 다른 것이 있는 거야."

"뭔가 다른 그것이 뭔지 얘기해주시겠습니까?"

"지금은 자네도 알고 있지 않을까? 자네가 미쳐버리거나 몸을 잃는 걸 그토록 두려워하지만 않았다면 이 멋진 비밀을 이해했을 수도 있었어. 하지만 자네가 이런 걸 이해하려면 그런 두려움이 사라질 때까지 기다려야 할지도 모르겠군."

11

내 필드노트에 기록된 마지막 사건은 1965년 9월에 일어났다. 그것이 돈 후앙의 마지막 가르침이었다. 내가 이것을 '비일상적 현실의 특수한 상태'라고 부르는 이유는 그것이 내가 그때까지 섭취했던 그 어떤 식물에 의해 일어난 것도 아니기 때문이다. 나는 돈 후앙이 자기 자신에 관한 암시를 용의주도하게 조작함으로써 그것을 유발시켰다는 느낌을 받는다. 바꿔 말해서, 그는 내 앞에서 실로 교묘한 방식으로 행동함으로써, 자기가 실은 돈 후앙이 아니라 그런 인물을 연기한 것에 불과하다는 뚜렷하고 지속적인 인상을 일부러 만들어냈다는 뜻이다. 그 결과 나는 아주 깊은 갈등을 겪었다. 나는 그가 돈 후앙이라고 믿고 싶었지만, 그 사실을 확신할 수가 없었던 것이다. 이런 갈등은 의식적인 공포를 불러왔고, 이 공포는 너무나도 격심했던 탓에 몇 주에 걸쳐 내 건강에 해를 끼칠 정도였다. 훗날 나는 그때 도제 관계를 끝낸 것은 현명한 행동이었다고 느꼈다. 그러나 돈 후앙은 나를 제자로 간주하기를 그만둔 적이 없었다. 나의 철수는 단지 복귀를 위한 일시적인 휴지休止 기간에 불과하고, 기약 없이 이어질지도 모르는 배움의 또 다른 단계로 간주했던 것이다. 그러나 그 이후로 그는 자신의 지식을 내게 결코 전수해주지 않았다.

내가 이 마지막 경험에 관해 상세하게 기록한 것은 실제로 그 일이 일어나고 나서 거의 한 달 뒤의 일이지만, 그 경험의 요지에 관해서는 이미 다음 날, 극심한 공포를 경험하기 전에 내가 겪었던 격렬한 감정적 동요의 와중에 작성해뒀던 다량의 메모가 존재했다.

1965년 10월 29일 금요일

1965년 9월 30일 목요일에 나는 돈 후앙을 만나러 갔다. 비일상적 현실 상태는 그것을 끝내려는 (돈 후앙의 표현을 빌리자면 그것에서 탈피하려는) 나의 의식적인 노력에도 불구하고 열고 간헐적으로 지속되고 있었다. 그런 상태가 지속되는 시간이 점점 늘어나면서 나는 내 상태가 악화되고 있다고 느꼈다. 비행기가 내는 소음에도 민감해졌다. 머리 위를 날아가는 비행기의 엔진 소리는 싫든 좋든 내 주의를 끌었고, 곧 나는 그것에 사로잡혀 마치 내가 그것에 타고 있거나 함께 비행하고 있는 듯한 느낌까지 받았다. 이런 느낌은 내 신경을 긁었다. 그것을 떨쳐낼 수가 없다는 사실은 나의 내면에 깊은 불안감을 유발했다.

돈 후앙은 나의 자세한 애기를 주의 깊게 경청한 다음 이 모든 일은 내가 영혼을 상실했기 때문에 겪고 있는 일이라고 결론지었다. 내가 버섯 혼합물을 피운 이래로 줄곧 이런 환각 증세에 시달리고 있다고 말하자, 돈 후앙은 그것이 새롭게 일어난 현상이라는 주장을 꺾지 않았다. 예전에 버섯을 피웠을 때는 두려움에 사로잡혀서 단지 '무의미한 꿈들'을 꿨을 뿐이지만, 이번에는 정말로 홀린 상태라고 했다. 비행기 소음에 끌려간다는 사실이 그 증거였다. 영혼을 잃은 사람은 보통 시내나 강에서 물이 흐르는 소리에 홀려 목숨을 잃는 수가 있다고 그는 말했다. 그러고 나서 그는 내가 환각을 경험하기 전에 했던 모든 행동을 묘사해보라고 말했다. 나는 기억나는 모든 행동을 나열했다. 돈 후앙은 나의 설명을 듣고, 내가 어떤 장소에서 영혼을 잃었는지를 추론해냈다.

돈 후앙은 평소의 그와는 딴판으로 이 일에 이상할 정도로 마음을 빼앗긴 것처럼 보였다. 당연히 나의 불안감도 깊어졌다. 정확히 누가 내 영혼을 덫에 걸었는지는 알 수 없지만, 그게 누구든 간에 나를 죽이거나 큰 병에 걸리게 할 목적으로 그랬다는 데에는 의심의 여지가 없다고 그는 말했다. 이렇게 말하고 그는 '전투 자세'에 관해 세밀한 지시를 내렸다. 이것은 내가 내게 이로운 예의 장소에 머물러 있으면서 취해야 할 특별한 자세였다. 나는 그가 품새(una forma para pelear)라고 부른 이 자세를 계속 유지해야 했다.

나는 그것이 무엇을 위한 것이고, 내가 누구와 싸울 것인지를 물었다. 돈 후앙은 누가 내 영혼을 가져갔는지를 알아내고, 그걸 되찾는 것이 가능한지를 알아보고 올 작정이라고 대답했다. 그러면서 그가 돌아올 때까지는 나는 나의 장소에 머물러 있어야 한다고 말했다. 전투 자세는 그가 없는 동안 무슨 일이 일어날 경우에 대비한 예방조치이며, 공격을 받을 경우에 쓰라고 그는 말했다. 이것은 공격자를 마주 보면서 오른쪽 장딴지를 손바닥으로 치고 왼쪽 발을 세게 구르는 동작으로 이루어진 일종의 춤이었다.

돈 후앙은 극히 위험한 경우에만 이 자세를 취해야 한다고 경고했고, 시야에 위험한 것이 없는 경우에는 단지 내 장소에 책상다리를 하고 앉아 있기만 하면 된다고 했다. 그러나 극도로 위험한 상황이 온다면, 최후의 수단에 호소하라고 했다. 적을 향해 물건을 던지라고 말이다. 보통 그런 경우는 힘이 깃든 물건을 던지지만, 나는 그런 것을 가지고 있지 않았기 때문에 오른쪽 손바닥에 쏙 들어가는 작은 돌을 쓰는 수밖에 없다고 했다. 돈 후앙은 엄지로 그 돌을 손바닥에 대고 누르는 식으로 들고 있으라고 지시했고, 이런 방법은 생명의 위기가 닥쳐온 것이 정말로 명백해졌을 때만 써야 한다고 말했다. 그 물건을 던지면서 나는 전투의 함성 — 표적을 향해 그 사물을 유도하는 성질을 가진 고함소리 — 을 지를 필요가 있었다. 그렇게 외칠 때는 신중하게, 의도적으로 그래야 하며, 아무 때나 하는 것이 아니라 '가장 절실한 조건'이 충족되었을 때만 해야 한다고 거듭 강조했다.

내가 '가장 절실한 조건'이 무슨 뜻인지 묻자 그는 절규나 전투의 함성은 일생 동안 당사자를 따라다닌다고 말했다. 따라서 처음 할 때부터 제대로 해야 할 필요가 있었다. 그리고 제대로 그것을 시작하는 유일한 방법은 저절로 일어나는 두려움과 조급함을 억누르고 힘이 완전무결하게 채워질 때까지 기다리는 것이었다. 그런 뒤에야 비로소 방향성과 힘을 갖춘 고함을 터뜨릴 수가 있다는 얘기였다. 돈 후앙은 고함을 지르기 위해서는 바로 이 같은 절실한 조건이 필요하다고 말했다.

나는 절규하기 전에 가득 채워야 한다는 힘이 무엇인지 설명해달라고 했다. 돈 후앙은 그 힘이란 내가 서 있는 지면에서 올라와서 내 몸을 타고 흐르는 것이며, 엄밀하게 말하자면 내게 이로운 장소가 방출하는 일종의 힘이라고 했다. 고함을 밖으로 터져나가게 하는 이런 힘을 적절하게 다루기만 한다면 전투의 함성은 완벽해진다는 것이 그의 설명이었다.

나는 그가 내게 무슨 일이 일어나리라고 생각하는지를 다시 물었다. 돈 후앙은 자기는 아무것도 모르지만, 필요가 있는 한 나의 장소에서 꼼짝도 말고 있어야 한다고 엄하게 못박았다. 무슨 일이 일어날 경우, 그것이 내게 주어진 유일한 방어책이기 때문이다.

두려움이 점점 깊어졌다. 나는 조금 더 자세히 설명해달라고 간청했다. 그러자 그는 내가 그 어떤 상황에서도 움직이면 안 된다는 사실밖에는 모르고, 절대로 집 안이나 덤불 속으로 들어가면 안 된다고 했다. 그는 특히 내가 단 한 마디도 하면 안 되고, 그에게조차도 말을 걸면 안 된다고 강조했다. 너무 두려우면 나의 메스칼리토 노래는 불러도 되지만 말이다. 그러면서 그는 내가 이런 일들에 관해 이미 많이 알고 있기 때문에, 모든 일을 정확하게 수행해야 한다는 점을 어린애에게 말하듯이 신신당부하지 않아도 숙지하고 있어야 마땅하다고 덧붙였다.

그의 이런 경고는 내 마음속에 깊은 번민을 불러일으켰다. 돈 후앙은 앞으로 어떤 일이 일어나리라는 것을 예상하고 있는 것이 틀림없었다. 나는 돈 후앙에게 왜 메스칼리토 노래를 부르라고 했는지를 따져 물으면서 그가 믿고 있는 것이 나를 겁에 질리게 한다고 말했다. 돈 후앙은 웃음을 터뜨리며, 내가 혼자 있는 것을 무서워할지도 모른다고 말했다. 그는 집 안으로 들어가서 등 뒤로 문을 닫았다. 나는 손목시계를 보았다. 오후 7시였다. 나는 오랫동안 조용히 앉아 있었다. 돈 후앙의 방에서는 아무 소리도 들리지 않았다. 모든 것이 조용했다. 바람이 셌다. 차로 달려가서 점퍼를 꺼내올까 하는 생각을 했지만, 돈 후앙의 충고를 무시할 엄두가 나지 않았다. 졸리지는 않았지만 피곤했다. 바람이 차가워서 쉴 수도 없었다.

네 시간 뒤에 돈 후앙이 집 주위를 돌아다니는 소리가 났다. 덤불에서 소변을 보려고 뒷문으로 나간 듯했다. 그러다가 그는 큰 소리로 나를 불렀다.

"어이, 젊은이! 어이, 젊은이! 이리 와봐." 그는 말했다.

자칫 일어나서 갈 뻔했다. 돈 후앙의 목소리가 맞지만 평소 말투와는 달랐고 평소에 쓰던 표현도 아니었다. 돈 후앙이 나를 "어이, 젊은이!"라고 부른 적은 한 번도 없다. 그래서 나는 내 자리에 그대로 머물렀다. 등골이 서늘해졌다. 그가 또다시 같거나 비슷한 말로 나를 소리쳐 부르기 시작했다.

그가 집 뒤꼍에서 돌아다니는 기척이 났다. 그러다가 그는 마치 장작더미가 거기에 있는 것을 몰랐던 것처럼 거기에 발부리를 걸려 비틀거렸다. 이윽고 그는 흙마루로 와서 앞문 옆 벽에 등을 기대고 앉았다. 평소보다 몸이 더 육중해 보였다. 동작이 느리거나 서툰 것이 아니라 단지 더 육중해 보였을 뿐이다. 평소처럼 민첩하게 자리에 앉는 것이 아니라 쿵 하고 앉은 데다가, 그가 앉은 곳은 그의 장소가 아니었다. 돈 후앙은 어떤 상황에서도 결코 다른 곳에 앉지 않는다.

그러고 그는 다시 내게 말을 걸었다. 왜 불렀는데도 오지 않았느냐는 것이다. 커다란 목소리였다. 그를 바라보고 싶지 않았지만 바라보고 싶은 강박적인 충동을 느꼈다. 그는 몸을 좌우로 조금씩 흔들기 시작했다. 나는 자세를 바꿔 그가 가르쳐준 전투 자세를 취했고, 몸을 돌려 그를 마주 보았다. 근육은 경직되어 묘하게 긴장해 있는 상태였다. 무엇이 나로 하여금 전투 자세를 취하게 했는지는 알 수 없지만, 아마 돈 후앙이 내가 보고 있는 인물은 자신이 아니라는 인상을 만들어내서 의도적으로 나를 겁주려 하고 있는 것이라고 믿었기 때문인지도 모르겠다. 나는 그가 지극히 용의주도하게 낯선 행동을 함으로써 내 마음속에 의구심을 심어주려고 한다는 인상을 받았다. 두렵기는 했지만 아직은 괜찮다고 생각했다. 이렇게 상황을 뜯어보고 사건 전체를 분석하고 있지 않은가.

그때 돈 후앙이 일어섰다. 완전히 낯선 동작이었다. 양팔을 앞으로 내밀어 바닥을 짚고 몸을 밀어 엉덩이부터 먼저 일으킨 것이다. 그런 다음 문을 붙들고는 상체를 쭉 뻗었다. 나는 내가 그의 평소 행동방식에 얼마나 익숙해져 있었는지를 깨달으면서 놀랐다. 그리고 그가 돈 후앙처럼 행동하지 않는 돈 후앙을 보여줌으로써 내게 얼마나 엄청난 감정을 불러일으키는지를 깨닫고 또 놀랐다.

그는 나를 향해 두 걸음 다가왔다. 마치 몸을 펴려고 하는 듯이, 아니면 고통스러운 듯이 양손으로 허리 아래를 부여잡고 있었다. 그는 낑낑대며 헉헉거렸다. 코가 꽉 막힌 듯한 소리였다. 그는 나와 함께 어디로 가야 하니 일어나서 자기를 따라오라고 했다. 그는 집 서쪽을 향해 걸어갔다. 나는 자세를 바꿔 그를 마주 보았다. 그는 나를 돌아보았다. 나는 나의 장소에서 움직이지 않았다. 마치 풀칠한 듯이 거기에 딱 들러붙어 있었다.

그는 고함을 질렀다. "어이, 젊은이! 따라오라고 하지 않았나. 안 따라오면 억지로 끌고 갈 거야!"

그는 나를 향해 걸어왔다. 나는 장딴지와 허벅지를 손으로 치며 빠른 동작으로 춤을 췄다. 그는 내가 앉아 있는 흙마루 가장자리까지 와서 거의 닿을 듯이 손을 내밀었다. 나는 필사적으로 몸을 움직여 던지는 자세를 취했다. 그러나 그는 그 순간 방향을 바꿔 왼쪽의 덤불 쪽으로 가버렸다. 그는 걸어가다가 갑자기 뒤로 몸을 돌렸지만 나는 그를 마주 보고 있었다.

이윽고 그는 시야에서 사라졌다. 나는 잠시 더 전투 자세를 유지하고 있다가 더 이상 그의 모습이 보이지 않자 다시 바위에 등을 기대고 책상다리를 하고 앉았다. 그 무렵에는 정말로 공포에 질려 있었다. 도망치고 싶었지만, 그 생각은 나를 한층 더 공포에 질리게 만들었다. 만약 차에 도달하기 전에 잡힌다면 나는 그에게 완전 무방비 상태가 될 것으로 느껴졌기 때문이다. 나는 내가 아는 페요테 노래를 부르기 시작했다. 그러나 왠지 그것은 이 상황에서는 무력하다는 생각이 들었다. 노래는 자위를 위한 것일 뿐이었지만 어느 정도 마음을 가라앉혀주는 효과는 있었다. 나는 노래를 계속 되풀이해 불렀다.

새벽 2시 45분경에 집 안에서 덜그럭거리는 소리가 났다. 그 즉시 나는 자세를 바꿨다. 앞문이 활짝 열리더니 돈 후앙이 비틀거리며 나왔다. 숨을 헐떡이며 목을 움켜잡고 있었다. 그는 내 앞에서 무릎을 푹 꿇고 신음했다. 그는 새되고 애처로운 목소리로 빨리 와서 도와달라고 했다. 그러더니 다시 고래고래 소리를 지르며 오라고 명령했다. 그는 가르륵거리는 소리를 내면서, 뭔가에 목이 막혀 질식할 지경이니 제발 와서 도와달라고 간청했다. 그러다가 네 발로 엉금엉금 기어 내게서 1미터쯤 떨어진 곳까지 접근했다. 그는 내게 양손을 뻗치고 "이리로 와!"라고 말했다. 그러고는 벌떡 일어섰다. 양팔을 나를 향해 쭉 뻗고 있었다. 당장에라도 나를 움켜잡을 듯한 기세였다. 나는 지면에 발을 쿵쿵 구르며 장딴지와 허벅다리를 철썩철썩 때렸다. 나는 공포에 질려 제정신이 아니었다.

그러자 그는 멈춰 서서 집 옆을 돌아 덤불 속으로 들어갔다. 나는 그를 마주 보기 위해 자세를 바꿨다. 그런 다음 다시 앉았다. 더 이상 노래를 부르고 싶지는 않았다. 기력이 쭉 빠져나가는 듯한 기분이었다. 온몸이 욱신거렸다. 경직된 근육은 온통 쥐가 나서 고통스러웠다. 어떻게 생각해야 할지 알 수가 없었다. 돈 후앙에게 화를 내야 할지, 내지 말아야 할지 마음을 정할 수 없었다. 무작정 달려들어볼까 하는 생각도 했지만, 어떤 이유에서인가 그가 나를 벌레 죽이듯이 해치울 것이라는 사실을 알고 있었다. 정말로 울고 싶은 기분이었다. 나는 깊은 절망감을 맛보았다. 돈 후앙이 나를 공포에 빠뜨리기 위해 이토록 공을 들이고 있다는 생각을 하니 울고 싶었다. 그런 식으로 엄청나게 과장된 연기를 보여줘야 하는 이유가 뭔지 도무지 알 수 없었다. 게다가 그의 몸동작은 심란할 정도로 절묘했다. 돈 후앙이 어떤 여자처럼 움직이려는 것이 아니라, 어떤 여자가 돈 후앙처럼 움직이려고 하는 것처럼 보였던 것이다. 돈 후앙의 찬찬한 걸음걸이와 동작을 흉내 내고 싶어하지만 워낙 몸이 무거운 데다가 돈 후앙처럼 민첩하지도 않아서 여의치 않은 것 같은 그런 느낌이었다. 내 앞에 나타난 인물의 정체가 무엇이든 간에, 상대적으로 젊고 몸집이 있는 여자가 나이를 먹었지만 민첩한 노인의 느긋한 동작을 흉내 내려고 한다는 인상을 내게 주었던 것이다.

이런 생각은 나를 공황상태에 빠뜨렸다. 바로 가까이서 귀뚜라미가 큰소리로 울기 시작했다. 그 음색이 얼마나 풍부한지를 퍼뜩 깨달았다. 바리톤이라고나 할까. 귀뚜라미 소리가 조금씩 작아졌다. 느닷없이 전신이 경련했다. 나는 또다시 전투 자세를 취하고 귀뚜라미 소리가 들려온 방향을 마주 보았다. 그 소리가 나를 어딘가로 데려가고 있었다. 진짜 귀뚜라미 소리가 아니라, 단지 그것을 닮은 소리임을 깨닫기도 전에 그것이 나를 사로잡기 시작했던 것이다. 그 소리가 또다시 다가오면서 무시무시하게 커졌다. 나는 페요테 노래를 목청이 찢어져라 부르기 시작했다. 느닷없이 귀뚜라미 소리가 멈췄다. 그 즉시 나는 앉았지만 노래는 계속 불렀다. 다음 순간 나는 귀뚜라미 울음소리가 들렸던 반대 방향에서 누군가가 나를 향해 달려오는 것을 보았다. 나는 허벅지와 장딴지를 철썩철썩 때리면서 발을 필사적으로 쿵쿵 굴렀다. 그것은 매우 빠른 속도로 거의 스치듯이 내 곁을 지나갔다. 개처럼 보였다. 나는 지독한 두려움으로 거의 마비되다시피 한 상태였다. 그밖에 무엇을 느끼거나 생각했는지는 전혀 기억나지 않는다.

아침 이슬은 상쾌했다. 덕택에 기분도 좀 나아졌다. 내가 경험한 현상이 무엇이었든 간에 이제는 물러간 듯했다. 돈 후앙이 조용히 문을 열고 나온 것은 새벽 5시 48분이었다. 그는 기지개를 켜고 하품을 하며 나를 흘끗 보았다. 그는 하품을 계속하며 나를 향해 두 걸음 다가왔다. 반쯤 감은 눈꺼풀 사이로 이쪽을 보고 있었다. 나는 펄쩍 뛰어올랐다. 내 앞에 있는 것이 누구든, 혹은 무엇이든 간에 돈 후앙이 아니라는 사실을 깨달았던 것이다.

나는 지면에서 오른손 가까이에 있던 작고 뾰족한 돌을 하나 집어 들었다. 나는 그 돌을 보지 않았다. 단지 펼친 네 손가락에 갖다 대고 엄지손가락으로 누르고만 있었다. 나는 돈 후앙이 가르쳐준 자세를 취했다. 단 몇 초 만에 기묘한 활력이 몸 안에 가득 차는 것을 자각했다. 다음 순간 나는 고함을 지르며 그를 향해 돌을 던졌다. 아주 우렁찬 외침이라고 생각했다. 그 순간 나는 내가 죽든 살든 개의치 않았다. 내가 지른 함성의 효능은 엄청났다. 폐부를 찌르는 듯한 이 소리는 길게 꼬리를 끌면서 실제로 내 조준을 유도해줬다. 눈앞의 인물은 휘청하며 비명을 지르고, 비틀거리며 집 옆쪽으로 걸어가서 다시 덤불 속으로 들어갔다.

평정을 되찾기까지는 몇 시간이나 걸렸다. 가만히 앉아 있을 수가 없었다. 나는 같은 장소에서 제자리 뛰기를 했다. 공기를 충분히 흡입하기 위해 입으로 숨을 쉬어야 했다.

오전 11시가 되자 돈 후앙이 또 집에서 나왔다. 나는 벌떡 일어서려고 했지만, 눈앞의 인물의 몸놀림은 다름 아닌 그의 것이었다. 그는 똑바로 자기 장소로 가서 평소의 익숙한 동작으로 앉았다. 그는 나를 보더니 미소 지었다. 돈 후앙이 맞다! 나는 그에게 다가가서 화를 내는 대신 그의 손등에 입을 맞췄다. 그때 나는 돈 후앙이 극적인 효과를 위해 연기를 한 것이 아니라, 누군가가 나를 해치거나 죽이려고 돈 후앙으로 변신한 것을 확신했던 것이다.

대화는 내 영혼을 훔쳐갔다는 여자의 정체에 관한 추측으로부터 시작되었다. 돈 후앙은 내 경험을 아주 자세하게 빠짐없이 얘기해보라고 말했다.

나는 아주 신중하게 자초지종을 얘기했다. 그러는 동안 돈 후앙은 마치 재미있는 농담이라도 듣고 있는 듯이 줄곧 웃어댔다. 내 얘기가 끝나자 그는 말했다. "잘했어. 자넨 자네의 영혼을 찾기 위한 싸움에서 이겼네. 하지만 내가 생각했던 것보다 사태는 더 심각하군. 어젯밤 자네 목숨은 바람 앞의 등불이나 마찬가지였네. 예전에 배워둔 게 그래도 좀 있어서 천만다행이로군. 아무 훈련도 받지 않은 상태였다면 지금쯤 자넨 죽어 있을 거야. 어젯밤 자네가 본 게 누구였던 간에, 그자는 자네를 죽일 작정이었거든."

"돈 후앙, 그 여자는 어떻게 당신의 모습을 취할 수 있었던 겁니까?"

"아주 간단해. 그 여자는 디아블레라diablera*이고, 다른 쪽 세계에 괜찮은 조력자를 갖고 있는 거라네. 하지만 완벽하게 나로 변신할 정도는 아니어서 그걸 자네한테 간파당했던 거야."

"다른 쪽 세계에 있는 조력자는 맹우하고 동일한 겁니까?"

"아니. 조력자는 디아블레로를 거드는 역할밖에는 못해. 조력자란 다른 쪽 세계에 사는 정령精靈인데 디아블레로가 질병이나 고통을 일으키는 걸 도와준다네. 누굴 죽이는 것도 돕지."

"디아블레로도 맹우를 가질 수 있습니까, 돈 후앙?"

"맹우를 가진 자가 디아블레로야. 하지만 디아블레로가 맹우를 길들이기 전에는 대개 일을 도와줄 조력자를 데리고 있지."

"당신으로 변신한 그 여자는 어떻습니까? 그 여자는 맹우는 없고 조력자만 데리고 있었던 겁니까?"

"그 여자가 맹우를 갖고 있는지 안 갖고 있는지는 나도 몰라. 맹우의 힘을 별로 좋아하지 않고 조력자 쪽을 선호하는 자들도 있긴 하네. 맹우를 길들이는 건 힘든 일이니까 말이야. 다른 쪽 세계에서 조력자를 얻는 쪽이 더 쉬워."

"혹시 저도 조력자를 하나 얻을 수 있다고 생각하십니까?"

"그걸 알려면 지금보다 훨씬 더 많은 걸 배워야 해. 우린 또다시 출발점에 서 있네. 자네가 처음에 나를 찾아와서 메스칼리토에 관해 얘기해달라고 했던 그날과 별 차이가 없어. 그땐 그럴 수 없었네. 얘

* diablero의 여성형

기해봤자 어차피 이해 못했을 테니까 말이야. 다른 쪽이란 디아블레로의 세계를 뜻한다네. 내가 느낀 감정을 자네한테 얘기해주려면 내 은사가 내게 그랬던 것과 같은 방식으로 하는 게 최선이라는 생각이 드는군. 내 은사는 디아블레로이자 전사였다네. 그의 삶은 이 세계의 힘과 폭력 쪽으로 기울어져 있었지. 하지만 난 그 어느 쪽도 아냐. 그게 내 본성이거든. 자넨 처음부터 나의 세계를 보아왔어. 내 은사의 세계를 자네에게 보여주려면 난 자네를 문간까지만 데려다줄 수 있을 뿐이라네. 거기서부터는 자네가 모든 걸 결정해야 해. 그 세계에 관해 배우려면 자네 힘만으로 해야 한다는 뜻이야. 이쯤 해서 내가 실수를 저질렀다는 걸 인정해야겠군. 이제는 알 수 있거든. 자네도 내가 했던 방식으로 시작하는 편이 훨씬 더 낫다는 걸. 그럼 그 차이가 얼마나 단순하면서도 얼마나 심원한 것인지를 더 쉽게 이해할 수 있을 거야. 디아블레로는 디아블레로이고, 전사는 전사라네. 경우에 따라서는 양쪽 다 될 수도 있고. 그런 자들이야 얼마든지 있지. 하지만 오직 삶의 길들을 나아가는 사람은 모든 것이 될 수 있네. 지금 나는 전사도 아니고, 디아블레로도 아냐. 나는 마음이 깃든 길을 나아가는 데 전념할 뿐일세. 어떤 길이든 간에 마음이 깃든 길을. 나는 그런 길을 나아가고, 그런 내게 유일하게 가치 있는 도전이란 그 여정을 끝까지 완수하는 일이라네. 그래서 보고, 또 보면서 숨 가쁘게 나아가는 거지."

그는 말을 멈췄다. 그의 얼굴에는 특이한 감정이 드러나 있었다. 평소와는 다르게 무척 진지해 보였던 것이다. 나는 무슨 질문을 할지, 무슨 말을 해야 할지 알 수 없었다. 그는 말을 이었다.

"특히 배워야 할 것은 세계들 사이의 균열을 찾아서 다른 세계로 들어가는 방법이야. 디아블레로들의 세계와 살아 있는 인간들의 세계, 이 두 세계 사이에는 틈새가 존재한다네. 그리고 이 두 세계가 겹치는 장소가 있지. 균열은 바로 그곳에 있고, 바람에 날린 문처럼 열렸다 닫혔다 한다네. 거기까지 가려면 우선 의지력부터 단련해야 해. 의지력을 갈망한다고나 할까, 일심으로 투신할 태세를 길러야 하는 거야. 하지만 그 어떤 힘이나 다른 인간의 도움도 받지 않고 그래야 하네. 자신의 육체가 그런 길을 떠날 채비를 갖추는 순간까지, 심사숙고하고, 소망하란 말일세. 사지가 오랫동안 덜덜 떨리고 격렬한 구토가 시작된다면 바로 그런 순간이 왔다는 신호야. 그 무렵에는 보통 잠을 못 자고 먹지도 못해서 쇠약해진 상태일 거야. 그런 상태에서 몸의 경련이 아예 멈추지 않는다면 드디어 갈 준비가 됐다는 뜻이고, 곧 눈앞에 두 세계 사이의 균열이 나타날 걸세. 마치 기념문처럼 생기고, 위아래로 움직이는 균열이지. 균열이 열리면 자넨 그걸 비집고 들어가야 해. 경계를 넘어가면 주위가 잘 보이지 않는다네. 모래폭풍 같은 바람이 세차게 소용돌이치거든. 일단 들어가면 어느 방향으로든 걸어가야 하네. 그게 짧은 여행이 될지 긴 여행이 될지는 당사자의 의지력에 달렸네. 강한 의지를 가진 사내의 여정은 짧아. 우유부단하고 약한 사내의 여정은 길고 위태로운 것이 될 걸세. 이 여정의 끝에서 그는 일종의 고원高原에 도달할 걸세. 거기선 지형의 일부를 어느 정도 분간하는 것이 가능해질 거야. 평지 위로 솟아 있는 대지臺

地야. 바람의 상태로도 알 수 있지. 거기서는 바람이 한층 더 거칠어서 채찍처럼 몰아치고 끊임없이 포효하고 있거든. 그 고원의 정상에는 다른 세계로 통하는 입구가 있어. 입구에는 두 세계를 가르는 막이 쳐져 있네. 죽은 사람들은 아무 소리도 내지 않고 그걸 통과하지만, 우리는 고함을 질러서 그걸 돌파해야 해. 바람, 고원에서 마구 불어대는 것과 똑같은 바람이 한층 더 힘을 얻어서 강해질 걸세. 그 바람이 힘을 충분히 축적했을 때 고함을 질러야 하네. 그럼 바람이 그의 등을 밀어서 막을 통과시켜줄 거야. 그 시점에서도 역시 그의 의지는 그 바람과도 맞서 싸울 수 있을 정도로 강고해야 하네. 바람은 그때 그를 살짝 밀쳐주기만 하면 돼. 그 세계의 끝까지 날려갈 필요는 없으니까 말이야. 일단 다른 편 세계로 들어간 뒤에는 계속 돌아다녀야 하네. 운이 좋다면 근처에서, 입구에서 그리 멀리 떨어지지 않은 곳에서 조력자를 찾아낼 수 있을 거야. 그런 다음엔 그에게 도와달라고 요청해야 하네. 가르침을 달라, 나를 디아블레로로 만들어 달라고 직접 간청하는 방식으로 말이야. 만약 조력자가 거기 동의한다면 바로 그 자리에서 당사자를 죽이고, 그가 죽어 있는 동안 가르쳐줄 걸세. 자네가 그런 여행에 나설 때, 운이 따라준다면 조력자로 위대한 디아블레로를 찾을 수 있을지도 모르네. 자네를 죽이고 가르쳐줄 인물을 말이야. 하지만 대부분의 경우는 거의 배울 게 없는 힘이 약한 브루호를 만나게 돼. 하지만 자네도, 그들도 그걸 거부할 힘은 없어. 가장 좋은 건 남자 조력자를 만나는 걸세. 행여나 디아블레라하고 마주치기라도 한다면 그 먹잇감이 되어서 상상을 초월하는 고생을 겪을 테니까 말이야. 여자란 언제나 그런 식이라네. 하지만 모든 건 운에 달렸어. 자네의 은사 자신이 위대한 디아블레로가 아닌 이상은 말이야. 그럴 경우엔 그 은사가 다른 세계에 많은 조력자들을 갖고 있을 거고, 자네가 특정한 조력자를 만나도록 일러줄 수 있지. 내 은사가 바로 그런 인물이었다네. 내가 그의 정령 조력자를 만나도록 인도해줬지. 거기서 돌아오고 나면 자넨 예전의 자네가 아냐. 자네의 조력자를 만나기 위해 자주 돌아가게 될 거니까. 그리고 자넨 입구에서 점점 더 먼 곳까지 돌아다니게 될 거야. 그러다가 어느 날 돌아올 수도 없을 정도로 멀리 가버리는 거지. 이따금 어떤 디아블레로는 남의 영혼을 하나 사로잡아서 입구에 밀어넣고, 당사자의 모든 의지력이 박탈될 때까지 자기 조력자의 손에 맡겨 놓는 경우가 있다네. 다른 경우, 이를테면 자네 같이 의지력이 강한 경우는 그 영혼을 허리에 찬 주머니에 넣고 다니기도 해. 그 밖의 방법으로는 가둬놓기가 너무 힘드니까 말이야. 그럴 경우에는 자네가 그랬던 것처럼 싸워서 문제를 해결할 수도 있어. 그런 싸움에서는 디아블레로가 완승을 거두든가, 완패하든가 둘 중 하나야. 이번 경우에는 그녀가 싸움에 졌기 때문에 자네의 영혼을 놓아주어야 했지. 만약 이겼다면 자기 조력자한테 자네 영혼을 가지고 가서 맡겨놓았을 거야."

"그런 걸 제가 어떻게 이긴 겁니까?"

"자넨 자네의 장소에서 움직이지 않았어. 한 치라도 거길 벗어났다면 자넨 끝장났을 거야. 그 여자는 내가 없는 때를 최상의 공격 시간으로 보고 그걸 잘 이용했던 거지. 그 여자가 실패한 이유는 자네의 그 격한 기질을 염두에 두지 않았던 데다가, 자네도 그 무적의 장소에서 꿈쩍도 하지 않았기 때문이라네."

"만약 제가 움직였다면 그 여자는 저를 어떻게 죽였을까요?"

"벼락처럼 자네를 쳤겠지. 무엇보다도 자네의 영혼을 사로잡고 있었을 거고, 그러면 자넨 계속 기운이 빠졌을 거야."

"돈 후앙, 이제부턴 어떤 일이 일어날까요?"

"아무 일도 일어나지 않아. 자넨 자신의 영혼을 되찾았네. 아주 멋진 싸움이었어. 어젯밤에 자넨 많은 걸 배웠네."

그런 후에 우리는 내가 던진 돌을 찾아 나섰다. 돈 후앙은 그것을 찾아낸다면 사태가 완전히 종료되었음을 완벽하게 확신해도 좋다고 말했다. 거의 세 시간 동안이나 찾아다녔다. 나는 단박에 그것을 알아볼 수 있을 것이라는 예감이 있었다. 하지만 그러지 못했다.

같은 날 초저녁에 돈 후앙은 집 주위의 야산으로 나를 데리고 갔다. 그곳에서 그는 구체적인 싸움 방식에 관해 길고 상세하게 가르쳐주었다. 어떤 정해진 절차를 되풀이해 연습하던 중에 나는 내가 어느새 혼자가 되었다는 사실을 깨달았다. 비탈길을 뛰어올라온 뒤였기 때문에 숨이 찬 상태였다. 땀이 비 오듯 쏟아졌지만 한기를 느꼈다. 나는 큰 소리로 돈 후앙을 몇 번 불렀지만 대답은 돌아오지 않았고, 나는 묘한 불안감을 느끼기 시작했다. 덤불 아래서 마치 누가 다가오는 것처럼 부스럭거리는 소리가 들렸다. 나는 조심스럽게 귀를 기울였지만 소음은 곧 멈췄다. 그러다가 다시 들렸다. 더 크게. 더 가까운 곳에서. 바로 그 순간 어젯밤 일어난 일들이 여기서 또 되풀이될 것이라는 생각이 퍼뜩 떠올랐다. 단 몇 초 만에 나의 두려움은 한계를 모르고 부풀어올랐다. 덤불이 부스럭거리는 소리가 가까워졌고, 나는 몸에서 힘이 빠져나가는 것을 느꼈다. 비명을 지르든지, 흐느껴 울고 싶었다. 쏜살같이 도망치든지, 아니면 그냥 기절해버리고 싶었다. 무릎에서 힘이 풀리면서 나는 흐느끼며 땅바닥에 쓰러졌다. 눈조차도 감을 수 없었다. 그 이후로는 돈 후앙이 모닥불을 피우고 쥐가 난 내 팔다리를 문질러줬다는 사실밖에 기억나지 않는다.

나는 몇 시간 동안 엄청난 정신적 고통에 시달렸다. 나중에 돈 후앙은 상궤를 벗어난 나의 이런 반응은 흔히 볼 수 있는 일이라고 설명해주었다. 무엇이 나를 그런 공황상태로 몰아갔는지 논리적으로 이해가 안 된다고 내가 말하자, 돈 후앙은 내가 느낀 것은 죽음에 대한 공포가 아니라 영혼을 잃을 것에 대한 공포였으며, 불굴의 의지를 가지고 있지 않은 사람에게서 흔히 볼 수 있는 일이라고 대답했다.

그 체험이 돈 후앙의 마지막 가르침이었다. 그 일이 있은 이래로 나는 그의 가르침을 받으러 가기를 그만두었다. 그럼에도 불구하고 나를 향한 돈 후앙의 은사로서의 자세는 바뀌지 않았지만, 나는 내가 식자의 첫 번째 적에게 굴복했다고 확신한다.

제2부

구조 분석

아래에 나열된 구조적 얼개는 지금까지 묘사한 비일상적 현실의 여러 상태에 관한 데이터를 개념화한 것으로, 돈 후앙의 가르침의 내적인 일관성과 타당성을 보여주기 위한 시도의 일환으로 고안된 것이다. 내가 바라보는 이 구조는 그 주요 구성단위인 네 가지 개념으로 이루어져 있다. (1) 식자, (2) 식자에게는 맹우가 있다, (3) 맹우에게는 규칙이 있다, (4) 규칙은 개별적인 합의에 의해 확증된다. 이 네 단위는 각각 다시 거기에 부수되는 몇 가지의 관념들로 이루어진다. 따라서 전체 구조는 내가 도제관계를 중단할 때까지 제시되었던 주요 개념들을 모두 포함하고 있다. 어떤 의미에서 이 구성단위들은 연속적인 분석 층위層位를 이룬다고 할 수 있다. 각 층위는 그에 선행하는 층위를 보정해주기 때문이다.*

이 개념 구조는 각 구성단위들의 의미에 전적으로 의존하고 있기 때문에 이 시점에서 미리 짚고 넘어가야 할 부분이 있다. 이 책의 모든 부분에서 나는 나 자신의 해석에 준거하여 의미를 부여했다. 내가 여기서 제시한 돈 후앙의 지식체계를 구성하는 개념들은 돈 후앙 본

* 구조 분석의 개요에 관해서는 부록 2를 볼 것. 저자 주.

인이 한 말을 있는 그대로 옮긴 것이 아니며, 해당 개념들을 최대한 충실하게 표현하려고 노력했음에도 불구하고 그것이 내포하는 의미의 해석 역시 그것을 분류해보려는 나 자신의 시도에 의해 편향되었다는 점을 밝혀둔다. 반면, 이 구조적 얼개의 네 가지 주요 구성단위는 논리적 순서에 따라 배열되었으며, 내가 고안한 분류방식 같은 외부적 영향과는 무관해 보인다. 그러나 주요 단위들을 구성하는 개념들에서까지 나 자신의 개인적인 시각을 배제하는 것은 불가능했다. 연구대상이 된 어떤 현상을 이해가능한 방식으로 표현하기 위해서는 종종 외부적인 분류항목을 개입시킬 필요가 있기 때문이다. 그리고 그런 작업을 성공적으로 수행하기 위해서는 스승인 돈 후앙이 보여준 의미 및 분류방식과 제자인 내가 받아들인 의미 및 분류방식 사이를 드나들어야 했다.

실천적 질서

첫 번째 구성단위

식자識者

도제수업 초기에 돈 후앙은 자신의 가르침이 〈어떻게 하면 식자가 될 수 있는지를 보여주기 위한 것〉이라고 일찌감치 언명했다. 나는 이 말을 출발점으로 삼겠다. 식자가 되는 것이 실천적인 목표라는 점은 명백하고, 돈 후앙의 정연하고 체계적인 가르침의 모든 부분이 어떤 식으로든 이 목표를 향해 특화되어 있다는 점 또한 명백하다. 그래서 나는 어떤 '실천적 질서'를 설명하기 위해서는 그 실천상의 목표인 〈식자〉는 필수불가결한 요소라고 생각했다. 그렇다면 이 실천적 질서를 이해하기 위해서는 먼저 그 목표인 〈식자〉부터 반드시 이해해야 한다는 결론을 내려도 무방할 것이다.

일단 〈식자〉를 첫 번째 구성단위로 확정하고 나니 다음의 일곱 가지 명제를 이 단위 고유의 구성요소로 확실하게 꼽을 수 있었다. (1) 식자가 되는 것은 배움의 문제다, (2) 식자는 불굴의 의지를 가져야 한다, (3) 식자의 마음은 명료해야 한다, (4) 식자가 되기 위해서는 분투적인 노력이 필요하다, (5) 식자는 전사다, (6) 식자가 된다는 것은 끝없는 진행과정이다, (7) 식자에게는 맹우가 있다.

이 일곱 가지 요소는 돈 후앙의 가르침 전체를 관통하는 주제였으며, 그가 보유한 모든 지식의 성격을 규정했다. 돈 후앙의 가르침의 실천적인 목표가 식자를 만들어내는 것이라는 점을 감안하면 그의 모든 가르침에 이 일곱 가지 명제의 특징이 녹아들어 있다고 해도 과언이 아니다. 이것들이 모두 하나로 통합되어서, 길고 위험한 훈련을 받은 뒤에야 비로소 터득할 수 있는 하나의 처신법 내지는 행동양식으로서의 〈식자〉라는 개념을 이루고 있는 것이다. 그러나 〈식자〉란, 행동의 어떤 지침이 아니라 전수받고 있는 지식과 관련된 모든 비일상적 상황을 포괄하는 일련의 원칙이다.

각각의 명제는 다시 그것의 다양한 측면들을 다루는 여러 개념적 요소들로 나누어진다.

돈 후앙이 한 말에 비추어보면 식자란 디아블레로, 즉 흑黑주술사일 수 있다는 추론이 가능해진다. 돈 후앙은 자기 스승이 디아블레로였고 그 또한 과거에는 디아블레로였지만, 주술의 어떤 실천적 측면들에 대해서는 자신은 더 이상 관심을 느끼지 않는다고 밝혔다. 어떻게 하면 식자가 될 수 있는지를 보여주는 것이 그의 가르침의 목적이고, 또 그의 지식이 디아블레로라는 존재에 기반해 있다는 점을 감안하면, 식자와 디아블레로 사이에는 어떤 고유의 관계가 존재하는지도 모른다. 돈 후앙은 이 두 용어를 호환해서 쓴 적은 결코 없었다. 그러나 이들이 서로 관련되어 있을 공산이 크다는 사실은 일곱 개의 명제와 그 구성요소들로 이루어지는 〈식자〉 개념 자체가 디아블레로가 되는 과정에서 일어날 수 있는 제반 상황을 이론상으로는 포괄하고 있을 가능성을 시사하고 있다.

식자가 되는 것은 배움의 문제다

이 첫 번째 명제는 오로지 배움만이 식자가 되는 유일한 길이며, 그 목적을 달성하기 위해서는 당사자의 단호한 노력이 필요함을 암시하고 있다. 식자가 된다는 것은 어떤 과정의 최종결과로, 신의 은총이라든지 초자연적인 힘의 도움을 받아 즉각 목적을 이루는 것과는 대비된다. 식자가 되는 방법을 배울 수 있다는 사실은 그 목표를 달성하기 위한 가르침의 체계가 존재할 수 있는 근거를 제공한다.

첫 번째 명제는 다음 세 가지 구성요소로 이루어진다. (1) 식자가 되는 데 필요한 명시적 조건은 없다, (2) 암묵적인 필요조건은 몇 가지 있다, (3) 누가 배움을 통해 식자가 될 수 있는지는 모종의 비인격적인 힘에 의해 결정된다.

누가 배움을 통해 식자가 될 수 있는지를 결정하는 명시적인 전제조건이 존재하지 않는다는 점은 확실하다. 이론적으로, 그런 길을 추구하고 싶어하는 사람 모두에게 배움의 문호는 개방되어 있다. 그러나 이 입장은 실제로는 돈 후앙이 스승의 입장에서 자신의 제자를 직접 선발했다는 사실과는 모순된다.

사실, 그런 상황에서는 어떤 스승이라도 모종의 암묵적인 필요조건들에 견주어보는 방식으로 제자를 선발했을 것이다. 그런 필요조건의 구체적인 성격은 결코 공식화되는 법이 없다. 돈 후앙은 스승이 제자를 고를 때는 몇 가지 단서를 염두에 두고 있어야 함을 시사했을 뿐이었다. 돈 후앙이 시사한 단서는 그가 〈불굴의 의지〉라고 부르는 모종의 성격적 자질을 후보자가 갖추고 있는지의 여부를 확인하는 데 쓰이는 것으로 추정된다.

그럼에도 불구하고, 누가 배움을 통해 식자가 될지에 대한 최종적 결정은 돈 후앙이 인지하고는 있지만 그의 자유의지 영역 밖에 존재하는 모종의 비인격적 힘에 맡겨진다. 이 비인격적 힘은 선택받은 인물로 하여금 비범한 행위를 해내게 하거나, 그 인물 주위에 일련의 기묘한 상황을 만들어냄으로써 적임자를 지목해주는 것으로 알려져 있다. 따라서 명시적인 필요조건이 없다는 사실과 밝혀지지 않은 은밀한 필요조건들이 존재한다는 사실 사이에서 알력이 발생하는 일은 결코 없다.

이런 방식을 통해 선발된 인물은 제자가 된다. 돈 후앙은 그런 인물을 〈선택받은 자〉를 의미하는 에스코히토escogito라고 불렀다. 그러나 에스코히토가 된다는 것은 단순한 제자가 되는 것 이상을 의미한다. 모종의 힘에 의해 선택받았다는 사실 단 하나만으로도 이미 보통 사람들과는 다른 존재로 간주되는 것이다. 그는 장차 배움을 통해 보강될 최소한의 힘을 이미 부여받은 것으로 간주된다.

그러나 배움이란 끝없는 탐색의 과정이다. 그리고 최초의 결정을 내린 힘 내지는 그와 유사한 힘은, 에스코히토가 배움을 계속할 수 있을지 아니면 패배해서 중도탈락할지의 여부에 대해서도 비슷한 결정을 내리는 것으로 알려져 있다. 이런 결정은 배움의 어떤 시점에서든지 징조를 통해 현시된다. 같은 맥락에서, 제자 주위에서 발생하는 특이한 상황들은 모두 그런 징조로 간주된다.

식자는 불굴의 의지를 지녀야 한다

식자가 불굴의 의지를 필요로 한다는 생각은 의지력의 행사와 관련이 있다. 불굴의 의지를 가진다는 것은 배우고 있는 지식의 경계를 엄격히 지키고 항상 그 안에 머묾으로써 요구된 절차를 수행할 수 있는 의지력을 갖춘다는 뜻이다. 식자가 자신의 지식의 맥락 안에서 수행해야 하는 모든 행위가 지닌 강제적인 성질을 견뎌내려면 단호한 의지력을 필요로 하기 때문이다.

그런 맥락에서 수행되는 모든 행위의 강제적인 성질과, 그것이 전혀 융통성 없이 사전에 정해져 있다는 사실이 누구에게든 불편하리라는 것은 너무나 분명하다. 미래의 제자가 유일한 조건으로서 불굴의 의지력을 조금이라도 지닐 것을 은연중에 요구받는 것은 바로 이런 이유에서다.

불굴의 의지는 (1) 절제력, (2) 견실한 판단력, (3) 불개변성不改變性으로 이뤄져 있다.

식자가 절제력을 필요로 하는 이유는, 그가 수행해야만 하는 대다수의 행위가 통상적인 일상생활의 경계 밖에 있거나 통상적 행동 관례에 어긋나는 사안이나 요소를 다루고 있어서, 그에 따른 행동에 나설 때마다 비상한 노력이 필요해지기 때문이다. 비상한 노력을 기울이기 위해서는 소정의 임무와 직접적인 관련이 없는 여타의 행동은 절제할 수밖에 없다는 암묵의 전제가 깔려 있는 것이다.

모든 행위는 이미 정해져 있고 의무적인 것이므로, 식자는 견실한 판단력을 필요로 한다. 여기서 판단력이라는 개념이 시사하는 것은 단순한 상식이 아니라 수행해야 할 모든 행위의 주변상황을 파악할 수 있는 능력이다. 이런 판단을 위한 기준은 필요한 행위를 수행하는 시점에서 당사자가 동원할 수 있는 가르침의 모든 요소를 통합시키는 데서 나온다. 그런 연유로, 학습이 진전됨에 따라 기준은 늘 변한다. 그와 동시에 이런 기준의 저변에는 당사자가 수행해야 했던 모든 의무적인 행위는 해당 상황하에서는 사실상 가장 적절한 행위였다는 확신이 언제나 깔려 있었다.

모든 행위는 이미 정해져 있고 의무적인 것이므로, 그것을 실행에 옮긴다는 것은 개변의 여지가 전혀 없음을 의미한다. 돈 후앙의 지식 전수체계는 너무나 확고부동했기 때문에 어떤 식으로든 그것을 변경할 수 있는 가능성은 전무했다.

식자의 마음은 명료해야 한다

마음의 명료함은 방향감각을 제공해주는 명제다. 모든 행위가 이미 정해져 있다는 사실은, 전수받은 지식 내에서 제자가 나아가야 할 방향 또한 이미 결정되어 있음을 의미한다. 따라서, 마음의 명료함은 단지 방향감각을 제공해줄 뿐이다. 이 감각은 그 구성요소로서 (1) 길을 찾아 나설 자유, (2) 특정한 목적에 관한 지식, (3) 유연성 등을 통해 선택된 진로의 타당성을 끊임없이 재확인해준다.

사람은 길을 찾아 나설 자유가 있는 것으로 간주된다. 선택의 자유가 있다는 사실이 개변의 여지가 전혀 없다는 사실과 모순되지는 않는다. 이 두 생각은 서로 대립하지도, 간섭하지도 않기 때문이다. 길을 찾아 나설 자유란 똑같이 유효하고 이용 가능한 여러 행동 가능성 중 하나를 선택할 수 있는 자유를 뜻한다. 이런 선택의 기준이 되는 것은 고려 대상이 된 가능성이 상대적으로 유리한지의 여부이며, 개인적인 호오好惡에 근거한다. 사실, 어떤 길을 선택할 자유는 개인적 의향의 표현을 통해 그 방향성을 띤다.

방향감각을 일궈내는 또 하나의 방법은, 전수받은 지식의 맥락 안에서 수행되는 모든 행위에는 특정한 목적이 있다는 생각을 통해서

다. 고로 식자는 수행하는 행위에 대한 자신의 고유한 동인을 각 행위가 내포하고 있는 특정한 목적에 조화시킬 수 있도록 명료한 마음을 필요로 한다. 모든 행위에 내포된 특정한 목적에 관한 지식은 수행해야 할 모든 행동의 주변상황을 파악하기 위해 그가 이용하는 지침이 된다.

마음의 명료함의 또 한 가지 측면은, 식자는 부여받은 임무의 성과를 높이기 위해 가르침이 그의 손에 쥐여준 모든 자원을 조합해내야 한다는 점이다. 이것이 유연성이라는 요소의 의미이다. 유연성은 식자로 하여금 탄력적인 임기응변의 능력을 보유하고 있는 느낌을 가지게 함으로써 방향감각을 일궈준다. 식자는 유연성을 갖춰야 한다는 이 요소가 빠지면 그가 수행하는 모든 행위는 그 강제적인 성질로 인해 경직되거나 메마른 느낌을 줄 것이다.

식자가 되기 위해서는 분투적인 노력이 필요하다

식자는 지극히 힘든 일을 완수할 수 있는 전방위적 능력을 갖추고 있거나, 훈련 단계에서 그런 능력을 획득해야 한다. 돈 후앙은 식자가 되기 위해서는 분투적인 노력이 필요하다고 말했다. 분투적인 노력이란 (1) 극적劇的인 행동력, (2) 효율적인 수행 능력, 그리고 (3) 도전에 맞설 수 있는 능력을 가리킨다.

식자의 길에서 극적 감각이 매우 특별한 요건이라는 점에는 의심의 여지가 없다. 극적인 행동을 필요로 하는 상황에 대응하기 위해서는 특수한 종류의 노력이 필요해진다. 바꿔 말해서, 식자는 극적인 노력을 할 필요가 있다. 돈 후앙의 행동을 예로 들자면, 그의 연극적인 행동은 일견 과장된 연기를 좋아하는 그의 개인적 취향에 불과한 것처럼 보였다. 그러나 돈 후앙의 극적인 노력은 언제나 단순한 연기 이상의 것이었고, 오히려 어떤 신념에 완전히 몰입한 상태에 더 가까웠다. 돈 후앙의 이런 극적인 노력은 그가 수행하는 모든 행위에 그것이 종국적인 행위라는 기묘한 느낌을 부여했다. 그 결과, 돈 후앙이 하는 행위들은 죽음이 주요 배역으로 등장하는 무대 위에서 행해졌다. 식자가 다루는 물건들의 본질적으로 위험한 성질로 인해, 그가 배움의 과정에서 죽음을 맞을 가능성이 현실적으로 존재한다는 사실은 늘 암시되고 있다. 그러니 죽음이 어딜 가나 등장하는 배역이라는 확신이 빚어낸 극적인 노력이 단순한 과잉연기가 아닌 것은 당연하다.

노력은 극적인 요소뿐만 아니라 효율성을 요구한다. 노력은 효율적이어야 하고, 올바르게 배분되고, 적절해야 한다. 죽음이 지척에 있다는 생각은 전반적으로 진지한 태도를 유지시키기 위해 필요한 극적 효과뿐만 아니라 모든 행위는 생존을 위한 투쟁이라는 믿음, 그리고 자신의 노력이 요구된 효율성의 기준에 미치지 못할 경우엔 파멸이 찾아온다는 믿음을 일궈낸다.

노력은 도전의 관념도 수반하고 있다. 도전이란 전수받은 지식의 엄연한 울타리 안에서 적절하게 행동할 능력이 있는지의 여부를 시험하고 확인하는 행위이다.

식자는 전사다

식자라는 존재는 끊임없는 투쟁의 산물이다. 그리고 식자가 전사의 삶을 사는 전사라는 생각은 그에게 정서적 안정상태를 유지하는 수단을 제공한다. 이 같은 전사의 관념은 네 가지 구성요소로 이루어진다. (1) 식자는 경의를 가져야 한다, (2) 식자는 두려움을 가져야 한다, (3) 식자는 온전히 깨어 있어야 한다, (4) 식자는 자신감이 있어야 한다. 그런 연유로, 전사가 된다는 것은 개인적 성취를 중시하는 자기수양의 한 형태이면서도 동시에 개인적 이익의 추구를 최소화하는 자세를 의미한다. 대부분의 경우 개인적 이익은 주어진 임무를 수행하는 데 필요한 엄정성과는 상충하기 때문이다.

전사의 역할을 수행하는 식자는 자신이 다루는 물건들에 대해 공경의 자세를 견지할 의무가 있다. 모든 것의 의미를 깊이 음미하기 위해서는 자신의 지식과 관련된 모든 것을 깊은 경의의 대상으로 삼아야 하기 때문이다. 경의를 품는다는 것은 〈미지〉를 대면할 때 자신이 가진 것의 하찮음을 인식한다는 것과 같은 뜻이다.

이러한 사고틀 안에 머물러 있으면 이 경의라는 개념은 자연스럽게 자존감으로까지 확장된다. 그에게는 자기 자신도 〈미지〉만큼이나 미지의 존재이기 때문이다. 이처럼 진지한 경의의 태도는 그러지 않으면 터무니없는 짓으로 느껴지기 십상인 이 지식의 전수를 너무나 마땅한 대안으로 받아들이게 한다.

전사의 삶에 필수적인 또 하나의 태도는, 두려움의 감정을 있는 그대로 경험하고 세심하게 그 가치를 살피는 자세다. 가장 이상적인 태도는 두려움을 느끼면서도 요구된 행위를 끝까지 완수하는 것이다. 두려움은 극복의 대상이며, 식자의 삶의 어떤 시점에서 완전히 타파될 것이다. 그러나 그러기 위해서는 먼저 그 두려움을 스스로 자각해야 하고, 그 느낌의 존재가치를 정당하게 평가해줘야 한다. 돈 후앙은 공포를 극복하려면 반드시 그것을 직면해야 한다는 점을 강조했다.

또한 전사로서의 식자는 온전히 깨어 있어야 한다. 전쟁을 치르는 사내가 깨어 있는 의식의 두 핵심적 측면에 관련된 요소들을 최대한 인식하려면 언제나 정신을 바짝 차리고 있어야 한다. 이 두 측면이란 (1) 의도의 인식, (2) 예상되는 변동의 인식이다.

의도의 인식이란, 수행해야 할 행위의 특정한 목적과 그 행위에 대한 자신의 특정한 목적 사이에 개입된 요소들을 인식하는 것이다. 수행해야 할 모든 행위에는 분명한 목적이 있으므로 식자는 온전히 깨어 있어야 한다. 바꿔 말해서, 식자는 수행해야 할 모든 행위의 명확한 목적과, 자신이 그 행위를 하고자 했을 때 마음에 품었던 명확한 동기를 항상 일치시킬 수 있어야 한다.

이러한 관계를 인식함으로써 식자는 예상되는 변동의 흐름도 알아차릴 수 있게 된다. 여기서 말하는 〈예상되는 변동의 인식〉이란 모든 행위의 특정한 목적과, 그것을 수행하는 자신의 구체적인 동기 사이에 개입된 중요한 변수들을 항상 감지할 수 있다는 확신을 의미한다. 예상되는 변동을 인식하고 있으면 그는 지극히 미묘한 변화까지도 감지할 수 있게 된다. 변화에 대한 이런 깊은 인식은 일의 징조나 그 밖의 비일상적 사건들을 알아차리고 해석하는 것을 가능케 해준다.

전사의 태도라는 개념의 마지막 측면은 자신감의 필요성이다. 즉, 자신이 수행한 행위의 특정한 목적이야말로 자신으로 하여금 그런 행동을 하게끔 만든 유일하고 타당한 이유라는 확신을 가져야 하는 것이다. 자신감이 없으면 가르침의 가장 중요한 측면 중 하나인 지식의 힘을 차지할 능력을 갖출 수 없다.

식자가 된다는 것은 끝없는 진행과정이다

한 번 식자가 된다고 해서 영원히 식자인 것은 아니다. 지식을 전수받고 소정의 단계들을 모두 밟았다고 해서 식자가 된다는 보장은 어디에도 없다. 이런 단계의 역할은 단지 식자가 되기 위한 방법을 보여주기 위한 것이다. 따라서 식자가 된다는 것은 완수할 수 있는 성질의 일이 아니며, 다음의 요소들로 이루어진 끝없이 진행되는 과정에 가깝다. (1) 식자가 되기 위한 탐구는 거듭 쇄신되어야 한다, (2) 존재는 영속적이지 않다, (3) 마음이 깃든 길을 따라가야 한다.

식자가 되기 위한 탐구가 지속적으로 쇄신되어야 한다는 생각은 배움의 길에서 마주치는 네 가지의 상징적인 적 — 공포, 명료함, 힘, 노화老化 — 의 개념 속에 표현되어 있다. 탐구를 쇄신하다는 것은 자기 자신에 대한 통제력의 획득과 유지를 의미한다. 진정한 식자는 식자가 되는 과정에 적극적으로 참여하기 위해서 삶의 마지막 순간까지 이 네 가지 적과 차례로 싸워 이길 것을 요구받는다. 그러나 탐구를 아무리 성실하게 쇄신해가도, 결국 인간은 승산이 없다는 사실을 직면해야만 한다. 즉, 그는 최후의 상징적 적에게 굴복할 운명에 있는 것이다. 존재는 영속적이지 않다는 관념 말이다.

비영속성이라는 이 부정적 가치를 상쇄하기 위해서는 〈마음이 깃든 길〉을 따라가야 한다. 마음이 깃든 길이란, 사람은 비영속적인 존재임에도 불구하고 계속 전진해야 한다는 점을 천명하기 위한 비유적 표현이다. 가장 마음에 드는 대안을 선택하여 그것과 완전히 하나가 되는 행위에서 만족감을 얻고, 개인적인 성취를 이룰 수 있어야 하는 것이다.

돈 후앙은 자신에게 가장 중요한 것은 마음이 깃든 길을 선택하고 그 여정을 끝까지 가는 것이라는 은유로 그의 모든 지식의 존재 이유를 요약해놓았다. 그의 입장에서는 가장 마음에 드는 길과 자신을 동일시하는 것만으로도 충분하다는 뜻이다. 그렇게 길을 나아가는 것 자체만으로 충분하며, 어떤 영구적인 위치에 도달하리라고 기대하는 것은 그의 지식의 한계 밖에 있다는 것이다.

두 번째 구성단위

식자에게는 맹우가 있다

식자에게는 맹우가 있다는 명제는 일곱 개의 구성단위 중에서도 가장 중요한 것이다. 식자가 무엇인지를 설명할 때 유일하게 없어서는 안 될 개념이기 때문이다. 돈 후앙의 분류방식에 의하면 식자에게는 맹우가 있지만 일반인에게는 없어서, 맹우를 가지고 있다는 사실이야말로 일반인들로부터 식자를 구분하는 기준이 된다.

돈 후앙은 맹우를 〈사람을 그 자신의 경계 너머로 데려가줄 능력을 가진 힘〉이라고 표현했다. 바꿔 말해서, 맹우는 사람으로 하여금 일상적 현실 영역을 초월하게 해주는 힘인 것이다. 따라서 맹우를 가지고 있다는 것은 곧 그가 힘을 가지고 있다는 뜻이며, 식자가 맹우를 가지고 있다는 사실은 그 자체만으로도 가르침의 실천적 목표를 달성했다는 증거가 된다. 돈 후앙의 가르침의 목표가 식자가 되는 길을 보여주는 데 있고, 식자는 맹우를 가지고 있는 사람이므로, 그 가르침의 실천적 목표를 표현하는 또 하나의 방법은, 그 가르침은 맹우를 획득하는 방법을 보여준다고 말하는 것이다. 주술사의 사상적 틀로서의 〈식자〉 개념은, 그 틀 안에서 살아가기를 원하는 사람, 그러나 맹우를 가지고 있는 사람에게만 의미를 가진다.

내가 식자 개념을 구성하는 마지막 명제를 이렇게 두 번째 주요 구성단위로 분류한 이유는, 식자가 무엇인지를 설명할 때 이것이 필수불가결한 명제이기 때문이다.

돈 후앙의 가르침에 의하면 두 가지 종류의 맹우가 존재한다. 첫 번째 맹우는 흔히 짐슨 위드Jimson weed라는 이름으로 알려진 다투라에 들어 있다. 돈 후앙은 이 식물을 언급할 때 그 스페인어 이름 중 하나인 예르바 델 디아블로yerba del diablo, 즉 악마초라는 표현을 썼다. 돈 후앙에 의하면 맹우는 어떤 종류의 다투라에도 깃들어 있다고 한다. 그러나 모든 주술사는 한 종류의 다투라만을 몇 그루씩 한꺼번에 재배해야 하며, 그것들을 자기 소유물이라는 뜻 말고도 개인적으로 동일시한다는 의미를 담아 〈자기 것〉이라고 불렀다.

돈 후앙의 다투라는 이녹시아inoxia 종種에 속해 있었다. 그러나 그 사실과, 그가 입수할 수 있는 두 종류의 다투라 사이에 있을 수 있는 차이는 서로 아무런 상관관계도 없어 보인다.

두 번째 맹우는 내가 실로시베Psilocybe 속屬으로 지목한 버섯에 깃들어 있었다. 실로시베 멕시카나Psilocybe mexicana였을 공산이 크지만, 실험실에서 분석할 수 있는 견본을 입수하지 못했기 때문에 이 분류는 잠정적인 것이다.

돈 후앙은 이 맹우를 우미토humito, 즉 작은 연기라고 불렀다. 이 사실은 그 맹우가 연기, 또는 그가 버섯을 써서 조제한 흡연용 혼합물 비슷한 것임을 암시하고 있다. 우미토는 마치 맹우가 들어 있는 용기인 것처럼 들렸지만, 돈 후앙은 힘과 관련이 있는 것은 오직 한 종류의 실로시베뿐이라는 점을 분명히 했다. 따라서 채집 시에는 같은 지역에 자라고 같은 속에 속한 십여 개의 다른 종과 그것을 혼동하지 않도록 특별한 주의가 필요하다.

주요 개념으로서의 맹우는 다음의 네 가지 명제 및 그에 부수하는 요소들을 포함하고 있다. (1) 맹우는 무형無形이다, (2) 맹우는 어떤 성질로서 지각된다, (3) 맹우는 길들일 수 있다, (4) 맹우에게는 규칙이 있다.

맹우는 무형無形이다

맹우란 식자의 외부에 독립적으로 존재하는 실체로 간주되지만,

독자적인 실체임에도 불구하고 무형인 것으로 간주된다. 여기서 〈무형〉이라고 함은 〈뚜렷한 형상을 지닌 것〉과는 정반대의 상태를 의미하며, 맹우와 비슷하지만 뚜렷하게 인식되는 형상을 지닌 다른 힘들이 존재한다는 사실을 감안하여 만들어낸 구분이다. 맹우가 무형이라는 말은 그것이 뚜렷한 형상을 지니고 있지 않으며, 어렴풋한 형상이나 분간이 가능한 형상조차도 가지고 있지 않다는 뜻이다. 따라서 맹우는 어떤 상황에서도 보이지 않는다는 얘기가 된다.

맹우는 어떤 성질로서 지각된다

맹우가 어떤 감각적 성질로서만 지각된다는 관념은 앞서 언급한 맹우가 무형이라는 생각의 연장선상에 있다. 바꿔 말해서, 맹우는 무형이기 때문에 그 존재는 그것이 주술사에게 끼치는 효과를 통해서만 지각될 수 있다는 뜻이다. 돈 후앙은 이런 효과들 중 일부를 의인화된 성질들로 분류했다. 그는 맹우가 인간의 속성을 가지고 있는 것으로 묘사했다. 따라서 그것은 주술사들이 저마다 자신의 성격을 맹우가 갖고 있다는 인간적인 성격에 맞춤으로써 본인에게 가장 적절한 맹우를 선택할 수 있는 위치에 있음을 암시한다.

돈 후앙의 가르침에 관련된 두 맹우는 일련의 대조적인 성질을 가지고 있는 것으로 보인다.

돈 후앙은 다투라 이녹시아에 들어 있는 맹우를 두 가지 성질을 지닌 존재로 분류했다. 그것은 여자 같다. 그리고 과할 정도의 힘을 부여해주는 존재다. 그는 이 두 가지 성질을 전혀 달갑지 않게 여겼다. 이 점에 관한 돈 후앙의 의견은 확고했지만, 그와 동시에 그는 그 문제에 관한 그의 가치 판단은 어디까지나 개인적인 선택일 뿐이라는 점을 밝혔다.

이 맹우의 가장 중요한 성질은 물론 돈 후앙이 여자 같은 성질이라고 표현한 그것이다. 그러나 이 맹우가 여자 같다고 묘사된 사실이 곧 그것이 여성의 힘임을 의미하는 것은 아니다. 여자를 닮았다는 말은 돈 후앙이 이 맹우가 끼치는 불쾌한 효과로 간주하는 것들을 묘사하기 위해서 동원한 비유적 수단에 불과한 것 같다. 또한 이 식물의 스페인어 호칭인 예르바가 여성명사라는 사실이 이런 비유를 만들어내는 데 일조했을 가능성도 있다. 하여튼 간에, 이 맹우를 여자와 같은 힘으로 인격화하고 있는 것은 다음과 같은 인간적 성질의 결과로 생각된다. (1) 그것은 소유욕이 강하고, (2) 격정적이고, (3) 예측 불가능하며, (4) 유해한 효능을 가지고 있다.

돈 후앙은 이 맹우가 그것을 추종하는 남자들을 예속시키는 능력을 가지고 있다고 믿었다. 그는 이런 능력을 소유욕이 강한 성질로 설명했고, 이것을 여성의 성질과 관련지었다. 이 맹우는 추종자들에게 힘을 부여함으로써 의존성을 만들어내고, 육체적 활력과 평안감을 주는 방법으로 그들을 소유한다.

이 맹우는 격정적인 것으로도 알려져 있다. 그 여자 같은 격정은 추종자들로 하여금 폭력에 의한 파괴적인 행위를 하게 만드는 식으로 표출된다. 그리고 이런 고유한 속성은 폭력에서 개인적 힘의 열쇠를 찾으려는 격정적 성격의 남자들에게 가장 잘 어울린다.

또 다른 여자 같은 성질은 예측 불가능성이다. 돈 후앙에게 이것은 맹우의 효과가 결코 일정하지 않다는 것을 의미했다. 바꿔 말해서 그 효과는 변덕스럽고, 그것을 예측하는 뚜렷한 방법은 존재하지 않는다. 맹우의 이런 일관성 없는 행동은 세심하고 과장될 정도로 조심스럽게 그것을 돌보는 주술사의 행동으로 상쇄되어야 한다. 그것을 다룰 때 실수를 한 결과로 일어난 설명하기 힘든 불상사는 이 맹우의 여자 같은 예측 불가능함의 산물로 설명된다.

이런 소유욕과 격정과 예측 불가능함으로 인해 이 맹우는 그 추종자들의 성격에 해로운 효과를 끼치는 것으로 여겨진다. 돈 후앙은 이 맹우가 스스로의 여자 같은 성격을 전파하려고 의도적으로 애썼고, 실제로 성공을 거뒀다고 믿었다.

그러나 여자 같은 성질과 더불어 이 맹우는 하나의 성질로 지각되는 또 다른 측면을 지니고 있었다. 즉, 예르바는 과도할 정도로 큰 힘을 주는 존재다. 돈 후앙은 특히 이 부분을 강조했으며, 아낌없이 힘을 준다는 점에서는 이것과 비견할 맹우가 없다고 역설했다. 이 맹우는 추종자들에게 육체적인 활력과 대담성과 놀랍고 기이한 일을 행할 수 있는 기량을 내려주는 것으로 알려져 있다. 그러나 돈 후앙은 그토록 과도한 힘은 최소한 자신에게는 더 이상 불필요하다는 의견이었다. 돈 후앙은 그럼에도 불구하고 미래의 식자가 힘을 추구하는 천성을 가지고 있을 경우에는 이것이 강력한 인센티브로 작용한다는 점을 지적했다.

그런 반면에, 돈 후앙 자신의 특이한 관점에 의하면 실로시베 멕시카나에 들어 있는 맹우는 지극히 적절하고 소중하기 그지없는 성질을 지니고 있었다. 그것은 (1) 남자 같고, (2) 황홀감을 주는 존재다.

돈 후앙은 이 맹우를 다투라에 들어 있는 맹우와는 정반대의 존재로 묘사했다. 그는 그것을 남자 같고 남성적이라고 여겼다. 이런 남성적인 조건은 어떤 의미에서는 다른 쪽 맹우의 여성적인 조건과 유사해 보인다. 바꿔 말해서, 그것은 남성의 힘은 아니지만 돈 후앙은 그 효과를 그가 남성적인 행동이라고 여기는 것의 맥락에서 분류한 것이다. 이 경우에도 그 호칭인 우미토가 스페인어 남성명사라는 점이 이런 비유에 영향을 끼쳤는지도 모른다.

돈 후앙이 남성 특유의 것이라고 판단한 이 맹우의 인간적 성질은 다음과 같다. (1) 그것은 감정에 좌우되지 않고 냉정하며, (2) 온화하며, (3) 예측 가능하며, (4) 유익한 효과를 끼쳤다.

이 맹우의 냉정한 성질에 관한 돈 후앙의 생각은 그것이 공정하여 결코 그 추종자들에게 터무니없는 행동을 요구하지 않는다는 믿음으로 나타난다. 그것은 함부로 힘을 주지 않기 때문에 그 추종자들을 예속시키는 법이 결코 없다. 예르바와는 대조적으로, 우미토는 추종자들을 엄하지만 공정하게 다룬다.

이 맹우는 노골적으로 격정적인 행동을 이끌어내지 않으므로 온화한 것으로 여겨지며, 몸이 사라져버린 듯한 감각을 유발하는 것으로 알려져 있다. 그런 연유로 돈 후앙은 이것을 침착하고 온화하며 평온을 가져다주는 존재로 표현했다.

이 맹우는 예측 가능한 존재이기도 하다. 돈 후앙은 그것이 모든 추종자들에게 끼치는 효과는 일정하며, 개인이 그것을 연속적으로 경험할 때의 효과도 동일하다고 말했다. 바꿔 말해서 그 효과는 변하지 않으며, 설령 변한다고 해도 워낙 엇비슷하기 때문에 같은 것으로 간주된다는 뜻이다.

냉정하고 온화하고 예측 가능한 존재라는 성질을 갖춘 결과로, 이 맹우는 또 하나의 남자 같은 성질을 가지고 있는 것으로 여겨진다. 즉, 우미토는 그 추종자들의 성격에 유익한 영향을 끼치는 성질을 가지고 있다. 우미토의 남성적 성질은 그 추종자들의 내면에 정서적 안정이라는 매우 보기 드문 상태를 만들어내는 것으로 여겨진다. 돈 후앙은 이 맹우의 인도 하에 있는 사람은 자신의 심기를 다스려 균형감을 얻을 수 있다고 믿었다.

황홀감을 부여하는 능력은 이 맹우의 모든 남성적 속성들로부터 비롯되는 당연한 귀결로 여겨지며, 이 또 다른 측면 역시 하나의 성질로서 지각된다. 우미토는 그 추종자들의 몸을 없애버림으로써 몸이 없는 상태에서만 할 수 있는 특수한 종류의 활동을 수행할 수 있게 하는 것으로 알려져 있다. 그리고 돈 후앙은 이런 특수한 종류의 활동은 불가피하게 황홀경으로 이어진다고 주장했다. 실로시베에 들어 있는 맹우는 사색적인 성향을 가진 사람들에게는 이상적이라고 한다.

맹우는 길들일 수 있다

맹우를 길들일 수 있다는 생각은 그것이 어떤 힘으로서 이용될 수 있는 가능성을 가지고 있음을 시사한다. 돈 후앙은 이런 이용 가능성을 맹우가 지닌 본연의 특성으로 보았다. 주술사는 맹우를 길들인 후에 그 특화된 힘을 자유롭게 사용할 수 있다. 이것은 그 힘을 자신에게 유익한 쪽으로 조작하여 부릴 수 있음을 뜻한다. 맹우의 이런 특성은 길들이는 것이 불가능한 다른 힘들과 대비된다. 다른 힘들은 맹우와 비슷하긴 하지만 마음대로 조작할 수 없다는 점에서 다르다.

맹우의 조작에는 두 가지 측면이 있었다. (1) 맹우는 이동수단이다, (2) 맹우는 조력자다.

맹우는 주술사를 비일상적 현실의 영역으로 데려가는 데 쓰인다는 의미에서 이동수단이 된다. 내가 얻은 지식의 한도 안에서 말하자면, 두 가지 맹우가 모두 이동수단으로 쓰였지만 각자의 기능은 서로 다른 가능성을 품고 있었다.

다투라 이녹시아에 들어 있는 맹우의 전반적으로 달갑지 않은 성질, 특히 예측 불가능성은 그것을 위험하고 신뢰하기 힘든 이동수단으로 만들었다. 그 불안정함에 대한 유일한 방어책은 의식儀式이지만, 그마저도 맹우의 안정성을 완전히 담보해주지는 못한다. 이 맹우를 이동수단으로 사용하는 주술사는 주술을 진행하기 전에 길조가 나타나기를 기다려야 한다.

그런 반면 실로시베 멕시카나에 들어 있는 맹우는 그것이 지닌 모든 가치 높은 성질 덕택에 안정적이고 예측 가능한 이동수단으로 여겨진다. 예측이 가능하므로, 이 맹우를 쓰는 주술사는 어떤 종류의 준비의식도 거행할 필요가 없다.

맹우는 조력자라는 생각은 맹우의 조작가능성의 또 다른 측면을 표현한다. 맹우가 조력자라는 말은, 이동수단으로 쓰인 뒤에는 주술사가 비일상적 현실의 영역으로 들어갈 때 염두에 두었던 목표를 달성하도록 도와주는 조력자나 안내자로도 쓰일 수 있다는 뜻이다.

조력자로서의 능력은 두 맹우가 서로 다른 고유한 기능을 지니고 있고, 그 복잡성과 응용 범위는 배움이 진전됨에 따라 증대한다. 하지만 대체로 다투라 이녹시아에 들어 있는 맹우는 놀랄 정도로 유능한 조력자로 여겨지는데, 이 능력은 과도할 정도의 힘을 부여해주는 특성의 필연적인 산물로 생각된다. 그러나 실로시베 멕시카나에 들어 있는 맹우는 이조차 능가하는 최고의 조력자로 여겨진다. 돈 후앙은 이 맹우가 조수로서는 최고의 능력을 가지고 있다고 생각했고, 그것을 이 맹우가 지닌 가치 높은 제반 성질들의 연장으로 보았다.

맹우에게는 규칙이 있다

〈맹우〉라는 개념을 이루는 요소들 중에서 맹우가 무엇인지를 설명하는 데에 필수불가결한 것은 맹우에게는 규칙이 있다는 명제다. 이 필수불가결함 때문에 나는 이것을 이 구조적 얼개의 세 번째 주요 구성단위로 채택했다.

돈 후앙이 법이라고 부르기도 한 이 규칙은 맹우를 다루는 과정에서 행해야 하는 행동과 지켜야 하는 범절 전체를 규정하는 엄격한 개념 틀이다. 이 규칙은 지속적인 상호작용을 통해 스승으로부터 제자에게 (이상적으로는 원형 그대로) 구전된다. 따라서 여기서 말하는 규칙이란 규정의 집합 이상의 것으로, 맹우를 조작하는 과정에서 따라야 할 절차를 통괄하는 일련의 행동요강이라는 편이 더 정확하다.

물론 많은 것들이 맹우란 〈사람을 자신의 경계 밖으로 데려가줄 수 있는 힘〉이라는 돈 후앙의 정의를 만족시킬 것이다. 이 정의를 받아들이는 사람은 그런 능력을 가진 존재라면 무엇이든지 무리 없이 그것을 맹우로 받아들일 수 있을 것이다. 그리고 논리적으로는 배고픔, 피로, 질병 따위의 육체적 상태조차도 맹우 역할을 할 수가 있다. 왜냐하면 그런 상태도 사람을 일상적 현실세계 너머로 데려갈 수 있기 때문이다. 그러나 이런 가능성들은 맹우에게는 규칙이 있다는 명제에 의해 모두 배제된다. 맹우란 규칙을 가진 힘이며, 다른 가능성들의 경우에는 규칙이 없기 때문에 맹우로 간주될 수 없다.

하나의 개념 틀로서의 규칙은 다시 다음과 같은 명제들과, 그 다양한 구성요소들을 포함하고 있다. (1) 규칙은 변경될 수 없다. (2) 규칙은 누적되지 않는다. (3) 규칙은 일상적 현실 안에서 확증된다. (4) 규칙은 비일상적 현실 안에서 확증된다. (5) 규칙은 개별적인 합의에 의해 확증된다.

규칙은 변경될 수 없다

규칙의 몸통을 이루는 행동의 요강은 가르침의 수행 목표를 달성하기 위해서는 피할 수 없이 밟아야 하는 단계들이다. 규칙의 이런 강제적인 성격은 그것이 변경될 수 없다는 명제로 나타난다. 규칙의 불가변성은 효율성과 밀접하게 연관되어 있다. 극적인 행동들은 생존을 위한 끊임없는 투쟁을 낳고, 그런 상황에서는 가장 효율적인 행위만이 당사자의 생존을 보장해주기 때문이다. 이런 상황에서는 개인적인 행동기준은 허용되지 않기 때문에, 규칙은 생존하기 위한 유일한 방법에 포함된 행동만을 허용한다. 따라서 규칙은 확고부동해야 하며, 그 언명에 대한 확실한 복종을 요구한다.

그러나 규칙에 대한 복종은 절대적인 것은 아니다. 내가 가르침을 받는 과정에서 규칙의 불가변성이 취소된 적이 한 번 있었다. 돈 후앙은 그 일탈이 한 맹우의 직접적인 개입이 야기한 일종의 특혜적 사례라고 설명했다. 그때 나는 다투라 이녹시아에 든 맹우를 다루는 과정에서 무심코 실수를 저질렀고, 그 결과 규칙을 한 가지 어겼다. 자초지종을 목격한 돈 후앙은 맹우는 이런 과정에 직접 개입함으로써 규칙에 대한 불순종이 야기하는 해로운 — 곧잘 치명적인 — 결과를 억제하는 능력을 가지고 있다는 결론을 내렸다. 그런 식의 융통성이 발휘되는 사례는 언제나 맹우와 그 추종자 사이에 존재하는 강한 친화력의 산물로 간주된다.

규칙은 누적되지 않는다

이것은 맹우를 조작하기 위해 생각해낼 수 있는 방법은 이미 다 동원되었다는 가정에 근거를 두고 있다. 이론상으로 규칙은 더 이상 늘어날 수가 없으며, 그것이 보완될 가능성은 전무하다. 규칙이 누적되지 않는다는 명제는 효율성과도 관계가 있다. 규칙은 당사자 개인의 목숨을 보전할 수 있는 유일한 방법을 처방한 것이기 때문에, 그것을 바꾸거나 방법을 혁신하려는 시도는 불필요할 뿐만 아니라 치명적인 행위로 간주된다. 제자는 스승의 감독을 받거나 맹우 자체의 특별한 지도하에서만 해당 규칙에 관한 자신의 지식을 덧붙일 수 있을 뿐이다. 후자의 경우는 전체 규칙에다 무엇을 주가한 것이 아니라 지식을 직접 획득한 예로 간주된다.

규칙은 일상적 현실에서 확증된다

규칙의 확증이란 그것을 확인하는 행위, 즉 경험적인 방식을 통해 그 유효성을 실질적으로 확인하는 행위를 의미한다. 규칙은 일상적인 현실과 비일상적인 현실 양쪽의 상황을 다루기 때문에, 확증 또한 양쪽의 영역에서 이루어진다.

규칙이 다루는 일상적 현실의 상황이란 대개는 놀랍도록 보기 드문 상황이지만, 아무리 비정상적인 상황이라도 해당 규칙은 일상적 현실에서 확증된다. 그런 이유에서 나는 이것을 이번 분석의 범위를 벗어나는 것으로 간주했다. 이것은 다른 연구 분야에서 연구되어야 할 것이다. 이 부분에 해당하는 규칙은 맹우가 들어 있는 힘을 가진 식물을 식별하고 수집하고 혼합하여 조제하고, 보살펴 키우는 절차와, 그 식물을 사용하는 상세한 절차 및 그 밖의 세부사항들로 이루어져 있다.

규칙은 비일상적 현실에서 확증된다

규칙은 비일상적 현실에서도 확증되며, 그것은 일상적 현실에서 사용하는 것과 동일한 실질적이고 경험적인 확인방식을 통해 이루어진다. 실질적 확증이라는 개념에는 두 가지 요소가 있다. (1) 맹우와의 만남 (나는 이것을 비일상적 현실 상태라 부른다), (2) 해당 규칙의 특정한 목적.

비일상적 현실 상태 — 맹우가 들어 있는 두 가지 식물을 해당 맹우의 규칙에 따라 사용하면 그것들은 돈 후앙이 〈맹우와의 만남〉으로 분류하는 특이한 지각 상태를 만들어낸다. 돈 후앙은 그런 상태를 이끌어내는 일의 중요성을 크게 강조했다. 요약하자면, 맹우의 규칙을 경험적, 실질적으로 확증하기 위해서는 그 맹우를 최대한 자주 만나야 한다는 믿음이었다. 이것은 규칙이 확증되는 정도는 맹우를 만나는 횟수와 비례한다는 전제에 근거한다.

맹우와의 만남을 이끌어내기 위한 유일한 방법은 물론 맹우가 들어 있는 식물을 적절하게 사용하는 것이다. 그럼에도 불구하고, 돈 후앙은 학습이 상당히 진전된 단계에 이르면 굳이 식물을 쓰지 않아도 맹우와 만나는 것이 가능함을 내비쳤다. 말하자면 의지력만으로도 맹우를 만나는 것이 가능해진다는 것이다.

나는 맹우와의 만남을 비일상적 현실 상태라고 이름붙였다. 내가 여기서 〈비일상적 현실〉이라는 표현을 쓴 것은, 이 말이 맹우와의 만남이 우리가 일상생활에서 경험하는 현실과 조금밖에 차이가 나지 않는 어떤 현실 연속체 안에서 이루어진다는 돈 후앙의 주장을 반영하기 때문이다. 따라서 비일상적 현실은 고유의 특성 — 아마도 모든 사람이 동일하게 평가할 수 있다고 간주되는 — 을 지니고 있다. 돈 후앙은 그 특성을 뚜렷하게 정의한 적이 한 번도 없는데, 그의 그런 과묵함은 지식의 획득은 어디까지나 각자의 개인적인 맥락에서 이루어져야 한다는 생각에서 비롯된 것으로 보인다.

아래에 분류된 것들은 내가 비일상적 현실의 특성으로 보는 것들로서, 모두 나 자신의 체험에서 끌어낸 것이다. 나의 개인적인 시각에 입각한 분류임에도 이런 특성들은 돈 후앙 본인에 의해 그의 지식체계 안에서 보강되고, 발전했다. 즉, 그는 이 특성들이 비일상적 현실 본연의 성질이라는 입장을 취했다. (1) 비일상적 현실은 이용 가능하다, (2) 비일상적 현실은 복수의 구성요소를 가지고 있다.

첫 번째 특성 — 비일상적 현실은 이용 가능하다 — 은 그것이 실제로 쓸모가 있음을 암시한다. 돈 후앙은 그의 지식 전체를 포괄하는 관심사는 실질적인 결과의 추구이며 그런 추구는 비일상적 현실뿐만 아니라 일상적 현실에도 적용된다고 여러 번 강조했다. 그는 자신의 지식이 일상적 현실을 이용하는 것과 마찬가지 방법으로 비일상적 현실을 이용하는 수단도 지니고 있다고 주장했다. 그의 주장에 의하면 맹우가 야기하는 상태는 고의적으로 그런 상태를 이용하려는 수행자의 의지에 의해 유발된다. 이와 관련해서 돈 후앙은 맹우를 만나는 목적은 그들의 비밀을 배우기 위해서라고 설명했고, 이런 명분은 비일상적 현실 상태를 추구하는 자가 품을 수 있는 사적인 동기를 차단하는 엄격한 기준으로 기능했다.

비일상적 현실의 두 번째 특성은, 복수의 구성요소를 가지고 있다는 점이다. 그 구성요소란, 체험자가 자신의 〈감각〉을 통해 비일상적 현실 상태의 내용물로 지각한 사물과 행위와 사건들이다. 비일상적 현실의 전체상은 일상적 현실의 구성요소와 일반적인 꿈의 구성요소 양쪽의 특징을 모두 보유한 것처럼 보이는 — 그러나 이 두 가지와 완전히 일치하지는 않는 — 요소들로 이루어져 있다.

나의 개인적인 판단에 따르면, 비일상적 현실의 구성요소들은 (1) 안정성, (2) 단일성, (3) 일반적 합의의 결여라는 세 가지의 특징을 지니고 있다. 바로 이런 성질로 인해 비일상적 현실의 구성요소들은 명백한 개체성을 갖춘 분리된 구성단위로 간주된다.

이것들은 늘 일정하다는 면에서 안정성을 갖추고 있다. 이 점에서는 일상적 현실의 구성요소들과도 유사하다. 왜냐하면 일반적인 꿈의 구성요소들과는 달리 이것들은 변하지도, 사라지지도 않기 때문이다. 마치 비일상적 현실의 구성요소를 이루고 있는 세부 하나하나가 독자적인 구체성을 갖추고 있는 것처럼 보이며, 이것들은 내가 느끼기에도 지극히 안정적이다. 그 안정성은 너무나 뚜렷했기 때문에 나는 다음과 같은 기준을 확정할 수 있었다. 즉, 비일상적 현실을 경험하는 사람은 언제든 멈춰 서서 어떤 구성요소든지 마음대로 살펴볼 수 있으며, 살펴보는 시간도 딱히 제한이 없어 보인다는 기준이다. 나는 이 기준을 적용함으로써 돈 후앙이 이용하는 비일상적 현실 상태들을 비일상적 현실처럼 보이지만 이 기준에 맞지 않는 그 밖의 기이한 지각 상태들과 구분할 수 있었다.

비일상적 현실을 구성하는 요소들의 두 번째 배타적인 특징은 단일성으로, 이것은 구성요소의 세부 하나하나가 단독적인 하나의 항목임을 의미한다. 각 세부는 다른 세부들로부터 따로 떨어져 있는 것처럼 보이거나, 마치 한 번에 하나씩만 나타나는 것처럼 보였다. 그 결과로, 구성요소들의 단일성은 누구에게나 공통되는 것일지도 모를 특별한 요구를 불러일으키는 것 같다. 즉, 낱낱이 떨어져 있는 모든 세부를 하나로 합쳐서 전체상 내지는 온전한 합일체를 만들어내고 싶다는 강박적인 욕구 내지는 충동을 느끼게 되는 것이다. 돈 후앙은 이런 욕구를 명백히 인식하고 있었고, 기회가 올 때마다 예외 없이 그것을 활용했다.

구성요소들의 세 번째 독자적 특성이자 가장 극적인 특성은 일반적인 합의의 결여다. 체험자는 완전히 고립된 상태에서 구성요소들을 지각하는데, 이것은 꿈속의 고립 상태보다는 일상적 현실에서 낯선 장면을 혼자서 목격할 때의 상태에 더 가깝다. 구성요소들의 안정성으로 인해, 비일상적 현실을 경험하는 사람은 언제든 멈춰 서서 그가 선택한 요소를 얼마든지 오랫동안 검토해볼 수가 있기 때문에, 그것이 마치 일상적 현실 속의 구성요소인 것처럼 느낀다. 그러나 이 두 현실 상태의 구성요소들은 일반적 합의의 유무에서 구별이 된다. 여기서 일반적 합의(ordinary consensus)란, 사람들 사이에 다양한 방식으로 공유되는, 일상생활의 구성요소들의 실재성에 대한 암묵적 또는 암시적인 동의를 말한다. 그러나 비일상적 현실을 구성하는 요소들의 경우엔 이런 식의 일반적인 합의를 얻는 것이 불가능하다. 이런 맥락에서 보면 비일상적 현실은 일상적 현실보다 꿈의 상태에 더 가깝다고 할 수 있다. 그럼에도 불구하고 비일상적 현실의 구성요소들은 안정성과 단일성이라는 고유한 특성 때문에 생생한 현실성을 띠고, 이것이 합의를 통해 그 실재성을 확인하고 싶은 욕구를 불러일으키는 듯하다.

규칙의 특정한 목적 — 규칙은 비일상적 현실에서 확증된다는 명제를 구성하는 또 하나의 요소는 규칙이 특정한 목적을 가지고 있다는 생각이다. 그 목적이란 맹우를 이용하여 실리적인 목표를 달성하는 것이다. 돈 후앙의 가르침에 의하면, 규칙의 습득은 그 규칙을 일상적 현실과 비일상적 현실에서 확증함으로써 이루어진다. 그러나 거기서 결정적으로 작용하는 것은 비일상적 현실 상태에서의 확증 쪽이다. 그리고 비일상적 현실에서 지각되는 행위와 요소들에서 확증해야 할 대상은 규칙의 특정한 목적이다. 이 목적은 맹우 — 처음

에는 이동수단으로, 다음에는 조력자로서 기능하는 — 의 힘의 조작과 직결되어 있다. 그러나 돈 후앙은 언제나 모든 특정한 목적을 양쪽 현실을 어떤 식으로든 아우르고 있는 하나의 단위로 취급했다.

규칙의 특정한 목적은 맹우의 힘을 조작하는 것이므로, 거기에는 떼놓을 수 없는 후속 개념인 조작의 기술이 수반된다.

조작 기술이란 맹우의 힘을 조작하려고 할 때 행하는 실질적인 절차, 곧 조작법이다. 맹우가 조작 가능하다는 발상은 실리적인 목표를 성취하는 수단으로서의 맹우의 유용성을 보증하며, 조작 기술은 맹우를 부릴 수 있게 만들어주는 절차에 해당한다.

규칙의 특정한 목적과 조작 기술은 주술사가 자신의 맹우를 효율적으로 부리기 위해 정확히 알아야만 하는 하나의 단위를 형성한다.

돈 후앙의 가르침은 두 맹우의 규칙들이 지닌 특정한 목적에 대한 내용도 포함하고 있다. 그것을 그가 내게 제시한 순서대로 배열해보면 다음과 같다.

비일상적 현실에서 처음으로 확증되는 첫 번째 특정한 목적은 다투라 이녹시아에 들어 있는 맹우로써 나를 시험해보는 일이었다. 이 경우의 조작 기술은 다투라 뿌리의 한 부위를 써서 조제한 약제를 먹는 것이었다. 그 약제를 먹자 얕은 수준의 비일상적 현실 상태가 유발되었고, 돈 후앙은 제자 후보인 내가 다투라에 들어 있는 맹우와 친해질 수 있을지를 확인하기 위해 이것을 이용했다. 이 약제는 몽롱한 신체적 안락감 또는 극도의 불쾌감을 유발하는 것으로 여겨지는데, 돈 후앙은 이 두 효과 중 어느 것이 나타나는지에 따라 친화성의 유무를 판단했다.

두 번째의 특정한 목적은 점을 치는 것이었다. 그 또한 다투라 이녹시아에 들어 있는 규칙의 일부였기 때문이다. 맹우를 통해 비일상적 현실의 특정 구획으로 이동한 주술사는 달리 알아낼 수 없는 사건들을 점칠 수 있다는 가정하에, 돈 후앙은 점을 치는 행위를 특화된 이동의 한 형태로 간주했다.

이 두 번째의 특정한 목적의 조작 기술은 섭취-흡수의 과정이었다. 나는 다투라 뿌리로 만든 약제를 복용했고, 다투라 씨앗으로 만든 연고를 머리의 관자놀이와 이마 부분에 문질렀다. 내가 굳이 〈섭취-흡수〉라는 표현을 쓰는 까닭은, 비일상적 현실 상태를 유발한 약제의 섭취 효과가 피부를 통한 흡수로 인해 보강되었거나, 혹은 피부 흡수의 효과가 약제의 섭취에 의해 보강되었을 가능성을 염두에 두었기 때문이다.

이 조작 기술은 다투라 이외의 요소들도 필요로 했다. 이 경우 그것은 두 마리의 도마뱀이었다. 도마뱀들은 주술사에게 이동의 도구로 쓰이는 것으로 여겨진다. 주술사는 어떤 특정한 세계에 와 있는 특이한 지각을 경험하며, 도마뱀의 말을 듣고 그것을 그대로 심상화할 수 있게 된다. 돈 후앙은 점치고자 하는 질문에 도마뱀이 대답한다는 식으로 그 현상을 묘사했다.

다투라에 들어 있는 맹우의 규칙의 세 번째 특정한 목적은 또 하나의 특화된 이동 형태인 육신의 비행을 다루고 있다. 돈 후앙이 설명했듯이 이 맹우를 쓰는 주술사의 몸은 엄청난 거리를 날아갈 수 있다. 육신의 비행이란, 주술사가 비일상적 현실 속을 돌아다니다가 마음대로 일상적 현실로 돌아가는 능력이다.

세 번째의 특정한 목적의 조작 기술도 섭취-흡수의 과정으로, 다투라 뿌리로 만든 약제를 섭취하고, 다투라 씨앗으로 만든 연고를 발바닥과 양 다리 안쪽과 성기에 문질러 바르는 방법이다.

세 번째의 특정한 목적은 낱낱이 확증되지는 않는다. 돈 후앙은 자신이 주술사가 이동하는 동안 방향감각을 획득하게 해주는 조작 기술의 다른 측면들에 관해서는 굳이 밝히지 않았음을 시사했다.

규칙의 네 번째 특정한 목적은 실로시베 멕시카나에 들어 있는 맹우의 시험이었다. 이것은 내가 이 맹우와 친화성이 있는지 어떤지를 알아내기 위한 시험이 아니라, 불가피한 최초의 경험 내지는 맹우와의 첫 만남으로서 행해졌다.

이 네 번째 특정한 목적의 조작 기술에서는 말린 버섯에 환각성이 없는 것으로 알려진 다섯 종류의 식물의 각기 다른 부위를 섞어서 만든 흡연용 혼합물을 사용했다. 규칙은 이 혼합물을 태워서 만든 연기를 빨아들이는 행위에 중점을 두었다. 그런 연유로 스승인 돈 후앙은 그것에 들어 있는 맹우를 부를 때 우미토(작은 연기)라는 단어를 썼다. 그러나 나는 이 과정을 〈섭취-흡입〉이라고 불렀다. 왜냐하면 이것은 일단 섭취한 다음에 흡입하는 과정의 조합이었기 때문이다. 버섯은 부드러워서 건조되자 매우 고운 가루가 되었고, 그 탓에 상당히 태우기가 힘들었다. 다른 재료들은 건조 시에 잘게 찢었다. 찢어 말린 재료가 파이프의 대통 안에서 타는 동안, 잘 타지 않는 버섯 가루는 입으로 빨려 들어가서 섭취된다. 따라서 섭취되는 건조 버섯의 양은 태워서 흡입되는 찢은 재료의 양보다 많았다.

실로시베 멕시카나에 의해 유발된 비일상적 현실의 첫 번째 상태가 끼친 효과는 규칙의 다섯 번째 특정한 목적에 관한 돈 후앙의 간략한 설명으로 이어졌다. 이 목적은 이동과 관련이 있었다. 즉, 실로시베 멕시카나에 들어 있는 맹우의 도움을 받아 무생물 또는 생물 내부로 들어가고, 관통하는 것이다. 완전한 조작 기술에는 섭취-흡입의 과정 외에 최면 암시도 포함되었을 가능성이 있다. 돈 후앙은 이 특정한 목적에 관해서는 짤막하게만 이야기했다. 그 이상은 확인하지 못했기 때문에 내 입장에서는 그것을 어떤 측면에서든 정확하게 평가하는 것이 불가능했다.

역시 실로시베 멕시카나에 들어 있는 맹우를 써서 비일상적 현실에서 확증되는 규칙의 여섯 번째 특정한 목적은 이동의 또 다른 측면에 관한 것이었다. 즉, 다른 형체로 변신해서 이동하는 것이다. 이동의 이 측면은 가장 철저한 검증의 대상이 되었다. 돈 후앙은 이것을 터득하기 위해서는 줄기차게 연습해야 하며, 실로시베 멕시카나에 들어 있는 맹우는 주술사의 몸을 사라지게 만드는 고유의 능력을 가지고 있다고 주장했다. 따라서 몸이 사라진 상태에서 이동하기 위한 논리적인 대안은 다른 형체를 취하는 것이다. 또 다른 논리적인 가능성은 물론 물체와 생물을 뚫고 지나가는 것이며, 앞서 언급했듯이 돈 후앙은 이것에 관해 간략하게 이야기한 적이 있다.

규칙의 여섯 번째 고유 목적을 위한 조작 기술은 섭취-흡입뿐만 아니라 (모든 조짐에 비추어 판단하건대) 최면 암시도 포함하고 있었다. 돈 후앙은 비일상적 현실로 넘어가는 과도 단계에 있는 나에게 그런 암시를 걸었고, 비일상적 현실에 진입한 초기 단계에서도 암시를 계속했다. 최면적 과정으로 보이는 그 과정을 그는 단지 개인적인 감독 행위로 치부했다. 즉, 그 시점에서는 내게 완전한 조작 기술을 알려주지 않았던 것이다.

다른 형체를 취한다는 것은 주술사가 어떤 형체로나 즉흥적으로 변신할 수 있다는 뜻은 아니다. 오히려 그와는 반대로, 소정의 형체를 취하기 위해서는 평생에 걸친 훈련이 필요하다. 돈 후앙이 즐겨 취하는 형체는 까마귀의 몸이었다. 따라서 그의 가르침은 이 특정한 형체를 강조했다. 그럼에도 불구하고 돈 후앙은 까마귀는 그의 개인적인 선택이며, 그 외에도 취할 수 있는 무수한 형체가 있다는 점을 분명히 했다.

네 번째 구성단위

규칙은 개별적인 합의에 의해 확증된다

규칙을 이루는 요소들 중에서도, 규칙이란 것이 무엇인지를 설명할 때 필수불가결한 부분은 규칙이 개별적인 합의(special consensus)에 의해 확증된다는 생각이다. 그 밖의 구성요소들은 독자적으로 규칙의 뜻을 설명하기에는 역부족이다.

돈 후앙은 맹우는 주술자에게 주어지는 것이 아니라, 주술사 쪽이 그 규칙을 확증함으로써 맹우를 조작하는 법을 배우는 것이라는 점을 분명히 했다. 완전한 배움의 과정은 비일상적 현실뿐만 아니라 일상적 현실에서도 규칙을 확인할 것을 요구한다. 그러나 돈 후앙의 가르침은 비일상적 현실의 구성요소로 지각되는 것들과 관련해서 실질적이고 실험적인 방법으로 해당 규칙을 확증하는 쪽을 중시하고 있었다. 그러나 그런 구성요소들은 일반적인 합의의 대상이 아니어서, 체험자가 그것의 실재성에 대한 타인의 동의를 얻어내지 못한다면 현실처럼 지각된 그것은 단지 환각에 지나지 않는다는 얘기가 된다. 비일상적 현실에서는 누구나 혼자일 수밖에 없으므로, 그가 고립 상태에서 지각하는 것은 무엇이든 간에 본인에게만 의미를 가지는 특수한 경험이 되어버리는 것이다. 이런 식의 고립성과 특수성은 개인의 지각 체험은 결코 타자에 의한 일반적인 합의의 대상이 될 수 없다는 가정에서 비롯된 것이다.

이 시점에서 돈 후앙은 그의 가르침에서 가장 중요한 구성요소를 끌어들였다. 내가 비일상적 현실에서 지각한, 규칙을 확증해주는 것으로 간주되는 행위와 요소에 대해 개별적인 합의를 제공해주었던 것이다. 돈 후앙의 가르침에서 개별적인 합의란 비일상적 현실의 구성요소들의 실재성 여부에 대한 암묵적 또는 암시적인 동의를 뜻하는데, 그는 스승의 입장에서 가르침을 받는 제자인 나에게 그런 동의를 제공해주었다. 개별적인 합의는 두 명의 개인이 각자가 꾼 꿈의 구성요소를 묘사할 때 서로에게 제공하는 종류의 동의와는 달리, 그 어떤 측면에서도 기만적이거나 허구적이지 않았다. 돈 후앙이 제공한 개별적인 합의는 체계적이었고, 그것을 제공하기 위해서는 그의 지식 전체가 필요했을 수도 있다. 이런 체계적인 동의를 획득함으로써 비일상적 현실에서 지각된 행위와 요소는 합의된 현실이 되었다. 그것은 돈 후앙의 분류방식으로 보자면 맹우의 규칙이 확증되었음을 뜻한다. 그리고 이런 규칙은 오로지 개별적인 합의를 얻어야만 하나의 개념으로서 의미를 가진다. 그 규칙의 확증에 대한 개별적인 합의가 없다면 그 규칙은 순전히 개인적으로 만들어낸 것에 지나지 않기 때문이다.

개별적 합의는 규칙을 설명하기 위해서는 필수불가결한 개념이기 때문에, 규칙은 개별적인 합의에 의해 확증된다는 명제를 나는 이 구조적 얼개의 네 번째 주요 구성단위로 지정했다. 이 구성단위는 기본적으로 두 개인 사이의 상호작용이기 때문에 다음과 같은 구성 요소들로 이루어진다. (1) 은사, 또는 전수되는 지식의 안내자, 개별적인 합의를 제공하는 행위의 수체, (2) 제자, 또는 개별적인 합의를 제공받는 주체.

가르침의 수행목표 달성의 성패 여부는 이 구성단위에 달려 있다. 따라서 개별적인 합의는 다음에 열거하는 절차가 불안정하게나마 결실을 맺은 것이라고 할 수 있다. 주술사는 맹우를 소유하며, 이것은 일반인과 그를 구분하는 특징이다. 맹우는 규칙을 보유하고 있다는 특수한 성질을 가진 힘이다. 그리고 그 규칙은 개별적인 합의를 통해 비일상적 현실에서 확증된다는 독특한 성질을 가지고 있다.

은사

은사는 그의 존재 없이는 규칙을 확증하는 것 자체가 불가능해지는 행위 주체이다. 개별적인 합의를 제공하기 위해서 그는 다음의 두 가지 과업을 수행한다. (1) 규칙의 확증을 위해 필요한 개별적인 합의의 배경을 준비한다. (2) 개별적인 합의를 유도한다.

개별적 합의의 준비

은사의 첫 번째 과업은 규칙의 확증을 위해 필요한 개별적인 합의를 이끌어내기 위한 배경을 마련하는 것이다. 스승인 돈 후앙은 나로 하여금 (1) 맹우들의 규칙을 확증하기 위해 이끌어낸 것들과는 전혀 다른 종류의 비일상적 현실 상태들을 경험하게 했고, (2) 그가 직접 만들어낸 것으로 보이는 일상적 현실의 어떤 특별한 상태에 함께 참가하도록 했으며, (3) 낱낱의 경험을 상세하게 묘사하도록 했다. 개별적인 합의를 준비해야 하는 돈 후앙에게 주어진 과제는 비일상적 현실의 새로운 상태의 구성요소들과 일상적 현실의 특수한 상태의 구성요소들에 대해 개별적인 합의를 제공함으로써, 규칙의 확증을 공고히 하고 확인하는 일이었다.

돈 후앙이 내게 경험하게 한 비일상적 현실의 다른 상태들은 페요테라는 통칭으로 알려진 로포포라 윌리엄시Lophophora williamsii 선인장을 먹음으로써 유발되었다. 이 선인장은 윗부분만 잘라내서 건조될 때까지 보관해두었다가 씹어서 먹는 것이 보통이었지만, 특수한 상황에서는 생식하는 경우도 있었다. 그러나 로포포라 윌리엄시를 통해 비일상적 현실 상태를 경험하는 것은 그것을 먹는 것만이 유일한 방법이 아니었다. 돈 후앙은 어떤 특별한 상황에서는 비일상적 현실 상태가 자연발생적으로 일어날 수 있음을 암시했고, 그런 상태를 이 식물에 들어 있는 힘이 주는 선물 내지는 특혜로 분류했다.

로포포라 윌리엄시에 의해 유발된 비일상적 현실은 세 가지의 뚜렷한 특색을 지니고 있었다. (1) 그것은 〈메스칼리토〉라고 불리는 존재에 의해 일어나는 것으로 여겨졌고, (2) 이용 가능했으며, (3) 구성요소들을 가지고 있었다.

메스칼리토는 독자적인 힘으로 간주되며, 사람이 일상적 현실의 경계를 초월할 수 있도록 해준다는 점에서는 맹우와 닮았지만, 동시에 전혀 다른 존재이기도 하다. 맹우와 마찬가지로 메스칼리토는 특정 식물, 즉 로포포라 윌리엄시 선인장에 들어 있었다. 그러나 식물안에 그냥 들어 있는 것에 불과한 맹우와는 달리, 메스칼리토와 그것이 들어 있는 식물은 동일했다. 즉 이 식물은 공공연한 존경의 대상이었고, 마음 깊은 숭배를 받는 존재였다. 돈 후앙은 특정 상황, 이를테면 메스칼리토에게 완전히 묵종하고 있을 경우, 단지 이 선인장에 접근하는 것만으로도 비일상적 현실 상태가 유발된다고 굳게 믿고 있었다.

그러나 메스칼리토에게는 규칙이 없으며, 바로 그런 이유에서 인간을 일상적 현실의 경계 밖으로 데려가줄 능력이 있음에도 불구하고 맹우로는 간주되지 않는다. 규칙을 가지고 있지 않다는 사실은 메스칼리토를 맹우로서 이용하는 것을 막았을 뿐만 아니라 (왜냐하면 규칙없이는 그것을 조작할 방법이 아예 없기 때문이다) 그것을 맹우와는 현저하게 다른 힘으로 만들었다.

규칙을 가지고 있지 않다는 사실의 직접적인 결과는 누구든 메스칼리토를 이용할 수 있다는 점이었다. 맹우의 경우처럼 오랜 도제수업을 받거나 조작 기술을 습득할 필요가 없기 때문이다. 전혀 훈련을 받지 않아도 이용할 수 있기 때문에 메스칼리토는 수호자라고 불린다. 수호자로 존재한다는 것은 누구든지 그것에 접근할 수 있다는 뜻이다. 그러나 수호자로서의 메스칼리토가 모든 사람에게 문호를 개방하는 것은 아니었고, 어떤 사람들은 메스칼리토와 궁합이 맞지 않았다. 돈 후앙에 따르면 그런 불친화성은 메스칼리토의 〈단호한 도덕성〉과 이용자의 의심쩍은 성격 사이의 불일치에서 비롯된다.

메스칼리토는 스승이기도 해서 교훈적인 역할을 수행하는 것으로 알려져 있다. 메스칼리토는 사람들을 올바른 행동으로 이끄는 지도자여서, 올바른 길을 가르친다. 돈 후앙이 말하는 올바른 길이란 도덕적인 정당성이 아닌 행동의 적절성에 더 가까워 보이며, 그의 가르침이 강조하는 효율성의 맥락에서 행동 패턴을 단순화하려는 경향을 가리킨다. 돈 후앙은 메스칼리토가 행동을 단순화하는 법을 가르쳐준다고 믿고 있었다.

메스칼리토는 실체를 가진 하나의 존재로 간주된다. 고로 그것은 대개 일정하거나 예측 가능하지는 않지만 뚜렷한 형체를 취하는 것으로 알려져 있다. 이런 성질은 메스칼리토가 보는 사람에 따라 다르게 보일 뿐만 아니라, 같은 사람이라 해도 보는 시기에 따라 다르게 보일 수 있음을 시사한다. 돈 후앙은 메스칼리토는 어떤 형체든지 자유롭게 취할 수 있는 능력이 있다는 말로 이 특징을 설명했다. 그러나 메스칼리토는 자신과 궁합이 맞고 몇 년 이상 꾸준하게 섭취를 계속한 사람 앞에서는 결코 변하지 않는 일정한 형체를 취하는 것으로 알려져 있다.

메스칼리토에 의해 일어난 비일상적 현실은 이용 가능하며, 이 점에서는 맹우에 의해 일어난 것과 동일하다. 유일한 차이가 있다면 돈 후앙이 그것을 일으킬 때 동원하는 가르침의 명목이었다. 돈 후앙은 내가 〈올바른 길에 관한 메스칼리토의 교훈〉을 찾아보아야 한다고 가르쳤다.

메스칼리토에 의해 일어나는 비일상적 현실 또한 구성요소들을 가지고 있다. 이 점에서도 메스칼리토에 의해 유발된 비일상적 현실 상태와 맹우에 의해 유발된 상태는 동격이었다. 두 경우 모두 해당 구성요소들은 안정성, 단일성, 일반적인 합의의 결여라는 특성을 가지고 있었기 때문이다.

돈 후앙이 개별적 합의의 배경을 마련하기 위해 썼던 또 다른 절차는 나를 일상적 현실의 특수한 상태의 공동참여자로 만드는 일이었다. 일상적 현실의 특수한 상태란 그 구성요소들의 객관성에 대해 일반적인 합의를 얻는 것이 불가능할 수도 있다는 점을 제외하면 일상생활의 속성만 가지고서도 충분히 설명할 수 있는 상황을 의미한다. 돈 후앙은 일상적 현실의 특수한 상태를 구성하는 요소들의 객관성에 개별적으로 합의함으로써 규칙의 확증에 대해서도 개별적 합의를 제공할 수 있는 배경을 마련했다. 이 구성요소들은 일상생활의 일부이기는 하지만, 그것의 실재성은 돈 후앙의 개별적 합의를 통해서만 확인될 수 있었다. 이것은 일상적 현실의 특수한 상태의 공동참여자였던 나의 추측이다. 또 다른 공동참여자였던 돈 후앙만이 어떤 구성요소들이 일상적 현실의 특수한 상태를 만들어내는지를 알고 있을 것으로 믿었기 때문이다.

나의 개인적 판단에 의하면 이 일상적 현실의 특수한 상태들은 돈 후앙에 의해 (그는 한번도 그렇게 주장한 적이 없지만) 만들어졌다. 그는 나의 행동을 유도하기 위해 힌트나 암시를 능수능란하게 구사하여 그런 상태들을 만들어낸 것으로 보인다. 나는 이런 과정을 〈단서(cue)의 조작〉이라고 부른다. 단서의 조작에는 (1) 주변 환경에 대한 암시, (2) 행동에 대한 암시라는 두 가지 측면이 있었다.

돈 후앙의 가르침을 받는 동안 그는 나에게 그런 상태를 두 번 경험하게 했다. 첫 번째 경험은 그가 주변 환경에 대한 암시를 던짐으로써 만들어냈을 가능성이 있다. 돈 후앙이 그런 상태를 만들어낸 것은 시험을 통해 나의 선의를 확인할 필요가 있었기 때문이다. 돈 후앙은 나에게 그 구성요소들에 대한 개별적 합의를 제공한 뒤에야 가르침에 착수했다. 여기서 〈주변 환경에 대한 암시〉란, 돈 후앙이 미묘한 암시를 통해 인접한 물리적 환경의 일부인 일상적 현실의 구성요소들을 분리시켜냄으로써 나를 일상적 현실의 특수한 상태로 이끌었다는 뜻이다. 이 경우 그런 식으로 분리되어 나온 요소들은 특정한 색깔과 관련된 시각적 지각을 만들어냈고, 돈 후앙은 나를 위해 그것을 넌지시 확인해주었던 것이다.

내가 두 번째로 경험했던 일상적 현실 상태는 행동에 대한 암시에 의해 만들어졌을 수 있다. 돈 후앙은 나와 밀접하게 교류하면서 일관적인 행동방식을 보임으로써 자신의 고유한 이미지를 만들어내는 데 성공했고, 그 이미지는 내가 그를 알아보는 데 이용할 수 있는 핵심적인 패턴으로 기능했다. 그런데 그 후에 돈 후앙은 스스로 만들어낸 이미지와는 완전히 모순되는 특정한 반응을 택함으로써 이전의 이미지의 핵심적 패턴에 왜곡을 가할 수 있었다. 그리고 그 왜곡은 원래의 식별 패턴과 관련된 통상적인 구성요소들의 조합을 일반적인 합의를 얻을 수 없는 이상한 패턴으로 바꿔놓았을 가능성이 있다. 일상적 현실의 특수한 상태의 공동참여자였던 돈 후앙은 그 구성요소들이 무엇인지를 알고 있는 유일한 인물이었다. 고로 그는 그 존재 여부에 대해 내게 합의를 제공할 수 있는 유일한 사람이었다.

돈 후앙은 두 번째의 일상적 현실의 특수한 상태를 만들어냈을 때도 그것을 나를 시험하는 수단으로 이용했다. 그의 가르침에 대한 일종의 복습이었던 셈이다. 이 두 특수 상태는 그의 가르침의 분수령에 해당했고, 일종의 강조점인 것처럼 보였다. 두 번째로 경험한 특수 상태는 새로운 배움 단계로의 진입을 상징하는 듯했다. 이 배움의 단계는 개별적인 합의에 도달하는 것을 목적으로 하는 스승과 제자의 한층 더 직접적인 공동참여라는 점에서 특별했다.

개별적 합의를 준비하기 위해 돈 후앙이 사용한 세 번째 절차는, 내가 비일상적 현실 상태와 일상적 현실 상태를 경험하고 나서 겪었던 일을 각각 상세하게 구술하도록 한 다음, 구술 내용에서 골라낸 특정 단위들을 강조하는 일이었다. 이런 회상 절차의 본질적인 목적은 비일상적 현실 상태의 결과를 유도하는 것이었다. 비일상적 현실의 구성요소의 특성 — 안정성, 단일성, 일반적 합의의 결여 — 은 원래부터 거기에 내재된 것으로, 돈 후앙이 유도해낸 결과는 아니라는 것이 나의 암묵적인 추정이다. 이 추정은 내가 체험한 첫 번째 비일상적 현실 상태의 구성요소들이 이 세 가지 특성을 갖추고 있었다는 관찰에 입각한 것이지만, 당시 돈 후앙은 아직 가르침을 제대로 시작하기도 전이었다. 따라서 이 세 가지 특성이 비일상적 현실의 구성요소들 속에 원래부터 내재되어 있다고 가정한다면, 돈 후앙의 할 일은 다투라 이녹시아와 실로시베 멕시카나와 로포포라 윌리엄시가 유발하는 비일상적 현실의 각 상태의 결과를 이끌어내기 위한 기반으로서 그 성질들을 활용하는 것이다.

돈 후앙이 비일상적 현실 상태를 경험하면서 겪은 일을 나로 하여금 상세하게 구술하도록 한 것은 경험을 재현하는 행위였다. 거기에는 각각의 상태에서 내가 지각했던 것들을 꼼꼼하게 언어화하는 과정이 수반됐다. 이 재현에는 (1) 사건의 회상 및 (2) 지각된 구성요소들의 묘사라는 두 가지 측면이 있었다. 사건의 회상은 내가 회상한 경험을 실제로 겪는 동안 내가 지각한 것처럼 느껴지는 일들 — 그러니까, 그때 일어난 것처럼 보이는 사건들과 내가 수행한 것처럼 느껴지는 행위들 — 에 관한 것이었다. 지각된 구성요소들의 묘사란, 내가 지각한 것처럼 느껴지는 구성요소들의 구체적인 형상과 구체적 세부에 관한 나의 설명이었다.

이런 식으로 경험을 재현할 때마다 돈 후앙은 (1) 나의 회상의 어떤 적절한 부분에는 중요성을 부여하고, (2) 회상의 다른 부분들에 대해서는 중요성을 전혀 인정하지 않는 식의 절차를 통해 특정 단위들을 선별해냈다. 돈 후앙은 한 차례의 비일상적 현실 상태 체험이 끝나고 그다음 체험을 하기 전까지의 준비 기간에 내가 재현한 경험들에 관해 상세한 설명을 해주었다.

나는 위의 첫 번째 절차를 〈강조〉라고 부르는데, 거기에는 내가 비일상적 현실 상태에서 마땅히 달성했어야 하는 목표로 돈 후앙이 여겼던 것과 나 자신이 실제로 지각했던 것 사이의 차이에 대한 의무인 고찰이 따랐기 때문이다. 그러므로 강조했다는 것은 돈 후앙이 나의 서술의 어떤 부분을 집중적으로 고찰함으로써 그것을 분리해냈다는 뜻이다. 강조는 긍정적인 것일 수도 있고 부정적인 것일 수도 있었다. 긍정적인 강조는 내가 비일상적 현실 상태에서 감지한 특정 사항이 돈 후앙이 기대했던 목적에 부합하므로 만족했음을 암시한다. 부정적 강조는 돈 후앙이 내가 지각한 것에 대해 그의 기대에 부합하지 않았거나 불충분하다는 이유로 만족하지 않았음을 뜻한다. 후자의 경우에도 돈 후앙은 내가 지각한 것이 가치가 없음을 강조하기 위해 내가 재현한 경험의 해당 부분을 중점적으로 고찰했다.

돈 후앙이 사용한 두 번째의 선별 절차는 내 이야기의 어떤 부분들의 가치를 완전히 부정하는 것이었는데, 나는 그것을 〈강조의 결여〉라고 불렀다. 왜냐하면 이 절차는 강조와는 정반대로, 강조를 상쇄하는 것이기 때문이다. 돈 후앙은 내가 한 이야기 중에서 가르침의 목표에 비추어볼 때 전혀 필요가 없다고 판단한 부분들의 중요성을 아예 인정하지 않음으로써, 그 뒤에 내가 연이어 경험한 비일상적 현실 상태에 포함된 해당 구성요소에 대한 지각을 말 그대로 말소해버렸던 듯하다.

개별적 합의의 유도

스승으로서, 돈 후앙의 과업의 두 번째 측면은 각각의 비일상적 현실 상태와 각각의 일상적 현실의 특수한 상태의 결과를 감독함으로써 개별적인 합의를 유도해내는 것이다. 돈 후앙은 비일상적 현실 고유의 외적 층위와 내적인 층위, 일상적 현실의 특수 상태의 내적 층위를 질서 있게 조작함으로써 그 결과를 감독했다.

비일상적 현실의 외적 층위는 절차를 수행하는 과정에 관련된 것으로, 비일상적 현실의 본체로 들어가는 기술 내지는 절차를 포함하고 있다. 외적 층위는 (1) 준비기간, (2) 이행의 단계들, (3) 스승의 감독이라는 세 가지의 식별 가능한 측면을 지니고 있었다.

준비기간은 하나의 비일상적 현실에서 다음의 비일상적 현실 사이의 기간이다. 돈 후앙은 내게 직접적인 지시를 내리고 가르침의 전반적인 진로를 조정하는 데에 이 시기를 활용했다. 준비기간은 비일상적 현실 상태를 설정하는 작업에서 매우 중요한 역할을 하며, 그 상태를 축으로 돌아가기 때문에 거기에는 (1) 비일상적 현실에 선행하는 기간, (2) 비일상적 현실의 후속기간이라는 뚜렷이 구분되는 두 측면이 있다.

비일상적 현실에 선행하는 기간은 비교적 짧았고 길어도 24시간을 넘지 않았다. 다투라 이녹시아와 실로시베 멕시카나가 일으키는 비일상적 현실 상태의 경우, 이 기간은 곧 겪게 될 비일상적 현실 상태에서 내가 확증해야 할 해당 규칙의 특정한 목적과 조작 기술에 관한 돈 후앙의 극적이고 가속화된 직접적 지시로 특징지을 수 있다. 로포포라 윌리엄시의 경우 이 기간은 기본적으로 제례적祭禮的인 행위에 할당되었다. 메스칼리토는 규칙을 가지고 있지 않기 때문이다.

반면에 비일상적 현실의 후속기간은 보통 몇 달간이나 길게 이어졌고, 돈 후앙은 이 기간을 이전의 비일상적 현실 상태에서 일어났던 사건들에 대해 논의하고 설명하는 데에 할당했다. 로포포라 윌리엄시를 사용한 뒤에는 이 후속기간이 특히 중요했다. 메스칼리토는 규칙을 가지고 있지 않으므로, 그것이 유발하는 비일상적 현실 속에서는 메스칼리토의 여러 특징을 확인하는 것이 목표였다. 돈 후앙은 각각의 비일상적 현실 경험에 뒤따르는 긴 기간 동안에 그런 특징을 설명해주었다.

외적 층위의 두 번째 측면은 이행의 단계들이다. 이것은 일상적 현실 상태에서 비일상적 현실 상태로 이행해가는 과정, 또는 그 역의 과정을 가리킨다. 이런 이행 단계들을 거치는 동안 위의 두 가지 현실 상태는 겹친다. 내가 이행 단계들을 이 두 현실 상태로부터 구분하는 데 이용한 기준은 전자의 구성요소들의 불선명함이었다. 이행해가는 단계에서 그 구성요소를 제대로 지각하거나 뚜렷하게 기억할 수 있었던 적은 한 번도 없었기 때문이다.

지각되는 시간의 측면에서 보자면, 이행의 단계들은 급작스럽게 찾아오거나 느리게 진행되거나 둘 중 하나였다. 다투라 이녹시아의 경우, 일상적 상태와 비일상적 상태는 거의 나란히 놓여 있었고, 한 쪽 현실에서 다른 쪽 현실로의 이행은 급작스럽게 이루어졌다. 개중에서도 가장 두드러진 것은 비일상적 현실로 이동할 때였다. 반면에 실로시베 멕시카나가 유발한 이행 단계는 느리다는 느낌을 받았다. 특히 일상적 현실에서 비일상적 현실로의 이동은 길게 늘어지는 느낌을 주었다. 내가 다른 것들에 비해 유독 이것을 잘 지각할 수 있었던 것은 아마 장차 일어날 일들에 대해 불안감을 품고 있었기 때문인지도 모르겠다.

로포포라 윌리엄시가 유발하는 이행 단계들은 위의 두 가지 맹우가 끼치는 영향의 특징을 합친 듯한 느낌이었다. 우선 비일상적 현실로의 이동과 이탈은 양쪽 모두 뚜렷하게 지각할 수 있었다. 비일상적 현실로의 이행은 느렸고, 내 신체적, 정신적 기능에는 거의 아무런 악영향도 끼치지 않았다. 그러나 일상적 현실로의 복귀는 매우 급작스러웠다. 나는 이 이행 단계를 또렷하게 지각했지만, 모든 상황을 세밀하게 인식할 수 있는 정도까지는 아니었다.

외적인 층위의 세 번째 측면은 제자인 내가 비일상적 현실 상태를 경험하는 동안에 받은 스승의 감독 또는 직접적인 도움이다. 내가 감독을 하나의 독자적인 범주로 설정한 이유는 감독 행위의 주체인 스승도 어떤 시점에 다다르면 제자와 함께 비일상적 현실로 들어가야 한다는 암시가 있었기 때문이다.

다투라 이녹시아가 유발한 비일상적 현실 상태를 경험하는 동안에 나는 최소한의 감독밖에는 받지 않았다. 돈 후앙은 준비기간에 해당하는 단계들을 충실히 수행해야 한다는 것을 매우 강조했지만, 내가 그 요건을 충족한 뒤에는 혼자 나아가도록 내버려두었다.

실로시베 멕시카나가 유발한 비일상적 현실에서의 감독 행위는 다른 맹우의 경우와는 대조적으로 강도가 높았다. 돈 후앙에 의하면 제자는 스승의 포괄적인 지도와 도움을 필요로 하며, 해당 규칙을 확증하기 위해서는 다른 형체를 취할 필요가 있었다. 이 말은 내가 주변 환경을 지각할 때 지각에 일련의 매우 특수한 조정을 거쳐야 한다는 사실을 암시하는 것 같았다. 돈 후앙은 내가 비일상적 현실 상태로 이행해가는 동안에 구두 명령과 암시로써 필요한 조정을 했다. 나에 대한 돈 후앙의 감독 행위의 또 하나의 측면은 비일상적 현실 상태의 초기 단계에서, 그 이전의 일상적 현실 상태의 특정 구성요소들에 주의를 집중하라고 명령하는 것이었다. 가장 중요한 문제는 선택된 비인간적인 몸의 형체를 완벽하게 다듬는 것이었다는 점을 감안하면 그가 지목한 구성요소들은 무작위적으로 선택된 느낌이 역력하다. 감독 행위의 마지막 측면은 나를 일상적 현실로 복귀시키는 일이었다. 실제 절차가 어땠는지는 기억나지 않지만, 이 작업에도 돈 후앙의 철저한 감독이 필요하다는 점은 확실하다.

로포포라 윌리엄시가 유발한 상태가 요구하는 감독은 앞의 두 가지를 합친 것이었다. 돈 후앙은 가능한 한 오랫동안 내 곁에 머물렀지만, 어떤 식으로든 나를 비일상적 현실로 인도하거나 거기서 나오게 하려는 노력은 일절 하지 않았다.

비일상적 현실에서 변별되는 질서의 두 번째 층위는 그 구성요소들의 일견 내적인 기준 내지는 배열이다. 나는 이것을 〈내적 층위〉라고 이름 붙였다. 그 구성요소들은 돈 후앙의 지도의 산물로 생각되는 다음 세 가지의 전반적 과정에 종속되는 것으로 여겨진다. (1) 구체적인 것을 향한 진전, (2) 더 넓은 평가 범위를 향한 진전, (3) 비일상적 현실의 좀더 실용적인 이용을 향한 진전.

구체적인 것을 향한 진전은 이어지는 각각의 비일상적 현실 상태의 구성요소들이 점점 더 정확하고 구체적인 것으로 발전해가는 것을 말하는데, 다음의 두 가지 측면을 수반한다. (1) 구체적인 단일 형체들을 향한 진전, (2) 구체적인 전체 결과를 향한 진전.

구체적인 단일 형체들을 향한 진전이란, 비일상적 현실의 초기 상태에는 구성요소들이 딱히 특색 없고 낯익어 보이다가 나중의 상태로 갈수록 구체적이고 낯선 것으로 바뀌어가는 현상이다. 이 같은 진전에는 다음 두 단계에 걸친 구성요소상의 변화가 포함되는 것으로 보인다. (1) 지각된 세부적 특징들의 점진적인 복잡화, (2) 낯익은 형체에서 낯선 형체로의 이행.

지각된 세부적 특징들의 점진적인 복잡화는 이어지는 각각의 비일상적 현실 상태에서 내가 지각한 구성요소들의 미세한 특징들이 점점 더 복잡해지는 현상을 의미한다. 나는 구성요소들의 구조가 점점 더 복잡해지는 것을 내가 자각하고 있다는 식으로 그 복잡성을 이해했지만, 그 세부가 과도하거나 당황스러울 정도로 뒤엉키는 일은 없었다. 복잡성의 증대는 오히려 지각된 세부적 특징들이 조화롭게 늘어나는 현상에 가까웠고, 초기 상태에서 감지했던 모호한 형체로부터 나중 상태에서 지각한 극미한 특징들의 방대하고 정교한 배열에 이르는 넓은 범위를 망라하고 있었다.

낯익은 형체에서 낯선 형체로의 변천이 내포한 의미는 다음과 같다. 최초의 구성요소들은 일상적 현실에서 찾아볼 수 있는 낯익은 형체를 취하고 있든가, 아니면 적어도 일상의 친숙한 느낌을 상기시킨다. 그러나 그 뒤로 하나씩 이어지는 비일상적 현실 상태에서는 그 구체적 형체와, 그 형체를 구성하는 세부와, 해당 구성요소들을 하나로 묶는 패턴은 점점 낯설어지고, 급기야는 내가 일상적 현실에서 지각했던 그 어떤 사물과도 같다고 할 수 없게 되며, 경우에 따라서는 비교조차도 아예 불가능해지는 상황이 된다.

구체적인 전체 결과를 향한 구성요소들의 진전이란, 규칙을 확증하기 위해 비일상적 현실의 각 상태에서 내가 얻어낸 전체적 결과가 돈 후앙이 추구하고 있는 전체적 결과에 점점 근접해가는 것을 말한다. 달리 말해서, 비일상적 현실은 규칙을 확증하기 위해 유발되며, 그와 같은 시도가 이어질 때마다 확증은 점점 더 구체화되었다.

비일상적 현실의 내적 층위에서의 두 번째 일반적 절차는 더 넓은 평가 범위를 향한 진전이다. 바꿔 말해서, 이어지는 비일상적 현실 상태들을 하나씩 경험해감에 따라 내가 주의를 집중할 수 있는 영역이 확장되었다는 뜻이다. 여기서 문제가 되는 것은 확장된 것이 실제 영역인지 아니면 나 자신의 지각능력인지의 여부이다. 돈 후앙의 가르침은 실제로 확장되어 가는 영역이 있다는 생각을 키워주고 강화시켰다. 나는 이 가상의 영역에 〈평가 범위〉라는 이름을 붙였다. 평가 범위의 점진적인 확산은 어떤 특정 범위에 들어오는 비일상적 현실의 구성요소들에 대해 일견 지각적인 평가를 내림으로써 이뤄진다. 이런 구성요소들의 평가와 분석은 오감을 통해 행해지는 것처럼 느껴졌으며, 나의 지각 범위는 비일상적 현실의 한 상태에서 다음 상태로 넘어갈 때마다 모든 면에서 확장되고 더 포괄적으로 변해가는 듯했다.

평가 범위에는 (1) 종속적 범위와 (2) 독립적 범위 두 종류가 있다. 종속적 범위는 이전의 일상적 현실 상태에서 내 의식의 범위 안에 있던 물질적 환경의 사물들이 구성요소를 이루고 있는 영역이다. 반면에 독립적 범위는 비일상적 현실의 구성요소들이 이전의 일상적 현실의 물리적 환경의 영향을 받지 않고 자체적으로 출현하는 것처럼 보이는 영역이다.

평가 범위에 관련해서 돈 후앙이 뚜렷하게 시사한 바에 따르면, 두 맹우와 메스칼리토는 양쪽의 지각 범위를 유발하는 속성을 가지고 있다. 그러나 내가 보기에 다투라 이녹시아는 다른 존재들에 비해 독립적 범위를 유발하는 능력이 더 큰 듯했다. 다만 이것을 써서 신체적 비행을 하는 경우의 평가 범위는 (판단을 내릴 수 있을 만큼 충분히 오랫동안 경험하지는 못했지만) 종속적 범위에 해당하는 것처럼 보였다. 실로시베 멕시카나는 종속적 범위를 만들어내는 능력을 가지고 있었다. 로포포라 윌리엄시는 양쪽 범위를 만들어내는 능력을 가지고 있었다.

돈 후앙은 이런 상이한 속성들을 이용해서 개별적 합의를 준비했다는 것이 나의 추측이다. 바꿔 말해서, 다투라 이녹시아가 만들어낸 여러 상태에서 일반적 합의를 결여한 구성요소들은 선행하는 일상적 현실과는 독립된 상태로 존재했다. 실로시베 멕시카나의 경우 일반적 합의의 결여는 선행하는 일상적 현실의 환경에 종속된 구성요소와 관련된 것이었다. 로포포라 윌리엄시의 경우, 어떤 구성요소들은 환경에 의해 결정되었고, 다른 요소들은 환경과 독립적으로 존재했다. 따라서 이 세 가지 식물의 이용은 비일상적 현실의 구성요소들에 대한 일반적 합의의 결여를 제자에게 폭넓게 지각시키려는 목적으로 설계된 것처럼 보인다.

비일상적 현실의 내적 층위의 마지막 절차는 어떤 상태에서 다음 상태로의 이행에 따른 비일상적 현실의 한층 더 실용적인 이용을 향한 진전이다. 이 진전에서 새로운 상태는 더 복잡한 배움의 단계에 해당하며, 각각의 새로운 상태는 예전 상태보다 더 포괄적이며 실제적인 비일상적 현실의 이용을 요구한다는 관념과 연계되어 있는 듯하다. 이런 식의 진전은 로포포라 윌리엄시가 쓰였을 때 가장 현저했다. 각 상태에서 평가 범위의 종속 범위와 독립 범위가 동시에 존재한다는 사실은 비일상적 현실의 실용적인 이용 범위를 더 넓혀 놓았다. 그것은 양쪽 범위를 동시에 아우르기 때문이다.

일상적 현실의 특수한 상태를 이끌어내는 행위는 구성요소들의 더 구체적인 것을 향한 진전으로 특징지어지는 어떤 질서를 내적 층위에 만들어내는 것처럼 보인다. 즉, 일상적 현실의 특수한 상태가 다음 상태로 넘어갈 때마다 그 구성요소들은 더 많아지고, 더 쉽게 분리해낼 수 있다는 뜻이다. 가르침의 과정에서 돈 후앙은 단 두 번만 이것을 이끌어냈을 뿐이다. 그러나 그것을 두 번째로 경험했을 때도 돈 후앙은 전보다 더 쉽게 많은 수의 구성요소들을 분리해냈으며, 구체적인 결과를 끌어내는 이런 능력이 두 번째의 일상적 현실의 특수한 상태를 만들어내는 속도에도 영향을 끼쳤다는 사실을 나는 감지할 수 있었다.*

개념적 질서

제자

제자는 실천적 질서의 마지막 구성단위다. 이것은 그 자체만으로도 돈 후앙의 가르침 전체의 구심점이 되는 구성단위이기도 하다. 제자는 개별적인 합의가 개념으로서 의미를 갖추기 전에, 비일상적 현실의 모든 상태 및 일상적 현실의 모든 특별한 상태의 구성요소들에 주어진 개별적인 합의를 완전히 받아들여야 하기 때문이다. 그러나 개별적 합의는 비일상적 현실에서 지각되는 행위와 요소들에 관여하

* 개별적 합의를 확인하는 절차에 관해서는 부록 1을 볼 것. 저자 주.

고 있다는 사실로 인하여 특이한 개념화의 질서를 수반하며, 이 질서는 지각되는 행위와 요소들을 규칙의 확증과 일치시키는 역할을 수행했다. 따라서 제자인 내가 개별적 합의를 받아들인다는 것은 돈 후앙의 가르침의 총합에 의해 입증된 어떤 관점을 받아들임을 의미했다. 즉, 가르침을 가르침 자체의 언어로 이해할 수 있게 해주는 어떤 개념적 층위로 진입한다는 뜻이다. 나는 그것을 돈 후앙의 지식을 형성하는 일상적이지 않은 현상들에 의미를 부여해주는 체계라는 뜻에서 〈개념적 질서〉라고 부르기로 했다. 그것은 돈 후앙의 가르침에서 나온 낱낱의 개념이 모두 내포된 의미 매트릭스(體系)이다.

그런 연유로, 제자의 목표가 바로 그 개념적 질서를 받아들이는 것임을 감안하면 제자에게는 두 가지 대안이 존재한다. 실패하든가, 아니면 성공하든가 둘 중 하나인 것이다.

개념적 질서를 받아들이는 데 실패했다는 것은 제자가 가르침의 수행 목표 달성에 실패했다는 의미도 된다. 이 경우 실패라는 개념은 식자의 네 가지 상징적 적이라는 주제를 통해 설명된다. 실패는 단시 목표의 추구를 중단하는 행위가 아니라, 네 가지의 상징적 적 중 어느 하나의 압력에 못 이겨 더 이상의 탐구를 완전히 포기하는 행위인 것이다. 이 주제는 제자의 단계에서 좌절한 것은 최초의 두 적 — 두려움과 명료함 — 에게 졌기 때문이고, 맹우를 부리는 방법의 습득에 실패했다는 뜻이며, 그 결과 제자는 개념적 질서를 피상적이고 그릇된 방식으로 받아들인 것이라는 점도 분명하게 지적해준다. 즉, 제자는 가르침이 제시하는 의미를 받아들이는 척만 하거나 건성으로 이

해함으로써 이 개념적 질서를 그릇 받아들인 것이다. 실패하고 맹우를 부릴 능력을 잃은 제자에게 남는 것이라고는 몇몇 조작 기술에 관한 지식과 비일상적 현실에서 지각된 구성요소들에 대한 기억뿐이다. 그런 제자는 그런 지식과 기억에 고유한 의미를 부여해주는 원리를 자기 것으로 만들지 못한다. 누구든 이런 상황에서는 자신이 경험한 현상에서 제멋대로 골라잡은 영역에 대해 자기류의 해석을 펼칠 수밖에 없고, 그런 과정을 거쳐 가르침이 제시하는 관점을 잘못 받아들이게 되는 것이다. 그러나 개념적 질서를 잘못 받아들이는 것이 제자에게만 국한된 일이 아니라는 점은 명백하다. 식자의 적에 관한 주제는 맹우 부리는 법을 습득하는 목표를 달성한 사람조차도 여전히 권능과 노화老化라는 나머지 적들의 맹공에 굴복할 수 있다는 점을 지적하고 있기 때문이다. 돈 후앙의 분류방식에 의하면 그렇게 패배한 사람은 실패한 제자와 마찬가지로 피상적이고 잘못된 방식으로 개념적 질서를 받아들였다는 뜻이 된다.

반면, 개념적 질서의 성공적인 채택은 제자가 실천적 목표를 달성하고 가르침이 제시하는 관점을 올바르게 받아들였다는 것을 뜻한다. 즉, 개념적 질서 안에 표현된 의미를 완전히 자기 것으로 만들고, 거기에 몰입함으로써 올바른 방식으로 개념적 질서를 받아들인 것이다.

돈 후앙은 제자가 더 이상 제자가 아니게 되는 정확한 시점이나 정확한 방식에 대해서는 명확히 밝힌 적이 없지만, 일단 제자가 가르침의 수행 목표를 달성한 뒤에는 — 즉, 맹우를 부리는 법을 터득한 뒤에는 — 더 이상 스승의 지도를 필요로 하지 않음을 분명히 시사했다. 스승의 지시가 불필요해지는 시점이 온다는 것은 제자가 개념적 질서를 성공적으로 받아들이고, 그럼으로써 스승의 도움 없이도 의미 있는 추론을 이끌어내는 능력을 얻게 된다는 뜻이다.

돈 후앙의 가르침에 관한 한, 그리고 내가 도제관계를 마칠 때까지는, 개별적 합의를 받아들인다는 것은 개념적 질서의 다음 두 구성단위를 받아들이는 일을 수반하는 것으로 보였다. (1) 개별적 합의에 의한 현실이라는 개념, (2) 일상적이며 일반적인 합의에 의한 현실과 개별적 합의에 의한 현실은 똑같이 실용적인 가치를 가진다는 개념.

개별적 합의에 의한 현실

돈 후앙의 가르침의 근간은 본인도 말했듯이 비일상적 현실을 유발하기 위해 사용하는 세 가지의 환각식물과 관련되어 있었다. 이 식물들을 사용한다는 결정에는 의도적인 목적의식이 작용한 듯하다. 돈 후앙이 이 세 가지 식물을 선택한 이유는 그것들이 각기 다른 환각적 성질을 가지고 있기 때문인 듯하며, 그는 그런 차이를 각 식물이 지닌 힘의 상이한 성질에 기인한 것으로 해석했다. 돈 후앙은 비일상적 현실의 외적 층위와 내적 층위를 유도해냄으로써 비일상적 현실은 완벽하게 정의된, 일상적 삶과는 다른 세계 — 그것이 내포한 속성은 배움이 진전됨에 따라 밝혀진다 — 라는 인식이 제자인 나의 내면에 자리 잡을 때까지 각 식물의 상이한 환각적 성질을 활용했다.

그럼에도 불구하고, 그런 식물들의 고유한 성질이라고 주장되는 것들은 (돈 후앙의 가르침은 각 식물에 담긴 힘은 저마다 상이한 비일상적 현실 상태를 일으킨다는 관점을 고수했지만) 돈 후앙 본인이 선택한, 비일상적 현실의 특정한 질서를 이끌어내는 절차의 산물이었을 가능성도 있다. 만약 돈 후앙의 가르침 쪽이 옳다면, 이 분석 단위들에 비추어 바라본 그것들 사이의 차이는 각 식물에 의해 유발된 상태에서 지각할 수 있는 평가 범위 안에 있는 것으로 보인다. 이 세 식물은 모두 그 특이한 평가 범위로 인해 완벽하게 정의된 세계, 혹은 영역의 지각을 만들어내는 데 기여했다. 이 영역은 도마뱀의 영역 또는 메스칼리토의 교훈의 영역이라고 불리는 독립적 범위와, 당사자가 자신의 수단을 써서 움직일 수 있는 구역으로 일컬어지는 종속적 범위의 두 구획으로 이루어져 있다.

앞서 언급했듯이 나는 〈비일상적 현실〉이라는 용어를 기이한, 흔치 않은 현실이라는 뜻으로 사용했다. 초보 제자 입장에서는 그런 현실은 어느 모로 봐도 범상치 않은 것이지만, 지식을 전수받은 나는 내가 배운 것의 실용적이고 실험적인 적용에 의무적으로 참여하고 전념할 것을 요구받았다. 그것은 곧 내가 제자로서 다수의 비일상적 현실 상태를 체험하는 것을 의미했다. 그리고 그런 직접적인 지식은 조만간에 〈일상적〉이라느니 〈비일상적〉이라느니 하는 구분이 나에게 더 이상 의미가 없어지게 만들 것이다. 그런 연유로, 개념적 질서의 첫 번째 구성단위인 〈제자〉라는 개념을 진정으로 받아들인다는 것은 동떨어져 있지만 더 이상 비일상적이지는 않은 현실 영역, 즉 〈개별적 합의에 의한 현실〉이 존재한다는 관념으로 직결된다.

개별적 합의에 의한 현실이 별개의 영역이라는 대전제를 받아들인다면 맹우들이나 메스칼리토와의 만남이 단순한 환상 이외의 영역에서 일어났다는 생각을 유의미하게 설명할 수 있게 된다.

개별적 합의에 의한 현실은 실용적 가치를 지닌다

개별적 합의에 의한 현실이 실용적이며 이용 가능하다는 나의 인식 역시 비일상적 현실의 외적, 내적 층위를 이끌어냄으로써 개별적 합의에 의한 현실은 별개의 영역이라는 생각을 만들어낸 바로 그 과정에 의해 생겨난 것처럼 보인다. 비일상적 현실의 모든 상태와 일상적 현실의 모든 특수 상태에 대한 개별적 합의를 받아들이는 일은, 그것이 통상적이고 일반적인 합의와 등가라는 자각을 강화시키기 위해 고안된 것이다. 이 자각은 개별적 합의에 의한 현실은 꿈과는 다른 종류의 세계라는 느낌에 근거한다. 비일상적 현실은 꿈과는 대조적으로 개별적 합의의 대상이 되는 안정적인 구성요소들을 갖추고 있기 때문이다. 즉, 의도적으로 주위 환경을 지각할 수 있는 실제적인 한 영역이다. 그곳의 구성요소들은 사의적이거나 변덕스럽지 않은 명확한 사물이나 사건들이며, 그것이 실재함은 가르침 전체에 의해 입증된다.

개별적인 합의에 의한 현실을 다루는 돈 후앙의 실질적이고 실리적인 태도도 그것이 일반적 합의에 의한 현실과 대등한 종류의 것임을 분명히 시사한다. 돈 후앙은 그런 태도에 대해 말한 적도 없고, 나 또한 실질적이고 실리적으로 그것에 접근하는 일 이상을 요구받은 적이 없다. 그러나 이 두 영역이 대등한 것으로 간주된다는 사실이 곧 양쪽 영역에서 언제든 동일한 방식으로 행동해도 괜찮다는 뜻은 아니다. 실상은 오히려 그 반대에 가깝다. 주술사는 비일상적 현실 영역을 이용하려면 각 영역의 고유한 특성에 맞춰서 달리 행동해야 하기 때문이다. 의미의 측면에서 결정적으로 작용하는 것은, 그 같은 대등성은 실질적 유용성을 근거로 평가될 수 있다는 관념인 듯하다. 따라서 주술사는 이 두 영역이 그 사이를 자유롭게 왕래할 수 있고, 양쪽 모두 본래의 성질상 이용 가능하며, 그것들 사이의 유일한 차이점은 용도의 차이라는 사실을 믿어야만 한다.

그러나 이 두 영역이 분리되어 있다는 생각은 제자인 나의 당시 수준을 감안한 일종의 맞춤 수단에 지나지 않아 보인다. 돈 후앙은 이 수단을 이용해서 나로 하여금 다른 현실 영역이 존재할 수 있다는 사실을 깨닫게 했다. 그러나 나는 그가 한 말보다는 오히려 그가 한 행동으로부터, 주술사에게는 단 하나의 현실 연속체가 존재할 뿐이라는 믿음을 가지게 되었다. 주술사는 둘, 아니 어쩌면 그 이상의 부분들로 이뤄진 이 현실로부터 실질적 가치를 지닌 추론을 이끌어낸다. 개별적 합의에 의한 현실이 실질적 가치를 지니고 있다는 생각을 진정으로 받아들이면 〈이동〉이라는 개념이 한층 더 의미 있게 다가올 것이다.

개별적 합의에 의한 현실을 이용할 수 있는 것은 그 현실이 일반적 합의에 의한 현실 못지않게 이용 가능한 본연의 속성을 지니고 있기 때문이라는 생각을 내가 받아들였다면, 돈 후앙이 개별적 합의에 의한 현실에서의 이동이라는 개념을 왜 그토록 철저하게 활용했는지를 논리적으로 이해할 수 있었을 것이다. 또 다른 실용적인 현실이 존재한다는 사실을 받아들인 뒤에는, 주술사는 오로지 이동의 기술을 습득하기만 하면 된다. 그리고 그럴 경우의 이동은 당연히 특화된 것이 되어야 한다. 그것은 개별적 합의에 의한 현실 고유의 실용적 속성과 관련된 것이기 때문이다.

요약

나의 분석의 요점은 다음과 같다.

1. 내가 여기서 묘사한 돈 후앙의 단편적인 가르침은 두 개의 측면으로 이루어져 있다. 실천적 질서, 즉 그의 가르침이 내포한 낱낱의 개념들을 상호 연결시켜주는 유의미한 연쇄고리. 그리고 개념적 질서, 즉 그의 가르침 속의 낱낱의 개념들을 모두 내포한 의미 체계.

2. 실천적 질서는 네 개의 주요 구성단위를 가지고 있으며, 각 구성단위 또한 하위의 구성요소들로 이루어진다. (1) 〈식자〉의 개념, (2) 식자는 〈맹우〉라 불리는 특화된 힘의 도움을 받는다는 생각, (3) 맹우는 규칙이라 불리는 일련의 규정의 지배를 받는다는 생각, (4) 규칙의 확증은 개별적인 합의의 대상이 된다는 생각.

3. 이 네 단위는 다음과 같은 방식으로 서로 관련되어 있다. 실천적 질서의 목표는 식자가 되는 방법을 가르치는 것이고, 식자는 맹우를 가지고 있기 때문에 일반인들과는 다르며, 맹우는 규칙을 가진 특화된 힘이다. 비일상적 현실의 영역에서 해당 규칙을 확인하고, 그 확증에 대해 개별적인 합의를 얻음으로써 맹우를 획득하거나 길들일 수가 있다.

4. 돈 후앙의 가르침에서는 식자가 된다는 것은 영구적인 성취가 아니라 하나의 과정이다. 즉, 식자가 식자이게 하는 요소는 단지 맹우를 보유하고 있다는 사실만이 아니라 자신을 어떤 신념체계의 울타리 안에 남아 있게 하기 위한 일생에 걸친 분투와 노력이다. 그러나 돈 후앙의 가르침은 실리적인 결과를 얻는 것을 목표로 하고 있었다. 그리고 그의 실리적 목표란, 식자가 되는 방법과 관련하여, 해당 규칙의 습득을 통해 맹우를 획득하는 방법을 가르치는 것이었다. 따라서 실천적 질서의 목표는 당사자에게 비일상적 현실에서 지각된 구성요소들에 대한 개별적 합의를 제공하는 것이며, 그것은 곧 맹우의 규칙의 확증으로 간주되었다.

5. 맹우의 규칙의 확증에 대한 개별적 합의를 제공하기 위해서 돈 후앙은 가르침을 전수하는 과정에서 유발된 비일상적 현실의 모든 상태 및 일상적 현실의 특수한 상태를 구성하는 요소들에 대한 개별적 합의를 제공할 필요가 있었다. 그러므로 개별적 합의는 일상적

이지 않은 현상들을 다룬다. 나는 이 사실로부터, 모든 제자는 스승의 이런 개별적 합의를 받아들임으로써 전수된 지식의 개념적 질서를 받아들이게 되는 것으로 추정했다.

6. 나의 개인적인 배움의 단계에서 본다면, 내가 도제수업을 그만둔 시점까지 돈 후앙의 가르침은 나로 하여금 다음과 같은 개념적 질서의 두 가지 구성단위를 받아들이도록 유도했다고 추정할 수 있다. (1) 또 다른 현실 영역이 존재한다는 생각 (나는 이것을 〈개별적 합의에 의한 현실〉이라고 이름 붙였다), (2) 개별적 합의에 의한 현실, 곧 또 다른 세계는 일상생활의 세계 못지않게 이용 가능하다는 생각.

내가 도제수업을 받기 시작한 지 6년 가까운 세월이 흐른 뒤에야 비로소, 돈 후앙의 지식은 내 앞에서 일관성 있는 하나의 전체상을 띠게 되었다. 나는 돈 후앙이 내가 개인적 발견을 통해 그에게서 진정한 합의를 얻게 되는 것을 목표로 삼고 있었다는 사실을 깨달았다. 나는 그런 엄격한 훈련을 견뎌낼 자신이 없었고, 앞으로도 그럴 생각이 전혀 없었기 때문에 결국 도제수업을 중단했지만, 그의 가르침을 이해하려는 나의 시도는 제자의 개인적 노력에 대한 돈 후앙의 기대수준을 충족시키기 위한 나 자신만의 방법이었다. 설령 나 혼자만을 만족시키기 위한 것이라고 해도, 그의 가르침이 단순한 기상奇想이 아님을 반드시 증명해야 한다는 강한 욕구를 느꼈던 것이다.

이렇게 가르침의 구조적 얼개를 정리하고, 전수받은 가르침의 타당성을 밝혀내려는 나의 원래 목적에 부합하지 않는 불필요한 데이터를 모두 배제할 수 있게 되자, 돈 후앙의 가르침이 내적인 일관성을 갖추고 있다는 사실, 즉 이 현상 전체를 관조할 수 있게 함으로써 내가 겪은 모든 체험에 낙인처럼 찍혀 있었던 기이한 느낌을 떨쳐 버리게 해준 논리적 체계를 갖추고 있다는 사실이 분명해졌다. 그 결과 나의 도제수업은 단지 기나긴 여정의 시작에 불과했다는 사실 또한 명백해졌다. 당시 내가 겪었던 힘들고 압도적인 경험들은, 돈 후앙이 나날의 삶을 위해 유의미한 추론을 이끌어내던 하나의 논리적 사고체계, 탐구하는 행위가 환희의 경험으로 이어지는 고도로 복잡한 신념체계의 아주 작은 한 조각에 불과했던 것이다.

부록 1

개별적 합의를 확인하는 절차

개별적 합의를 확인하는 행위는 모든 점에서 돈 후앙의 누적된 가르침의 결과물이었다. 나는 이 누적 과정을 설명하기 위해, 비일상적 현실 상태와 특수한 일상적 현실이 일어난 순서대로 개별적 합의의 확인 과정을 열거했다. 돈 후앙은 비일상적 현실과 특수한 일상적 현실의 내적 질서를 유도할 경우에도 딱히 정해진 절차를 엄밀하게 따르는 것 같지는 않았다. 오히려 상당히 융통성 있게 그 구성단위들을 따로 분리해내어 개별화시켰다는 편이 더 정확하다.

돈 후앙은 환경에 관한 단서들을 조작해서 일상적 현실의 특수한 상태를 처음으로 유발함으로써 개별적 합의의 배경을 마련하기 시작했다. 그는 이 방법으로 일상적 현실 범위로부터 특정한 구성요소들을 분리해내었고, 그런 과정을 통해 나로 하여금 구체적인 것을 향한 진전을 인식하도록 유도했다. 이 경우에는 지면의 작은 두 부분에서 방사되는 것처럼 보이는 여러 가지 색채의 지각이 그러한 진전에 해당한다. 일상적 현실로부터 분리되어 나온 뒤로 색채를 띤 장소들은 그 객관성에 대한 일반적 합의를 얻을 수 없게 되었다. 오직 나만이 그것들을 볼 수 있는 듯했고, 바로 그런 상황이 일상적 현실의 특수한 상태를 만들어냈던 것이다.

일반적 합의를 박탈함으로써 지면의 두 부분을 분리해내는 행위는 일상적 현실과 비일상적 현실 사이의 첫 번째 연결고리를 만들어내는 역할을 했다. 돈 후앙은 나에게 일상적 현실의 일부를 낯선 방식으로 지각하도록 지시했다. 즉, 일상적인 구성요소들 중 어떤 것을 개별적 합의가 필요한 것으로 바꿔놓은 것이다.

일상적 현실의 첫 번째 특수한 상태를 경험한 직후에 나는 그 경험을 직접 구술함으로써 회상해보라고 요구받았다. 그 회상으로부터 돈 후앙은 기이한 색채가 지각된 장소들을 분리해내어 긍정적 강조의 대상으로 삼았다. 그는 내가 느꼈던 두려움과 피로와 끈기 부족은 부정적 강조의 대상으로 분리해냈다.

그 뒤로 이어진 준비기간 동안 돈 후앙은 자신이 분리해낸 구성단위들을 중점적으로 고찰해보였고, 이 고찰을 바탕으로 사람은 환경에서 통상적으로 받는 인상 이상의 것들을 감지할 수 있다는 관념을 이끌어냈다. 식자라는 개념을 구성하는 요소의 일부도 재구성된 나의 경험에서 돈 후앙이 선별해낸 구성단위들로부터 도입되었다.

그런 다음 돈 후앙은 해당 규칙을 확증하기 위한 개별적 합의를 준비하는 두 번째 과정으로서 로포포라 윌리엄시에 의한 비일상적 현실 상태를 유도했다. 이 과정을 통해 내가 처음으로 경험한 비일상적 현실 상태의 내용은 전체적으로 모호하고 분열적인 것이었지만, 그것을 구성하는 요소들은 매우 명확하게 정의할 수 있었다. 안정성, 단일성, 일반적 합의의 결여와 같은 구성요소들의 특징을 훗날 내가 비일상적 현실 상태들을 경험했을 때 못지않게 뚜렷하게 지각할 수 있었던 것이다. 그러나 그런 특징 자체가 크게 부각되지는 않았는데, 그것은 아마도 나의 숙련도가 낮았기 때문일 것이다. 내가 비일상적 현실을 경험한 것은 그때가 처음이다.

실제 경험에 앞서서 돈 후앙이 사전에 지도한 것이 효과가 있었는지를 분명히 확인할 수는 없었지만, 그가 그 후에 비일상적 현실 상태의 결과를 완벽하게 유도해낼 수 있다는 사실은 그 시점에도 이미 명명백백했다.

돈 후앙은 내 회상에서 선별해낸 구성단위들을 이용하여 구체적인 단일 형상들과 구체적인 전체 효과를 향한 진전을 유도했다. 그는 내가 개에게 했던 행동에 대한 나의 회상을 들어 그것을 메스칼리토가 눈에 보이는 존재라는 생각에 결부시켰다. 메스칼리토는 어떤 형상이든 취할 능력이 있었다. 무엇보다도, 그는 우리의 외부에 있는 독립적 존재였다.

나 자신의 행위에 관한 회상도 돈 후앙이 더 광범위한 평가 범위를 향한 진전을 촉진하는 데 유용하게 쓰였다. 이 경우는 종속 범위를 향한 진전이었다. 돈 후앙은 내가 비일상적 현실에서도 일상생활과 거의 다름없이 이동하고 행동했다는 사실을 긍정적으로 강조했다.

비일상적 현실의 더 실용적인 이용을 향한 진전은 지각된 구성요소들에 대해 내가 논리적인 주의를 기울이지 못했다는 사실 부분을 부정적으로 강조함으로써 이루어졌다. 돈 후앙은 내가 초연한 태도로 구성요소들을 정확하게 살펴볼 수도 있었음을 시사했다. 이런 생각을 통해 비일상적 현실의 일반적 속성 두 가지가 부각되었다. 즉, 그것은 실질적이며, 오감을 써서 평가할 수 있는 구성요소들을 가지고 있다.

구성요소들에 대한 일반적 합의의 결여는 내가 처음으로 비일상적 현실 상태를 경험하면서 했던 행동을 목격한 제3자들의 관점에 대해 돈 후앙이 부여한 긍적적인 강조와 부정적인 강조의 상호작용을 통해 극적으로 부각되었다.

최초의 비일상적 현실 상태를 경험한 뒤의 준비기간은 1년 이상 지속되었다. 돈 후앙은 이 기간을 이용해서 식자와 관련된 더 많은 구성요소들을 내게 소개하고, 두 맹우의 규칙 중 일부를 알려줬다. 또한 그는 얕은 비일상적 현실 상태를 유발함으로써 나와 다투라 이 녹시아에 들어 있는 맹우 사이의 친화성을 시험했다. 돈 후앙은 내가 얕은 상태에서 경험한 모호한 느낌들을 그 자신이 메스칼리토의 지각가능한 속성으로 분리해낸 것들과 대비시킴으로써 맹우의 일반적인 속성을 묘사했다.

규칙의 확증에 대한 개별적 합의를 준비하기 위한 세 번째 단계는 로포포라 윌리암시를 써서 또 다른 비일상적 현실 상태를 유발하는 것이었다. 이에 앞선 돈 후앙의 사전지도는 내가 이 두 번째 비일상적 현실 상태를 다음과 같은 식으로 지각하게끔 유도한 것처럼 보인다.

구체적인 것을 향한 진전은 내가 형상이 현저하게 바뀐 존재를 시각화할 수 있는 가능성을 열었다. 처음 상태에서는 낯익은 개 모습을 하고 있던 것이 완전히 낯선, 그것도 나의 외부에 존재하는 것처럼 보이는, 의인화된 합성물로 바뀌었던 것이다.

더 넓은 평가 범위를 향한 진전이 이루어졌다는 사실은 여행의 지각을 통해서 뚜렷하게 알 수 있었다. 여행 과정에서 내가 지각한 구성요소들의 대다수는 그 이전의 일상적 현실 상태의 환경에 종속되어 있기는 했지만, 평가 범위 자체는 종속적이기도 하고 독립적이기도 했다.

비일상적 현실의 더 실용적인 이용을 향한 진전은 아마도 이 두 번째 비일상적 상태에서 가장 눈에 띄는 특징이었을 것이다. 비일상적 현실 안에서도 돌아다닐 수 있다는 사실이 복합적이고 세밀한 차원에서 명백해졌기 때문이다.

또한 나는 구성요소들을 냉정하고 정확하게 살펴볼 수 있었고, 그것들의 안정성, 단일성, 객관적 합의가 결여된 성질 등을 매우 뚜렷하게 인식했다.

돈 후앙은 이 경험에 관한 나의 회상에서 다음 부분들을 강조했다. 구체적인 것을 향한 진전을 위해서는 내가 메스칼리토를 의인화된 합성물로 보았다는 대목을 긍정적으로 강조했다. 이 분야에 관한 고찰의 대부분은 메스칼리토가 스승인 동시에 수호자가 될 수 있다는 생각에 집중되어 있었다.

더 광범위한 평가 범위를 향한 진전을 유도하기 위해, 돈 후앙은 종속 범위에서 일어난 것이 분명한 나의 여행에 관한 회상을 긍정적으로 강조했고, 내가 메스칼리토의 손바닥 위에서 목격한, 선행하는 일상적 현실의 구성요소들과는 무관한 듯한 계시적 장면들에 관한 나의 묘사도 긍정적으로 강조했다.

그 여행에 관한 나의 회상과 메스칼리토의 손바닥 위에서 본 장면들은 또한 돈 후앙으로 하여금 비일상적 현실의 더 실용적인 이용을 향한 진전을 지도할 수 있게 했다. 첫째, 그는 지도받는 것이 가능하다는 생각을 제시했고, 둘째로는 내가 본 장면들을 올바르게 사는 길을 일러주는 교훈으로 해석했다.

내 회상에서 불필요한 합성물들의 지각에 관련된 부분은 내적 층위의 방향을 설정하는 일에 도움이 안 된다는 이유로 전혀 강조되지 않았다.

그다음으로 경험한 세 번째 비일상적 현실 상태는 다투라 이녹시아에 들어 있는 맹우의 규칙을 확증하기 위해 유발되었다. 준비기간이 중요하고 주목할 가치가 있는 것으로 부각된 것은 이때가 처음이었다. 돈 후앙은 조작 기술을 보여주었고, 내가 확증해야 할 구체적 목적은 점을 치는 것임을 밝혔다.

내적 질서의 세 가지 측면에 관한 그의 사전 지도는 다음과 같은 결과를 낳은 것으로 보인다. 구체적인 것을 향한 진전은 맹우를 하나의 성질로 지각하는 나의 능력으로 나타났다. 즉, 나는 맹우는 눈에 전혀 보이지 않는다는 주장을 확인했다. 구체적인 것을 향한 진전은 내가 메스칼리토의 손바닥에서 목격한 장면들과 흡사한 일련의 독특한 심상들도 지각하게 만들었다. 돈 후앙은 이런 심상을 점의 결과 내지는 규칙의 구체적 목적의 확증으로 해석했다.

이런 일련의 장면들을 지각하는 행위는 더 광범위한 평가 범위를 향한 진전도 수반하고 있었다. 이 경우 범위는 선행하는 일상적 현실의 환경과는 독립적인, 별개의 것이었다. 내가 목격한 장면들은 메스칼리토의 손바닥에서 본 것들처럼 구성요소들 위에 겹치지는 않았다. 사실, 해당 장면의 일부가 아닌 구성요소들은 아예 존재하지 않았다. 바꿔 말해서, 평가 범위 전체가 독립적이었던 것이다.

완전히 독립적인 범위의 지각은 비일상적 현실을 더 실용적으로 이용할 수 있는 가능성을 보여주고 있었다. 점을 친다는 것은 당사자가 본 그 어떤 것에 대해서도 실용적인 가치를 부여할 수 있다는 것을 의미하기 때문이다.

구체적인 것을 향한 진전을 유도할 목적으로, 돈 후앙은 독립적 평가 범위 안에서는 스스로 이동하는 것이 불가능하다는 생각을 긍정적으로 강조했다. 그는 그곳에서의 이동은 간접적인 것이며, 이 경우에는 오직 도마뱀들을 이용함으로써 가능했던 것이라고 설명했다. 돈 후앙은 내적 층위의 두 번째 측면인 더 광범위한 평가 범위를 향한 진전을 유도할 목적으로, 내가 지각한 장면들은 점을 치기 위해 던진 질문에 대한 답이며, 내가 만족할 때까지 얼마든지 살펴보거나 확장시킬 수 있다는 생각을 부각시키기 위해 고찰의 많은 부분을 할애했다. 그는 비일상적 현실의 더 실용적인 이용을 향한 진전을 유도하기 위해, 점을 칠 경우 쓸모 있는 결과를 얻으려면 질문을 단순하고 직접적인 화제에 국한시켜야 한다는 생각을 긍정적으로 강조했다.

네 번째의 비일상적 현실 상태 또한 다투라 이녹시아에 들어 있는 맹우의 규칙을 확증하기 위해 유발되었다. 이 규칙에서 확증되어야 할 특정한 목적은 이동의 또 다른 측면으로서의 신체적 비행과 관련되어 있었다.

몸이 공중을 날고 있다는 지각은 이처럼 구체적인 것을 향한 진전을 유도함으로써 얻어진 결과인지도 모른다. 비행의 감각은 매우 예리했지만, 내가 과거에 경험한 비일상적 현실에서 했던 것으로 생각되는 행위들이 공통적으로 그랬던 것과 같은 생생한 느낌은 없었다. 신체적 비행은 종속적 평가 범위 안에서 일어난 것처럼 보였고, 나 자신의 힘으로 움직이는 감각 ― 이것은 더 넓은 평가 범위를 향한 진전의 결과였을 수도 있다 ― 을 수반했다.

하늘로 날아오르는 느낌의 나머지 두 측면은 비일상적 현실의 좀 더 실용적인 이용을 향한 진전을 위한 지도의 산물이었을 수도 있다. 첫 번째 측면은 실제로 날아간다는 느낌을 만들어낸 거리감이었고, 두 번째 측면은 그런 식의 이동을 하는 동안 방향감각을 획득할 가능성이었다.

그 뒤로 이어진 준비기간 동안 돈 후앙은 다투라 이녹시아에 들어 있는 맹우의 이른바 유해한 성질에 관해 논했다. 그러면서 그는 내 회상의 다음 부분들을 따로 분리해냈다. 구체적인 것을 향한 진전을 유도하기 위해 그는 하늘을 날았다는 부분의 회상을 긍정적으로 강조했다. 나는 이 비일상적 현실 상태의 구성요소들을 예전과는 달리 명확하게 지각하지는 못했지만 이동한다는 느낌만은 매우 뚜렷했고, 돈 후앙은 이동의 특정 결과를 강화하기 위해 이것을 이용했다. 비일상적 현실의 더 실용적인 이용을 향한 진전은 주술사들이 엄청난 거리를 날아갈 수 있다는 생각에 고찰의 대부분을 할애함으로써 이뤄졌다. 그 결과 당사자가 종속적 평가 범위 안에서 이동하다가 그런 움직임을 일상적 현실로 전환할 수 있는 가능성이 생겨났다.

비일상적 현실의 다섯 번째 상태는 실로시베 멕사카나에 들어 있는 맹우에 의해 생성되었다. 이 식물이 쓰인 것은 그때가 처음이었고, 그 결과 유발된 상태는 규칙을 확증하려는 시도라기보다는 시험에 더 가까웠다. 준비기간 중에 돈 후앙은 단지 조작 기술을 보여주었을 뿐이고 확인해야 할 구체적 목적이 무엇인지는 알려주지 않았기 때문에 나는 그 상태가 규칙을 확증하기 위한 것이라고는 믿지 않았다. 그러나 그전에 행해진 비일상적 현실의 내적 층위에 관한 사전 지도는 다음과 같은 결과를 생성한 것처럼 보인다.

구체적인 결과 전체를 향한 진전을 유도하는 행위는 나의 내부에 두 맹우는 서로 다르고, 어느 쪽도 메스칼리토와 닮지는 않았다는 지각을 만들어냈다. 나는 실로시베 멕시카나에 들어 있는 맹우를 형상이 없고 볼 수 없으며, 육체가 사라진 듯한 감각을 일으키는 특성을 가진 존재로 지각했다. 더 광범위한 평가 범위를 향한 진전은, 줄곧 내 의식 대상에 포함되어 있던 이전의 일상적 현실의 전체 환경이 비일상적 현실에서도 이용 가능하다는 느낌을 이끌어냈다. 즉, 종속 범위의 확장은 모든 것을 포함하는 것처럼 느껴졌던 것이다. 비일상적 현실의 더 실용적인 이용을 향한 진전은 종속 평가 범위 내에 있는 구성요소들 — 이것들은 일상적 삶의 보통 요소처럼 보였음에도 불구하고 — 을 내가 뚫고 지나갈 수 있다는 특이한 지각을 만들어냈다.

돈 후앙은 평소 때와는 달리 내가 한 체험을 회상해보라는 요구를 하지 않았다. 특정한 목적이 결여된 탓에 이 비일상적 현실 상태는 단지 오래 지속되는 이행 단계가 되어버린 듯했다. 그러나 그 뒤로 이어진 준비기간 동안 돈 후앙은 당시 내가 보인 행동에 관해 그가 지목했던 몇몇 부분에 관한 고찰을 제시했다.

돈 후앙은 내가 사람이 사물이나 존재들을 관통할 수 있다는 사실을 믿는 것을 가로막고 있던 논리적인 교착을 부정적으로 강조했다. 이런 고찰을 바탕으로, 그는 종속 평가 범위 안에서 지각된 비일상적 현실의 구성요소들 사이를 이동한다는, 구체적인 전체 결과를 향한 진전을 유도해냈다.

돈 후앙은 같은 고찰을 이용해서 내적 층위의 두 번째 측면인 더 광범위한 평가 범위를 유도했다. 만약 사물이나 존재를 관통하는 일이 가능하다면 종속 범위 또한 그에 맞춰 확장되어야 하기 때문이다. 그런 이동은 주위 환경의 지속적인 변화를 수반하기 때문에 종속 범위는 어느 시점에서도 당사자가 줄곧 의식하고 있던, 직전의 일상적 현실의 전 환경을 포함해야 한다. 동일한 맥락에서, 비일상적 현실이 좀더 실용적으로 이용될 수 있다는 사실도 암시되었다. 사물과 존재들을 관통한다는 행위는 일상적 현실에 있는 주술사는 이용할 수 없는 명확한 이점을 제공하기 때문이다.

그다음에 돈 후앙은 규칙의 확증에 대한 개별적 합의 준비를 더 진척시키기 위해 로포포라 윌리엄시에 의해 유발된 세 개의 연속된 비일상적 현실 상태를 이용했다. 이 세 상태는 나흘 동안 연속적으로 일어났기 때문에 여기서는 하나의 단위로 취급한다. 각 상태 사이에는 몇 시간씩의 간격이 존재했지만 나는 그동안에 돈 후앙과 아무런 의사소통을 하지 않았다. 이 세 상태의 내적 질서 또한 다음과 같은 특징을 가진 하나의 단위로 간주한다. 구체적인 것을 향한 진전은 메스칼리토가 가시적이고 의인화된 존재이며 가르침을 주는 능력이 있다는 인식을 낳았다. 가르침을 주는 능력이란 관념은 메스칼리토가 사람들에 대해 행동하는 것이 가능하다는 사실을 암시했다.

더 광범위한 평가 범위를 향한 진전을 통해 나는 양쪽의 범위를 동시에 지각할 수 있는 수준에 도달했지만, 이동의 측면 말고는 이들 사이의 차이를 확인할 수가 없었다. 종속적 범위에서는 나 자신의 수단과 의지력을 써서 움직일 수 있었지만, 독립적 범위에 들어가면 도구로서의 메스칼리토의 도움을 빌려야만 움직일 수 있었던 것이다. 이를테면 메스칼리토의 교훈은 단지 보기만 할 수 있는 일련의 장면들로만 이루어져 있었다. 메스칼리토가 올바르게 사는 방법에 관한 교훈을 실제로 줄 수 있다는 생각에는 비일상적 현실의 더 실용적인 이용을 향한 진전이 내포되어 있었다.

이 시기에 내가 경험한 일련의 비일상적 현실의 마지막 상태를 뒤이은 준비기간 중에 돈 후앙은 다음과 같은 단위를 골라냈다. 구체적인 것을 향한 진전을 촉진할 목적으로, 메스칼리토가 사람을 독립적인 평가 범위로 이동시키는 데 중요한 역할을 담당하며, 계시적 세계로 들어가는 것을 허용함으로써 교훈을 줄 능력이 있는 스승과도 같은 존재라는 생각을 긍정적으로 강조했다. 또 그는 메스칼리토가 자신의 이름을 소리 내어 들려주고 내게 몇 가지 노래를 가르쳐준 것이 시사하는 의미에 대해서도 고찰했다. 이 두 사건은 메스칼리토의 수호자로서의 능력을 보여주는 예로 해석되었다. 그리고 내가 메스칼리토를 빛으로 지각했다는 사실은 메스칼리토가 내 앞에서 마침내 항구적이고 추상적인 형상을 채택했을 가능성으로서 강조되었다.

이런 단위들을 강조하는 것 또한 돈 후앙이 더 광범위한 평가 범위를 향한 진전을 유도하는 데 도움이 되었다. 비일상적 현실의 세 상태를 경험하는 동안 나는 종속적 범위와 독립적 범위가 비일상적 현실의 분리된 두 측면이며, 양쪽 모두 중요하다는 사실을 뚜렷하게 인식했다. 독립적 범위란 메스칼리토가 교훈을 내려주는 영역이다. 이런 비일상적 현실 상태들은 오로지 그런 교훈을 얻기 위해서만 유발되어야 하는 것으로 여겨지기 때문에, 당연히 독립적 범위는 특별히 중요한 영역이었다. 메스칼리토가 수호자인 동시에 스승이라는 것은 그것이 눈에 보인다는 것을 의미했다. 그러나 그 형상은 그 이전의 일상적 현실 상태와는 아무런 관계가 없었다. 한편, 메스칼리토의 교훈을 얻고 싶으면 비일상적 현실로 여행을 떠나 그곳을 돌아다녀야 하는 것으로 알려져 있고, 이 생각은 종속적 범위 또한 중요하다는 사실을 시사한다.

비일상적 현실의 더 실용적인 이용을 향한 진전은 메스칼리토가 준 교훈에 고찰의 상당 부분을 할애함으로써 이루어졌다. 돈 후앙은 이런 교훈을 인간의 삶에 필수불가결한 것으로 보았다. 비일상적 현실을 좀더 실용적인 방식으로 이용하면 일상적 현실에서 가치 있는 준거점을 이끌어낼 수 있다는 명쾌한 논리였다. 돈 후앙이 은연중에나마 이런 언급을 한 것은 이때가 처음이었다.

그의 가르침에서 아홉 번째에 해당하는 다음번의 비일상적 상태는 다투라 이녹시아에 들어 있는 맹우의 규칙을 확증할 목적으로 유발되었다. 그 상태에서 확증 대상이 된 고유의 목적은 점占과 관련된 것이었고, 그 내적 층위에 관한 사전 지도는 다음과 같이 정리될 수 있다. 구체적인 결과 전체를 향한 진전은 일련의 장면들에 관한 일관된 지각을 낳았는데, 그것은 점을 친 사건들을 구술하는 도마뱀의 목소리와, 그런 장면을 어떤 목소리가 실제로 묘사하는 듯한 감각적 느낌을 말한다. 독립적 평가 범위를 향한 진전은 일상적 현실에서 비롯된 외적 영향과는 무관한 광범위하고 뚜렷한 독립적 범위의 지각을 야기했다. 비일상적 현실의 더 실용적인 이용을 향한 진전은 독립적 범위를 활용할 수 있는 실리적인 가능성을 야기했다. 이 특정한 경향성은 독립적 범위에서 준거점을 이끌어내서 그것을 일상적 현실에서 이용하는 가능성에 관한 돈 후앙의 고찰에서부터 비롯되었다. 따라서 점에 관련된 장면들이 실용적 가치를 가진다는 사실은 명백하다. 그것들은 통상적인 수단으로는 알아낼 수 없는 타인의 행위 장면을 보여주는 것으로 여겨지기 때문이다.

이어지는 준비기간 동안 돈 후앙은 식자에 관련된 구성 명제들을 자주 강조했다. 그는 두 맹우 중 실로시베 멕시카나에 들어 있는 우미토의 추구에만 무게를 둘 작정인 듯했다. 그럼에도 불구하고 그는 내가 다투라 이녹시아에 들어 있는 맹우 예르바와 높은 친화성을 가지고 있다는 생각을 긍정적으로 강조했다. 왜냐하면 예르바는 내가 조작법을 행하다가 실수를 저질렀을 때도 규칙의 유연성을 드러내는 사례를 목격하게 해주었기 때문이다. 돈 후앙이 다투라 이녹시아에 들어 있는 맹우의 규칙을 가르쳐주기를 포기할 것 같다는 나의 추측은 그 뒤로 이어지진 비일상적 현실 상태들의 내적 층위를 지도하면서 그가 내 회상의 어떤 부분도 분리해서 지목하지 않았다는 사실로 인해 강화되었다.

그다음에는 실로시베 멕시카나에 들어 있는 맹우의 규칙을 확증하기 위해 세 번의 비일상적 현실 상태가 이어졌다. 이 분석에서는 그것을 하나의 단위로 취급한다. 각 상태들 사이의 시간적 간격은 꽤 길었지만, 돈 후앙은 그동안에도 내적 질서의 어떤 측면도 고찰하려들지 않았다.

이 단위의 첫 번째 상태는 모호했다. 신속하게 종료된 데다가 구성요소들도 분명하지 않았기 때문이다. 그것은 본격적인 비일상적 현실 상태라기보다는 오히려 이행 단계에 더 가까운 것처럼 보였다.

두 번째 상태는 더 깊이가 있었다. 거기서 나는 처음으로 비일상적 현실로 들어가는 이행 단계를 별도로 인식했다. 이 첫 번째 이행 단계가 진행되는 동안 돈 후앙은 내가 확증해야 하는 규칙의 특정한 목적은 이동의 또 다른 측면에 관련된 것임을 밝혔다. 이 측면은 돈 후앙의 철두철미한 감독을 필요로 했다. 나는 그것을 〈또 다른 형체의 획득에 의한 이동〉이라고 이름붙였다. 그 결과, 비일상적 현실의 외적 층위의 두 가지 측면이 처음으로 분명해졌다. 이행 단계와 스승의 감독이다.

돈 후앙은 이 첫 번째 이행 단계를 감독함으로써 내적 층위의 세 가지 측면의 방향을 정확하게 지적해주었다. 그의 이런 노력은 우선 나로 하여금 까마귀의 형체를 얻었다는 정확한 감각적 느낌을 경험하게 함으로써 구체적인 전체 결과를 만들어내는 데에 쓰였다.

그 결과, 비일상적 현실 안의 이동을 위해 또 다른 형체를 취할 수 있다는 가능성은 그런 식의 이동이 가능한 유일한 영역인 종속 평가 범위의 확장을 수반했다.

비일상적 현실의 실용적 이용은 그 종속 범위의 특정 구성요소들에 대해 나의 주의를 환기함으로써 그것들을 이동을 위한 준거점으로 삼을 수 있도록 하는 방식으로 이루어졌다.

두 번째 상태에 뒤이은 준비기간 동안 돈 후앙은 나의 체험의 그 어떤 부분에 관해서도 고찰하기를 거부했고, 두 번째 상태를 마치 또 하나의 긴 이행 단계에 불과한 것처럼 취급했다.

그러나 세 번째 상태는 가르침의 절정이라 할 만한 것이었고, 내적 층위를 지도하는 과정은 다음과 같은 결과를 낳았다. 나는 구체적인 것을 향한 진전을 통해 또 다른 형체를 완벽하게 획득했으며, 그 결과 눈의 초점을 맞추고 사물을 보는 방식을 정확하게 조절하는 것까지 가능해졌다는 사실을 쉽게 지각할 수 있었다. 이런 조정은 종속적 평가 범위의 새로운 일면 — 각 구성요소를 형성하는 세부 사항들 — 을 지각할 수 있게 했고, 이런 지각이 평가 범위를 확장했다는 점은 명백했다. 비일상적 현실의 더 효율적인 이용을 향한 진전을 통해, 나는 종속적 범위 안에서도 일상적 현실에서 걸어다니는 것만큼이나 실질적으로 움직일 수 있다는 인식에 도달했다.

비일상적 현실의 마지막 상태에 뒤이어진 준비기간 동안, 돈 후앙은 다른 종류의 회상 방식을 도입했다. 그는 내 이야기를 듣기도 전에 회상할 부분을 미리 선정했다. 즉, 비일상적 현실의 실용적 이용 및 이동에 관련된 이야기만 해줄 것을 요구했던 것이다.

돈 후앙은 그 회상에서 내가 어떻게 까마귀 형체를 활용했는지에 관한 부분을 긍정적으로 강조함으로써 구체적인 것을 향한 진전을 유도했다. 그러나 그는 그 형체를 취한 후에 이동한 부분에만 관념적 중요성을 부여했다. 이동에 관하여 내가 회상한 부분에 대해 돈 후앙은 긍정적인 강조와 부정적인 강조를 넘나들었다. 돈 후앙은 비일상적 현실의 실용적 성질을 강화하는 묘사나, 종속적 평가 범위 내에서 이동하고 있다고 느낀 내가 전반적인 방향감각을 얻을 수 있게 해준 구성요소들의 지각과 관련된 묘사에 대해서는 긍정적으로 강조했다. 그리고 내가 그런 이동의 성실이나 방향을 정확하게 회상하지 못한다는 사실은 부정적으로 강조했다.

더 광범위한 평가 범위를 향한 진전을 유도했을 때, 돈 후앙은 내가 종속적 범위 안에 있던 구성요소들의 세부사항을 지각한 기이한 방식에 관련된 대목을 집중적으로 고찰했다. 그의 이 고찰을 통해 나는 다음과 같은 추정을 할 수 있었다. 만약 까마귀가 보는 방식으로 세계를 보는 것이 가능하다면 종속적 평가 범위는 더 깊어지고, 일상적 현실의 모든 영역을 아우르도록 확장되어야 한다.

비일상적 현실의 더 실용적인 이용을 향한 진전을 촉진하기 위해 돈 후앙은 내가 구성요소들을 지각한 기이한 방식을 까마귀가 세계를 보는 방식으로 해석했다. 논리적으로 볼 때, 그렇게 보는 방식은 당사자가 일상적 현실의 통상적인 가능성들을 초월한 현상의 영역에 진입하는 것을 전제로 한다.

나의 필드노트에 기록된 마지막 체험은 일상적 현실의 특수한 상태에 관한 것이다. 돈 후앙은 그 자신의 행동에 관한 암시를 던짐으로써 일상적 현실의 특정 구성요소들을 분리해내는 방법으로 그런 현상을 만들어냈다.

비일상적 현실의 내적 층위를 유도하기 위해 쓰인 전반적인 절차들은 내가 두 번째로 일상적 현실의 특수한 상태를 경험하는 동안 다음과 같은 결과를 낳았다. 구체적인 것을 향한 진전은 일상적 현실의 많은 구성요소들을 쉽게 분리해낼 수 있게 하는 결과를 낳았다. 처음으로 경험한 일상적 현실의 특수한 상태에서는, 환경에 관한 암시를 던지는 절차를 통해 분리된 극소수의 구성요소들도 일반적인 합의를 결여한 낯선 모습으로 바뀌었다. 그러나 두 번째로 경험한 일상적 현실의 특수한 상태에서는 구성요소들의 수가 많았고, 낯익은 요소라는 성질을 잃지 않았음에도 불구하고 일반적인 합의의 대상이 될 가능성을 상실했을 가능성이 있다. 아마도 내가 인식한 전체 환경이 그런 구성요소들로 이뤄져 있었을 것이다.

돈 후앙이 이 두 번째 특별한 상태를 만들어낸 것은 일상적 현실의 구성요소 대부분 또는 전부가 일반적 합의를 상실하게 되는 가능성을 조성함으로써 일상적 현실과 비일상적 현실 사이의 연결성을 강화하기 위해서였는지도 모른다.

그러나 나 자신의 관점에서 보면 마지막의 이 특수한 상태는 나의 도제수업의 마지막 총괄이라 할 만한 것이었다. 예의 가공할 만한 공포가 나의 평상시의 의식에 준 충격은, 일상의 삶은 당연히 현실이라는 확신, 일상적 현실의 객관성을 유지할 능력을 내가 언제까지나 가지고 있을 것이라는 확신을 무너뜨리는 기이한 속성을 가지고 있었던 것이다. 그 시점에 이르기까지의 내 도제수업은 결국 그런 확신을 붕괴시키기 위한 끊임없는 노력의 반복이었던 것처럼 보인다. 마지막 상태가 진행되는 동안 돈 후앙은 이 목적을 완수하기 위해 극적인 노력의 모든 측면을 총동원했다. 만약 확신이 완전히 붕괴되었다면 분리된 또 하나의 현실, 개별적 합의에 의한 현실의 존재를 내가 받아들이지 못하도록 가로막고 있던 마지막 장애물도 제거되었을 것이라는 나의 믿음은 바로 이런 사실에 기인한다.

부록 2

구조 분석의 전체 윤곽

실천적 질서

첫 번째 구성단위: 식자識者

식자가 되는 것은 배움의 문제다

- 명시적인 필요조건은 없다
- 암묵적인 필요조건은 있다
- 제자는 어떤 비인격적인 힘에 의해 선택받는다
  - 선택받은 자(escogito)
  - 힘이 내리는 결정은 징조로 나타난다

식자는 불굴의 의지를 지녀야 한다

- 절제력
- 견실한 판단력
- 불개변성

식자의 마음은 명료해야 한다

- 길을 찾아 나설 자유
- 특정한 목적에 관한 지식
- 유연성

식자가 되기 위해서는 분투적인 노력이 필요하다

극적인 행동력

효율성

도전

식자는 전사다

식자는 경의를 가져야 한다

식자는 두려움을 가져야 한다

식자는 완전히 깨어 있어야 한다

의지의 인식

예상되는 변동의 인식

식자는 자신감이 있어야 한다.

식자가 된다는 것은 끝없는 진행과정이다

식자가 되기 위한 탐구는 거듭 쇄신되어야 한다

식자는 비영구적이어야 한다

식자는 마음이 깃든 길을 따라가야 한다.

두 번째 구성단위: 식자에게는 맹우가 있다

맹우는 무형이다

맹우는 어떤 성질로서 지각된다

다투라 이녹시아에 들어 있는 맹우

여자 같다

소유욕이 강하다

격정적이다

예측 불가능하다

추종자들의 성격에 유해한 영향을 끼친다
과도할 정도로 큰 힘을 준다
실로시베 멕시카나에 들어 있는 맹우
남자 같다
감정에 좌우되지 않고 냉정하다
온화하다
예측 가능하다
추종자들의 성격에 유익한 효과를 끼친다
황홀감을 준다

맹우는 길들일 수 있다

맹우는 이동 수단이다
다투라 이녹시아에 들어 있는 맹우는 예측 불가능하다
실로시베 멕시카나에 들어 있는 맹우는 예측 가능하다
맹우는 조력자다

세 번째 구성단위: 맹우에게는 규칙이 있다

규칙은 변경될 수 없다

맹우가 직접 개입하는 경우는 예외다

규칙은 누적되지 않는다

규칙은 일상적 현실에서 확증된다

규칙은 비일상적 현실에서 확증된다

비일상적 현실 상태
비일상적 현실은 이용 가능하다

비일상적 현실은 구성요소들을 가지고 있다

구성요소들은 안정적이다

구성요소들은 단일적이다

구성요소들은 일반적인 합의를 결여한다

규칙의 구체적 목적

첫 번째 구체적 목적, 시험 (다투라 이녹시아)

조작 기술, 섭취

두 번째 구체적 목적, 점占 (다투라 이녹시아)

조작 기술, 섭취-흡수

세 번째 구체적 목적, 육체의 비행 (다투라 이녹시아)

조작 기술, 섭취-흡수

네 번째 구체적 목적, 시험 (실로시베 멕시카나)

조작 기술, 섭취-흡입

다섯 번째 구체적 목적, 이동 (실로시베 멕시카나)

조작 기술, 섭취-흡입

여섯 번째 구체적 목적, 다른 형체의 획득에 의한 이동 (실로시베 멕시카나)

조작 기술, 섭취-흡입

제 번째 구성단위: 규칙은 개별적인 합의에 의해 확증된다

은사

개별적 합의의 준비

비일상적 현실의 다른 상태들

이것들은 메스칼리토에 의해 만들어진다

메스칼리토는 용기에 들어 있다

용기는 힘 그 자체다
메스칼리토에게는 규칙이 없다
메스칼리토는 도제 교습이 필요 없다
메스칼리토는 수호자다
메스칼리토는 스승이다
메스칼리토는 뚜렷한 형체를 가진다
비일상적 현실은 이용 가능하다
비일상적 현실은 구성요소들을 가지고 있다
일상적 현실의 특수한 상태
이것들은 스승에 의해 만들어진다
주위 환경에 관한 암시
행동에 관한 암시
경험의 재현
사건들에 관한 회상
구성요소들에 관한 묘사
강조
긍정적 강조
부정적 강조
강조의 결여
개별적 합의의 유도
비일상적 현실의 외적 층위
준비기간
비일상적 현실의 선행 기간
비일상적 현실의 후속 기간
이행 단계
스승의 감독

비일상적 현실의 내적 층위

구체적인 것을 향한 진전

구체적인 단일 형상들

지각된 세부의 점진적인 복잡화

낯익은 형상에서 낯선 형상으로의 이행

구체적인 전체 결과

더 넓은 평가 범위를 향한 진전

종속적 범위

독립적 범위

비일상적 현실의 더 실용적인 이용을 향한 진전

일상적 현실의 특수 상태의 구체성을 향한 진전

개념적 질서

제자

개념적 질서의 잘못된 채택

개념적 질서의 올바른 채택

개별적 합의에 의한 현실

개별적 합의에 의한 현실은 실용적 가치를 지닌다

역자 해설

카스타네다의 유산

무의식 속으로 추락하기 직전, 그는 카스타네다의 돈 후앙의 말이 진실이었음을 깨달았다. 거미줄 같은, 금빛을 띤 흰 실들로 이루어진 굵은 뭉텅이가, 짜부라진 혈관에서 빛의 섬유처럼 사출되어 진동하면서 살균된 하늘을 향해 끝없이 올라가는 광경을 보았던 것이다.

— 할란 엘리슨, 「랑게르한스섬 근처에서 표류 중: 북위 38도54분, 서경 77도0분13초」

"주문을 쓸 때 자네 눈에는 마력의 현시가 어떤 식으로 보이나?"
"대개 색깔 있는 끈처럼 보여 — 실, 노끈, 줄."
"흥미롭군."

— 로저 젤라즈니, 『매드원드』

1. 저술

독자 여러분이 지금 손에 들고 계신 『돈 후앙의 가르침: 야키 족의 지식체계』는 미국의 인류학자였던 카를로스 카스타네다(1925-1998)의 『The Teachings of Don Juan: A Yaqui Way of Knowledge』(1968)의 출간 30주년 기념판을 완역한 것이다. 이 책은 전 세계에서 17개 언어로 번역되어 800만 부 이상 팔린 베스트셀러 시리즈(총 12

권)의 효시이자 2014년부터 정신세계사에서 모두 출간될 예정인 통칭 〈돈 후앙 3부작〉의 첫 번째 작품에 해당한다.

책 앞부분의 〈머리말〉에서도 언급되었듯이, 1960년 당시 캘리포니아 주립대학 로스앤젤레스교(UCLA)의 인류학도였던 카스타네다는 북중미 인디언 샤먼들의 환각성 약초 사용에 관한 정보를 수집할 목적으로 현지답사를 떠났다가 멕시코 국경 근처의 어느 소도시에 있는 장거리버스 정거장에서 후앙 마투스라는 이름의 나이 든 야키 인디언 주술사(brujo)와 '우연히' 조우한다. 우여곡절 끝에 그의 제자로 입문한 카스타네다가 향후 4년 동안 돈 후앙*의 지도하에서 경험한 일들은 본인의 표현을 빌리자면 "인류학이나 사회학의 주제도 아니고, 철학도 아니고, 종교라고조차 할 수 없는" 강렬하고 기이한 신비체험의 영역에 속한 것이었다. 이 체험을 소설에 가까운 생생한 르포르타주 형식으로 재구성한 카스타네다의 수기는 1964년에 문화인류학 석사논문으로 제출되어 지도교수를 위시한 관계자들의 격찬을 받았고, 이에 힘입어 4년 뒤인 1968년에 UCLA 출판부에서 『돈 후앙의 가르침: 야키 족의 지식체계』라는 제목의 학술서적으로 발간되기에 이른다.

다투라와 페요테 등 북중미 인디언 부족들의 전통적인 환각식물을 샤머니즘 의식을 통해 체계적으로 섭취함으로써 유발되는 초월적

* Don은 영어의 Sir에 해당하는 스페인어의 고풍스러운 경칭이다.

체험 — 하늘을 날고, 까마귀로 변신하며, 동식물과 대화를 나누는 — 을 민속방법론의 틀 안에서 다룬 이 특이한 '논픽션'에 대해 당대의 식자층은 열광적인 반응을 보였으며, 무명의 인류학도였던 카스타네다는 일약 신세대의 문화적 영웅으로 부상했다. 본서 말미에서 자발적으로 중단했던 도제 관계를 결국 다시 재개한 카스타네다는 제2작인 『또 하나의 현실(A Separate Reality)』(1971)과 박사학위 논문을 단행본화한 제3작 『익스틀란으로 가는 길(Journey to Ixtlan)』(1972)을 뉴욕의 대형 출판사인 사이먼&슈스터에서 잇달아 출간함으로써 독서계에 돈 후앙과 샤머니즘 열풍을 불러일으켰고, 1973년에는 수백만 명의 독자를 매료한 "영적 르네상스"의 리더로서 「타임」지 3월 5일자의 표지를 장식하며 명실공히 세계적인 유명인사의 반열에 오른다.

〈돈 후앙 3부작〉이 베스트셀러가 된 이면에는 70년대 베트남전의 소용돌이 속에서 주류로 편입되기 시작한 비트닉 세대의 반체제적, 반물질주의적 성향과 사이키델릭 서브컬처에 대한 친연성, 그리고 요가와 선禪을 필두로 한 동양사상을 거울삼은 서구문명 비판이라는 시대적 분위기가 자리 잡고 있었다. 선험적인 인지체계의 벽을 넘어 '또 다른 현실'의 존재를 이해하려고 악전고투하는 서구인 제자를 향해, 간결하지만 놀랄 정도로 심오하고 함축성 있는 화두를 던지는 노老 인디언 현자의 이미지가 이른바 고귀한 야만인(Noble Savage)에 대한 대중적 판타지를 거의 모든 면에서 충족시켜준다는 점도 유리하게 작용했다. 인류학계 일각에서는 카스타네다가 자아내는 이야기가 순수한 필드워크의 결과물로 보기에는 너무나도 질서정연하며 심리주의적인 색채가 강하다는 점을 들어 오히려 픽션(小說)에 가까워 보인다는 지적이 이미 나오고 있었지만, 〈돈 후앙 3부작〉은 학술적 평가와는 무관한 차원에서 뉴에이지 운동과 스피리추얼리즘으로 대표되는 1970년대의 탈서구적 트렌드와 격렬한 화학반응을 일으키며 급기야는 하나의 대중문화 현상으로까지 확산되었다. 반면에 화제의 중심에 선 카스타네다 본인은 샤머니즘 연구의 범위를 벗어나 일약 오컬트(隱秘) 문학의 색채를 띠기 시작한 제4작 『Tales of Power』(1974)의 출간을 전후해서 스승인 돈 후앙과의 도제 수업이 완수되었음을 선언하고 저작 활동을 제외하면 그 뒤로는 거의 완전한 은둔자의 삶을 살았던 것으로 알려져 있다. 훗날 벌어진 돈 후앙 진위 논쟁이나 카스타네다 비판의 씨앗은 대부분 이 시기에 뿌려졌다고 보아도 무방하다. 그렇다면 무엇이 카스타네다로 하여금 그런 길을 가게 만든 것일까?

2. 화자

저자 사후에 확인된 바에 의하면 카를로스 아라나 카스타네다는 1925년 12월 25일 페루 카하마르카에서 시계직공 겸 금세공인인 세사르 아라나 부룬가라이와 수사나 카스타녜다 노보아 사이에서 태어났다.* 카하마르카에서 고등학교를 다니다가 1948년에 가족이 수도 리마로 이주한 뒤에는 국립 미술학교에서 공부했다. 1950년에 어머니 수사나의 죽음을 계기로 집을 떠나 학우들과 함께 살았다. 당시의 지인들의 회상에 의하면 카스타네다는 상상력이 풍부하고 화술에 능통한 지극히 매력적인 인물이었지만, 어딘가 비밀스러운 면이 있었다고 한다. 1951년 그는 가족에게도 알리지 않고 페루의 칼라오 항에서 여객선편으로 미국의 샌프란시스코로 이주했다.

카스타네다는 1950년대 중반까지 캘리포니아 남부에 살며 대학 진학 자금을 마련하기 위해 여러 직업을 전전했고, 주로 같은 처지의 예술가들과 교유했다. 30살이 되던 해인 1955년에는 로스앤젤레스 전문대학에 입학해서 2년 동안 저널리즘과 문학 등을 공부했다. 미래의 아내인 매거릿 런얀을 만난 것도 이 무렵이다. 1957년에는 로스앤젤레스 지방법원에서 미국 시민권을 획득했다. 그 무렵 읽었던 올더스 헉슬리의 고전 『지각의 문(The Doors of Perception)』(1954)을 통해

* 카스타네다라는 성은 외가 쪽의 이름인 Castañeda(카스타녜다)에서 따온 듯하다.

메스칼린* 등을 통한 의식의 변용變容에 깊은 관심을 가지게 되었고, 1959년에는 서해안의 명문대학 UCLA의 학부로 전학한다. 1960년에는 마거릿과 결혼했지만 곧 별거 상태에 들어간다. 같은 해 여름에는 UCLA 인류학과의 클레멘트 미언 교수가 가르치는 고고학 방법론 수업을 듣는다. 〈저자의 말〉에서도 언급되었듯이 미언은 필드워크의 필요성을 강조했고, 수강생들에게 아메리카 선주민들을 직접 인터뷰하라고 격려했다. (제국주의적 침략에 앞선 현지 정보 수집이라는 측면이 짙었던 19세기의 유럽 민족지학을 바탕으로 진화한 구대륙의 인류학과는 대조적으로, 북미 대륙과 그 '뒤뜰'에 해당하는 중남미라는 연구 대상의 보고寶庫를 양분 삼아 발달한 미국 인류학의 장단점을 여실히 보여주는 대목이다.) 이에 고무된 카스타네다는 캘리포니아 남부의 모롱고 인디언 보호구역과 콜로라도 강 유역을 돌아다니며 현지의 카위야 인디언들과 친교를 쌓았다. 그러던 중 현지의 약초에 관해 풍부한 지식을 가진 익명의 정보 제공자를 만나 다투라(악마초)에 관한 정보를 전수받았고, 이 인터뷰 결과를 기말 리포트 형식으로 작성해서 미언 교수에게 제출, 격찬에 가까운 평가와 함께 A학점을 받는다.

이 리포트에 포함된 다투라 채집 의식과 약제 제조법은 8년 뒤에 출간된 『돈 후앙의 가르침』에 고스란히 실려 있으므로 이 익명의 정보 제공자는 다름 아닌 돈 후앙이었다는 추정이 가능해진다. 그러나

* 환각 물질. 페요테의 주요성분 중 하나.

이 책에서는 돈 후앙의 제자가 된 카스타네다가 처음으로 다투라에 관해 배운 것은 1960년 여름이 아닌 1961년 8월 23일과 9월 10일 사이라고 기록되어 있으므로 명백한 시간적 모순이 발생한다. 의식의 변용은 "시간 감각의 혼란"을 수반하기 마련이라고 카스타네다 본인이 거듭 언급하고 있으므로 이 시차가 비일상적 경험의 성격상 그리 중대한 모순은 아니라고 강변할 수도 있겠지만, 이 사실은 돈 후앙이 (채록된 데이터의 순정성과는 별도로) 단일 인물이라기보다는 비非인디언을 포함해서 카스타네다가 실제로 만났던 두 명 이상의 정보 제공자들의 인물상을 혼합해서 만들어낸 일종의 신화적, 소설적 진테제Synthese였다는 주장의 근거로 종종 거론되곤 한다. 내용면에서도 야키 족 출신을 자처하는 돈 후앙의 '가르침'과 야키 족을 위시한 실제 인디언 부족들의 관습 사이에는 크고 작은 문화적, 생태학적 엇갈림이 존재하지만, 적어도 카스타네다가 환각성 약초, 특히 다투라에 관해 수집한 상세한 정보 대부분은 순수한 문헌 작업이 아닌 필드워크에 기인한다는 점에 대해서는 큰 이견이 없어 보인다.

카스타네다는 교수진의 격려에 힘입어 1962년에 순조롭게 학사 학위를 취득했고, 그 즉시 대학원에 입학해서 석사 취득을 포함한 박사 과정을 밟기 시작했다. 앞서 언급했듯이 제1작에서 제3작에 이르는 초기 저작들은 궁극적으로는 1972년의 박사학위 취득을 위한 목적으로 쓰여졌으며, 결과론이 되겠지만 그에 준하는 UCLA 인류학과의 내부 기준을 충족시켰다고 보아도 될 것이다. 높은 가독성을 자랑하는 본서의 1부와는 달리 전형적인 '논문체'로 작성된 2부 〈구조 분석〉의 경우, 분석적이라기보다는 과도하게 반복적이고 둔중하다는 느낌을 받는 독자들이 있을지도 모르겠다. 그러나 이 문서는 주술사 도제로서의 수련과 당시의 그에게는 "최고로 중요했던" 학업을 양립시켜야 했던 카스타네다가 처했던 당시의 상황을 상징적으로 보여준다는 것만으로도 일정한 역사적 가치를 가진다.

스승인 돈 후앙의 아포리즘이 워낙 인상적인 탓에 정작 그것들을 기록한 제자의 문학적 재능은 종종 간과되는 경향이 있지만, 돈 후앙과의 대화를 통해 쇠망의 길을 걷고 있는 선주민 문화의 파토스를 전달하는 카스타네다의 서정적인 필치는 이 분야의 위대한 선구자 중 한 사람인 엘리아데*를 방불케 한다는 지적을 받았고, 러시아 출신인 블라디미르 나보코프 이래 최고의 영어 문장가라는 (다분히 비아냥 섞인) 평을 듣기까지 했다. 본서의 〈서문〉에서 미언 교수의 저명한 동료 학자였던 월터 골드슈미트가 시사했듯이, 『돈 후앙의 가르침: 야키족의 지식체계』를 위시한 초기 3부작의 가장 큰 미점은 단순한 환각 체험을 전달하는 수준을 넘어 독자들로 하여금 신화적인 세계를 생생하게 대리 체험하게 해준다는 점으로 귀결된다. 제4작 『Tales of Power』(1974)에서도 카스타네다는 이야기꾼으로서의 재능을 유감없이 발휘하고 있으며, 이 책이 앞의 세 권에 못지 않은 상업적인 성공을 거두면서 카스타네다는 후술할 "중대한 개인적인 전기轉機"를 맞게 된다.

* Mircea Eliade(1907-1986). 루마니아 출신의 비교종교학자, 철학자, 소설가.

3. 가르침

단순화해서 말하자면 제4작 『Tales of Power』는 화자이자 객관적인 관찰자로 머물려고 고투했던 카스타네다가 스승인 돈 후앙의 슬하를 떠나 말 그대로 독립된 식자識者로서 첫걸음을 내딛는 이야기다. 돈 후앙의 의도적인 조작에 의해 카스타네다의 잠재의식에 삽입되어 있었던 '가르침'의 기제가 조금씩 드러나면서, 처음에는 파편적인 에피소드의 나열처럼 보였던 초기 3부작의 사건들은 구체적이고 뚜렷한 의미를 획득하기 시작한다. 여기서 카스타네다가 겪는 죽음-재생의 경험은 샤머니즘의 비의秘儀 전수자의 통과의례를 서투르게 복기한 것에 불과하다고 보는 시각도 있지만, 1권부터 찬찬히 축적된 가르침들이 우화를 넘어선 하나의 일관된 서사로 통합되는 대목은 돈 후앙 시리즈의 문학적 백미라고 해도 과언이 아니다.

카스타네다가 통과의례를 전후해서 돈 후앙에게 전수받았다는 오의奧義에 관해서는 본서 앞부분의 〈저자의 말〉에 간결하게 정리되어 있다. 『돈 후앙의 가르침: 야키 족의 지식체계』 출간 30주년 기념판을 위해 쓰여진 이 흥미로운 소개글에서 유추할 수 있듯이 1973년경 카스타네다는 최종적인 통과의례를 거치며 고대 멕시코 샤먼들의 〈에너지적 진실〉을 체화했고, 자신이 몇천 년 전부터 이어져 내려오는 톨텍Toltec 주술사 집단의 말예末裔였던 돈 후앙의 계보를 잇는 새로운 식자로 다시 태어났음을 선언한다. 결국 그의 이런 결정이 학계와의 결별과 완전한 은둔으로 이어진 것은 우연이 아니라 필연에 가깝다고 할 수 있다. 자의 반 타의 반으로 주술과 샤머니즘의 베일을 두르고 면면히 이어져 내려온 고대의 비의를 서구 사회에 선보이려고 결심한 구루의 입장에서는 가장 논리적인 선택이었을 수도 있기 때문이다. 제2작인 『또 하나의 현실』 이후 독자 입장에서 가장 눈에 띄는 변화는 환각성 약물의 사용은 목적이 아니라 기회 있을 때마다 자신이 서구적 사고방식에 얽매인 서구인임을 강조하는 카스타네다의 강고한 '인지'적 장벽을 해체하기 위한 수단에 불과했음을 토로한 대목과, 돈 후앙의 가르침은 인디언 샤먼과 제자의 일대일 수업이 아닌 한 사람 이상의 수행자로 이루어진 그룹 — 그 구성원이 인디언일 필요는 없다 — 의 공동 노력에 의해 완수된다는 부분이다. 카스타네다는 이 수행자 그룹의 지도자인 나왈*의 자리를 1973년경에 '제3의 의식'의 세계로 떠난 — 바꿔 말해서, 사망한 — 돈 후앙으로부터 이어받았다고 주장했으며, 제4작 『Tales of Power』 이후의 모든 저작물들은 적든 많든 이런 권력구조의 변화를 반영하고 있다.

제5작인 『The Second Ring of Power』를 위시한 후속 저작물에서도 카스타네다의 회상을 통한 돈 후앙과의 대화는 이어지지만, 내용상으로는 '보기(seeing)'라고 불리는 직접적인 에너지 투시 행위를 필두로, 구르지에프** 파의 자기 행동 통제법인 수련(work)을 연상시

* nagual. 돈 후앙의 가르침에서는 물질 세계인 토날tonal과 중첩되는 상태로 존재하는 비물질적 세계를 의미하는 동시에, '제2의 의식'을 통해 이 세계를 돌아다니거나 조작할 수 있는 영적인 지도자를 가리킨다.

키는 '슬며시 움직이기(stalking)', 조합점(Assemblage Point)의 의도적인 조작을 통한 차원 이동 테크닉, 그리고 아스트랄 투사를 동반한 자각몽(lucid dream)의 활용 쪽에 더 무게가 실리기 시작한다. 아무리 심오해도 일상적 현실의 틀을 벗어나지는 않는 소크라테스적 '지혜'보다는 비일상/무의식 속에 은닉된 예지叡智를 중시하는 헤르메스적 전통에 접근했다고나 할까.

그러나 참여적 샤머니즘 연구에서 참여적 오컬트로의 이행은 어떤 의미에서는 판도라의 상자를 연 것이나 마찬가지였고, 카스타네다도 그에 상응하는 비판을 피해가지는 못했다. 일단 제4작부터가 출판사의 판단 — 이 경우는 아마 적절한 — 에 의해 논픽션이 아닌 '픽션'으로 분류되어 출판되었다는 사실부터가 애독자들 사이에서 혼란을 불러일으켰고, 제1작 출간 직후부터 독서계 일각에서 이미 제기되었던 진위 논쟁에 다시 불을 붙였다. 카스타네다의 비밀주의와 그의 신상 정보를 둘러싼 의도적이라고밖에는 볼 수 없는 얼버무림은 그의 초기 저작물들 또한 문학의 이른바 '신뢰할 수 없는 화자' 기법을 동원한 민속지적 픽션(ethnographical fiction), 나아가서는 허구적 민속지(fictional ethnography)일 가능성이 높다는 주장의 근거가 되었다.

카스타네다의 친정인 인류학계 쪽에서도 UCLA의 관계자들이 은

** George Ivanovich Gurdjieff(1866~1949). 아르메니아 출신의 신비주의자, 철학자, 예술가, 컬트 지도자. 다양한 주장을 내포한 유물론적 인식론으로 20세기의 서구 신비사상에 큰 영향을 끼쳤다.

퇴하기 시작한 80년대부터 그의 학문적 성실함에 직접적인 의문을 제시하는 목소리들이 높아졌고, 바로 그 부분을 통렬하게 비판한 인류학자 제이 코트니 파이크스의 『카를로스 카스타네다: 학술적 기회주의와 환각의 60년대』(Carlos Castaneda: Academic Opportunism and the Psychedelic Sixties, 1993)가 이 분야의 고전 자리에 오르면서 카스타네다의 저작물들은 대학의 참고서적 목록에서 조용히 자취를 감췄다. 그러나 카스타네다 본인은 1998년에 극소수의 여제자들에게만 개방되었던 로스앤젤레스의 자택에서 간암으로 사망할 때까지도 줄곧 돈 후앙에 관한 자신의 기록은 완전히 진실이며, 그의 저작물에서 산견되는 모순들은 비일상적 현실을 일상의 언어로 기록하는 행위 사이의 괴리에서 생겨난 것이라는 주장을 꺾지 않았다.*

제7작인 『The Fire From Within』(1984)을 필두로 민속지적인 정보와는 거의 무관한 초월과 차원 이동에 관한 마법체계를 다룬 오컬트 작품들이 이어졌으며, 이는 초기작들에 공통된 수행 지침서적인 측면을 벗어나 SF 내지는 장르 판타지에 한없이 근접한 파격적이고 흥미로운 서사로써 애독자들을 놀라게 했다. 뉴에이지적 색채가 짙은, 실질적으로 그의 유작이 된 제10작 『Magical Passes: The Practical Wisdom of the Shamans of Ancient Mexico』(1998)는 고대

* 전향적으로 해석할 경우 경우 그의 이런 언행은 본서의 〈저자의 말〉에서도 언급된 '인지'의 의도적인 중단 및 트릭스터적인 '슬며시 움직이기'의 실행과 관련되어 있을 수도 있다.

톨텍 주술사들의 자세 제어와 호흡법을 가리키는 텐서그리티tensegrity에 관해 다룬 일종의 수행 지침서이다. 이 책의 출간은 1995년에 카스타네다와 그의 동료들에 의해 설립된 영리법인 클리어그린 Cleargreen Inc.이 세미나와 강연 등을 통해 카스타네다의 가르침을 적극적으로 홍보하기 시작했다는 사실과 무관하지 않다.

전형적인 컬트의 행보임을 부인하기 힘들지만, 말년의 이런 전심轉心에도 불구하고 카스타네다는 '인디언'이나 '샤먼'이라는 낱말이 상징하던 문화 특수성에 사상적으로 더 넓은 시야를 부여했다는 점에서 여전히 현대 독자들의 폭넓은 지지를 받고 있다. 그런 반면, 은비학적인 관점에서 보자면 카스타네다의 저작물은 불특정 다수의 독자를 상대로 한 서적의 근원적인 한계로 인해 결국 '교훈'이나 '지혜'의 수준을 넘어서기는 힘들고, 이것은 적든 많든 뉴에이지 계열의 저작물에서 공통적으로 볼 수 있는 특징이기도 하다.

그러나 당대의 서구 대중문화에 카스타네다가 끼친 영향은 단순한 유행으로 치부하기에는 너무나도 넓고도 깊었다. 비근한 예로 문학적 질풍노도기였던 1960년대 이후 서구에서 출간된 SF와 마술적 리얼리즘 계열의 환상소설 속에서 카스타네다의 그림자를 보는 것은 그리 어렵지 않다. 20세기 미국 대중문화의 첨병 할리우드에서도 켄 러셀 감독의 〈올터드 스테이트Altered States〉(1980)*, 〈매트릭스〉(1999)와 〈인셉션〉(2010)에 이르기까지 카스타네다에 대한 직접적인 오마주를 끼워 넣은 작품들을 다수 선보였다. 실화에 바탕을 둔 존 부어맨의 영국 영화 〈에메랄드 포레스트〉(1985) 또한 예외가 아니다. 미국의 중산층 문화를 풍자한 성인 애니메이션 〈심슨 가족〉(1989~)은 굳이 스페인어로 표기한 〈호머의 신비로운 여행〉(El Viaje Misterioso de Nuestro Jomer, 1997)이라는 제목의 에피소드에서 카스타네다의 〈돈 후앙 3부작〉에 관한 포복절도할 패러디를 내보인 적이 있다. 뉴에이지 계열 음악과의 친연성은 더 말할 나위도 없다.

이런 현상은 원서나 번역서를 통해 실시간으로 카스타네다를 접한 6, 70년대의 독자들에게 〈돈 후앙 3부작〉이 블라바츠키 부인이나 크로울리의 저작물로 대표되는, 도저히 접근하기 쉽다고는 할 수 없는 고색창연한 오컬트 서적의 손쉬운 대안을 제공하는 동시에, 해당 분야에서는 샐린저의 『호밀밭의 파수꾼』(1951)에 맞먹는 일종의 보편적인 '교양소설(Bildungsroman)'의 지위를 향유하고 있었다는 특이한 사실에 기인한다. 특히 그의 옹호자들은 '고대 톨텍 주술사'들의 가르침과 동서양의 신비주의적 전통 사이에서 찾아볼 수 있는 놀랄 정도의 유사성 — 일일이 열거할 수도 없을 정도로 다양한 — 은 독창성의 결여가 아니라 오히려 돈 후앙/카스타네다의 가르침의 진실성을 강화하는 증거로 받아들이는 경향을 보인다.

"각자의 개인적인 맥락에서 이루어져야 할"(본서 330쪽) 깨달음을 수렴시키기보다는 세상에 확산시키는 쪽을 택한 카스타네다의 정확

* 매직머슈룸에 의한 의식의 변용을 다룬 이 영화에서는 『돈 후앙의 가르침』의 어떤 장면이 고스란히 재현되어 화제를 모았다.

한 의도가 무엇이었는지는 억측하는 수밖에 없지만, 그의 '가르침'이 앞서 언급한 구르지에프뿐만 아니라 카발라에서 그노시스주의, 쿤달리니와 탄트라 요가를 망라하는 여러 전통과의 유기적인 병치를 통해 보기 드문 일종의 보편성을 획득했다는 점은 부정하기 힘들다. 인문학계도 예외가 아니라서, 『천 개의 고원』(1980)의 공동 저자인 들뢰즈를 위시해서 〈돈 후앙 3부작〉의 탈민속지적인 성격과 그 창조적 매개체媒介體로서의 가능성에 매료된 학자들은 적지 않다.

이럴 경우 학문적 연구의 대상이 되는 것은 카스타네다가 자기 수정과 복제를 거듭하며 잇달아 자아내는 매혹적인 텍스트들의 진위가 아니라, 독자 입장에서는 하나의 인지적 '틀'로서 기능하는 텍스트 내부에서 주술 수행의 성격상 필연적으로 발생할 수밖에 없는 시공간적 '균열'들의 존재를 독자가 내면화하고 — 돈 후앙의 표현을 빌리자면 그 현실에 '동의'하고 — 또 다른 현실을 만들어내는 끊임없는 참여 과정이다. 이 과정은 단순한 놀라움이나 신기함 또는 익숙함과 같은 찰나적 감흥과는 구별되는 체계적인 경이로움의 영역에 속하며, 21세기에도 카스타네다의 저작들이 단순한 문학적 구조물의 매력을 넘어 꾸준하게 읽히는 이유이기도 하다.

김상훈

카를로스 카스타네다 저작 목록

1. The Teachings of Don Juan: A Yaqui Way of Knowledge (1968) - 본서
2. A Separate Reality: Further Conversations with Don Juan (1971) - 『또 하나의 현실』(정신세계사, 근간)
3. Journey to Ixtlan: The Lessons of Don Juan (1972) - 『익스틀란으로 가는 길』(정신세계사, 근간)
4. Tales of Power (1974)
5. The Second Ring of Power (1977)
6. The Eagle' s Gift (1981)
7. The Fire From Within (1984)
8. The Power of Silence: Further Lessons of Don Juan (1987)
9. The Art of Dreaming (1993) - 『자각몽, 또 다른 현실의 문』(정신세계사, 2011)
10. Magical Passes: The Practical Wisdom of the Shamans of Ancient Mexico (1998)
11. The Wheel of Time: Shamans of Ancient Mexico, Their Thoughts About Life, Death and the Universe (1998)
12. The Active Side of Infinity (1999)